JN418427

가계위험관리와 보험

곽봉환 | 함영진 공저

도서출판 두남

머리말 PREFACE

최근 위험관리가 각 경제주체들에게 중요한 화두로 떠오르고 있다. 이는 우리가 개인의 활동이든 기업의 활동이든 수많은 종류의 위험을 떠안고 살아가고 있으며, 위험은 인간의 생활 안에 다양한 형태로 존재하고 있기 때문이다. 더욱이 재해사고의 빈발, 급속한 고령화 사회로의 진입, 정보통신 혁명 등 과학 기술의 발달, 금융시장의 변화, 경영 활동의 세계화 등으로 개인 및 가계를 둘러싼 위험이 날이 갈수록 복잡·다양화 되어가고 있는 실정이다.

우리나라는 저출산으로 인해 1980년 이전부터 14세 이하 인구가 감소하기 시작하였고, 이 여파로 생산가능인구(15 ~ 64세)와 총인구는 각각 2017년과 2019년부터 줄어들 전망이다. 이에 반해 평균수명 연장에 따라 65세 이상 인구는 계속해서 늘어나고 있어 인구구조가 고령화되고 있다. 이러한 저출산·고령화의 부정적인 영향은 경제성장률이 둔화와 국가 재정건전성의 위협에 따른 사회보장제도의 혜택의 위협을 가져올 수 있다.

결과적으로 저출산·고령화는 가계가 준비해야하는 노후부담이 크게 증가할 것이다. 특히 평균수명 연장으로 은퇴기간이 늘어나고 있는데 반하여 가계의 자산구성이나 규모가 노후대비에 적절하지 못하고 부족하다는 점에서 가계의 노후준비가 시급해 보인다.

과거 외환위기 이후 꾸준히 증가해온 가계신용부채는 2013년을 기준으로 전년도에 비하여 2.4배에 이르는 등 사상최대 수준이며, 실질적 파산상태에 이른 사람이 400만명에 달할 정도로 가계의 재무위험이 심각한 상태이다. 그 밖에도 부동산가격변동, 금리변동, 교육위기, 고령화 위험, 실업위험, 신용위험 등 개인의 가계를 위협하는 수많은 위험들이 산재해 있다.

따라서 개인들이 자신의 생애설계 및 자산운용에서 가능한 위험을 파악하고, 또 고려해야 할 효과적인 위험관리 방안에 대한 지식을 쌓는 것은 무엇보다 중요하다고 할 수 있겠다.

본서는 이러한 변화의 시대를 맞아 개인들이 가정의 안전을 지키며 가정의 목표를 달성하는데 필요한 가계위험관리와 그러기 위해 필요한 보험에 대한 지식을 습득하기 위한 대학의 교재로서 그 역할을 하는데 초점이 맞춰져 있다. 또한 가계위험에 대응하여 위험관리를 수행하는 가장 기본적인 수단으로 보험 역할에 대한 이해를 높이고자 위험이론, 위험관리이론, 민영보험의 역할과 공적보험의 역할 등도 같이 기술하였다.

본문은 총 3부 10장으로 구성되어 있으며, 제1부는 가계위험과 위험관리를 주제로 제1장 위험의 개요, 제2장 위험관리개요, 제3장 가계위험관리의 이론과 체계, 4장 라이프사이클과 가계위험관리로 구성되어 있다. 1부에서는 위험관리론에서 다루어야 할 주요내용을 기술하였다. 그리고 가계위험에 대한 이론적 내용과 현황을 다루어 가계위험관리의 필요성을 세부적으로 다루었다.

제2부는 보험의 구조를 주제로 하여 제5장 보험의 기본이론, 제6장 보험계약의 개요로 구성하여 보험론에서 다루어야 할 주요내용을 기술하였다.

제3부는 가계위험과 보험기능을 주제로 하여 제7장 가계위험과 생명보험, 제8장 가계위험과 손해보험, 제9장 가계위험과 제3보험, 제10장 가계위험과 공적보험으로 기술되어져 있다. 3부에서는 가계위험에 대한 관리수단으로서 고려할 수 있는 민간보험과 공적보험을 기준으로 필요성과 주요내용을 기술하였다.

끝으로 본서에 대한 부족한 부분은 앞으로 개정작업을 통하여 끊임없이 수정·보완해 나갈 것을 약속드리며 이 책이 출판되기까지 도움을 주신 많은 분들께 감사를 전한다.

2013년 12월

저자 씀

차 례 CONTENTS

제1부 가계위험과 위험관리

제3부 가계위험과 보험기능

부 록

제 1 부

가계위험과 위험관리

제1장 위험의 개요

1 위험의 개념

1-1 위험과 Peril

1) 위험의 정의

인류는 위험에 대처하고 이것을 여러 수법에 의해 처리해 온 역사라고도 하지만, 한편으로 과학기술의 진보는 새로운 위험을 창조하여 이에 대한 대응도 요구되고 있다.

위험이란 말은 국어사전에서 "위험한 것. 위해 또는 손실이 발생할 우려가 있는 것"이라 설명하고 있다. 우리들은 이 위험이라는 말을 위험한 상태·위험신호·위험속도·위험부담 등 다양한 의미로 사용하고 있다. 위험의 개념에 관해서는 보험론·위험관리론 혹은 경영학·경제학의 많은 학자에 의해 ① Peril, ② 사고발생의 불확실성(uncertainty), ③ 사고발생의 가능성(possibility), ④ Hazard의 결합, ⑤ 예상과 결과와의 차이, ⑥ 예측불능의 사태(contingency), ⑦ 우발사고(accident), ⑧ 위기(crisis), ⑨ 위험상태(danger), ⑩ 위협(threat), ⑪ 곤궁(pinch) 등의 의미로 검토되어 왔다.

위험관리론의 입장에서 위험은 「사고발생의 가능성」으로서 이상사태(異常事態)나 불측사태(不測事態)라는 사고만이 아니고, 그 전후를 불문하고 그것을 발생시키는 정치, 경제, 사회의 사정, 즉, 위기(crisis)도 포함하고 있다.

위험은 어느 사태가 일어날까?, 일어나지 않을까?, 일어난다면 어느 정도의 확률로 일어난다고 생각해야 할까? 라는 요소와 거기서 상정된 사태가 실제로 일어났을 때 어느 정도의 결과 혹은 피해가 야기될까? 라는 두 요소로 성립된다.

(위험) = (사태의 가능성), (사태의 결과)
= (사태의 발생 확률), (사태 발생에 의해 야기된 피해)

2) 위험과 Peril

통상적으로, 위험 관리론 및 보험론에서 위험은, Risk, Peril, Hazard에 해당하는 말로서 몇 가지의 의미를 갖고 있다.

[표 1-1] Peril의 종류

자연재해	지진, 분화, 해일, 태풍, 홍수
화 재	자연발화, 방화, 실화
자동차사고	충돌, 접촉, 추돌, 전복
해난사고	침몰, 전복, 좌초, 전쟁, 해적, 충돌, 화재, 폭발
인위적 사고	범죄, 사기, 컴퓨터 부정 액세스, 컴퓨터 에러

Peril에 해당하는 위험이라는 말은 [위험이 발생하였다]라는 말을 쓰듯이[손실을 발생시키는 우연한 사고 그 자체]인 지진·화재·자동차사고 등의 [위험사고]를 의미하며, 손실발생의 직접원인을 가리킨다.

위험사고는 일반적으로는 단독으로도 손실 발생의 직접적인 원인이 되지만 상황에 따라서는 손실을 발생시키지 않는 경우도 있다. 예를 들면, 무언가의 사정으로 화재가 발생해도, 주위에 가연물질이 없다면 연소되는 일 없이 불은 소멸되고 손실은 발생하지 않는다.

일반적으로 Peril은 자연적(natural)Peril, 인적(human)Peril, 경제적(economic)Peril 세 가지로 구분할 수 있다.

자연적(natural)Peril은 주로 인간의 통제력을 벗어난 자연재해를 들 수 있다. 예를 들어 홍수, 지반침하, 폭풍, 지진. 해일. 가뭄 등과 화재, 폭발, 전염병 등은 자연적인 손실의 원인이다. 인적(human)Peril은 사람의 실수나 고의적 행위로 인한 손실의 원인으로서 절도, 사기, 부주의 등을 예로 들 수 있다.

경제적(economic)Peril은 파업, 태업과 같은 노동쟁의에 의한 손실, 소비자 기호의 변화, 경제의 침체, 기술진보 등 손실의 원인이 인간의 경제적 활동과 관련이 있는 손실의 원인을 말한다.

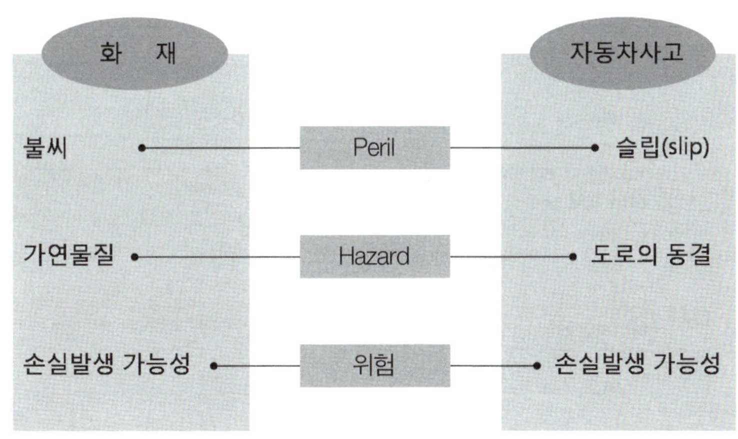

그림 1-1 Peril·Hazard·위험(Risk)의 관계

1-2 보험에서의 Hazard

Hazard에 해당하는 위험이라는 말은 [사고발생에 영향을 주는 잠재적 요인] 혹은 [사고에 의한 손실확대의 잠재적 요인]등 가연물의 존재, 도로의 동결 등 [위험사정]을 의미한다. 불씨 곁의 가연물의 존재, 자동차운전과 도로의 동결, 음주운전, 곁눈질 운전 등의 위험사정이 사고를 발생시키는 원인이 된다.

보험론에서의 해저드의 분류는 보험회사측의 관점에서 이루어져, 통상적으로 물리적 Hazard, 도덕적 Hazard, 정신적 Hazard의 세 유형으로 구분된다.

물리적(physical) Hazard는 사고를 발생시키는 요인, 혹은 사고가 발생한 경우에 손실을 확대시키는 물리적 요인으로, 인간이 만들어내는 인위적 요인과 인간이 제어할 수 없는 요인이 있다. 인위적 요인에는 가연물 근처에서의 불 사용, 건물 내의 다량의 가솔린, 브레이크 고장, 수영금시 구역에서의 수영 등을 예로들 수 있다. 제어할 수 없는 요인에는 지진, 이상건조에 의한 삼림화재, 도로의 동결, 암초의 존재, 잠재적인 병약함 등이 있다.

도덕적(moral) Hazard는 사고를 발생시키는 인간의 정신적 혹은 심리적 요인에 의한 고의 등의 의도한 의식적인 행동을 말한다. 사기·악의·방화 혹은 보험금 살인은 고의로 사고를 발생시키는 도덕적 해저드이다.

정신적(morale) Hazard는 사고를 발생시키기 쉬운, 또는 손실을 확대시키기 쉬운 인간의 무의식적인 행동이다. 부주의·무관심·사기 저하·풍기문란 등은 사고를 발생시키고 손실을 확대시키는 요인이다. 구체적인 예로는 화재보험에 가입해 두었다고 소극적인 소방 활동을 하는 것 등이 있다. 또한 정신적 해저드라는 것은 불량채권의 발생과 그 대책에 있어 경영자의 [윤리관의 상실]등의 의미에서 해저드라는 말이 사용된다.

[표 1-2] Hezard의 구체적인 예

물리적 Hazard	건축구조(불연구조, 내진구조) 건물의 용도(가연물의 사용) 설비, 입지상황,(하천, 지진대) 사람의 건강상태(파일럿의 심장발작 등)
도덕적 Hazard	방화, 유괴, 고장 또는 악의적인 행위
정신적 Hazard	사기, 의욕상실, 부주의

1-3 위험관리에서의 Hazard

위험관리에서의 Hazard의 분류[1]는 기업에게 통제(control)가 가능한지 아닌지의 시점에 근거한 것이다. 기업에게 통제가 가능한 Hazard를 마이크로(micro) Hazard, 기업 외부의 요인으로 통제가 불가능한 Hazard를 매크로(macro) Hazard라고 부른다.

마이크로(micro) Hazard는 보험이론에서의 물리적 해저드 중 사람의 건강상태 등 인위적인 Hazard, 도덕적 Hazard, 정신적 Hazard에 해당되고, 여기에 휴먼 에러 Hazard가 더해진다. 휴먼 에러(human error) Hazard는 개인이 기업에 도움이 되고자 행동한 것이 판단 착오로 인해 손실을 발생시키게 되거나 손실이 확대된 케이스 등을 말한다.

매크로(macro) Hazard는 기업의 외부에 존재하는 요인으로, 기업이 제어할 수 없는 것이다.

[표 1-3] 매크로(macro) Hazard의 구체적인 예

자연환경 Hazard
지리적 요인·자연현상에 관련된 요인으로 지진, 태풍, 홍수 등 例) 하천유역 공장의 침수
정치적 Hazard
정부 및 공공단체의 정책에 의한 것 例) 정책의 변경에 의해 규제가 엄격해져 코스트가 상승
경제적 Hazard
경제시스템의 파탄 例) 인플레이션의 진행 혹은 실업의 증가 등

1) 森宮康, 「リスク·マネジメント論」, 千倉書房, 1987.

법적 Hazard
새로운 법률, 규칙의 제정 혹은 판결 등 例) 제조물 책임법의 규정에 의한 안전대책 코스트 증가
기술적 Hazard
새로운 기술의 개발 및 도입 例) 새로운 직업병의 발생
사회적·문화적 Hazard
가치관의 변화에 의한 것 例) 배상의식 고양에 따른 배상금액의 상승
물리적 환경 Hazard
기업의 입지에 관련된 것 例) 공장의 배수, 배기, 폭발 등 주위에 대한 영향

1-4 위험과 손실 및 이득

위험(risk)이라는 말은 보험용어에서는 [보험을 부담함]이라는 의미로 사용되며, [손실발생의 가능성] 혹은 [사고발생의 가능성]을 의미한다. 위험은 Peril(손인, 위험사고)과 Hazard(위태, 위험사정)가 융합된 것이다. 사막에서의 불씨는 위험사고(손인)이기는 하지만, 주위에 Hazard(위태)가 될 가연물이 없다면 단순한 불씨로 끝나고, 주위에 가연물이 있다면 화재가 발생하고 손실도 발생한다.

손실(loss)은 사고가 발생한 결과로 인하여 생기는 것으로, 위험의 결과이다. 우연한 사고의 발생에 의해 재산을 잃거나, 혹은 인간이 사망하는 등 위험이 현실화되어 가치가 상실된 결과로 손실이 발생한다.

손실의 형태는 첫째로 재산에 관련된 직접손실이 있다. 화재·자연재해의 발생에 의해 건물·기계장치·원재료·제품 등에 생기는 재산의 손실을 말한다. 둘째로는 인적손실이 있다. 기업의 종업원의 사망·질병·상해·퇴직 등으로, 경영자의 사망 혹은 능력 상실은 특히 중소기업에서는 큰 영향을 미친다.

셋째는 배상책임손실이다. 타인의 재산 또는 타인에게 상해를 준 것에 의해 발생하는 법률상의 배상책임을 부담함에 따른 손실을 말한다. 마지막으로는 이익의 손실이 있다. 기업활동의 중단에 따른 생산(판매)의 감소로 인해 이익의 상실 또는 임시비용의 발생, 코스트의 증가에 의해 수익이 감소하고, 이익이 상실되는 간접적인 손실이다.

통상, 보험론에서 위험은 손실발생의 가능성, 혹은 사고발생의 가능성을 말하며, 바람직하지 않은 상태의 발생을 시사한다. 하지만, 위험은 이와는 약간 다른 뉘앙스의 의미를 갖고 있다. 위험(risk)이라는 말[2]은, [옛 이탈리아어 risicare에서 유래한 것으로, 이 말은 [두려워하지 않고 시도함(to dare)]이라는 의미를 갖고 있어, 이 문맥에서 위험은 운명이라기 보단 선택을 의미하고 있다].

즉 위험은 [두려워하지 않고 시도함]이라는 의미를 가진, 적극적인 행동을 의미하는 것이다. 기업 활동에서 자주 이야기되는 [위험을 취하다](risk taking)라는 말은 새로운 분야로의 진출 등 새로운 비즈니스 찬스(사업기회)에 과감히 도전할 것을 의미하고 있다. 그 결과, 실패하고 손실을 보는 경우도 있지만, 도전의 결과 큰 이익(return)을 얻을 수도 있다.

1-5 위험과 불확실성

필연성과 대비되는 불확실성(uncertainty)은 [확실하지 않은 것] 또는 [앞을 알 수 없는 상태]를 의미하며, [정보]라는 말과 함께 현대의 여러 사상을 상징하는 키워드[3]가 되었다.

불확실성을 대상으로 한 위험은 무언가의 사상 발생이 확실하지 않은 것, 불확실함에 관계된 것, 어떤 사상이 발생하고 그 결과가 불확실하다면, 거기에 위험이 존재한 것이 된다.

불확실성은 경제학의 분야에서는 경제학자 나이트[4]가 그의 저서[위험·불확실성 및 이윤]에서 불확실성을 위험(risk)과 참된 불확실성(true uncertainty)의 두 가지로 구분했다. 위험은 측정 가능한 불확실성(measurable uncertainty), 또한 참된 불확실성은 측정 불가능한 불확실성(unmeasurable uncertainty)의 두 가지 유형으로 분류했다.

나이트에 의하면 위험이란, 사고의 발생확률을 산출할 수 있는 것, 집단에서의 손실을 측정할 수 있는 것이다. 한편, 참된 불확실성은 발생확률의 측정이 불가능한 것이다. 이 참된 불확실성들이 비즈니스 찬스를 창조한다.

이 구분에 대해, 불확실성을 이렇게 구분할 필요 없이 동일시해도 된다는 견해[5]도 있다. 이 견해에서는 사상의 발생확률은 개인의 확신의 정도, 즉 개인적 체험, 가치판단 등을 종합한 확률로, 확률의 크기는 객관적·절대적인 것이 아닌, 해당 개인의 지식이나 정보양의 크기에 좌우된다. 따라서 확률을 되도록 주관적인 의미로 이해하고자 한다면 불확실성을 위험과 참된 불확실성의 두 가지로 구분할 필요 없이, 동일시해도 된다고 설명하고 있다. 이 견해는

2) Peter L. Bernstein「Against The Gods」John Wileey & Sons Inc. 1996. 青山護,「リスク―神々への反逆」, 日本經濟新聞社, 1998.
3) J. K. Galbraith「The Age of Uncertainty」, 1975. 都留重人,「不確實性の時代」, TBSブリタニカ, 1977.
4) F. H. Knight "Risk, Uncertainty and Profit" Houghton Mifflin Company 1921.
5) 酒井康弘,「リスクと情報·新しい經濟學」, 有斐閣, 1996.

확률을 개인적인 것으로 간주하고, 해당 개인의 [신뢰도]에 중점을 두는 [주관적 확률]의 입장을 보인다.

기업에게 있어서는 경영에 위협이 되는 것에 대응·처리할 필요가 있다. 기업에게 위험은 불확실성, 혹은 손실발생의 가능성이지만, 또한 [위험][6]은 [예상되는 결과와 현실의 결과의 잠재적 차이이다]라고 파악할 수 있다. 즉 기업에게 있어 잠재적인 차이가 플러스의 경우는 이익의 발생을 의미하고, 마이너스의 경우에는 손실의 발생이 된다.

1-6 위험과 위기

1995년 1월 일본에서 한신·아와지 대지신 때 위기관리라는 말이 사용되었고, 2001년 하와이 근해에서 일본의 연습항해선 에히메마루의 침몰사고 때에는 정부의 위기관리가 문제가 됐다. 또한 2001년 9월 미국의 무역센터 테러를 포함한 전세계의 동시나발 테러 때에도 위기라는 말이 빈번히 사용되었다. 위기(crisis)란 말은 식량위기·외화위기·경영위기·금융위기·등으로 사용된다.

[위기란 사회 시스템의 기본구조 또는 근본적인 가치나 규범에 대한 위협으로, 시간적 압박과 고도로 불확실한 환경을 감안한 중요한 결정을 필요로 하는][7]사태를 가리킨다. 위기는 통상의 위험에 이상성·거대성·돌발성의 요소가 더해진 것으로, 위기관리는 국가레벨의 위험관리이다.

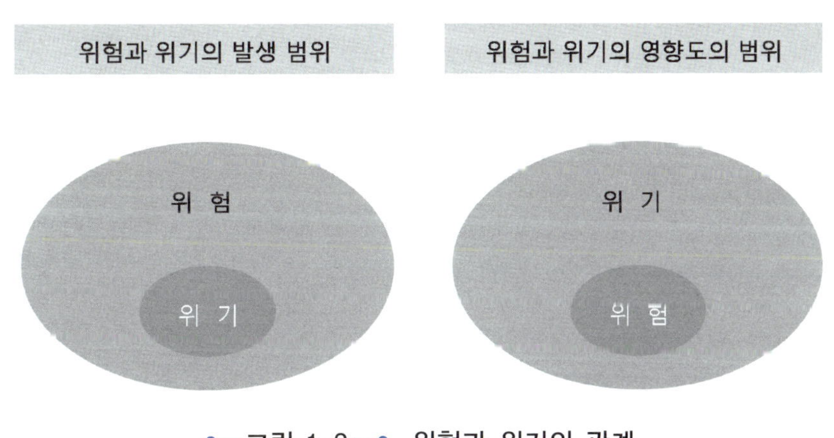

그림 1-2 위험과 위기의 관계

6) 森宮康 앞의 책

7) 大泉光一, 「クライシス·マネジメント」, 同文舘出版, 1993.

위기는 시간과 장소를 가리지 않고 발생하는 이상사태에 의해 정책·행정·사회생활의 전제가 교란되어, 사회생활·경제활동·기업활동이 혼란해지고, 사회불안을 야기하는 긴급사태이다. 자연대재해, 환시세의 격변, 주가의 폭락, 국제간 자원공급관계의 급변(석유위기), 전쟁, 국가 수뇌부의 유괴·테러 등이 위기에 해당한다. 또한 지구규모의 궁극적인 위기는 프레온 가스에 의한 오존층의 파괴, 산성비에 의한 삼림파괴, 열대우림의 상실, 지구온난화 현상등의 환경문제가 있다.

위기는 이상성·거대성·돌발성을 가진 위험으로, 통상위험의 영향도는 사회경제에는 한정적인 것에 비해, 위기의 영향도는 통상위험의 영향도와는 비교할 수 없을 정도로 크다.

위험관리는 개인 혹은 기업 등 마이크로적인 뉘앙스를 내포하고 있고, 위기관리는 국가가 안전보장의 관점에 서서 위기를 예지 혹은 예방하고, 만일 위기가 발생한 경우에는 신속히 대응해 그 영향을 최소한으로 줄이는 것이다. 기업에서는 기업의 도산이나, 현저한 업적부진을 초래하는 등의 사태에 대해 통상 위기관리라는 말이 사용되고 있다.

2 위험의 분류

2-1 순수위험과 투기적 위험

자연재해·화재·자동차사고·테러·유괴 등의 위험는 발생하면 손실이 생긴다. 이렇듯 발생하면 손실만을 발생시키는 위험, 즉 loss only risk를 순수위험(pure risk)이라고 한다. 여기서 「순수」란, 손실과 이득이 혼재되지 않는다는 의미이다.

예고도 없이 우발적으로 발생하는 각각의 사고를 예측하기는 곤란하지만, 일정의 집단에 대해 위험을 광범위하게, 일정한 기간 동안 대량으로 관찰하면, 집단에 있어서의 사고발생확률이 통계적으로 예측 가능해진다. 연간 건물화재 발생건수 혹은 자동차사고 발생건수와 손상도(사고 1건당 평균 손해액)로부터 집단의 총 손해액을 산출할 수 있다(표 1-4 참고).

금리변동, 환변동, 주가변동 등의 위험 중 예를 들어 금리변동에 의해 금리가 상승하면 저축하고 있는 사람에게는 이자가 증가되고, 대출 이용자에게는 금리부담이 증대된다. 이렇듯 순수위험과는 대조적으로 발생하면 손실 혹은 이익을 야기하는 위험, 즉 한쪽에는 손실, 다른 쪽에는 이익을 불러오는 loss or gain risk를 투기적 위험(speculative risk)이라고 한다.

[표 1-4] 발생률 및 손해액의 측정

화재발생률 (F) = (n/N)	자동차사고 발생률 (F) = (n/N)
건물호수 N	보유대수 N
화재건수 n	자동차사고건수 n
손상도 (D)	손상도 (D)
총 손해액 (n × D)	총 손해액 (n × D)

투기적 위험은 사람들의 행동 혹은 기업 활동에 직접 관련되어 발생하는 것으로, 얼마간의 전조를 갖고 있다. 해외와의 거래에 의해 환 위험가 발생되고, 경기가 과열되면 금리가 상승하고, 수출이 증대되면 수출국의 통화가 강해지는(increase)현상 등이다. 투기적 위험은 발생확률을 통계적으로 측정할 수 없다. 또한 투기적 위험의 발생에 의한 손실은 플러스 혹은 마이너스가 생기기 때문에 손실액의 측정도 할 수 없다.

순수위험 (손실의 발생)	투기적 위험 (손실·이득의 발생)
화재	환 변동
지진·태풍·홍수	금리 변동
자동차사고	주가 변동
테러, 유괴	신상품의 개발
회사 임원의 배임	법령·제도의 변경

• 그림 1-3 • 순수위험과 투기적 위험의 예

2-2 정태적 위험과 동태적 위험

사회경제의 상태에 관련되지 않고 발생하는지 혹은 관련되어 발생하는지에 따라 정태적 위험과 동태적 위험으로 분류된다.

경제사회의 정태적 상태나 혹은 변화하는 상태에 발생하는 위험을 정태적 위험(static risk)이라고 한다. 구체적으로는 태풍 등의 자연재해, 화재, 도난 등 사회의 정태적 상태 혹은 변화하는 상태에서 발생하고, 또한 방화, 사기, 대손 등 손실이나 잘못된 행동으로부터 발생하며, 발생하면 손실만 생기게 된다. 정태적 위험의 발생은 집단으로 관찰하면, 각각 완전히 우연적이며, 상호간에 무관계하고, 불규칙하다. 대량으로 관찰하면, 발생확률을 통계적으로 측정할 수 있고, 위험에 의해 생기는 손실액도 산출 할 수 있다.

정태적 위험	동태적 위험
화재	기술의 진보
지진·태풍·홍수	└→ 진공관에서 트랜지스터IC
자동차사고	제도의 변화
소송·대손	└→ 규제 완화
테러·유괴	시장의 변화
	└→ 유행의 변화
	사회의 변화
	└→ 고령사회
	경기변화
	└→ 실업의 증가

그림 1-4 정태적 위험과 동태적 위험의 예

경제사회의 동태적 변동을 원인으로 하여 발생하는 위험을 동태적 위험(dynamic risk)라 한다. 산업구조의 변화는 석유산업과 석탄산업의 예와 같은 신구산업의 교대를 촉진하여 구산업의 몰락을 초래했고, 기술혁신은 진공관·트랜지스터에서 IC로 변화되어, 종래의 기술을 진부하게 만들었다. 정치적 요인·경제적 요인에 따른 규제의 변경은 규제에 의해 보호되어 온 산업의 시장 철퇴 및 합리화를 촉진했다. 인구 구성의 변화에 의한 고령화와 고령사회의 도래는 사회보장 등에 크게 영향을 주어 라이프스타일의 변경을 요구하고 있다. 그리고 소비자의 기호 변화 및 유행의 변화 또한 경제사회에 큰 영향을 미치고 있다.

동태적 위험은 광범위하게 영향을 주며, 발생확률을 통계적으로 측정하는 것은 불가능하다. 또한 동태적 위험은 한 편에 경제적 손실을 발생시킴과 동시에 다른 편에는 이익을 불러오는 위험이다.

2-3 개별적 형태에 따른 분류

1) 주관적 위험과 객관적 위험

주관적 위험(subjective risk)은 개인의 정신적 태도 혹은 심리상태에서 발생하는 위험으로, 이 위험의 발생불안율(發生不安率)은 측정할 수 없다. 그에 반해 객관적 위험(objective

risk)은 우연이나 불가항력에서 발생하는 위험으로 발생확률을 측정할 수 있다.

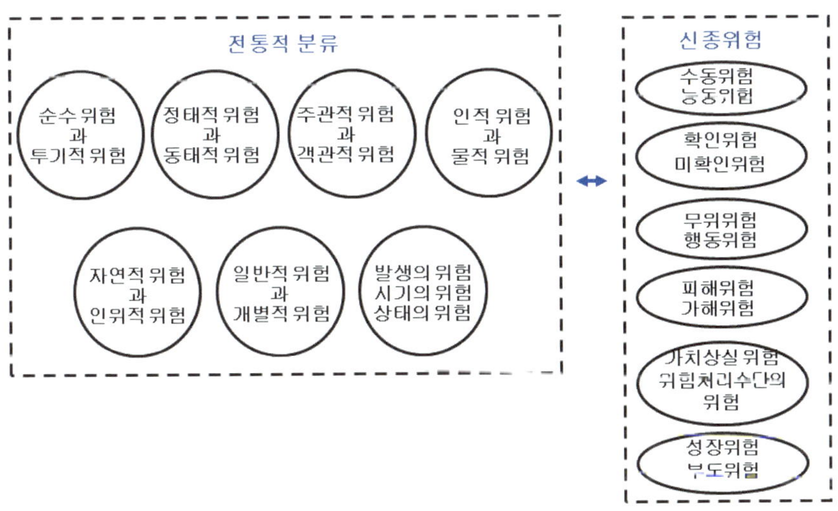

그림 1-5 위험의 전통적 분류와 신종 위험

2) 일반적 위험과 개별적 위험

일반적 위험(general risk)은 개인이나 기업의 외부에 발생하는 가격수준의 변화, 사회관행의 변화·자연재해의 발생 등의 경제적·사회적 위험이며, 개별적 위험(individual risk)은 사회적 혹은 경제적인 원인에 의하기 보다는 개별의 원인에 의해 발생하고 특정의 개인이나 기업에게 영향을 주는 위험이다. 하지만, 이 구분은 엄밀히 실시하기는 곤란한 경우도 있다.

예를 들어 가계의 도산은 외부환경의 변화에 의해 일어날 수도 있고, 혹은 방만한 가계경영에 의해서도 일어날 수 있기 때문이다.

3) 기본적 위험과 특수적 위험

기본적 위험(fundamental risk)은 개인이나 기업 각각으로서는 방지할 수 없는 외부의 요인에 근거한 위험으로, 자연재해·정치 변화 등 개인이 예방할 수 없는 위험이다. 기본적 위험은 순수위험과 투기적 위험 쌍방을 포함하고 있다. 그에 반해 특수적 위험(particular risk)은 개인이나 기업 각각의 요인에 근거한 위험으로 순수위험이다.

4) 가계위험과 기업위험

가계위험(family risk)은 가계에 불이익을 야기하는 사망·질병·상해·고령·실업·화재·자연재해·도난·자동차사용에 의한 배상책임 발생·금리 변동 등의 위험이다. 기업 위험(enterprise risk)은 기업에 손실을 야기하는 화재·자연재해·손해배상 책임발생·금리 변동 등의 위험이다. 가계위험과 기업위험 모두 순수위험 및 투기적 위험 쌍방을 포함하고 있다.

5) 자연위험과 인위적 위험

자연 위험은 지진·해일 등 제어 불가능한 위험이고, 인위적 위험은 인위적인 행동 또는 과실 등에 의해 발생하는 위험이다.

6) 인적위험, 재산위험, 책임위험

순수위험에 대해 발생하는 대상에 따라 인적 위험, 재산 위험, 책임 위험으로 분류된다. 사람에 관한 사망·신체 상해·질병·노령 등의 위험을 인적위험(personal risk)이라고 하는데 생명위험(life risk)과 건강위험(health risk)으로 나누어진다. 재산에 관한 위험을 재산위험(property risk)으라 하는데 자산상실이나 수익상실의 위험이 여기에 포함된다.

그리고 법률상의 책임에서 발생하는 위험은 책임위험(liability risk)이라고 부르며, 책임위험은 대인 배상책임 위험과 대물 배상책임 위험으로 분류된다.

7) 수동위험과 능동위험

위험과 인간의 행동이나 기업활동과의 관계가 소극적인지 적극적인지에 따른 분류이다.

전자는 「입는 위험」으로, 지진이나 각종 재해 등을 의미한다. 후자는 「만드는 위험」으로, 신제품의 개발이라든가 해외로의 진출등의 위험이다.

수동위험은 기업이나 가계가 현상의 상태에서 외습적으로 입는 수동의 위험인 것에 대해서, 능동위험은 기업이나 가계가 현상을 변화시킴으로써 만들어지고, 대결하지 않으면 안 되는 위험이다. 바꾸어 말하면 전자는 일상적인 활동에 있어서 부득이 처리하여야 할 위험인 것에 대해서, 후자는 이윤추구나 확대지향을 추구하여 도전받는 위험이다.

8) 무위위험(無爲危險)과 행동위험

아무 것도 하지 않고, 단지 물건을 소유 또는 점유하고 있음으로써 생기는 위험은 무위위험이다. 또 절호의 비즈니스·찬스가 있음에도 불구하고, 행동을 하지 않아서, 이익을 잃어버리는 경우도 무위의 위험이다. 이것에 대해 기업행동을 하고, 관리나 전략을 수행하고, 조달, 거래, 이동, 고용 등에 대한 활동의 결과로서 또는 그것에 부수적으로 각종의 위험이 발생한다. 이것은 행동의 위험이다.

단원요약

- 위험(risk)은 손실의 기회, 손실의 가능성, 손실의 가능성이 존재하는 상태, 불확실성, 실제결과와 예상치의 차이정도와 같은 다양한 개념들을 포함하고 있다.
- 위험과 직접적으로 관련되는 개념으로는 peril, hazard, loss 등이 있다. 이러한 개념들의 연관관계를 살펴보면 모든 손실의 근본 원인을 따져보면 불가항력적인 자연조건(물리적 해저드)이나 인간이 만든 조건(도덕적 또는 정신적 hazard)에 기인한다. 이러한 hazard에 의하여 사건(손인)이 발생하고, 그 손인이 특정인 또는 특정재산에 발생하여 그의 가치가 감소하는 손실을 야기한다.
- 위험의 속성을 측정할 수 있는지 없는지 여부에 따라, 즉 객관화 여부에 따라 객관적 위험과 주관적 위험으로 분류된다.
- 위험의 속성에 손실의 기회만 존재하는가 혹은 이득의 기회도 같이 존재하는가에 따라 순수위험과 투기적 위험으로 구분할 수 있다.
- 위험의 속성, 즉 위험의 발생빈도나 발생규모가 시간에 따라 변하는가 또는 변하지 않는가에 따라 동태적 위험과 정태적 위험으로 구분할 수 있다.
- 위험이 미치는 영향이 범위가 얼마나 넓은가 혹은 좁은가에 따라 근원적 위험과 특정 위험으로 구분할 수 있다.

참고문헌

1. 森宮康,「リスク·マネジメント論」, 千倉書房, 1987.
2. Peter L. Bernstein「Against The Gods」John Wileey & Sons Inc. 1996.
3. 青山護,「リスク一神々への反逆」, 日本經濟新聞社, 1998.
4. J. K. Galbraith「The Age of Uncertainty」, 1975.
5. 都留重人,「不確實性の時代」, TBSブリタニカ, 1977.
6. F. H. Knight,「Risk, Uncertainty and Profit」, Houghton Mifflin Company, 1921.
7 酒井康弘,「リスクと情報·新しい經濟學」, 有斐閣, 1996.
8. 大泉光一,「クライシス·マネジメント」, 同文舘出版, 1993.

제2장 위험관리 개요

1 위험관리의 형성

1-1 위험관리의 생성

위험관리는 미국의 산업 발전과 함께 생성·발전해 왔다. 미국은 독립전쟁과 산업혁명으로 인해 대규모의 기업이 탄생했는데, 그 중심이 된 것은 철도회사였다. 1800년대 동부와 서부를 잇는 철도망이 완성되면서 국내 시장의 확대와 함께 산업이 발전했다. 당시의 철도는 전신(電信)과 함께 미국 산업발전의 기본적인 인프라였다. 덧붙이자면, 1794년 미국에서는 근대적인 보험회사인 INA(The Insurance Company of North America)가 설립되었다.

철도회사는 대량의 종업원을 고용하고, 방대한 설비 투자를 위해 금융 시장의 발전을 촉진하였다. 또한 승차 요금의 합리적 설정을 위해 회계제도를 정비하게 되자 새로운 관리(management)가 필요해졌다. 규모의 확대에 따른 조직의 복잡화로 기업 경영자원의 유효한 활용과 효율적인 조직 운영이 요구됨에 따라 새로운 경영관리가 필요해졌고, 철도회사는 근대적인 경영관리 시스템의 선구자가 되었다. 특히 당시의 기술 수준으로는 인명(人命)·화물 사고가 다발하여, 그 보상을 위한 보험의 이용 및 사고 방지대책이 해결 과제였다. 위험을 관리하는 실무(實務)는 1880년대, 철도회사에 보험 부문(部門)이 설치된 무렵부터 시작되었다고 한다.

미국의 산업은 철도와 전화의 기본 인프라가 정비되어 대량 소비시장이 생겨나고, 기술혁명 및 설비의 대규모화에 의해 철강 산업, 석유 산업, 그리고 자동차 산업 등이 대량 생산시대를 맞이하며, 경영관리의 근대화가 진행되었다.

1900년대 초 경영관리체제가 정비되고, 다수의 사업을 가진 많은 기업들은 보험을 유효하게 이용하기 위해 보험부문을 설치하였다. 이 시기의 보험 부문의 주된 업무는 보험을 구입하는 것으로, 보험회사의 판매정책에 따라 제공된 보험을 이용할 뿐, 기업 위험을 합리적, 혹은 과학적으로 처리하기 위한 이용은 아니었다.

한편, 보험회사 측에서는 보험 시장의 동향, 즉 가격 경쟁(보험료율)의 격화로 인해, 수익의 확보가 곤란해지면 보험의 인수를 거부하거나, 혹은 수익의 악화로 담보력이 저하되어 인수가 곤란해지는 사태도 생겨났다.

기업이 보험회사의 상황에 따라 보험이용이 곤란해지거나, 이용하기에는 보험료 수준이 너무 높아 실질적으로는 인수가 거부되는 사태가 생겨났다. 그리하여 기업은 위험의 처리를 보험에만 맡길게 아니라, 위험을 사고발생 전에 통제하는 등 위험대응의 선택지를 넓힐 필요성에 시달리게 되었다.

1-2 위험관리의 역사적 흐름

위험관리나 위기관리를 올바르게 이해하기 위해서는 그것들의 기원이 무엇인지, 어떠한 위험과 위기를 어떻게 관리하느냐를 조직적, 체계적으로 이해되어야만 한다.

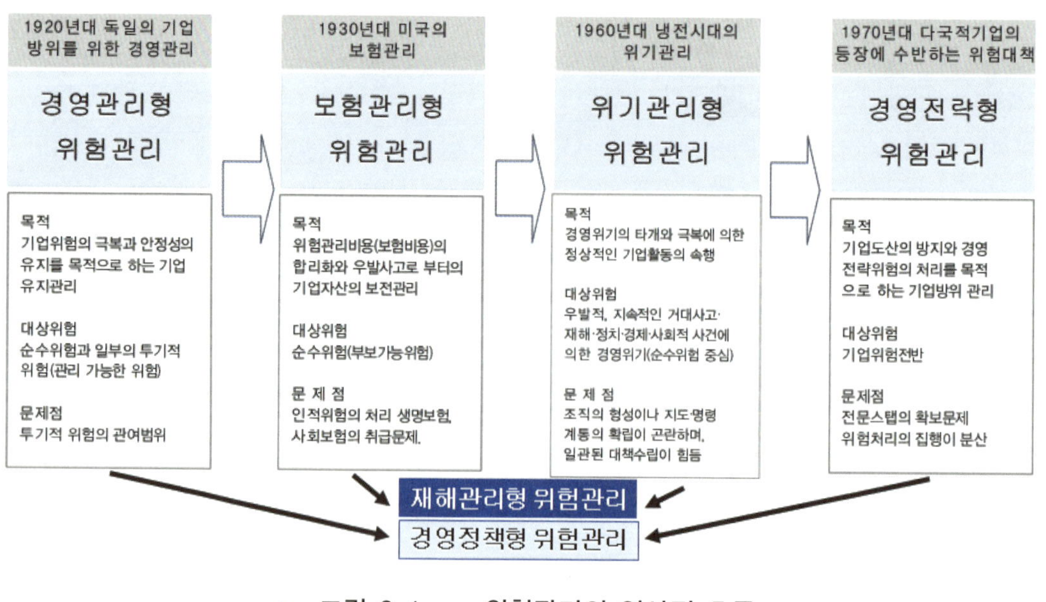

그림 2-1 위험관리의 역사적 흐름

1) 1920년대 위험관리

위험관리 루트의 하나는 1920년대의 악성인플레이션 아래에서의 독일의 기업방위를 위한 경영관리의 노·하우로서 등장한 경영정책론이다. 즉 투기적위험이나 동태적위험도 포함한 기업위험 전반에 대한 기업방위의 관리(위험정책)로서 등장한 것이다.

2) 1930년대 위험관리

두 번째 루트는 1930년대의 대(大)공황 아래에서의 미국에서 기업방위를 위한 비용관리의 하나로서 등장한 보험관리(Insurance Management)이다. 그것은 순수위험이나 재해에 대처하기 위한 보험의 능숙한 이용법으로, 미국이나 일본에서는 일반적으로 위험관리라고 지칭되어 왔다.

제2차 대전 이후, 미국의 기업규모 확대, 기업자산 증대, 기술혁명의 진전, 경영환경의 복잡화, 그리고 기업의 사회적 책임의 중시 등, 기업을 둘러싼 환경은 크게 변화했다.

1929년 뉴욕 주식시장의 주가 폭락을 계기로 미국은 대(大)공황에 빠져, 기업은 기업의 존속을 위해 각 종 코스트(cost)의 삭감 및 절약에 시달렸고, 당연히 보험 코스트도 재정비되었다.

이 시기까지의 기업은 보험회사의 판매 정책에 따라 보험을 이용한 것으로, 기업 측의 합리적인 위험 대책으로 보험을 이용한 것은 아니었으나, 이때부터 기업은 위험 대책의 일환으로 보험을 재정비했다. 기업 내부의 각 부문 별로 행하고 있던 종래의 보험관리를 일원화해 보험 코스트를 재정비하는 등, 합리적인 위험 처리를 위한 보험관리(insurance management)를 시작했다.

보험관리의 필요성은 기업 측의 실천적인 논의에서 시작되었다. 미국에서는 대공황을 계기로 경영자 사이에서 [엉성한 보험 계약으로는 실질적으로 기업의 위험을 해결할 수 없다는 점, 보험료는 기업의 재무를 압박한다는 점][8]등이 논의되어, 기업에 보험관리의 중요성이 인식되었다.

이러한 일들을 계기로 기업의 보험 담당자 사이에서 보험을 배울 필요성이 높아져, 1930년 미국 경영자협회(American Management Association)의 재무부회(財務部會)는 보험을 테마로 토론을 실시했고, 이듬해인 1931년에는 동(同)협회의 재무부회 안에 보험부(保險部, Insurance Division)가 설치되었다. 보험부는 보험 이용자의 입장에서 기업 위험을 보험에 어떻게 적용시켜 관리할지에 대해 의논을 시작했고, 보험문제를 검토하는 세미나 등도 개최

---

8) 石名坂邦昭, 「リスク·マネジメントの理論」, 白桃書房, 1994.

되었다.

1932년에는 미국 경영자협회의 지원을 받아 뉴욕 보험구입자협회(the Insurance Buyers of New York)가 조직화되었고, 이 조직은 1935년에 전국 규모의 위험 조사 기구(Risk Research Institute, Inc)가 되었다.

그 후 1950년에는 전미 보험기구협회(National Association of Insurance Buyers)로 명칭을 변경하고 전미 규모의 조직이 되어 주요 도시에 기업의 보험 담당자를 위한 교육시설을 설치했다.

1955년, 구입자협회는 미국 보험관리협회(American Society of Insurance Management, Inc = ASIM)로 개칭하고, 위험 매니저의 역할 범위를 규정하는 원안을 제시했으며, 대학에 위험 관리론의 교과 개설을 돕기 위한 교육위원회를 설치했다. AISM는 1975년에 위험·보험 매니지먼트협회(Risk and Insurance Management Society, Inc = RIMS)로 재조직되었다.

환경의 변화로 인해 보험관리는 보험의 유효하면서도 합리적인 이용에서 보험시장의 동향을 파악하면서 위험 처리의 선택지를 확대했고, 위험의 방지 및 사고가 발생한 경우 손실을 경감하는 방책 등, 위험을 통제(control)할 필요성으로부터 기능의 범위를 확대했다.

미국의 위험관리(risk management)는 보험관리의 이론화에 위험을 통제(control)할 필요성을 더해, 보험관리의 기능 범위를 확대하는 방법으로 형성되었다. 위험관리는 경제적 손실의 보충뿐만 아니라, 사전 예방조치 또한 그 범주로 하기 때문에 사전적 처리로서 예방의 웨이트(weight)가 높아지고 있다.

기업 측의 보험관리 필요성에서 시작된 위험관리는, 1955년 미국의 콜롬비아대학에 처음으로 [위험 관리론] 강좌가 개설되었고, 이 무렵부터 위험과 위험 관리에 관한 기본적인 사고의 논의가 보다 깊어져, 위험 관리라는 용어가 문헌[9]에도 나타나기 시작했다.

일본에 위험관리가 처음 소개된 것은 1957년 다카키 히데타카(高木秀卓)의 [미국 위험 관리의 개관(米國におけるリスクマネジメントの概觀)][10]에 의해서이다. 이 논문은 위험 관리가 Mowbray&Blanchard 공저(共著)의 "Insurance" 제4판(1995)에 처음 제시된 것을 지적하며 그 내용을 자세히 소개하고 있다.

일본에 보험이라는 말이 처음 소개된 것은 1867년 후쿠자와 유키치(福沢諭吉)의 [서양 여행 안내(西洋旅案內)]로, 당초의 Insurance는 '보증'으로 번역되었고, Insurance가 '보험'의 뜻으로 널리 사용된 것은 1879년의 도쿄 해상보험회사(東京海上保險會社)가 설립될 무렵부터이다. 보험에 관한 고등교육[11]은 1878년 미쯔비시 상업학교(三菱商業學校)에 [보험], 1879년

9) Mowbray/Blanchard/Williams 「Insurance 4th」, McGraw-Hills, 1955.

10) 損害保険研究 第19巻 第1号, 1957.

도쿄 대학에 [해상보험법], 게이오 사립학교(慶應義塾)에 [보험법] 강좌가 개설되어 실시됐다.

일본에서도 위험관리의 분야는 보험과 비교하면 비교적 새로운 분야로, 다카키 히데타카의 위험 관리 소개 이후, 1960년대에 미국의 위험 관리에 관한 문헌이 소개되기 시작했다. 그 후, 1978년에 일본 위험 관리학회가 창설되었고, 위험에 관한 몇몇의 연구단체가 설립되었다.

3) 1960년대 위험관리

세 번째는 쿠바위기에서 시작된 1960년대의 미·소 냉전시대의 국가적 위기에 대처하기 위한 정책, 전략으로서 등장한 「Crisis Management」이다. 이것이 일본에서는 위기관리(危機管理)라고 불러지고 있는 것이다. 위기관리(危機管理)는 단순히 전쟁, 내란, 분쟁 등의 군사적 위기만을 대상으로 하지 않고, 석유위기, 식량위기, 통화위기, 재정위기, 지진·분화·풍수해 등의 재해위기, 항공사고, 철도사고 등도 대상으로 하여, 점차적으로 국가나 행정의 수준에서 기업이나 가계의 수준에까지 확대되어 왔다.

4) 1970년대 위험관리

네 번째 루트는 1970년대의 기술혁신, 신제품 개발, 경제의 국제화, 다국적기업이나 국제화기업의 등장에 수반하는 위험대책이다. 즉 이들 기업의 관리위험, 해외진출 위험과 각종의 전략위험을 적절하게 처리하기 위한 경영전략으로서의 위험관리이다. 이것은 경영전략의 지원책으로서 혹은 경영전략 그 자체로서 이해되는 경우가 있다.

1-3 경영관리

경영관리(Business management)는 경영, 처리, 통제, 지배 등으로 번역되고 있다. 매니지먼트는 보통 최소한의 코스트로 조직의 목표를 달성하기 위해, 조직 구성원의 일을 계획화(planning), 조직화(organizing), 지휘(directing), 통제(controlling)하는 체계적인 과정(progress)으로 정의되며, 때로는 조직의 목표를 최소한의 코스트로 달성하기 위해 조직의 인적 자원, 물적 자원, 금융 자원, 정보 등, 이른바 인(人), 물(物), 금(金), 정보(情報) 등의 경영자원을 활용하는 활동으로도 정의된다.

계획화는 조직에 목표를 부여하고, 그 목표를 달성하기 위한 최적의 수단을 설정하는 것

11) 東京海上火災保険株式会社百年史

이다. 그러나 오늘날과 같이 정치적·경제적·기술적으로 변화가 심한 시대에는 수익을 증대시킬 기회 외에 실패의 위험 또한 있기 때문에, 계획화에는 위험성을 최소한으로 하기 위한 역할도 포함되어 있다. 조직화는 조직 구성원이 목표를 효율적으로 달성할 수 있도록 일·권한 및 자원을 마련해 적절히 배분하는 과정이다. 지휘는 조직 구성원의 활동을 조직의 목표 달성을 위한 적절한 방향으로 이끄는 과정이다.

통제는 활동의 성과가 기대되는 조직의 기준을 충족시키거나 목표와 일치하도록 조직의 활동을 조정하는 과정이다. 통제는 계획화, 조직화, 지휘의 세 기능과 관련해, 바람직하지 않은 행동의 방지를 통해 계획이 실현되도록 하는 계획화를 가장 직접적인 기능으로 하며, 조직의 목표 달성을 위한 자원 집중의 보장을 통해 조직화 및 지휘를 지원한다. 즉 통제의 역할은 경영관리의 각 프로세스가 원활하게 작동하는 환경을 만드는 것이다.

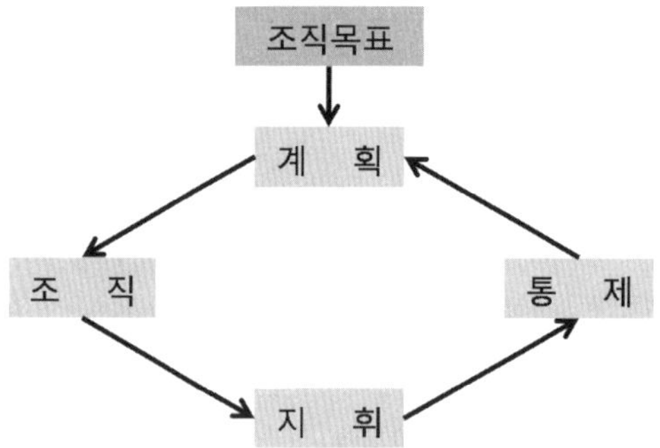

●— 그림 2-2 —● 경영관리(Business management)의 매커니즘

계획화·조직화·지휘·통제의 네 기능은, 일회성으로 완결되는 것이 아닌, 계속적·순환적으로 이루어지는 것으로, 이들 기능의 순환을 관리 순환주기(management cycle)라고 한다.

경영관리는 기업 활동의 모든 분야, 신제품 개발 등의 기술 관리, 산업·제조·가공 등의 관리, 판매·구매 등의 관리, 자산 관리, 종업원 관리, 정보 관리 등에서 이루어지고 있다.

1-4 위험관리

1) 위험관리 개념

위험관리는 생산관리·판매관리·재무관리·노무관리·자산관리·정보관리 등과 같은 매니지먼트(경영관리)의 한 분야로, 미국 경영학에 기반을 두고 있다.

위험관리는 위험과 매니지먼트의 합성어[12]로, 경영관리의 한 분야이며, 기업위험을 대상으

로 하여 위험의 처리를 최소의 코스트로 계획화, 조직화, 지휘, 통제하는 프로세스를 말한다.

위험관리는 [가능한 한 적은 코스트로 조직이 입는 우발적 손실의 불이익의 영향을 최소화하기 위해, 조직의 자산 및 활동을 계획·조직·지휘·통제하는 과정(프로세스)][13], [기업의 도산을 방지하고, 기업 경영의 합리적 운영을 도모하기 위해 행해지는 기업 위험의 과학적 관리][14] 등으로 정의된다.

위험관리는 위험 처리의 계획화, 조직화, 지휘, 통제의 각 기능이 계속적으로 이루어지는 프로세스로, 이 기능들의 순환을 매니지먼트 사이클이라

미국의 위험관리[15]는 보험관리를 이론화하고, 위험 컨트롤의 필요성을 더한 기능의 범위 확대를 통해 형성되었다. 따라서 위험 관리는 그 대상범위를 순수위험에 한정한, 보험지향의 위험 대책이라 할 수 있다.

실무면에 있어서도 미국의 위험관리는 기본적으로 순수위험을 대상으로 하고 있다. 왜냐하면 보통 위험 처리를 담당하는 위험 매니저의 직무[16]는 주로 보험이 가능한 순수위험의 처리로, 그들은 주로 브로커를 통해 보험회사와 함께 위험 처리를 하고 있다. 정치적 위험, 전략적 위험, 금리 및 환(換)변동 등의 재무위험, 종업원의 이직(離職)위험, 기술혁신 관련 위험 등의 기업 레벨의 위험은 CFO(Chief Financial Officer = 최고재무책임자)가 담당한다.

2) 위험관리 목적

위험관리의 목적은 기업과 가계의 도산방지에 있고, 기업 및 가계경영의 유지관리 내지 보전관리에 있다고 할 수 있다. 바꾸어 말하면 위험관리의 목적은 기업 및 가계도산으로 부터의 방위전략이며, 도산위험[17]의 과학적 관리이다.

---

12) 森宮康「リスクマネジメント論」, 千倉書房, 1987.

13) George, L. Head 著/모리미야 야스시 譯.
[위험 관리 과정(リスクマネジメント・プロセス)] 국제위험 관리기구(國際危險管理機構 1978).

14) 亀井利明「リスク・マネジメントの理論と實務」(ダイヤモンド社, 1980) p.11.

15) Mowbray/Blanchard/Williams「Insurance」,
Williams and Heins「Risk Management and Insurance 6th」, McGraw-Hills, 1989.

16) 山口光恒,「現代のリスクと保険」, 岩波書店, 1998.

17) 근래에 들어서 기업의 사회적 책임이 종종 논의되고 있다. 또한 여러 가지로 미화된 사회적 책임이 언론을 통해 미화되고 있다. 그러나 위험관리 측면에서 보면, 기업은 생존에 의해서만 그 사회적 책임을 완수할 수 있는 것이기 때문에, 그러한 의미에서 기업은 도산회피책임을 지고 있다. 이런 책임을 이행하기 위해서는, 기업은 위험관리를 실시하고, 적정이윤을 확보해 나가야 한다. 적정이윤확보를 위해서는 기업은 환경변화에 대한 대응이 충분해야만 한다. 이 경우의 환경변화는 경쟁환경, 정치환경, 사회환경, 경제환경, 기술환경을 의미한다. 그리고 당해 기업의 장점과 단점을 검토하여 장래의 각종환경 속에서 어떠한 hazard가 중요하게 될 것인가, 어떠한 peril이 발생할

위험관리는 결코 기업 및 가계의 성장이나 수익증대를 지향한 관리가 아니고, 기업 및 가계보전이나 현상유지를 위한 방위적 관리이다. 그것은 결코 적극적으로 수익이나 이익의 증대에는 기능하지 않는다. 그러나 수익에 들어가는 비용(특히 위험처리비용)의 절약을 통해서 간접적으로 이익증대에 작용하는 면은 지니고 있다. 특히 경영전략형 위험관리에는 이러한 색채가 강하다. 그래서 위험관리는 위험을 예지하고, 그 위험을 제어하고, 위험에 대해서 준비하기 위한 관리활동이며, 위험의 합리적 처리와 그 비용화[18]의 활동이라고 할 수 있다.

3) 위험관리의 형태

위험관리 형태는 앞서 기술한 위험관리의 역사적 흐름에 따라 4가지의 유형이 존재한다. ① 경영관리(business management)형 위험관리 ② 보험관리(insurance management)형 위험관리, ③ 위기관리(crisis management)형 위험관리, ④ 경영전략(management strategy)형 위험관리이다. ②와③은 재해관리형 위험관리이고, ①과④는 경영정책형 위험관리이다.

②와 ③의 위험관리는 주로 순수위험을 관리의 대상으로 하며, 위험관리수단의 중핵으로서는 기업의 일반적 재해나 사고(예를 들면 화재, 폭발, 지진, 도난, 교통사고나 결함상품에 수반하는 배상책임 등)을 대상으로 하는 방재관리 및 노동재해를 대상으로 하는 안전관리가 포함된다.

①과 ④의 위험관리는 단지 순수위험뿐만이 아니라 투기적 위험도 포함하여 기업위험 일반을 대상으로 하며, 위험처리수단으로서는 보험을 중점적으로 생각하지 않고, 모든 합리적 수단이나 전략을 과학적으로 혼합시켜 이용하려고 하는 것이다.

[표 2-1] 위험관리의 형태

경영관리형 위험관리	(1) 목적 - 기업위험의 극복과 재무적인 안정성의 유지를 목적으로 하는 기업의 유지관리 (2) 대상위험 - 순수위험과 일부의 투기적 위험(관리 가능한) (3) 내용 - 보험관리, 방재관리, 안전관리, 준비금관리, 캡티브관리, 각종 부문관리중의 위험 처리수단 (4) 위치설정 - 독립된 부문관리, 라인조직 (5) 활동 - 관리적 의사결정, 위기관리매뉴얼 안에서의 활동 (6) 문제점 - 투기적 위험의 어디까지 관여할까. 그 외의 부문관리 중에 포함된 위험 처리수단 (예를 들면 품질관리, 신용관리 등)의 어디까지 관여할 것인가)

것 같은가를 예측하고, 각종의 위험회피의 전략을 검토하고 실시해야 한다.

18) 최저의 비용으로 위험이 초래하는 불이익을 제거 또는 최소화하려고 하는 것이 위험관리의 목표이다.

보험관리형 위험관리	(1) 목적 - 위험관리비용(특히 보험비용)의 합리화와 우발사고로부터의 기업자산의 보전관리 (2) 대상위험 - 순수위험(특히 부보가능위험) (3) 내용 - 보험관리와 그것에 관련하는 방재관리 (4) 위치설정 - 재무관리의 일부(재무관리는 자본, 자금, 자산을 대상으로 하는 것으로, 위험관리를 자산 유지관리의 일부로 본다) (5) 활동 - 업무적 의사결정, 위기관리매뉴얼의 활용 (6) 문제점 - 인적위험의 처리를 어떻게 생각하는가. 생명보험, 사회보험의 취급은 어디에서 할 것인가.
위기관리형 위험관리	(1) 목적 - 경영위기의 타개와 극복에 의한 정상적인 기업활동의 속행 (2) 대상위험 - 우발적, 지속적인 거대사고·재해·정치·경제·사회적 사건에 의한 경영위기(순수위험이 중심) (3) 내용 - 방재관리와 전략업무 (4) 위치설정 - 전반관리, 부문관리를 포함한 모든 全社的인 긴급조직 (5) 활동 - 위기관리매뉴얼내외의 활동, 결단이나 전략적 의사결정에 수반하는 활동 (6) 문제점 - 조직의 형성이나 지도·명령계통의 확립이 곤란하며, 일관된 대책수립이 힘들다.
경영전략형 위험관리	(1) 목적 - 기업도산의 방지와 경영전략위험의 처리를 목적으로 하는 기업방위의 관리 (2) 대상위험 - 기업위험전반 (3) 내용 - 전반관리와 부문관리에 대한 조언, 조력, 조정, 감시(내부컨설턴트) (4) 위치설정 - 스탭조직(전문스탭 부문 또는 위원회) 또는 감사 (5) 활동 - 전략적 의사결정에 대한 조언, 위기관리 매뉴얼의 작성, 개정 (6) 문제점 - 스탭조직을 구성하는 전문스탭의 확보가 곤란하다. 위험처리의 집행

2 위험관리 프로세스

위험처리계획은 위험관리의 출발점이고 최초의 과정이다. 계획은 현상의 분석, 예측, 목적의 설정, 방침의 수립, 실시계획의 설정, 예산의 편성, 표준수속의 결정 등으로 구성하고 있다. 위험처리계획의 프로세스를 세분화하면 ①위험의 조사·확인 ②위험의 평가·분석 ③위험처리수단의 선택 ④위험처리 예산의 편성 ⑤위험처리 실시계획의 설정이라는 과정으로 나눌 수 있다.

위험의 조사·확인은 위험의 발견 또는 확인을 의미하고[19], 당해기업이 처해 있는 각종의 위험을 파악하고 그것을 리스트업하는 것이다. 조사해서 파악된 위험을 분석하고 그 성격,

19) 이하 문장에서는 위험의 조사·확인을 위험의 발견 및 확인으로 통일하여 기술하겠다.

정도를 검토해서 경영에 대한 영향을 평가하고 추정해서, 예측 내지 측정하는 것이 위험의 평가·분석이다.

위험처리계획의 제3의 과정은 위험처리수단의 선택이다. 이것은 유효적절한 위험처리수단의 선택 및 그 수단의 최선의 결합에 관한 의사결정을 의미한다. 위험처리수단으로는 수많은 대체안이 있지만, 그것들을 대별해서 위험통제(risk control)와 위험재무(risk finance)로 분류하는 것이 보통이다.

위험처리수단의 선택에 근거해서 ④의 위험처리예산의 편성을 하게 되는데, 이것은 계획에 근거해서 목표를 달성하기 위한 합리적 비용의 계상을 의미한다. 이어서 달성되어야 할 목표, 작업표준, 수속 등이 장기 또는 단기에 관해, 혹은 각 부문단위에 관해 책정된다. 이것이 ⑤의 위험처리실시계획의 설정이다.

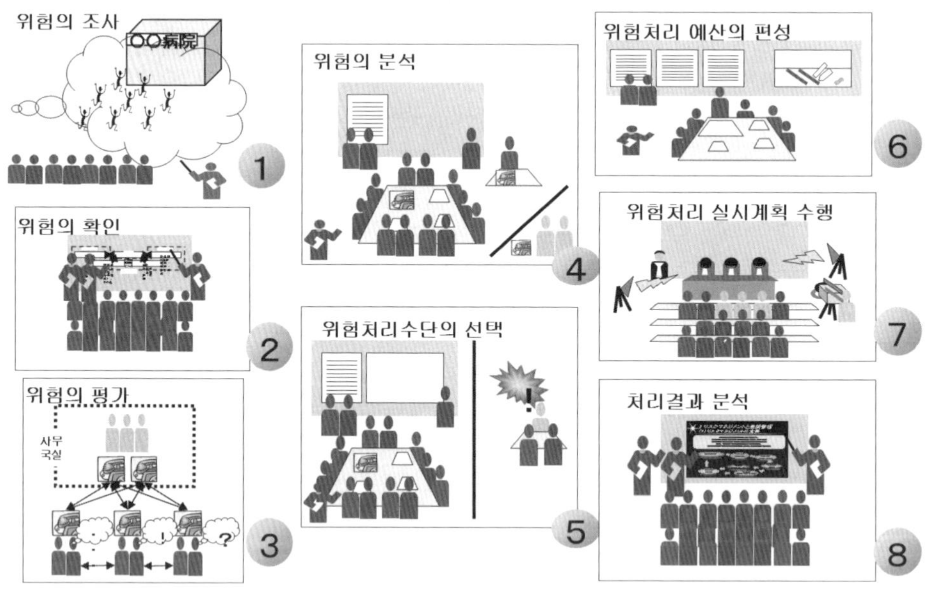

•— 그림 2-3 —• 위험관리 프로세스

위험관리 프로세스는 경영계획의 일부이기 때문에, 개별계획(project planning)과 기간계획(period planning)으로 이루어진다. 개별계획은 특정의 위험에 관해서 몇 개의 대체안을 검토, 평가하고 대체안의 하나 또는 복수의 대체안의 선택결정을 하고, 그것을 행동하는 것이다. 이것에 대해 기간계획은 장래의 일정기간의 목표실현을 위해서 행해지는 계획으로, 다수의 개별계획의 총합으로부터 이루어진다. 그리고 기간이 1년 이내인지 1년 이상인지에 의해 단기계획과 장기계획으로 분류된다.

2-1 위험의 발견 및 확인

위험의 발견 및 확인을 하지 못하면 위험의 관리와 처리가 어려워져, 사고가 발생하면 손실이 생기고, 그 결과 기업은 큰 손실을 입게 된다.

따라서 위험관리 프로세스에서 가장 먼저 해야 할 일은, 위험의 발견 및 확인이다. 위험이 어디에 존재하며, 어느 정도의 규모로, 또 그 영향의 범위는 어느 정도인지를 파악하는 것으로, ① 위험의 객체, ② 위험의 형태 및 ③ 위험의 결과를 리스트업하고, 그것을 분류, 정리하는 것이다.

예를 들어 기업에 적용시켰을 경우에는 ① 기업내에는 어떠한 사람과 물건이 존재하는가(인적자산과 물적자산의 체크), ② 사람과 물건에 관해 어떠한 사고가 발생할 가능성이 있는지(인적위험, 물적위험), 사람이나 물건이 어떠한 사고를 일으킬 가능성이 있는지(책임위험, 비용위험), ③ 사람과 물건의 위험이 어떠한 결과가 되고, 어떠한 손실의 형태를 취하는가(인적손실, 물적손실, 채권회수불능, 이익상실, 손해배상책임, 보상책임, 보증책임, 비용부담 등)라는 것이 검토된다. 이미 알고 있는 위험에 관해서는 과거의 경험과 이론적 지식으로 비교적 간단하게 파악할 수 있지만, 잠재적 위험이나 투기적 위험에 관한 발견 및 확인은 어려운 문제가 된다.

위험의 발견 및 확인은 기업의 내부 정보와 외부 정보에 따라 이루어진다. 내부정보의 입수는 우선 기업의 경영구조에 관련된 기업의 인사(人事)·재무·제조·판매·정보부문 등 각 부문의 정보와, 대차대조표(貸借對照表)·손익계산서(損益計算書)·결산보고서 등으로부터 위험에 관련된 정보를 얻는다.

[표 2-2] 위험의 확인 원천

내부 정보	외부 정보
기업 각 부문의 정보	보험회사 · 브로커
과거의 손실기록	변호사 · 공인회계사 · 변호사
위기 사례	업계 단체 · 관공청 외곽 단체
면접조사 및 실지조사	학회 · 전문서적

다음은 손실기록 및 위기 사례이다. 과거의 사고에 의한 손실기록, 보험회사의 보험금 지불건수·보험금 등으로부터 정보를 입수할 수 있다. 위기 사례는 발생사고 뿐만 아니라, 사고로까지는 이르지 않아 손실이 발생하지 않은 체험 및 경험을 일컫는 말로, 이 사례는 발생

건수가 많고, 손실방지에 유효한 정보가 많이 포함되어 있다. 마지막으로는 각 현장에서의 면접 조사 및 실지(實地)조사로, 기업의 유형 자산·무형 자산에 관련된 위험, 즉 물적 손실의 발생, 제조부문의 조업(操業)중단, 제품의 결함에 따른 배상책임의 발생, 기술의 진부화(陳腐化), 환경오염 등의 위험 파악한다. 이 방면에는 보험회사, 브로커 및 위험 컨설턴트회사 등이 면접조사 질문표 및 노하우를 가지고 활동하고 있다[20].

외부정보의 입수는 먼저 보험회사·브로커·위험 컨설턴트로부터 얻고, 다음으로는 세무사·공인회계사·변호사로부터 정보를 얻을 수 있다. 다음은 세계 단체 및 관공청의 외곽단체로, 이 단체들은 위험에 관한 정보를 수집하여 공표하고 있다. 마지막으로 학회 및 전문서적에서도 정보를 얻을 수 있는데, 일본 위험 관리학회, 일본 보험학회, 위기관리 시스템 연구회 등이 위험 관리의 구체적인 정보를 수집·분석하고 있다.

2-2 위험의 분석 및 측정

위험이 기업에 끼치는 영향과 위험의 재무적(財務的) 처리를 위해서는 위험의 측정이 불가결하고, 최적의 위험 처리를 위해서는 위험을 정량적으로 파악할 필요가 있다.

위험의 정량적인 측정은 사고발생의 가능성인 발생확률 및 손실의 규모에 따른 것으로, 이 경우에 대상이 되는 위험은 순수위험이다. 사고의 발생빈도(frequency) 및 손실 강도(severity)의 합으로부터 손실액을 산출하고, 이로 인해 위험의 정량적 파악이 가능해져, 재무적으로 필요한 코스트를 예측할 수 있다.

---

20) 체크리스트는 기업의 잠재적 위험을 발견하기 위해서 사용된다. 즉 조사사항과 그것에 대한 해답을 분석하고 잠재적 위험을 확인하려고 하는 것이다. 그러나 체크리스트의 내용여하에 따라서는 유효하지 않을 수 있다. 이 방법은 상식적으로 알 수 있는 것도 체크리스트를 경유하기 때문에 비능률적이며, 위험을 망라해서 확인할 수 없다.
재무제표를 이용해서 위험을 조사하는 방법은 재무제표의 각 계정과목이 위험의 원천을 나타낸다는 발상에 기초를 두고 있다. 즉 재무제표의 분석을 통해 경영의 상황이 판명되고, 동태적 위험의 동향을 파악할 수가 있지만, 정태적 위험 그 자체는 재무제표로부터는 추출할 수 없다. 왜냐하면 재무제표는 사고의 통계표가 아니기 때문이다. 그러나 위험발생의 결과로서의 손해의 예측은 원칙적으로 가능하다.
플로우 차트를 이용해서 위험을 조사하는 방법은 기업의 활동을 플로우 차트로 작성하고, 거기에서 잠재적 위험을 발견하려는 것이다. 즉 생산흐름, 판매·유통흐름, 사내상호 의존흐름 등을 차트로 해서 위험의 확인을 하려는 것이다. 기업조직이 복잡하게 되면 이런 방법도 유효할지도 모르지만, 그래도 위험의 리스트업에서 벗어난 것을 픽업할 정도의 효과에 머무른다. 위험의 발견 및 확인에는 하나의 방법만을 신뢰해서는 안된다.

[표 2-3] 카테고리 접근법

사고 발생 빈도

카테고리 1 - 거의 발생하지 않음 (almost nil)
위험(Risk) 매니저의 견해로 보면, 사건은 발생하지 않음

카테고리 2 – 희소 (slight)
가능성은 있으나 현재까지의 발생이 없어, 차후에도 발생하지 않을 듯 함

카테고리 3 – 보통 (moderate)
이제까지 이따금 발생하여, 이후로도 종종 발생할 것으로 예상됨

카테고리 4 – 확정적 (definite)
정기적으로 발생해왔고, 장래에도 규칙적으로 발생하리라 예상됨

손실의 강도

카테고리 1 – 연간 예상 손실 (Annual Expected Loss)
기업이 장기적으로 예상할 수 있는 규칙적인 연평균 손실

카테고리 2 – 최대 개연적(蓋然的) 손실 (Maximum Probable Loss)
위험(Risk) 매니저가 채택한 비율보다 발생확률이 낮음
예) 40년에 한 번 있을 법한 최악의 손실

카테고리 3 – 최대 가능 손실 (Maximum Possible Loss)
기업이 존속되는 동안, 한 번 생길까 말까 한 최대의 손실

그리고 기업의 경우, 과거 기업내부 손실의 발생상황 및 손실의 강도(규모)에 관한 손실기록에 위기 사례를 더하면 측정의 유효성이 높아지고, 거기에 외부자료를 부가하여 측정의 정밀도를 높일 수 있게 된다.

손실발생빈도 및 강도의 측정에 있어서는, 발생의 확률을 구하는 방법과 카테고리 접근법이라 일컫는 확률에 따르지 않는 방법이 있어, 사고발생빈도를 네 개, 강도를 세 개의 카테고리로 분류하고 있다.

2-3 위험 처리수단 및 선택

사고가 발생해 기업 활동이 저해되면 손실이 생기고 이익의 감소가 되어, 과거 축적해 놓은 여유분을 끌어 쓰지 않는 한, 해당 분기의 이익은 감소하게 된다. 재무적으로 손실의 발생은 과거의 축적으로라도 채우지 못하면 주주자본을 감소시키게 되고, 손실이 극단적으로 커지게 되면 채무 초과에 빠져, 기업은 도산의 위기를 맞이하게 된다. 그리하여 기업은 위험을 처리할 필요가 생기게 된다.

기업이 위험을 처리하기 위해서는 경영자본인 인적자원, 자산, 재무력(財務力), 정보 등을 다루기 때문에, 위험에 대한 처리 수단으로는 위험통제(Risk control)와 위험재무(risk financing)가 있다.

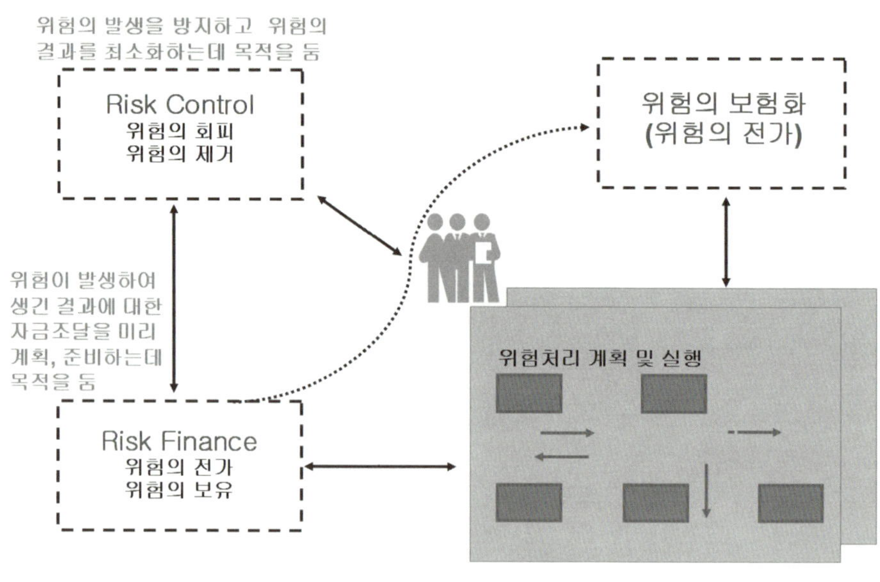

•—그림 2-4—• 위험 처리수단

위험통제(Risk control)는 기업 위험의 현재화(顯在化)를 예방 혹은 경감하여, 결과적으로는 사고를 관리하는 것을 말한다. 위험통제(Risk control)에는 사고발생에 따른 손실을 방지하는 [위험의 회피], 사고의 발생을 예방하고 발생한 경우에 손실의 확대를 방지하는 [위험의 예방·경감], 동일한 사고로 다수의 자산에 동시 손실이 발생하는 것을 방지하는 [위험의 분산], 그리고 보험을 이용하지 않고 비(非)재무적인 수단인 계약조항 등에 따르는 [위험의 이전(移轉)]등이 있다.

위험재무(risk financing)는 위험통제(Risk control)로도 사고의 발생을 완전히 방지하지는 못하기 때문에, 손실의 발생에 대비해 위험의 수량화와 손실예상을 적절히 수행하여, 사전에 계획적으로 자금조달 방법을 강구해 두는 재무적인 위험 처리수단이다. 기업내부를 자금의 조달처로 하고 손실을 처리하는 [위험의 보유(保有)]와 기업 외부의 자금을 조달해 보험을 이용하는 [위험의 이전(移轉)]의 위험 처리수단이 있으며, 코스트를 필요로 한다.

위험은 발생빈도 및 강도(규모)로 네 개의 그룹으로 분류할 수 있다. 제1그룹은 발생빈도도 낮고 손실의 규모도 작은 위험, 제2그룹은 발생빈도는 낮지만 한번 발생하면 손실의 규

모가 큰 위험, 제3그룹은 발생빈도는 높지만 손실의 규모는 작은 위험, 제4그룹은 발생빈도도 높고 손실의 규모도 큰 위험이다. 위험처리의 경비와 관련시켜 제1그룹의 위험은 [보유], 제2그룹은 [위험 통제 및 보유], 제3그룹은 [위험 이전], 제4그룹은 [위험 통제] 등과 같은 방법으로 행해진다.

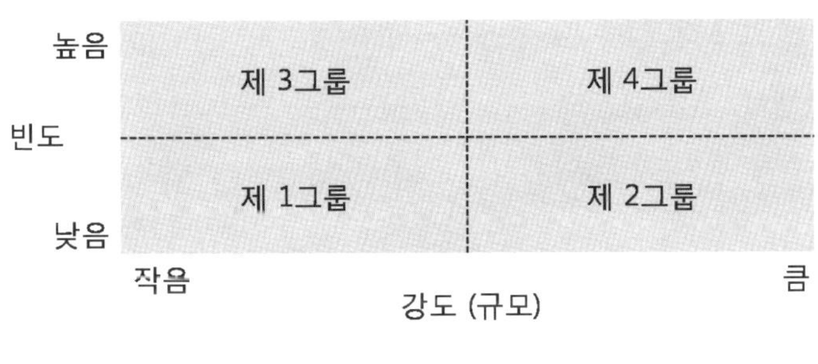

●— 그림 2-5 —● 위험처리수단 선택

위 [그림 2-5]를 자세히 설명하기 위해 Fink의 위기관리론(crisis management)[21]중 위기측정론을 예를 들어 설명하고자 한다. 갑자기 위기에 닥쳤을 때, 그것이 어느 정도의 손해(damage)가 되는지, 그 영향, 결과, 금액 및 인간에 대한 피해의 정도를 나타내는 「위기충격도」(crisis impact value, CIV)를 내고, 이것을 0에서 10까지의 숫자로 평가한다. 그리고 5개의 질문에 대한 득점을 합계하고, 그 합계액에서 평균치를 측정한다.

질문 제1은 「위험의 충격은 확대하는가, 그 수준이나 속도는 어느 정도인가」라는 것으로, 충격이 전혀 없는 경우는 0, 그 수준이 최악의 경우는 10이라고 채점한다.

질문 제2는 「위험이 발생한 경우, 매스컴이나 정부기관에 어느 정도 조사받고 간섭받는가」라는 것으로, 질문 1과 같이 0에서 10까지의 평가를 행한다.

질문 제3은 「위험으로 인해서 기업의 일반업무에 어느 정도의 지장을 초래하는가」이다. 질문 제4는 「위험으로 인해서 기업의 이미지나 평가가 어느 정도 하락하는가」이고, 질문 제5는 「위험으로 인해서 기업의 수익은 어느 정도 저하 하는가」이다.

이상의 5가지 항목의 득점을 합계해서, 이것을 5로 나누어 위험충격도를 작성하는데, 만약 이것이 8.5이상이라면, 이 숫자를 저하시키는 노력이 필요하다. 이러한 사전조사를 자발적으로 하여, 위험의 제거 내지 저지(to eliminate or circumvent the danger)를 사전에 생각해 둘 필요가 있다.

---

21) Fink, S., 「Crisis Management」, N, Y. 1986, pp. 37-46 : 近藤純夫訳 『위험 관리』 1986년(経済界).

그런데, 위험충격도가 9.5정도로 높더라도 그 확률이 극히 낮은 경우도 있다. 반대로 위험충격도는 7이지만, 그 확률이 매우 높은 경우가 있다. 이러한 경우 일반적으로 강한 관심을 갖게 되는 것은 후자일 것이다. 거기에서 다음으로 문제가 되는 것은 확률(probability)이다.

그래서 과거에 일어난 사고를 뒤돌아보고, 위험이 과거에 어느 정도 발생하고 있는지를 자신의 기업뿐만 아니라, 다른 기업도 조사하고, 허용범위 안에서 예상된 위험 발생확률을 퍼센트(%)로 표시할 필요가 있다. 이것은 「거의 발생할 것 같지도 않다」 「어쩌면 발생할 가능성이 있다」 「발생할 확률이 상당히 높다」라는 말을 숫자화 하는 것이다. 따라서 그것은 0%(불가능)에서 100%(필연)의 사이에서 이것을 수량화하는 것을 의미한다.

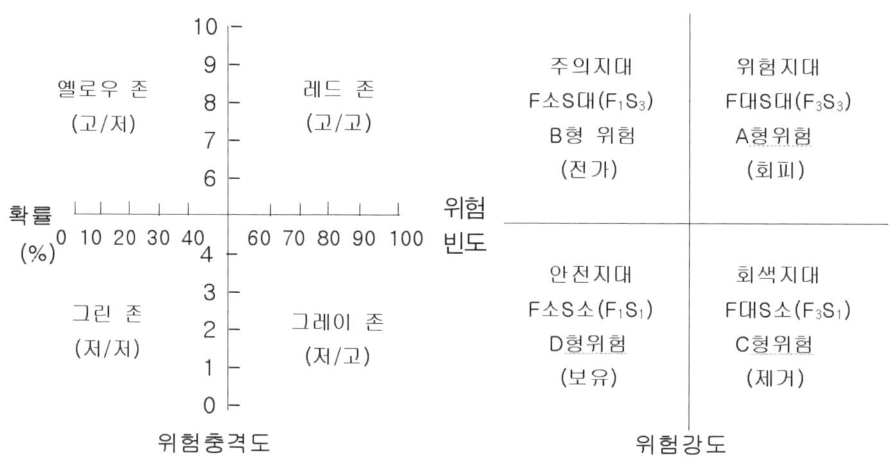

그림 2-6 fink의 위기 예측도

세로축에 위험충격도(1 ~ 10)을 나타내고, 가로축에 위험발생확률(0 ~ 100%)을 나타낸다. 수직으로 교차한 점은 위험충격도(세로축) 5, 위험발생확률(가로축) 50%이다. 예측한 위험의 위험충격도와 위험 발생확률의 교점에 점을 찍으면, 4개의 어느 한쪽의 지대(zone)에 포함되게 된다.

① 위험충격도도 높고, 위험 발생확률도 높다 →Red Zone(위험지대)
② 위험충격도는 높으나, 위험 발생확률은 낮다 →Yellow Zone(주의지대)
③ 위험충격도는 낮으나, 위험 발생확률은 높다 →Gray Zone(회색지대)
④ 위험충격도도 낮고, 위험 발생확률도 낮다 →Green Zone (안전지대)

이를테면 Red Zone에 있는 위험(A형 위험)은 순수위험이든 투기적 위험이든 「회피」라는

위험처리수단을 취할 수 있을 것이다. 또 Yellow Zone에 있는 위험(B형 위험)에서 순수위험은 보험 등의 「전가」, 투기적 위험은 「보유」 또는 「회피」가 될 것이다.

Gray Zone에 있는 위험(C형 위험)에서 순수위험은 「제거」, 투기적 위험은 「회피」또는 「보유」라고 하는 것이 된다. 또 Green Zone에 있는 위험(D형 위험)은 순수위험이든 투기적 위험이든 「보유」가 될 것이다.

2-4 위험처리성과의 감시·평가 및 비용

위험처리에 관한 행동이 위험관리의 목적에 적합하게 이루어졌는지를 감시·평가하는 일은 중요하다. 위험의 처리는 비즈니스 찬스(business chance)를 증대시켜 수익을 확보하는 과정이라기보다는 오히려 위험처리를 위한 코스트가 지출되는 프로세스이기 때문에, 처리의 과정을 감시 및 평가할 필요가 있다.

위험의 발견 및 확인, 위험의 측정, 거기에 따른 위험 처리수단을 선택·실행한 후 각각의 효과에 대해 평가할 필요가 있다. 특히 위험처리가 위험관리의 목적에 대해 어떠한 효과를 발휘했는지에 대한 평가가 중요하다. 또한 기업을 둘러싼 환경은 쉼없이 변화하고 있기 때문에, 위험관리의 각 프로세스를 재검토해, 끊임없이 수정할 필요가 있다.

위험관리의 최종단계는 위험 관리계획의 재평가와 기록의 보관 등을 포함한 계획 전체의 관리이다. 계획에 대한 적정한 평가는 다음 계획의 중요한 자료가 되고, 계획이 기업의 경영목적에 어떻게 공헌했는지를 판단할 자료가 된다.

위험관리 각 프로세스의 평가에 있어서 최우선으로 할 것은 기준의 설정이고, 다음이 기준과 실제 행동 결과의 비교이다. 마지막으로 위험 처리상의 현실 결과와 기준 사이에 격차가 생긴 경우에는 기준의 수정 혹은 행동의 수정이 필요하다. 평가에 대해서는 이상의 세 가지를 유의해야 한다.

그리고 기업이 위험을 처리하기 위해서는 코스트가 필요하고, 코스트는 일반 코스트와 같이 컨트롤되고 최소화되어야 한다. 위험 관리의 코스트로는 보험료 등의 위험 이전비용, 외부에서 보상되지 않는 자기부담의 자가(自家)보험 및 보유액, 방재설비 등으로 인한 손실예방의 위험 컨트롤비용, 위험관리의 위험관리 코스트, 즉 위험관리부문의 인건비 및 물건비(物件費) 등이 있다.

3 위험의 통제 (Risk Control)

3-1 위험의 회피

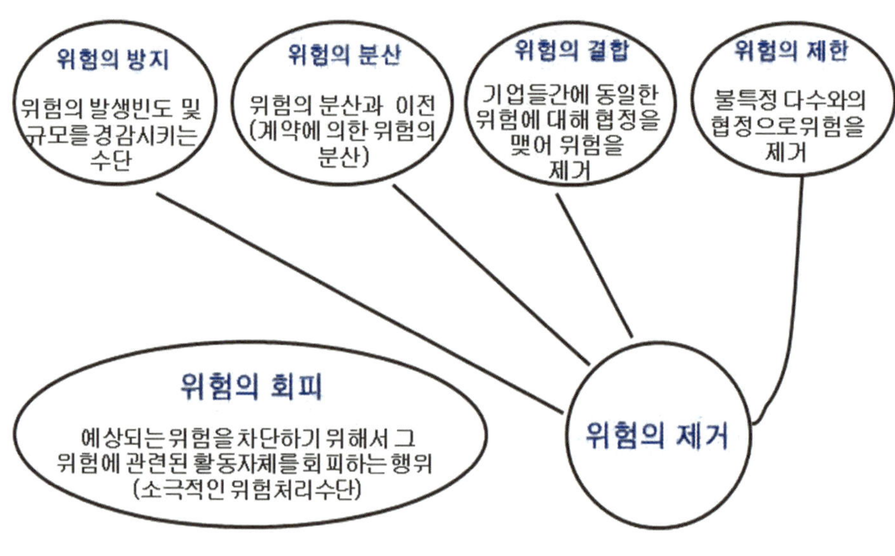

그림 2-7 위험의 통제

사고발생에 따른 손실을 방지하는 단순하고 확실한 방법은 위험을 피하는 것이다. 예를 들어 항공기를 이용하지 않으면 항공기사고를 당할 일이 없고, 자동차를 사용하지 않으면 자동차사고의 가해자가 될 일은 없다. 기업에 있어 위험을 수반하지 않는 것, 위험을 회피하는 것은 가장 확실한 대책이 된다. 화기(火氣)사용의 제한, 공장 건설의 중지, 배상책임 발생을 회피하기 위한 신제품 개발의 중지 등은 위험을 근절할 수 있는 대책이라 할 수 있다.

위험의 회피(risk avoidance)는 위험을 근절시킬 수 있는 대책이긴 하지만, 생산조건의 제한은 경쟁조건을 저하시키고, 신제품의 개발을 단념하는 것은 비즈니스 찬스를 놓친다는 등의 의미가 되는 소극적인 대책이다. 위험의 회피는 위험의 방지가 곤란한 경우의 선택지이기는 하지만, 비즈니스 기회를 잃는 등의 경우가 있어, 현실적인 방법이라고는 할 수 없다.

[표 2-4] 위험 회피의 사례

- 자연재해의 우려 등으로 입지 조건이 좋지 않은 지역에 공장을 세우지 않는다
- 위험한 작업은 하청을 준다
- 배상책임 위험의 가능성이 있는 제품을 제조하지 않는다
- 위험방지책의 코스트가 과대한 기업활동을 중지한다

3-2 위험의 예방 및 경감

기업이 위험회피만을 고집해서는 기업 활동의 폭을 현저히 좁혀 비즈니스 찬스를 놓치게 되고, 위험을 완전히 회피할 수 없는 경우 또한 있다.

사고의 발생을 사전에 예방하는 방책을 위험 예방책(risk prevention), 사고가 발생한 경우 손실의 확대를 방지하는 방책을 손실 경감책(輕減策, loss reduction)이라 한다. 위험 예방책과 손실 경감책을 총칭(總稱)하여, 일반적으로는 위험통제(risk control) 또는 손실통제(loss control)라 부른다.

[표 2-5] 위험 예방 및 손실 경감 사례

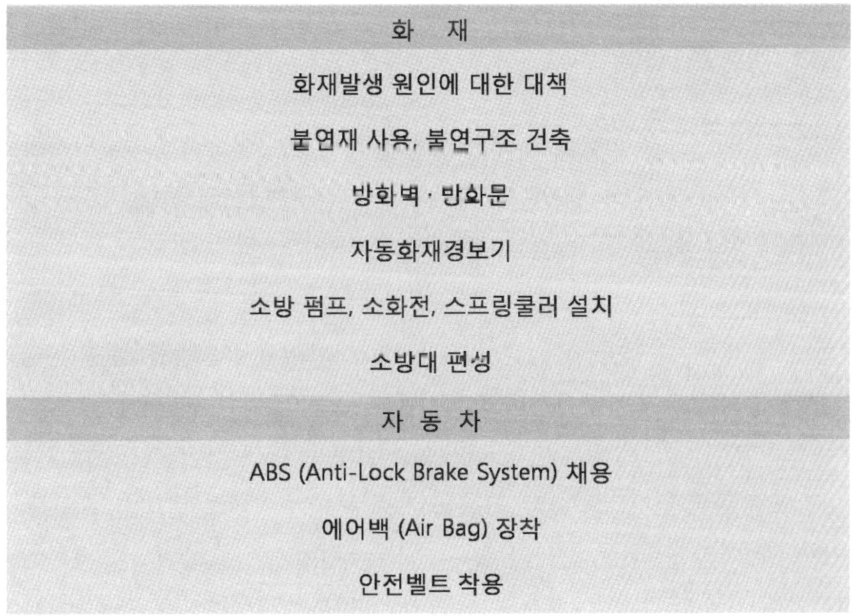

화 재
화재발생 원인에 대한 대책
불연재 사용, 불연구조 건축
방화벽 · 방화문
자동화재경보기
소방 펌프, 소화전, 스프링쿨러 설치
소방대 편성
자 동 차
ABS (Anti-Lock Brake System) 채용
에어백 (Air Bag) 장착
안전벨트 착용

3-3 위험의 분산과 이전

위험의 분산(separation)은 동일한 사고로 다수의 자산이 동시에 손실을 끼치지 않도록, 동일한 곳에 집중시키지 않고 분산하는 방책이다. 기업이 생산시설 또는 원재료·제품 등을 한 곳에 집중하고 있으면 위험에 의해 단번에 괴멸적인 타격을 받을 수 있고, 또는 특정 지역이 자연재해로 인해 에너지원(源)이 단절되는 경우, 원재료의 입수와 종업원의 확보도 곤란해진다. 위험을 분산해 두는 것은 손실의 규모를 감소시키는 역할을 한다.

위험 분산의 사례로는 공장을 분산시키거나, 컴퓨터 센터를 지진에 대비해 도쿄와 오사카에 분산시켜 배치하는 등의 예가 있다.

위험의 이전(transfer)에는 보험을 이용하는 재무적 수단에 의한 방법과 보험 외의 비재무적 수단에 의한 방법이 있다. 위험 통제에서 위험 이전이란, 보험 외의 방법으로 비재무적 수단에 의한 위험 이전을 뜻하고, 재무적 수단에 의한 위험 이전 방법은 위험 재무라 부른다.

위험 통제에서 비재무적 수단에 의한 이전은, 위험의 재무적 부담 혹은 법적 책임을 계약에 따라 이전하는 것이다. 기업의 책임이 되는 손실에 대해, 그 책임을 계약에 따라 상대가 부담하는 계약 조항을 삽입해 이전하는 것으로, 구체적으로는 계약서에 [면책조항] 또는 [책임이전조항]을 삽입해 위험을 이전한다.

3-4 위험의 결합과 제한

위험의 결합은 서로 다른 기업이 동일의 위험에 대해 무엇인가의 협정을 맺어 그 위험을 제거하려고 하는 것이다. 즉 가격협정, 거래협정, 기술협정, 생산제한, 경쟁제한 등의 협정을 맺어 경쟁위험이나 도산위험을 배제하려고 하는 것이다.

기업결합의 각종 수단으로, Syndicate, Pool, 카르텔, 트러스트, 콘체른, 콘글로매리트 등이 위험결합이다. 또한, 기업의 합병 및 인수, 기업의 자회사지배 등을 통해 경영규모를 확대시키고, 그것에 의해서 위험단위를 증대시키려고 하는 것이다.

위험의 분산과 결합이라는 것은 말의 어감으로 보면 정반대 같이 생각된다. 그러나 위험처리수단으로서의 분산과 결합은 모두 위험에 처하게 되는 단위를 증대시키는 것이다. 다만 분산은 한 기업내의 위험단위를 증대시키는 것에 대해서, 결합은 타기업도 포함해서 위험단위를 증대시키는 것이다. 위험 단위를 증대함으로써 사고발생 경우의 손해규모를 축소하거나 위험의 중화가 실현되거나 하는 것으로 위험의 발생을 예측하기 쉽게 된다.

위험의 분산(이전)은 통상 특정소수의 기업간에서 인정되지만, 이것이 불특정다수의 거래

처나 고객에 대해서 하는 경우에는 위험의 제한이 되는 것이다. 위험의 제한은 정형적인 계약서서식이나 보통거래약관 등을 사전에 작성해 두고, 개개의 거래에서 이것을 사용함으로써 기업이 부담하는 위험 부담의 경계를 확정해두는 것이다. 다시 말해서 계약이나 거래의 표준화에 의해 기업의 잠재적 위험을 한정, 억제하려고 하는 것이다. 해상운송계약이나 유탁손해배상 등에 관한 법률에서는 해사기업의 책임제한이라는 형태로 위험의 제한을 규정하고 있다.

3-5 위험통제의 한계와 비용

위험 통제에 의한 위험의 방지·경감에는 기술적인 한계와 경제적인 한계가 있다. 현재의 기술 수준으로는 많은 기업 활동 분야에 있어, 사고발생을 완전히 방지하는 것은 거의 불가능하다.

자동차사고는 도로사정 등의 교통 환경, 기상조건, 차량 자체의 상태, 운전자의 의식 및 보행자의 행동 등의 복합적인 요소에 의해 발생해, 위험 통제에 따른다 하더라도 자동차사고를 모두 없애는 일은 기술적으로 거의 불가능하다. 그리고 기술적으로 가능하다 해도 경제적으로 헛되이 코스트가 증대되어 현실적이지 않다.

경제적인 한계는, 기술적으로는 위험을 제어하는 일이 이론적으로는 가능하더라도, 사고를 방지하기 위한 코스트가 예상되는 손실을 상회하는 경우이다. 위험 통제는 사고 제어를 위한 코스트와 효과를 감안하여 실시할 필요가 있다.

위험 통제에 따른다 하더라도 사고의 발생을 막고 손실의 발생을 완전히 방지하는 것은 불가능하다. 그래서 손실발생에 대비해 사전에 계획적으로 자금을 조달하고, 위험을 처리할 방법이 필요하게 된다.

4 위험의 재무(Risk Financing)

위험재무는 기업이 사고발생에 의해 기업 활동이 저해되어 손실이 발생한 경우, 그 손실분을 채우는 재무적인 수법으로, 손실의 발생에 대비해 자금을 마련해 두고, 기업의 수익에 악영향을 끼치는 것을 회피하는 방책이다.

위험재무에는 자금의 조달처를 기업 내부에 두고 손실을 처리하는 위험보유(retention)와 기업 외부에서 자금을 조달하는 위험이전(transfer)의 보험 이용 등이 있다. 보험 또는 이전 등의 위험 처리수단 선택은 사고 발생의 빈도 및 손실의 규모에 따라 결정된다.

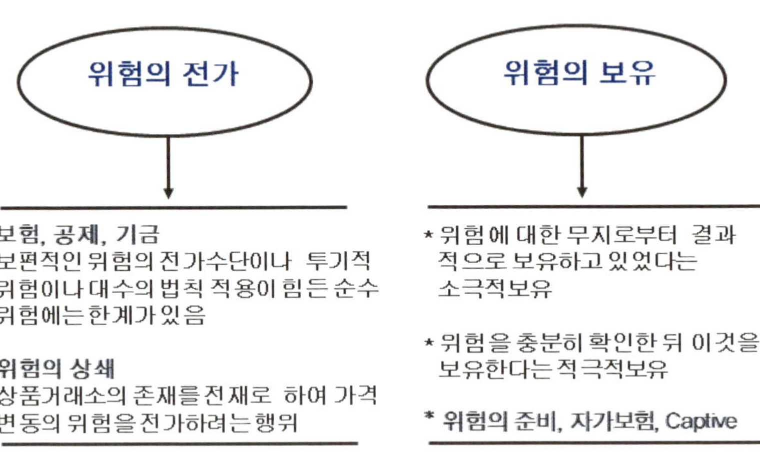

그림 2-8 위험재무

4-1 위험의 보유

기업의 일상적인 위험으로는, 유리창 파손, 누구, 배수관 고장, 기구 파손, 진열상품의 오염 및 도난 등, 다양한 예가 있다. 이 위험들은 보통 발생 빈도는 높지만, 한 번의 사고로 인한 손실의 규모가 작아 손실금액도 적기 때문에, 외부로 이전할 정도의 위험는 아니다. 보유는 발생빈도가 높고 손실규모는 작은 위험에 대해, 손실이 발생한 경우에 대비해 기업 내부에 자금을 준비해 두고 손실에 대처하는 자금조달의 재무적인 방법이다.

위험을 보유한 기업은 사고가 발생한 경우, 내부의 자기자산인 경상비(經常費, current expense) 및 준비금(準備金) 등으로 자금을 마련하거나, 차입금(借入金, borrowing)으로 손실을 보충한다.

경상비에 의한 손실의 보충은 기업의 경비를 통한 처리로, 회계연도의 수익에서 손실분을 지불하는 것이다. 기업의 경비로 처리하는 방법으로 손실의 규모가 비교적 작을 때에 유효하다. 경비 예산으로 허용된 범위 내에서 이루어지고, 해당 분기의 수익에 영향을 주지 않을 것을 전제로 한다.

준비금은 특정 위험에 의해 생긴 손실을 처리하기 위해 기업 내부의 담보금을 제하는 등, 자금을 유보하는 방법이다. 예측된 손실의 재무적인 영향을 해소할 수 있는 준비금을 적립할 필요가 있다.

차입금(신용대출)은 손실 발생을 예상하지 못해 자금이 준비되지 않았을 경우, 혹은 손실이 예상했던 이상으로 컸을 경우에 유효한 방법이다. 차입은 외부 자금을 사용하지만, 손실의 보충을 위한 차입자금은 일정기간 후, 대주(貸主)에게 이자와 함께 반환되는데, 이는 기업 내부 자금의 이동이므로 위험의 보유로 보며, 이전이라고는 할 수 없다. 이 경우, 대주는 대금이 반환되어, 기업에서 위험의 이전을 인수하는 것이 아니기 때문이다.

기업이 위험의 보유를 선택하는 이유 중 첫째로 보험과의 관계를 들 수 있다. 보험시장에서 필요한 보험을 입수하지 못한 경우, 또는 보험이용이 불필요한 경우가 그 예가 된다. 둘째로는 재무적인 이유가 있다. 보험료에 보험회사의 코스트가 포함되어 있는 것과 달리, 보유에는 코스트가 포함되지 않아 보험료의 코스트를 절약할 수 있다. 셋째는 손실의 예상이 잘 들어맞은 경우가 있을 수 있으며, 넷째로는 기업이 위험의 보유를 선택함으로 인해 기업 종업원들의 사고방지 의식이 높아져, 위험 컨트롤효과가 한층 더 발휘되는 등의 이유가 있다.

4-2 자가보험(自家保險)

자가보험은 기업들 중 대수(大數)의 법칙이 성립할 정도로 위험이 많은 기업, 구체적으로는 다수의 점포, 자동차, 선박 또는 종업원을 보유한 기업이 기업 내에 일정액의 재해준비금 등을 적립해 손실 발생에 대비하는 방식을 말한다.

손실 발생에 대처하는 경제적 준비라는 점에서는 보험과 같은 기능을 지니지만, 준비금의 적립이 하나의 기업 내에서 이루어지고, 다수의 경제주체의 결합이라는 점에서 보험과는 그 성격을 달리한다. 자가보험은 경상비로 처리하는 보유와도 다른 것으로, 자기자본으로 준비금을 적립해 손실을 보충한다. 자가보험이 선택되는 이유는 보유가 선택되는 경우와 거의 같아, 보험시장과의 관계, 리스트 처리경비의 삭감, 기업이 위험 통제의 성과를 누릴 수 있는 점 등을 그 예로 한다.

[표 2-6] 보험료의 구조

순 보 험 료	⟶	위험에 의한 손실부분 (지불 보험금)
부가 보험료	⟶	보험회사의 사업 코스트분
영업 보험료	⟶	순보험료 + 부가 보험료

4-3 Captive보험

Captive보험은 기업 또는 단체 등의 경제주체가 보유한 보험 자회사로, 모기업(단체)의 위험만을 인수하는 보험회사이다. 여기서 말하는 Captive란 모기업의 위험을 인수하는 것으로, 모기업 그룹에서 위험을 보유하는 것을 의미한다.

Captive의 이용은 그룹 외부의 보험을 이용하는 경우와 비교하면, 보험료에 포함되는 부가보험료 부분(사업 코스트)의 대부분을 삭감할 수 있고 위험 이전의 코스트는 순보험료 부분만 남게 되어, 경우에 따라서는 코스트를 크게 절약할 수 있고, 보험시장의 환경이 악화되어 보험이용이 곤란해진 경우에는 모기업이 평소 보험시장에 부담하던 위험을 인수하여, 모기업의 위험 처리 선택지를 다양화할 수 있다.

또한 Captive의 이용은 기업 그룹 내에 보험료를 축적하게 되어, 보험료의 운용에 따른 수익도 기대할 수 있다. 자회사에 입금한 즉시 사고가 발생해 보험료를 지불하는 일은 거의 있을 수 없기 때문에 보험금 지불까지 자금 운용이 가능해져, 특히 배상책임보험 지불의 경우는 장기간 소요되는 사례가 많아 보험금 지불까지 보험료를 운용한 수익을 얻을 수 있다.

4-4 보험

위험의 이전방법으로 가장 널리 이용되는 것은 보험이다. 위험관리는 보험관리의 발전형으로, 당초에는 보험을 유효하게 이용해 최소의 코스트로 위험을 이전할 의도로 시작됐다. 기업은 보험 이용을 통해 손실발생의 불확실성을 보험금 수취의 확실성으로 전환해, 예측한 손실을 재무적으로 확실히 처리할 수 있게 되었다. 보험은 손실을 재무적으로 처리하는 최선의 방법으로 위험 관리의 중축을 담당하고 있다.

위험 처리수단으로 보험을 이용하는 경우의 유의점으로는

1) 대상이 되는 위험(담보조항)의 확인
2) 면책사항의 확인 – 손해가 발생해도 지불되지 않는 경우
3) 보험의 대상 확인
4) 보험 금액
5) 보험료의 수준과 안정성 – 보험료의 수준이 타당한지, 너무 높거나 낮지 않은지(낮은 보험료 책정은 이용자에게는 바람직하지만, 과도한 보험율 경쟁으로 보험금 지불 펀드가 부족해져 보험금 지불에 지장이 생길 수 있으므로)
6) 보험회사의 건전성 – 보험을 이용하는 위험 이전은 사고가 발생한 경우에 계약한 내용

으로 보험금이 지불될 것을 전제로 한다. 하지만 보험회사에는 '보험금 지불 불능'이라는 위험가 잠재되어 있다. 따라서 보험회사의 지불능력을 솔벤시 마진[22]비율 등으로 파악할 필요가 있다.

7) 보험회사의 서비스 – 보험 계약자는 위험의 이전과 사고 발생 시의 보험금 지불이 적절히 이루어질 것을 전제로 이용하고 있다. 동시에 계약자는 위험 컨트롤에 따라 사고를 감소시켜 보험료 부담을 감소할 수 있기 때문에, 보험회사에 위험 컨트롤에 대한 서비스를 기대하고 있다. 따라서 보험회사가 가진 위험 컨설턴트로서의 전문적인 노하우를 확인할 필요가 있다.

4-5 대체적 위험이전(ART)

대체적 위험이전(alternative risk transfer = ART)란, 말 그대로 [보험]에 대해 대체적이라는 뜻이다. 따라서 자가보험, 공제(共濟) 등, 보험을 대체하는 것들이 ART에 해당된다. 하지만, 1990년대의 ART는 위험을 이전할 대상을 보험시장이 아닌, 자본시장으로 하는 수법을 일컫는다. 이 ART는 1990년대에 금융상품의 다양화 과정에서 갖가지 금융기술을 종합해 개발되었다.

ART는 보험 위험을 금융 상품화하여, 금융 자본시장에 위험을 이전하는 방법으로, 거대 위험가 발생한 경우 손실처리 자금을 금융시장에서 조달하는 것을 가능케 했다. 보험회사와 기업이 이 대체적 위험이전을 이용하고 있다.

[표 2-7] ART의 개념도

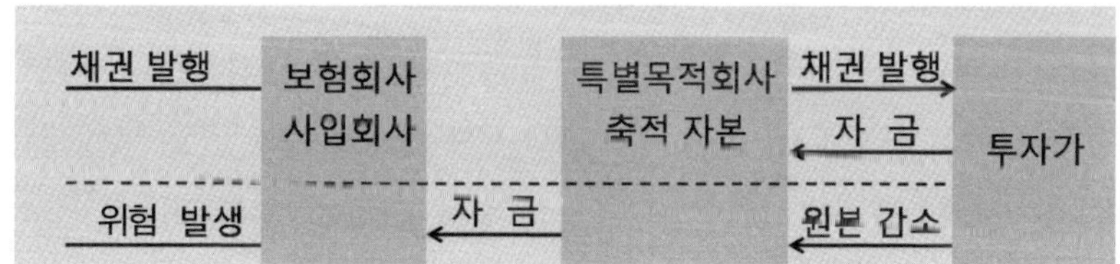

22) 솔벤시 마진(solvency margin)이란 보험회사가 보험금을 지급할 지불 여력을 뜻한다.

$$\text{솔벤시 마진 비율} = \frac{\text{솔벤시 마진 총액}}{\text{리스크 합계}}$$

솔벤시 마진 총액 | 자기자본 상당액 (자본금 및 준비금)

리스크 총액 | 보험 리스크, 예정이율 리스크 / 자산운용 리스크, 경영관리 리스크

ART의 구성은 사업회사 또는 원수보험회사(元受保險會社, original insurance company)·재보험회사(再保險會社, reinsurance company)가 각각의 특별 목적(재보험)회사를 설립해 채권을 발행하고, 투자가가 구입한 자금은 목적회사에 축적된다. 투자가는 위험이 발생하지 않을 경우, 높은 리턴(이자)을 얻고 원본은 상환된다.

위험이 발생한 경우에는 위험의 정도에 따라 채권의 원본이 감소 또는 소멸된다. 위험이 발생하면 축적된 자금은 위험의 규모에 따라 재보험회사·원수보험회사 또는 기업에 지불되고, 원본은 감소하고 또는 소멸된다. 투자가는 높은 이자를 얻을 수 있으나, 채권 상환시 원금의 감소 또는 소멸의 위험을 안게 된다.

[표 2-8] 보험과 ART의 차이점

	보 험	ART
기 간	보통 보험기간은 1년	상환기간은 장기
위험이전처 규모	보험시장은 작다	금융시장은 크다
기 능	손실의 보상	자금의 확보
손해 조사	필요	불필요
비례 보상	있음	없음
상품 특성	규격상품	오더 메이드

4-6 파생금융상품

파생금융상품(derivatives)은 1980년대 금리·주식·환(換) 등의 자산 가격 변동으로 인해 생긴 위험을 관리하는 목적으로 개발된 금융상품으로, 이를 가능케 한 것은 정보 및 거래기술에 혁명을 초래한 컴퓨터 기술의 진보였다. 파생금융상품은 채권·금리·주식·통화(通貨)·상품 등의 현물거래에서 파생(derive)된 금융파생상품인 선물(先物, future)·옵션(option)·스왑(swap) 등의 총칭으로, 보유자산의 가격변동 위험을 피하는 것을 목적으로 이용된다.

선물거래는 장래의 금리 또는 환율을 현 시점으로 확정해 두고, 미리 정해둔 가격으로 장래의 매매를 실시하는 거래, 옵션거래는 채권·상품·통화 등의 거래에서 이용되고, 미리 정해둔 가격으로 권리(權利)의 장래 매매를 실시하는 거래, 스왑거래는 복수의 거래 참가자가 서로의 책무 지불이나 다른 종류의 금리(예 - 고정금리와 변동금리)를 교환하는 거래이다.

기후 파생금융상품은 기업이 사전에 일정액의 옵션료를 지불하고, 맹서(猛暑)·냉하(冷夏)·소우(小雨)·다우(多雨)·난동(暖冬) 등 이상기후가 발생해 수익이 감소한 경우에 보상금

을 수취하는 금융상품이다. 맥주홀, 해수욕장, 백화점, 골프장, 야채농가 등이 냉하 또는 맹서, 다우 또는 소우로 인해 영향으로 좌우되는 판매액을 안정시키는 효과를 발휘한다.

[표 2-9] 기후위험과 관련 산업

기온 (氣溫)	냉하(冷夏)	해수욕장, 맥주홀, 에어컨 업자
	맹서(猛署)	골프장
비 (雨)	다우(多雨)	야외 레저시설
	소우(小雨)	야채농가

맥주홀의 사례에서는 냉하·다우에 의해 손님이 감소해 매상이 감소할 위험이 있다. 맥주홀은 7~8월에 일정 이상의 강우나, 일정 이상의 최고온도가 되는 일수가 사전에 정해둔 일수 이상이 된 경우, 매상이 감소한다고 상정(想定)하여 하루 매상 정도의 보상금을 수취하거나, 조건을 설정해 옵션료를 지불하게 된다. 실제로 냉하의 경우에는 일수에 따라 사전에 정해진 보상금을 수취해 수익을 안정시킬 수 있다. 맹서가 되면 보상은 받을 수 없고, 옵션료는 환불되지 않지만, 매상은 증가하게 돼 옵션료를 상회하는 수익을 얻을 수 있어 옵션료는 충분히 상쇄된다.

기후 파생금융상품은 손해보험과 달리 우연히 사고가 발생하지 않더라도 기상조건이 사전에 정해둔 조건을 충족하면, 자동적으로 손해의 정도에 관계없이 일정액의 보상금이 지불된다. 또한 기후 파생금융상품은 규제가 거의 없는 자유로운 개별 거래로, 상품 설정도 자유로이 할 수 있다.

단원요약

- 위험관리(risk management)란 개인이나 기업 또는 조직의 위험요소를 파악하고 위험을 측정하며, 이러한 위험을 관리할 수 있는 대안을 강구하여 개인이나 기업 또는 조직의 목표를 달성할 수 있도록 주어진 여건에서 최선의 위험관리 수단을 선택하여 실행하고 그 과정과 결과를 체계적이고 지속적으로 감시하는 것이다.
- 위험관리의 목적은 최소의 비용으로 손실(위험비용)을 최소화 하는 것으로 궁극적인 목적은 개인과 기업 또는 조직의 생존을 확보하는 것이다.
- 위험관리는 일정한 절차에 의해 수행되어야 한다. 위험관리를 위한 절차로는 위험의 발견 및 확인, 위험의 분석 및 평가, 위험관리기법의 선택, 위험관리기법의 시행 및 수정 등이 있다.
- 위험관리기법에는 위험통제(risk control)에 의한 위험관리기법과 위험재무(risk finance)에 의한 위험관리기법이 있으며, 위험통제에 의한 위험관리기법은 위험회피 손해통제 위험경감으로 구분할 수 있다. 위험재무에 의한 위험관리기법이란 자금의 운용을 통해 경제적으로 위험을 대처하는 위험관리기법을 의미한다. 위험재무에 의한 위험관리기법에는 위험보유와 위험전가가 있다.
- 위험평가방법은 일반적으로 정성적(Qualitative) 기법과 정량적(Quantitative) 기법으로 구분되며, 위험 요인 별 특성과 개인 또는 기업의 위험 취향 등에 따라 다양한 방식들이 선택적으로 활용된다. 정성적 기법은 개인 또는 기업이 직면하고 있는 위험의 빈도(frequency)와 위험의 강도(severity)를 조사하는 것이며, 정량적인 위험 평가 방식은 주로 환율, 금리, 주가 등에 대한 시장위험(Market Risk)을 측정하게 되며, 위험으로 인한 잠재적인 손실 규모나 성과 변동 수준 등을 계량적으로 나타낸다.

참고문헌

1. 石名坂邦昭, 「リスク·マネジメントの理論」, 白桃書房, 1994.
2. Mowbray/Blanchard/Williams, 「Insurance 4th」, McGraw-Hills, 1955.
3. 損害保険研究 第19巻 第1号, 1957.
4. 東京海上火災保険株式会社百年史
5. 森宮康, 「リスクマネジメント論」, 千倉書房, 1987.
6. George.L.Head, 「リスクマネジメント·プロセス」, 國際危險管理機構, 1978.
7. 亀井利明, 「リスク·マネジメントの理論と實務」, ダイヤモンド社, 1980.
8. Williams and Heins, 「Risk Management and Insurance 6th」, McGraw-Hills, 1989.
9. 山口光恒, 「現代のリスクと保險」, 岩波書店, 1998.
10. Fink, S., 「Crisis Management」, N,Y. 1986.

제3장 가계위험관리의 이론과 체계

1 가계위험관리 의의

1-1 가계위험관리의 개념

위험이란 원하지 않는 상황이나 사고가 발생할 가능성이 있는 것을 말하지만, 가계의 경제적인 관점에서 본다면 위험은 경제적 손실이 일어날 가능성이라고 말할 수 있겠다. 즉 사망, 질병, 실직, 자동차 사고 등 금전적인 손실을 가져다주는 사건이나 사고들을 예로 들 수 있겠다. 즉 가계나 개인이 처할 수 있는 위험을 가계위험 또는 개인위험라고 하며, 이러한 위험으로 인한 경제적 손실을 최소화하려는 노력을 가계위험관리라고 한다.

개인 또는 가계가 직면하는 주요 사건들로서 결혼, 출산, 주택구입, 자녀진학, 노후준비, 질병, 상해, 사망 등이 있다. 이러한 사건들은 주로 많은 경제적 비용이 발생한다는 특징이 있다. 이러한 지출은 평소의 소득으로 충당하기에는 너무 커서 미리 준비해야 하는데, 그러지 못하면 원하는 만큼 지출을 못하게 되거나 부채를 지게 된다. 이러한 위험들은 금전적인 손실 또는 비용을 발생시키기 때문에 가계경제에 부정적인 영향을 미친다는 특징이 있으며, 발생할 수도 있지만 그렇지 않을 수도 있기 때문에 불확실하다는 특징이 있다.

보통 경제의 주체를 기업, 소비자 또는 가계, 정부로 나눈다면 각 경제주체에게 직면할 수 있는 위험은 그 경제주체가 가진 성격에 따라 달라질 수 있다. 즉 기업, 개인 또는 가계, 정부가 처한 위험의 상황과 내용이 서로 다르다. 개인 또는 가계는 경제적 측면에서 소비활동의 단위주체이다.

그러므로 생산활동 또는 경제의 관리활동과는 다른 의미를 지니며 위험관리의 목적, 처리수단의 다양성, 처리비용의 부담 측면에서 차이가 있을 수 있다. 가계위험은 개인적 차원에서 결정적인 손해이다. 예를 들어 주택에 화재가 발생하는 경우 거의 전재산을 잃을 수 있다. 또 기업이나 정부에 비하여 가지고 있는 자원에 제한이 있으므로 위험관리방법 또한 제한적일 수밖에 없다. 처리비용의 부담도 거의 가계 또는 개인에게 귀속된다.

1-2 가계위험의 결정요인

亀井利明교수[23]는 위험의 원천이 인간의 잘못된 의사결정과 행동에 기인하는 것으로 보고, 잘못된 의사결정과 행동은 아래 [그림 3-1]에서와 같이 결정요인(determinant)의 결여에 있다고 논지하고 있다.

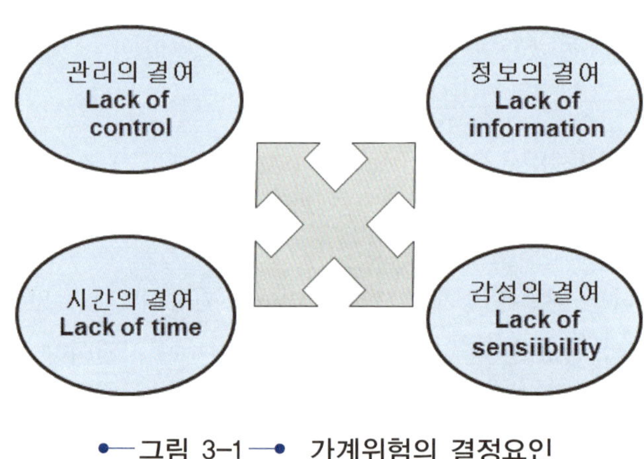

그림 3-1 가계위험의 결정요인

1) 관리의 결여(lack of control)

만약 인간이 어느 상황이나 환경변화를 완전히 관리할 수 있다면, 거기에는 위험은 존재하지 않는다. 위험은 기획능력, 조직력, 지도력, 통제력이라는 관리의 부족이나 그 불충분성에서 생긴다.

2) 정보의 결여(lack of information)

위험의 크기는 정보취득 및 처리능력에 따라 다르다. 같은 사건이 발생한다 해도 그 결과의 중대성은 당사자의 정보확보와 처리능력에 따라 다른 경우가 있다는 것이다. 예를 들어, 같은 100만원의 투자라고 해도, 충분한 정보의 취득을 통한 여유자금에서의 100만원과, 정

23) 亀井利明, 「リスク·マネジメントの理論と實務」, ダイヤモンド社, 1980.

보가 부족한 상황에서 금융기관의 대출까지 받은 100만원 이라고 가정하였을 때, 그 100만원이 손실되었을 때의 영향이 크게 다를 수 있다. 이처럼 사태의 결과는 정보의 취득 및 처리능력에 따라, 그 의미가 달라진다는 것을 인식하는 것이 중요하다.

3) 시간의 결여(lock of time)

위험은 정보망, 정보의 수집, 그리고 분석의 부족에서 생긴다. 더욱이 선택을 위한 의사결정이나 결단에 충분한 시간이 주어진다면, 최선의 선택을 할 수 있어 위험은 격감한다. 이것은 의사결정자의 업무과다, 시간관리의 문제이기도 하다.

즉, 시간의 경과와 더불어 가질 수 있는 정보의 질과 양도 변화할 것이며, 불확실성을 보다 감소시킨 질 높은 정보가 되어 갈 것으로 예상할 수 있다.

4) 감성의 결여(lack of sensibility)

감성의 결여는 감수성, 재치, 직감, 결단, 순간적 의사결정력의 부족을 의미하고, 이런 요인은 인간의 행동이나 기업의 활동이 항상 위험과 같이 존재하는 사실에 유의하고, 직관으로 위험을 느끼는 능력을 말한다. 감성의 결여 내지 부족은 위험감성의 문제로서 검토해야 할 것이다. 위험감성은 위험에 대한 자극이나 반응으로, 위험이나 위기를 앞의 징후의 단계에서 파악하여 그 대응책을 강구하는 능력이다. 또 위험감성은 위험을 이성이나 이론을 가지고 파악하는 것은 아니고, 직감이나 경험에 의한 감각에 의해 파악하는 능력이다.

1-3 가계위험관리의 배경

최근 고령화 사회의 진전 및 조기퇴직 증가, 핵가족화로 인한 자기책임주의, 산업화로 인한 산업재해의 증가, 서구화된 식생활로 인한 성인병 증가, 외환위기 이후의 급속한 가계부채의 증가 등 개별 가계를 위협하는 위험 요소가 증가하고 있다.

1) 자기책임주의

오늘날 우리사회는 경제 발전 및 도시화의 영향으로 대부분의 가족이 부부와 자녀만으로 구성되는 이른바 핵가족 형태를 보이고 있다. 통계청의 "인구주택 총조사"에 의하면 전체 가구중에서 2세대 이하로 구성된 가구의 비중이 크게 증가 한 반 면, 3세대이상이 모여사는 가구는 2000년에 비해 감소하였다.

노인가구(가구주의 연령이 65세 이상인 가구) 중 자녀와 동거하는 비율은 1990년 75.3%

에서 2010년 30.8%로 절반에 못 미치는 수준으로 크게 감소한 반면, 노인 1인가구는 1990년 10.6%에서 2010년 34.3%로 증가 추세로 가고 있다.

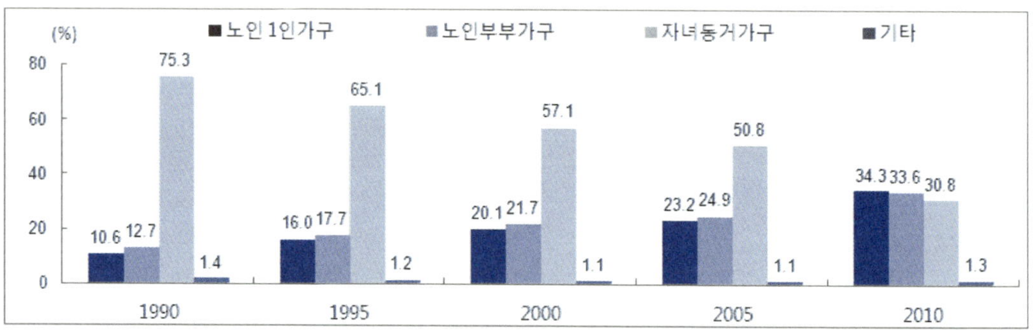

주 : 1) 노인가구는 가구주 연령이 65세 이상인 일반가구임.
2) 기타 가구는 1세대 가구(노인부부가구 제외), 비친족가구, 미상 등을 포함함.
자료 : 통계청, 「인구주택총조사」, 각 년도.

그림 3-2 노인가구 형태별 구성비율 : 1990 ~ 2010

또한, 가구당 평균 가족수도 1975년의 5.1명에서 2000년 3.1명, 2005년에는 2.88명으로 지속적인 감소추세를 보이고 있으며, 1인으로 구성된 가구도 전체 가구의 20%를 차지하는 것으로 조사되었다. 이렇게 가족생활이 개개인을 중심으로 고립화되어 가는 추세에 따라 안정적인 생활을 위한 경제적인 준비부담이 자기 책임 하에 점차 늘어나고 있음을 알 수 있다.

2) 재해와 성인병의 증가

급속한 경제성장과 산업사회의 진전에 따른 각종 재해나 공해로 인한 사망 및 부상이나 질병의 증가, 자동차의 급증에 따른 교통사고의 증가는 오늘날 커다란 사회문제로 대두되어 우리의 삶을 위협하고 있다.

2013년 통계자료를 보면 2012년 고령자의 사망원인 1위는 암으로 인구 10만명당 852.9명이 사망하였고, 다음 사망원인은 뇌혈관질환(372.9명), 심장질환 (367.1명) 폐렴(166.4명) 등의 순으로 나타났다. 성별 사망원인을 보면 남자는 암, 뇌혈관질환, 심장질환, 폐렴, 만성하기도질환[24] 등의 순으로 높은 반면, 여자는 암, 심장질환, 뇌혈관질환, 당뇨병 폐렴 등의 순으로 높게 나타났다.

---

24) 만성하기도질환은 기관지염, 천식, 폐기종 등 만성적으로 호흡에 장애를 주는 폐질환의 총칭이다. 큰분류로 만성폐쇄성폐질환(chronic obstructive lung disease)과 미만성 간질성 폐질환(diffuse interstial lung disease)로 분류하고 만성폐쇄성 폐질환은 다시 만성기관지염과 폐기종으로 분류된다.

[표 3-1] 65세 이상 사망원인 및 사망률

(단위 : 인구 10만 명당 명)

	1위	2위	3위	4위	5위
2000	암 (929.7)	뇌혈관질환 (785.3)	심장질환 (358.9)	당뇨병 (218.4)	만성하기도질환 (209.1)
2010	암 (882.4)	뇌혈관질환 (409.4)	심장질환 (344.0)	당뇨병 (153.1)	폐렴 (127.6)
2011	암 (847.8)	뇌혈관질환 (381.1)	심장질환 (361.2)	당뇨병 (155.4)	폐렴 (143.2)
2012	**암 (852.9)**	**뇌혈관질환 (372.9)**	**심장질환 (367.1)**	**폐렴 (166.4)**	**당뇨병 (163.0)**
남자	암 (1,287.3)	뇌혈관질환 (400.0)	심장질환 (371.6)	폐렴 (196.7)	만성하기도질환 (188.8)
여자	암 (550.6)	심장질환 (363.9)	뇌혈관질환 (354.1)	당뇨병 (152.3)	폐렴 (145.4)

자료 : 통계청, 「사망원인통계」 각 년도

이는 음주·흡연인구의 증가와 식생활 습관의 서구화, 자동차의 급증, 산업재해와 공해의 심화 등에서 그 원인을 찾을 수 있는데, 이러한 질병 및 재해에 대한 대비책으로서 장래를 위한 경제준비의 필요성은 더욱 커지고 있으므로 생명보험에 대한 수요는 앞으로도 계속 증대될 것으로 전망된다.

3) 노후생활의 불안증대

고령화의 경우 우리나라는 2012년을 기준으로 총인구 중 65세 이상의 고령인구 비중이 약 13%를 초과하여 이미 '고령화 사회(ageing society)'에 진입하였고, 현재의 추세대로라면 약 10년 후인 2018년에는 고령인구가 14%를 넘어서는 '고령사회(aged society)'에 진입할 것으로 예상된다.

또한 그로부터 불과 8년 뒤인 2026년에는 고령인구가 20%를 넘는 '초고령사회가 될 것으로 전망되고 있다. 우리나라에서 향후 예상되는 고령화의 진전은 유례를 찾을 수 없을 정도로 빠를 것이라는 점은 잘 알려져 있다.

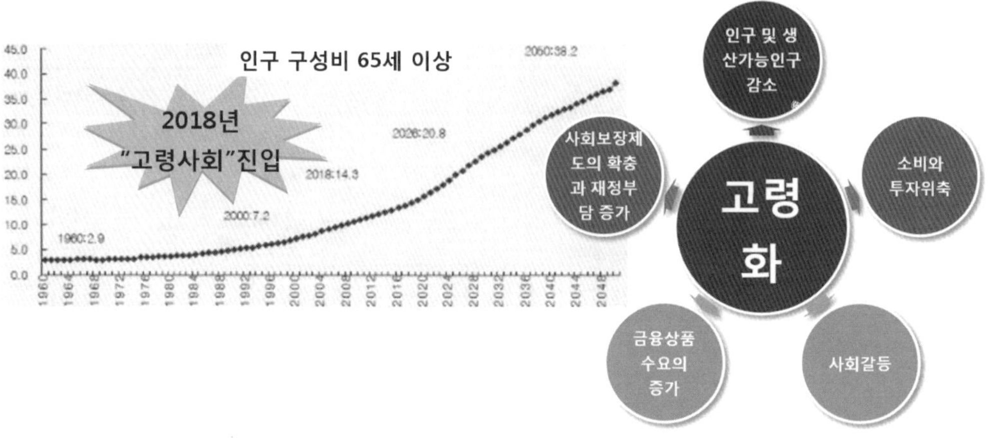

●— 그림 3-3 —● 우리나라의 고령화 추세

통계청의 "장래인구추계 결과"에 의하면 지난 1980년에 65.7세이던 평균수명이 1990년 71.3세, 2005년 78.6세로 연장되었고, 2030년 83.1세, 2050년에는 86.0세로 늘어날 전망이다. 참고로 2005년 기준 우리나라 국민의 평균수명은 남자는 75.1세, 여자는 81.9세이다.

[표 3-2] 주요국 고령인구비중 전망

국 가	도달연도			이행시간	
	고령화사회(7%)	고령사회(14%)	초고령사회(20%)	7 → 14%	14 → 20%
프랑스	1864년	1979년	2019년	115년	40년
호 주	1939년	2012년	2030년	73년	18년
미 국	1942년	2014년	2030년	72년	16년
영 국	1929년	1976년	2020년	47년	14년
일 본	1979년	1994년	2006년	24년	12년
한 국	2000년	2018년	2026년	18년	8년

자료 : UN, 세계 인구 전망

65세 이상 인구의 구성비는 2000년에는 7.0% 수준에 머물렀으나, 2005년에는 8.9%, 2010년에는 10.9%로 상승하였다. 향후 노인인구 구성비[25]는 2018년 14.3%로 고령사회[26]에 진입하고, 2020년 15.7%, 2026년 20.8%로 본격적인 초고령사회[27]에 도달하고 2040년 32.3%

25) 통계청, "장래인구추계", 2011의 자료를 기준으로 함
26) 고령사회 : 총인구 중 고령인구 구성비가 14%~0%인 사회
27) 초고령사회 : 총인구 중 고령인구 구성비가 20% 이상인 사회

로 예상되고 있다.

이와 같이 평균수명이 연장되어 각 개인의 노후생활기간이 더욱 길어지는 등 고령인구가 증가하는 반면, 출산율은 급격하게 하락하게 됨으로써 노동인구는 지속적으로 줄어들고 공적보장기능은 더욱 약화될 것으로 예상되고 있다. 따라서 여유있는 노후생활을 보내기 위해서는 노후생활자금의 확보를 위한 사전준비가 무엇보다 중요하다.

4) 가계의 자산구조

중산층의 가계의 소득 대비 가계부채 비중이 지속적으로 상승하고 있다. 2007년에 삼성경제연구소 보고서에 따르면 개인가처분소득은 연평균 5.3% 증가한 반면 가계부채는 연평균 8.6% 증가하였다고 한다.[28] 이러한 상황은 2013년 현재에도 지속되고 있다.

현재와 같은 경제적 위기 상황에서 생활보호대상자 혹은 경제적으로 회복 불가능한 집단으로 전환되기 직전의 가족인 위기직면가족[29]은 상당히 증가할 것으로 예측되며, 동시에 위기직면가족이 실제 위기가족이 될 가능성이 그 어느 때보다 높다.

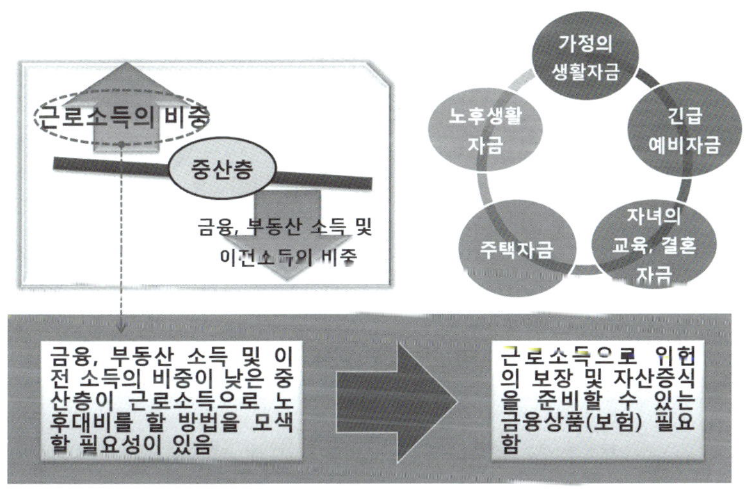

그림 3-4 우리나라의 중산층 소득구조

외환위기 이후 기업의 재무구조 개선 노력으로 기업대출 수요가 감소하고 금융기관의 가계대출 취급이 확대된 요인과 2005~2006년 중 집값상승이 지속되면서 주택담보대출 중심

28) 권순우, "가계부채의 위험도 진단", CEO Information 600호, 삼성경제연구소, 2007. 4.
29) 중하층에 속하는 가족으로 가구주의 근로소득에 의존하며 보유자산이 많지 않아 경제적 위기에 내한 대응력과 복원력이 취약한 집단을 말한다.

으로 큰 폭의 가계대출 증가세가 주요 요인이라고 할 수 있겠다.

또한 일상생활에서 여유로운 저축은 하지 못하더라도 자녀의 교육, 여가, 주택마련 등의 평균치에 가까운 일상적 가정생활을 영위하였던 중산층은 가계부채로 인하여 어려움에 대응할 적응력이 크지 않고, 또한 포기해야 하는 삶의 질로 인해 발생하는 상대적 결핍감, 준거집단과의 괴리로 인한 박탈감 등의 문제에 직면할 소지가 크다

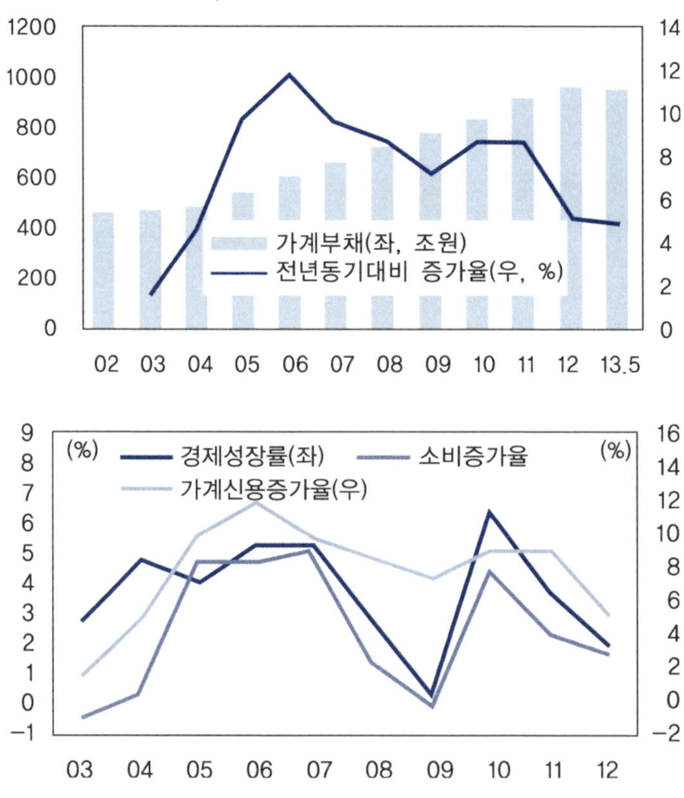

자료 : 가계부채 정책청문회, "가계부채 현황보고", 기획재정부, 2013. 7.

그림 3-5 우리나라 가계부채 현황

이러한 가계부채 증가 추이는 민간소비에 영향을 미쳐 경기변동과도 밀접하게 연관되어 외환위기 이후 경제회복 과정에서 가계대출과 민간소비가 함께 증가하는 패턴을 보였으나, 글로벌 금융위기 이후 가계부채 증가세는 지속된 반면, 가계부채 상환부담으로 민간소비 증가율이 GDP 성장률을 하회하는 형상을 보이게 되었다.

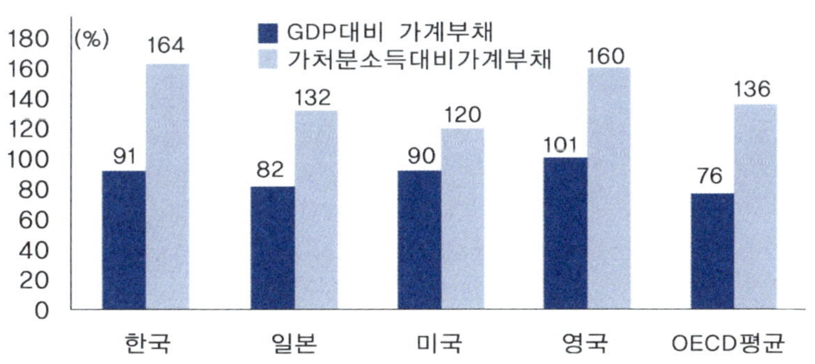

자료 : 가계부채 정책청문회, "가계부채 현황보고", 기획재정부, 2013. 7.

그림 3-6 가계부채 국가간 비교현황

2012년 대비 한국의 가계부채의 증가율은 OECD회원국에서 통계비교가 가능한 나라 중 스페인, 호주에 이어 세 번째로 높은 수준이다. 개인가처분소득 대비 부채비율은 OECD 18개국 중 3위, GDP 대비 부채비율은 10위를 기록할 정도로 가계의 재무비율 측면에서도 열악한 편이다.

우리나라 가계자산의 주된 특징은 부동산에 대한 편중성이 강하여 전체 자산 중 금융자산의 비중보다 부동산을 비롯한 실물자산의 비중이 크다는데 있다.[30] 우리나라 가계자산에서 차지하는 높은 부동산비중은 다음 두 가지 요인에 따른 것이다.

[표 3-3] 자산 유형별 가구당 보유액 및 구성비

(단위 : 만원, %, %p)

구 분		자 산	금융자산	저축액	적립식	예치식	전·월세 보증금	실물자산	부동산	거주주택	거주주택 이외[1]	기타 실물 자산
평균	2012년	32,324	8,141	5,910	2,997	2,359	2,231	24,184	22,505	12,194	10,311	1,679
	2013년	32,557	8,700	6,343	3,415	2,394	2,357	23,856	22,060	11,826	10,234	1,796
	증감률	0.7	6.9	7.3	13.9	1.5	5.7	1.4	-2.0	-3.0	-0.7	7.0
구성비	2012년	100.0	25.2	18.3	9.3	7.3	6.9	74.8	69.6	37.7	31.9	5.2
	2013년	100.0	26.7	19.5	10.5	7.4	7.2	73.3	67.8	36.3	31.4	5.5
	전년차	-	1.5	1.2	1.2	0.1	0.3	-1.5	-1.9	-1.4	-0.5	0.3

주 : 1) '거주주택 이외'에는 '계약금 및 중도금'이 포함됨
자료 : "2013년 가계금융·복지조사 결과", 통계청, 2013. 12.

30) 이우혁, "인구 고령화에 따른 가계자산시장의 변화와 금융권의 대응방안", 『대은경제리뷰』, 대구은행, 2007. 3.

첫 번째는 부동산을 투기수단 또는 부의 척도로 인식하여 부동산에 관해 매우 높은 수준의 선호도를 보임에 따라 금융자산투자가 부동산 구입을 위한 일종의 보조수단으로만 여겨지는 데 있다. 실제로, 우리나라 가계의 금융자산 규모가 40대에 크게 줄어드는 이유는 바로 주택구입 때문이다. 30대 초반까지는 예금 등을 통해 금융자산을 축적하지만, 30대 중반을 전후해서는 모든 금융자산에다 대출을 더해서 부동산을 구입하고 있는 것이다.

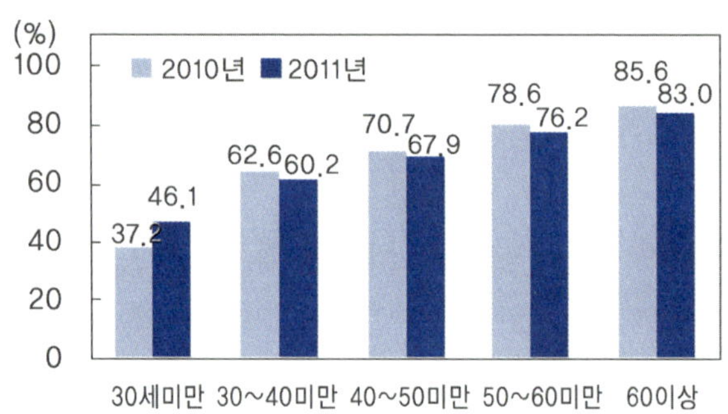

자료 : "2013년 가계금융·복지조사 결과", 통계청, 2013. 12

그림 3-7 연령대별 부동산자산 비중

30대 중반에 구입한 부동산으로 발생한 부채는 일생 중 평균 소득 수준이 가장 높은 40대까지 상환되다가 그 부채가 줄어들 즈음 금융자산과 부채를 통해 다시 부동산에 투자되고 있다. 또한, 우리나라 가계의 자산보유 현황에서 특히 주목되는 점은 최고 금융자산보유 시점이 미국의 경우보다 매우 앞선 30대 후반에서 40대 초반이라는 점이다.

우리나라 가계의 연령별 총 자산보유 현황은 미국과는 달리 고령기에 급속히 감소하지만, 미국에서는 은퇴 이후에도 보유자산이 급속하게 감소하지 않고 있다. 그 이유는 우리나라의 경우 자녀에 대한 교육투자와 결혼하는 자녀에 대한 결혼비용 지출, 미취업 자녀의 증가로 인한 부양비 증가 등 가구주가 고령화되기 이전에 이미 유무형의 상속동기가 발생할 가능성을 들 수 있다. 한편, 가계의 금융자산 구성에서도 우리나라는 현금 및 예금의 비중이 2012년 기준 약 60%로 가장 높은 비율을 보이고 있다. 이는 대부분의 자산배분이 부동산과 연관되어, 현금화가 쉬운 예금 위주로 금융자산을 구성했기 때문이다.

우리나라 가계의 자산배분이 부동산에 치우친 두 번째 이유는 바로 '목돈을 모아 한 번에 투자하는' 한국의 부동산관련 대출제도의 후진성이다. 물론 최근에 장기 모기지론이 활성화되고 있으나 여전히 변동금리 위주의 단기 대출 관행이 여전하며, 이는 사회생활 초기에 주택을 구입한 뒤 장기간에 걸쳐 상환해 가는 선진국과는 구분되는 특징이다.

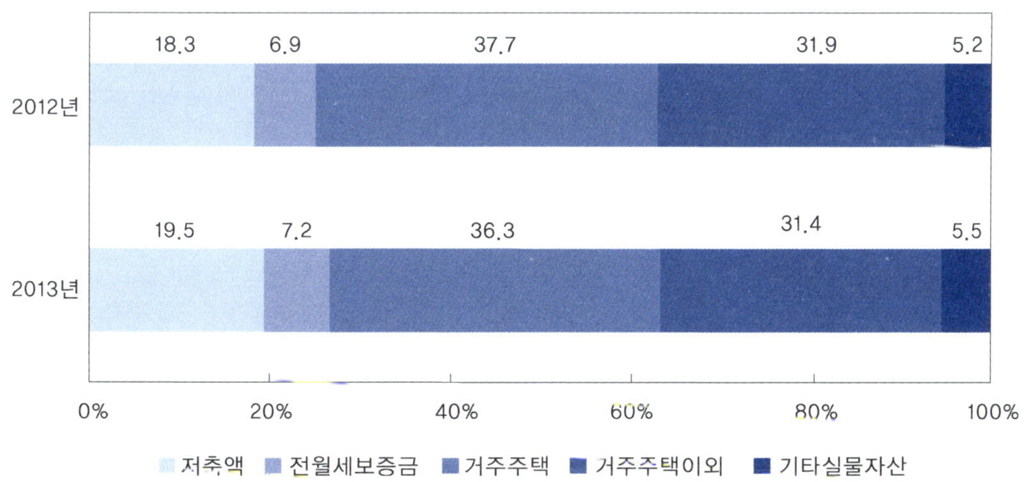

자료 : "2013년 가계금융·복지조사 결과", 통계청, 2013. 12.

그림 3-8 우리나라 가계자산 유형별 구성비

2 가계위험관리의 대상위험

가계위험의 대상위험을 크게 순수위험과 투기적 위험으로 분류하였을 때 순수위험이 많은 비중을 차지하고 있다. 가계위험에서 순수위험의 범위는 인적위험과 물적위험 수익상실위험, 비용지출위험, 배상책임위험이 있다. 순수위험의 범위별 세부위험은 아래의 내용에서 상세히 기술하고자 한다.

[표 3-4] 가계위험의 대상위험과 손실내용

<table>
<tr><th colspan="3">위 험</th></tr>
<tr><th colspan="2">사 고</th><th>손실 내용</th></tr>
<tr><td rowspan="3">인적 위험
+
수익상실위험
+
비용지출위험</td><td>조기 사망</td><td>소득상실
서비스의 손실
장례비용 발생</td></tr>
<tr><td>장 애</td><td>소득상실
서비스의 손실
치료와 기타 비용 발생</td></tr>
<tr><td>질 병</td><td>소득상실
치료와 기타 비용 발생</td></tr>
</table>

	은 퇴	소득감소
	실 직	소득상실
물적 위험 + 배상책임위험 + 수익상실위험 + 비용지출위험	화 재	자산 가치 감소 수리/대체비용
	도 난	자산 가치 감소
	자동차 사고	소득상실 자산 가치 감소 수리/대체비용 배상책임비용 소송/법률비용

위 표를 보면 가계위험의 특징은 하나의 위험요인 2개 이상의 복수형태로 위험을 초래한다고 유추 할 수 있다. 예를 들어서 집에 화재는 화재의 크기에 따라 인적위험, 물적위험, 배상책임위험, 비용지출위험을 모두 보유하고 있다. 또한 자동차사고를 통한 사망 또한 인적위험, 물적위험, 배상책임위험, 비용지출위험을 모두 보유하게 된다. 즉 가계위험도 기업위험과 마찬가지로 전사적인 차원에서 고려해야만 한다.

2-1 인적위험

주로 인간의 생명 또는 건강과 관련한 위험으로 사망, 질병, 사고 등에 의하여 금전이 들거나 소득이 줄어들거나 없어지게 되는 위험을 말한다. 그리고 과거와 달리 인간의 수명과 관련한 위험의 성격 또한 많이 바뀌게 되었다. 과거 조기사망이 인간의 수명과 관련한 가장 큰 위험이었다고 한다면 최근에는 노령화 사회 급진전으로 인하여 상대적으로 은퇴후 기간이 길어짐에 따라 경제적으로 준비되지 않은 상태에서 오래 사는 것이 더욱 심각한 위험으로 인식되기도 한다. 일반적으로 개인이 직면할 수 있는 인적위험으로는 조기사망, 장애, 질병, 은퇴, 실직 등이 있다.

조기사망에는 가족구성원의 경제적 타격과 심적 타격을 주게 되고, 장애와 질병은 의료비용지출과 가족구성원의 간호행위로 인하여 정상적인 경제생활을 못하게 되는 위험이 발생할 수 있다. 은퇴와 실직은 가계의 경제적 위험에 직접적으로 영향을 주게되고, 더 나아가 경제적인 문제로 이혼이라는 가정붕괴의 위험까지 초래될 수 있다.

예 자녀를 사별한 부모의 정신적 위험

1) 사망원인 제공에 대한 죄책감 - 이는 부모가 자녀를 보호하지 못했다는 생각에서 생기게 되는데 예를 들면, 자녀의 죽음을 초래한 활동을 허락한 것에 따른 죄책감과 자녀의 건강에 좀 더 유의하지 못한 점, 죽음을 초래한 일을 허락한 책임등이다.
2) 병과 관련된 죄책감 - 이는 자녀의 병중이나 임종 시 자신의 행동 혹은 생각이나 감정이 자신의 기대에 못 미쳤다고 생각하는데서 기인한다.
3) 부모역할로 인한 죄책감 - 부모들은 전반적인 부모 역할 면에서 개인적 사회적 기대에 미치지 못했다고 생각하는데, 이는 모든 것을 알고 있고 필요할 때 항상 사랑으로 함께하는 초인간적인 부모의 사회적 이미지와 관련이 있다.
4) 도덕적인 죄책감 - 엄격한 양심을 가졌거나 죄와 벌을 강조하는 종교적, 철학적 배경을 지닌 부모들이 경험하기 쉬운 죄책감으로, 자녀의 죽음을 본인의 도덕적, 윤리적, 혹은 종교적인 규범을 어긴데 대한 벌이나 대가라고 생각한다.
5) 생존에 대한 죄책감 - "나는 아직 살아서 삶을 즐기고 그 애가 관속에 묻혀 있는 것은 부당한 것 같다." 와같이 자녀가 부모보다 오래 살아야 한다는 질서를 깨뜨린 데서 오는 죄책감이다.

2-2 물적위험

물적위험은 우리가 가지고 있는 재산, 즉 토지, 주택과 같은 부동산과 현금, 귀금속, 유가증권 등과 같은 동산 등의 재산과 관련되어 일어나는 위험으로 자연적인 사고, 분실, 도난, 강도, 사기, 화재, 자동차 사고 등을 말한다. 화재나 도난 등의 사고가 발생한다면 재산이 멸실되거나 또는 가치가 하락하는 등의 손실이 발생되며 또한 재산에 대한 직접적인 손실뿐만 아니라 간접적인 손실 또한 발생시킨다. 물적위험은 수익상실 위험과 비용지출위험을 동반하는 경우가 많다.

2-3 수익상실위험

수익상실위험은 가족구성원의 생명 또는 건강과 관련한 소득상실 위험과 가계 물적자산 손실로 비용지출로 인한 소득의 상대적 감소와 소득행위를 할 수 없게 되는 위험을 말한다.

수익상실위험에서 가족구성원의 생명 또는 건강과 관련한 소득상실 위험이 가계위험에서는 많은 부분을 차지하게 되는데, 그 이유는 인적위험에서 기술한 바와 같이 정신적 상실감 및 간호의 부담 등의 인적위험과 비용지출위험이 동반되기 때문이다.

2-4 비용지출위험

4장에서 라이프사이클에 따른 비용지출위험을 세부적으로 볼 것이므로 이 부분에서는 통계자료를 기준으로 소득대비 비용지출을 소비지출과 비소비지출로 나누어 소득대비 비용지출의 위험을 기술하도록 하겠다. 통계청 자료에 의하면 2012년 가구당 평균 가구지출은 3,137만원이며 소비지출 2,307만원(73.5%)과 비소비지출 830만원(26.5%)으로 구성되어 전년대비 9.6% 증가하였다. 이중에서 아래 표를 보면 의료비 증가와 가구간이전은 앞서 기술하였던 노령인구의 증가와 매우 관련이 깊다. 즉 소득의 감소는 지속되는데 필수소비 및 비소비지출이 증가한다는 것은 가계 비용지출 주요 위험요인이라고 볼 수 있다.

[표 3-5] 가구지출[1] 평균

(단위 : 만원, %)

품 목	지출액				품 목	지출액			
	2011년	2012년	증감률	구성비		2011년	2012년	증감률	구성비
소비지출	2,302	2,307	0.2	100.0	비소비지출	757	830	9.6	100.0
식료품	638	625	-2.0	27.1	세금	186	193	3.6	23.2
주거비	292	303	3.7	13.1	공적연금 및 사회보험료	239	260	8.7	31.3
교육비	349	339	-2.9	14.7					
의료비	132	138	4.7	6.0	가구간이전	75	99	31.5	11.9
교통비	267	271	1.5	11.8	비영리단체이전	77	86	11.9	10.3
통신비	161	174	7.6	7.5					
기타지출	463	457	-1.4	19.8	이자비용	181	193	6.8	23.3

주 : 1) 가구지출 중 소비지출은 복지부문, 비소비지출은 공통부문 조사결과임
2) 자동차 구입은 제외
3) 기타지출은 의류비, 오락문화, 가정용품·가사서비스 및 경조비를 포함
자료 : "2013년 가계금융·복지조사 결과", 통계청, 2013. 12

1) 소비지출 현황과 위험

통계청 자료에 의하면 가구주 성별 소비지출은 남자인 가구가 2,580만원으로 여자인 가구 1,327만원 보다 높은 수준이며, 남녀 모든 가구에서 식료품 지출이 가장 높게 나타났다.

가구주 연령대별로 식료품을 제외하면 40대 및 50대 가구는 교육비(22.1%, 17.0%)에서,

60세 이상 가구는 의료비(10.9%) 지출이 상대적으로 높게 나타났는데 앞에서도 언급하였듯이 60세이상 가구에서는 노령화에 따른 비용지출위험으로 볼 수 있고, 40~50대의 교육비 전체 소비지출에 20%에 달하는데, 이는 2013년도의 영유아 보육료 지원 확대로 어린이집 및 유치원 등 복지시설 지출 감소가 있었음에도 중·고등학교 사교육비용과 대학교 등록금의 부담으로 전년도 대비 차이가 무의미하게 나타났다.

가구주 종사상지위별로 상용근로자 가구가 소비지출이 가장 높으며, 특히 식료품, 교육비 등에서 지출이 높았으며, 자영업자 가구는 주거비와 교통비에서 상용근로자 가구 보다 높게 지출되고 있다.

[표 3-6] 비목별 소비지출 평균

(단위 : 만원, %)

구 분		평 균							
		소비지출	식료품	주거비	교육비	의료비	교통비	통신비	기타지출
2011년 전 체(구성비)		2,302 (100.0)	638 (27.7)	292 (12.7)	349 (15.2)	132 (5.7)	267 (11.6)	161 (7.0)	463 (20.1)
2012년 전 체(구성비)		2,307 (100.0)	625(27.1)	303 (13.1)	339 (14.7)	138 (6.0)	271 (11.8)	174 (7.5)	457 (19.8)
	증감률	0.2	-2.0	3.7	-2.9	4.7	1.5	7.6	-1.4
가구주 성 별	남자	2,580	696	317	401	150	312	193	513
	여자	1,327	373	255	118	98	127	104	254
가구주 연령대별	30세미만	1,671	486	301	58	70	195	163	398
	30~39세	2,335	684	323	239	116	289	190	494
	40~49세	2,902	747	338	640	129	327	217	503
	50~59세	2,750	682	336	467	157	342	211	554
	60세이상	1,406	436	227	40	153	154	88	308
가구주 교육수준별	초졸이하	1,049	315	184	41	111	118	71	209
	중졸	1,707	495	269	127	134	210	137	334
	고졸	2,316	614	312	338	136	282	196	437
	대졸이상	3,015	807	356	529	153	345	208	617
가구주 종사상 지위별	상용근로자	2,805	759	328	474	154	310	206	573
	임시·일용근로자	1,610	474	274	160	97	179	146	279
	자영업자	2,622	652	336	406	144	372	199	513
	기타(무직 등)	1,206	385	218	59	124	106	79	236

사료 : "2013년 가계금융·복지조사 결과", 통계청, 2013. 12.

2) 비소비지출 현황과 위험

2012년 가구당 평균 비소비지출은 830만원이며, 가구주 성별이 남자인 가구의 비소비지출은 963만원이고 여자인 가구는 344만원이며, 남자인 가구는 공적연금 및 사회보험료(300만원), 세금(230만원) 순으로 지출하며, 여자인 가구는 공적연금 및 사회보험료(115만원), 이자비용(88만원) 순이다.

이 중 공적연금 및 사회보험료 260만원(31.3%), 이자비용 193만원(23.3%), 세금 193만원(23.2%) 등을 지출하였는데 여기서 주목해야 할 부분은 이자비용과 공적보장비용이다.

이자비용은 가계부채에 따른 비용으로서 앞의 [그림 3-5]에서 보듯이 가계부채가 1,000조원에 육박하는 상황에서 이자비용의 위험은 더 증폭될 가능성이 있다. 또한 60세이상의 가구에서 비소비지출에 23%를 차지하는 부분이 이자비용이기 때문에 그 자체로도 위험의 강도는 크다고 볼 수 있다.

연령대별로 50대 이하 가구는 공적연금 및 사회보험료 지출이 가장 높게 나타나고 있는데, 이 부분이 가계위험관리에서 공적보장비용이 위험관리 비용이 아닌 회수불가능한 매몰비용으로 인식하게 하는 주요요인이다.

[표 3-7] 비소비지출 평균 및 중앙값

(단위 : 만원, %)

구 분		평 균					
		비소비지출	세금	공적연금 및 사회보험료	가구간 이전	비영리단체 이전	이자비용
2011년 전 체(구성비)		757 (100.0)	186 (24.5)	239 (31.5)	75 (9.9)	77 (10.1)	181 (23.9)
2012년 전 체(구성비)		830 (100.0)	193 (23.2)	260 (31.3)	99 (11.9)	86 (10.3)	193 (23.3)
	증감률	9.6	3.6	8.7	31.5	11.9	6.8
가구주 성 별	남자	963	230	300	113	99	222
	여자	344	57	115	47	37	88
가구주 연령대별	30세미만	431	76	198	61	39	57
	30~39세	869	192	314	123	68	173
	40~49세	1,069	250	334	132	99	254
	50~59세	1,085	259	332	112	117	265
	60세이상	393	93	94	43	61	102
가구주	초졸이하	211	34	64	31	27	55

교육수준별	중졸	471	80	157	48	54	133
	고졸	734	145	240	80	75	194
	대졸이상	1,285	336	391	159	129	269
가구주 종사상 지위별	상용근로자	1,109	283	387	136	112	191
	임시·일용근로자	323	41	109	45	38	91
	자영업자	1,042	222	263	115	100	343
	기타(무직 등)	282	62	75	30	41	74

자료 : "2013년 가계금융·복지조사 결과", 통계청, 2013. 12.

2-5 배상책임위험

자신의 과실 또는 고의로 제3자의 생명이나 재산에 손해를 입힌 경우 제3자에 대한 배상책임을 짐으로써 경제적 손실을 입게 되는 경우이다. 자동차 사고의 경우 자신의 신체, 재산상의 손실뿐 아니라 자신의 과실로 제3자의 신체, 재산에 피해를 입혔다면 그 피해를 배상해 주어야 할 책임을 지게 된다. 구체적인 예로 법률상의 손해배상금, 소송비용, 변호사 보수, 중재 또는 화해비용, 응급비용, 호송 또는 기타 긴급조치에 소요된 비용 배상책임위험에 포함될 수 있다.

3 가계위험관리 프로세스

개인 또는 가계의 안전을 지키며 가계의 목표를 달성하기 위해서는 이러한 가계위험에 대한 적극적인 관리가 필요하다. 즉, 가계위험이 일어나지 않도록 하거나 위험의 가능성을 줄이려는 노력과 만일의 사고가 발생하더라도 손실을 줄이려는 노력등을 해야한다. 가계위험관리 역시 앞서 살펴본 위험관리의 일반적인 과정을 통하여 관리할 수 있다.

3-1 위험의 인식

가계위험관리의 첫 번째 단계는 바로 자신에게 닥칠 수 있는 위험에 종류와 가능성에 대해 생각해 보는 것이다. 위험은 본질적으로 불확실성을 내재하고 있으며, 또 현재가 아닌 미래에 일어날 수 있는 일이기 때문에 미리 생각하기가 어렵다. 또한 개인마다 처한 환경과 상황이 다르기 때문에 A라는 사람에게 일어날 수 있는 일은 B라는 사람의 것과는 다를 수 있다.

그러므로 자신의 상황을 체크해 보는 것이 필요하다. 즉, 자신의 가족구성이라든가 건강 상태, 소득, 재산 및 주거 환경 등을 돌아보고 그러한 상황에서 일어날 가능성이 있는 사건의 종류를 예상하여 볼 수 있다.

예를 들면 자동차를 가지고 있다면 자동차 사고나 도난 사고의 위험이 있을 수 있겠으며, 가계의 보유 자산구조가 부동산에 편중되어 있다면 부동산 가격변화, 정부의 부동산 관련 정책변화에 따라 자산의 가치변동이 심할 것이며, 만약 주거환경이 화재에 취약하다면 화재 발생에 관한 위험에 더 많은 관심을 가져야 할 것이다.

가족의 생애주기 또는 연령에 따라 보편적으로 나타나는 주요 개인 사건을 열거해 보는 것도 좋은 방법이다. 생애주기란 가족이 만들어져서 해체될 때까지의 변화 과정을 몇 단계로 나누어 보는 것인데, 단계마다 서로 다른 위험의 가능성이 있으므로 생애 주기에 따라 위험의 종류를 예측해 보는 것이다.

3-2 위험의 평가

가계위험관리의 두 번째 단계에는 "위험한 일이 실제로 일어난다면 얼마나 자주 일어날 것인가, 어떤 손실이 얼마나 발생할 것인가?"라는 것에 대한 것이다. 즉, 손실의 빈도와 손실의 크기를 가늠해 보는 것이다.

예를 들어 가족의 소득을 책임지고 있는 사람이 질병에 걸리거나 사망한다면 소득 상실액은 얼마나 되고, 장례비용으로는 얼마나 들며, 그 밖의 비용은 얼마나 들 것인가? 또는 자신의 과실로 자동차 사고가 발생하여 타인을 다치거나 사망케 했을 경우 발생할 수 있는 손해배상액의 가능한 크기는 얼마나 되며, 그 과정에서 발생하게 되는 여러 비용들을 예측해 보는 것이다. 그리고 이러한 가능성은 얼마나 되는지 생각해 보는 것이다.

3-3 위험관리 방법의 선택과 실행

1) 위험관리 방법의 선택

가계위험관리의 세 번째 단계에는 위험관리를 위한 적합한 방법을 검토하고 선택하는 단계이다. 가계위험관리에서 선택할 수 있는 관리 방법 역시 위험통제(risk control)에 의한 위험관리기법과 위험재무(risk finance)에 의한 위험관리기법이 있다.

위험통제란 위험의 발생빈도나 손실의 규모를 물리적으로 통제하려는 기법이며, 위험재무기법은 발생할 수 있는 손실에 대한 재무적 대안을 말한다. 위험통제기법에는 위험회피와 위험제거가 있으며, 위험재무기법에서는 위험보유와 위험전가의 방법이 있다. 어떤 방법이 적절한지는 그 위험이 얼마나 자주 일어날 수 있는지, 얼마나 크게 일어나는지에 따라 결정하는 것이 좋다. 즉, 2단계에서 평가한 손실의 빈도와 규모에 따라 결정할 수 있다.

[표 3-8] 가계위험관리 방법의 선택

		손실규모	
		큼	작음
손실빈도	높음	위험회피	위험제기, 위험전가
	낮음	위험전가	위험보유

(1) **위험회피**

위험회피는 손실을 발생시킬 가능성이 있는 행동은 전혀 안 하거나 그런 물건은 갖지 않는 것이다. 예를 들면 음주운전으로 인한 교통사고의 발생 가능성은 정상운전보다도 매우 높고(즉, 손실 빈도가 매우 높다), 일단 사고가 나도 대형 사고인 경우가 많기 때문에(손실규모가 크다) 이러한 위험은 회피하는 것이 바람직하다. 또한 타인에게 채무 또는 신원보증을 서주지 않거나 자동차를 빌려주지 않는 것 등도 위험회피의 한 예라고 할 수 있다. 그러나 이것은 항상 가능한 것은 아니다.

(2) **위험제거**

위험제거란 손실이 일어날 가능성을 줄여 보려고 노력하는 것과 손실이 일어나더라도 손실액을 줄이려는 노력이다. 예를 들면 내열 소재를 사용하여 화재 예방에 노력하는 것, 스프링클러 및 소화기 설치로 화재에 의한 손실액을 줄이려는 노력, 운전시 안전띠 착용과 에어백 장착으로 사고 규모를 줄이려는 노력, 강도나 도난에 대비하여 집안에 현금을 두지 않거나, 경보기를 설치하는 것 등이다. 위험제거 방법은 손실이 일어날 가능성은 높지만 손실 규모가 작을 때 주로 사용되는 방법이다.

(3) **위험보유**

위험보유는 위험이 존재하는 것을 인식하고, 그 위험을 그냥 감수하는 방법이다. 위험의 평가 결과 그 발생빈도나 손실규모가 작아서 그 정도 손실은 감수할 수 있다고 판단되어진 경우 택할 수 있는 방법이다. 일반적으로 손실 빈도도 낮고 손실 규모도 작을 경우 사용되는 방법이다. 예를 들어 1,000원짜리 볼펜이 있는데 너무 작아서 잃어버릴 위험이 있으나 볼펜 하나를 지키려고 다른 일을 하지 않거나 잃어버릴 때를 대비해서 보험에 들지는 않는다. 또한 잃어버리더라도 이 정도 손실은 감수할 수 있기 때문이다.

(4) 위험전가

위험전가는 위험으로 인해 발생한 경제적 손실의 일부 또는 전부를 다른 사람에게 귀속시키는 방법이다. 대표적인 위험전가의 예는 보험에 가입하는 것이다. 일반적으로 손실 빈도는 낮지만 손실이 발생할 경우 손실 규모가 큰 위험은 위험전가의 방법을 주로 사용한다. 발생 가능성이 적기 때문에 지속적으로 주의를 기울이기도 어렵고, 손실액수가 커서 개인의 능력으로 대처하기 어렵기 때문이다. 사망, 자동차 사고, 화재와 같은 사고가 발생 빈도는 낮지만 일단 발생할 경우 손실 규모는 큰 사고의 대표적인 예이다. 경우에 따라서는 손실 규모는 작지만 발생 빈도가 높아서 결과적으로 손해액이 커질 수 있는 사고의 경우도 위험을 제3자에게 전가하는 방법을 사용 할 수 있다. 보험은 소액의 비용으로 큰 위험 비용을 다른 사람에게 전가하는 대표적인 방법이다.

2) 위험관리 방법의 실행

가계위험관리의 네 번째 단계는 선택된 위험관리 방법들을 실행하는 단계이다. 아무리 거창한 계획도 실행되지 않으면 의미가 없는 것과 마찬가지로 가계위험관리에서도 선택된 위험관리 방법을 실제로 행동으로 옮기는 것이 중요하다. 즉, 위험한 행동은 하지 않거나 자동차를 타면 안전벨트를 꼭 매거나 집안에 소화기를 장만하거나 보험에 가입하는 것 등을 통해 위험관리 방법을 실행한다.

3-4 주기적인 평가와 조정

가계위험관리의 마지막 단계는 주기적인 평가와 조정이다. 개인적인 상황이 변하여 어떤 위험과는 이제 상관이 없어지기도 하고 또 다른 위험이 큰 문제가 될 수도 있다. 그래서 때때로 자신에게 발생할 수 있는 위험이 적절히 관리되고 있는지 다시 한 번 되돌아보고, 문제점이 발견되면 적절히 수정해야 할 필요가 있다.

4 가계의 보험수용

4-1 보험수용현황[31)]

1) 보험사 신뢰도

개인이 가계를 위하여 위험관리를 할 수 있는 대표적인 금융상품이 보험이다. 그러나 보험이라는 말은 들어 보았지만 보험이 도대체 어떻게 위험을 대비해 주는지, 어떤 보험이 있는지, 어떻게 보험에 들어야 하는지, 나에게 필요한 보험은 무엇인지를 알기란 쉽지 않다.

보험개발원 산하 보험연구원의 조사에 따르면 2013년 금융기관에 대한 전반적 신뢰도를 평가한 결과 은행이 5점 만점에 4.10점으로 가장 신뢰도가 높은 금융기관으로 나타났고, 다음으로 우체국 3.79점, 보험회사 3.72점, 농협이 3.69점으로 비슷한 평가를 받았으며, 증권사, 투자신탁 등 금융투자회사는 3.10점, 저축은행은 2.49점으로 신뢰도가 가장 낮은 것으로 조사되었다. 아직도 보험회사의 신뢰도가 은행과 큰 차이를 보인다는 것은 위험관리 수단으로서 보험의 위상정립이 미비하다는 것을 추론할 수 있다[32)].

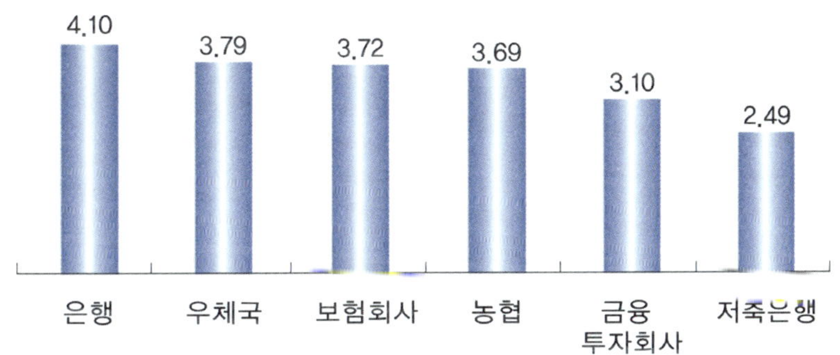

주 : 5점 만점을 기준으로 평가함

자료 : 전용석외 7인, "2013년 보험 소비자 설문조사", 보험연구원, 2013. 8.

그림 3-9 금융기관별 금융소비자 신뢰도

가까운 사람이 자신의 상황에 대한 검토 없이 아는 보험 모집인 때문에 어쩔 수 없이 보

---

31) 보험수용현황의 글은 [전용석외 7인, "2013년 보험 소비자 설문조사", 보험연구원, 2013. 8]을 정리 요약하였음.

32) 보험연구원의 발표에 의하면 보험회사보다 은행의 신뢰도를 높게 평가한 이유로 정직성(45.4%)을 가장 많이 꼽았고, 이어서 상품의 다양성이 21.9%, 수익성이 20.4%로 비슷한 가운데, 그 외 친절성 및 고객서비스 10.5%, 안정성과 큰 자산 규모는 각각 0.9%로 나타났다.

험에 가입한 경험이 있다면 보험은 귀찮고 필요 없고 복잡한 것으로 인식할 수 있다. 또 이런 이유로 보험을 통한 위험관리를 하지 않는 사람도 있을 수 있다. 그렇지만 다른 부분의 재무관리를 아무리 잘했다고 해도 한 번의 사고로 인해 생명과 전 재산을 잃고 남은 가족들의 생계가 어려워질 수도 있다는 것을 생각하면 보험을 통한 가계위험관리는 가계생활에서 빠져서는 안 되는 중요한 부분이다.

2) 생명보험 수용현황

[그림 3-10]을 보면 2013년 생명보험 가구 가입률은 83.0%로 2012년(86.3%) 대비 3.3%p 감소하였으며, 가입건수 역시 2012년(3.8건) 대비 0.2건 감소한 3.6건으로 생명보험 가입이 전반적으로 소폭 감소하였는데 이는 2008년 금융위기 이후 지속적인 감소세를 보이고 있는 것으로 보아 금융위기 이후 경제성장 둔화 및 소득 감소 등이 원인인 것으로 판단된다.

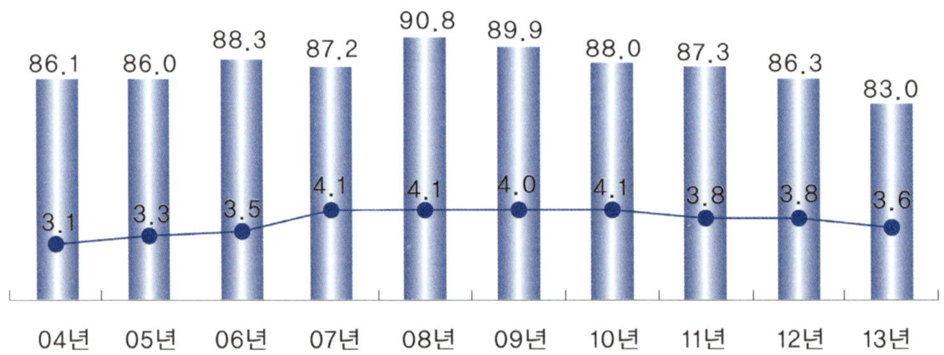

주 : 전국 1200명을 기준으로 산정(가입률, 가입건수)

자료 : 전용석외 7인, "2013년 보험 소비자 설문조사", 보험연구원, 2013. 8.

그림 3-10 생명보험 가입률

생명보험 종목별 가구 가입률([표 3-9])은 2012년에 이어 질병치료중점보장보험이 75.6%로 가장 높고, 다음으로 종신보험 36.6%, 연금보험 22.8%, 치명적 질병보험(CI) 12.7%, 저축성보험 12.2%, 변액보험 8.9%, 교육보험 5.2% 순으로 조사된 것을 볼 수 있다. 종목별 가입건수에서도 질병치료중점보장보험이 2.5건으로 여전히 가장 높았으며, 다음으로 치명적 질병보험이 1.8건, 변액보험이 1.6건, 종신보험, 교육보험이 각 1.5건, 저축성보험, 연금보험이 각 1.3건으로 나타났다. 이는 보험을 질병 및 생명 등에 대한 보장성에 목적을 두고 있는 반면 노후 대비에 보험의 필요성을 인식하지 못한다는 것을 보이고 있다.

[표 3-9] 생명보험 종목별 가입률과 건수

구분		2005년	2007년	2008년	2009년	2010년	2011년	2012년	2013년
가입률 (%)	질병치료중점보장보험	70.4	77.6	79.9	81.4	82.1	77.6	77.3	75.6
	종신보험	43.7	45.5	48.3	44.9	41.4	41.8	37.2	36.6
	저축성보험	14.9	16.4	18.9	15.9	14.3	13.5	11.8	12.2
	연금보험	22.5	22.1	21.0	21.1	22.6	26.1	21.0	22.8
	교육보험	7.7	17.7	8.8	6.6	6.8	5.8	5.8	5.2
	치명적 질병보험	3.6	10.9	11.3	11.6	10.8	12.9	13.6	12.7
	변액보험	1.0	7.7	11.8	10.2	9.6	9.6	10.8	8.9
가입건수 (건)	질병치료중점보상보험	2.0	2.2	2.2	2.4	2.6	2.5	2.5	2.5
	종신보험	1.3	1.5	1.4	1.5	1.4	1.5	1.4	1.5
	저축성보험	1.3	1.4	1.3	1.3	1.3	1.3	1.4	1.3
	연금보험	1.2	1.3	1.2	1.2	1.3	1.3	1.3	1.3
	교육보험	1.5	1.6	1.4	1.4	1.5	1.5	1.5	1.5
	치명적 질병보험	1.4	1.4	1.4	1.4	1.7	1.9	1.7	1.8
	변액보험	1.3	1.2	1.2	1.2	1.3	1.3	1.4	1.6

자료 : 전용석외 7인, "2013년 보험 소비자 설문조사", 보험연구원, 2013. 8

3) 손해보험 수용현황

[그림 3-11]을 보면 2011년 이후 손해보험 가구 가입률이 감소하는 경향을 보이는 가운데, 가입건수는 소폭상승한 것으로 보인다. 이는 자동차보유로 인한 자동차보험 상승과 의료실비보험인 장기손해 건상보험의 증가가 주요한 요인으로 판단된다.

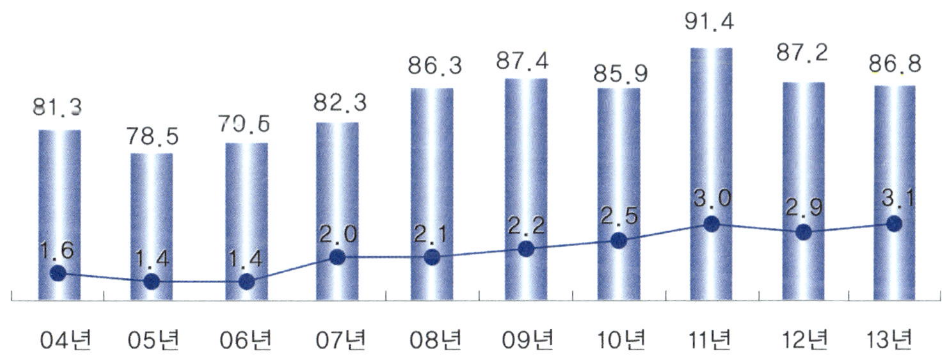

주 : 전국 1200명을 기준으로 산정(가입률, 가입건수)
자료 : 전용석외 7인, "2013년 보험 소비자 설문조사", 보험연구원, 2013. 8.

그림 3-11 손해보험 가입률

손해보험 종목별 가입률은 전년도 대비 장기손해 건강보험이 52.0%로 가장 높고, 다음으로 장기손해 상해보험 44.0%, 자동차보험을 제외한 그외 보험 가입률은 10% 미만으로 나타났다.

[표 3-10] 손해보험 종목별 가입률과 건수

구분		2005년	2007년	2008년	2009년	2010년	2011년	2012년	2013년
가입률(%)	자동차보험	100.0	100.0	100.0	100.0	100.0	100.0	100.0	100.0
	장기손해 상해보험	23.4	41.6	48.3	42.3	45.5	49.8	43.9	44.0
	장기손해 건강보험	5.2	14.8	17.1	20.2	34.0	42.7	41.3	52.0
	장기손해 종합보험	3.3	9.3	6.3	5.8	5.9	7.1	6.1	6.6
	장기손해 저축성보험	0.8	3.4	2.9	2.8	2.0	3.5	4.0	4.2
	장기손해 어린이보험	3.7	5.8	7.3	8.3	5.6	6.4	10.2	5.0
	상해보험	0.8	3.1	3.3	3.3	3.5	4.2	3.7	2.5
	통합보험	-	-	-	4.7	2.5	5.0	9.3	7.5
가입건수(건)	자동차보험	1.2	1.2	1.2	1.2	1.1	1.2	1.1	1.1
	장기손해 상해보험	1.2	1.2	1.2	1.2	1.2	1.3	1.3	1.3
	장기손해 건강보험	1.5	1.6	1.6	1.7	2.3	2.3	2.3	2.5
	장기손해 종합보험	1.1	1.2	1.2	1.2	1.2	1.1	1.2	1.2
	장기손해 저축성보험	1.1	1.3	1.3	1.5	1.2	1.2	1.3	1.2
	장기손해 어린이보험	1.8	1.7	1.6	1.6	1.7	1.6	1.6	1.8
	상해보험	1.6	1.1	1.1	1.2	1.6	1.7	1.9	1.5
	통합보험	-	-	-	1.6	1.9	1.8	1.8	1.9

자료 : 전용석외 7인, "2013년 보험 소비자 설문조사", 보험연구원, 2013. 8.

4-2 보험의 선택33)

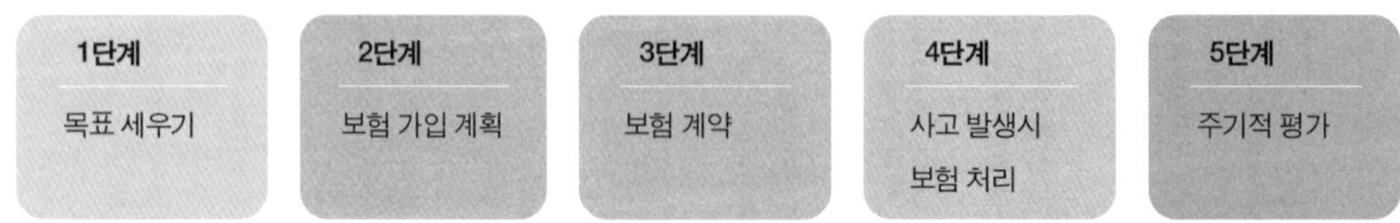

그림 3-12 보험설계 과정

33) 4-2보험의 선택은 가계위험에 대한 보험선택시 기본적인 내용을 기술하였고, 보험의 원론적 내용은 2부 보험의 구조에서 상세히 다루고자 한다.

1) 1단계 : 보험 가입의 목표를 설정

어떠한 위험에 대해 보험에 가입할지 고려해야하는 단계이다. 자신 및 가족에게 닥칠 수 있는 위험에는 어떠한 것이 있는지, 그로 인한 손실은 무엇인지를 고려해야한다. 또한 필요한 보험이 여러 가지가 있다면 가장 필요한 보험이 무엇인지 생각하여 우선순위를 매겨 비용의 합리적 분배를 추구해야 한다.

[표 3-11] 가계생활에서의 대표적인 위험과 활용 가능한 보험

위험 구분	민영보험(선택가입)	사회 보험(의무가입)
조기 사망과 은퇴	생명보험(종신보험, 변액보험), 개인연금보험	국민연금
실 업	신용보험, 소득보상보험	고용보험
질 병	암보험 등 건강보험	국민건강보험
상 해	상해보험	산업재해보상보험
자동차 관련 손실	자동차보험, 운전자보험	
화 재	화재보험	
타인에 대한 보증	보증보험	
도난에 의한 손실	도난보험	
배상책임	배상책임보험	

자료 : 김성민, 길재욱, 김헌수(1998), 『생활재무관리』, 경문사, 수정 후 인용

[표 3-12] 연령별 활용 가능한 보험의 예

연령대	보험가입 예
20대(직장 새내기)	재해, 상해 보장성 보험
30대(신혼기)	건강보험, 개인 연금보험, 자녀 상해보험 시작
40대(중년기)	종신보험, 건강보험
50대(장년기)	저축성 보험 : 노후 생활비 마련용

2) 2단계 : 구체적인 보험가입 계획수립

어느 정도의 보험에 들어야 할지, 보험료는 어느 정도가 적당한지, 어떤 보험 회사의 보험 상품을 선택하면 좋은지에 대한 정보를 수집하여 비교하여 보고 선택하는 단계이다.

보험금을 많이 받으면 좋겠지만 보험금이 높아지면 보험료도 자동적으로 높아진다. 그러나 보험금이 지나치게 낮은 보험은 유사시 도움이 되지 않을 수 있기 때문에 필요한 금액을 계산해 보고 보험료 납입 능력을 비교해 보아야한다.

예를 들어 사망 보험의 경우 필요 보험금은 상실소득 계산법과 필요비용 계산법이라는 것이 있다. 상실 소득 계산법은 보험 대상이 되는 피보험자가 생존할 경우 평생 벌어들일 수 있는 소득에 근거하여 필요 보험금을 계산해 보는 방법이다.

〈상실소득 계산법〉

필요 보험금 = [연간 세후 소득×0.75×(일정 기간 들어올 소득을 현재 가치로 전환하여 주는 이자 지수)] — 보유 자산 규모

이 때 0.75라는 수치는 보통 소득의 25%는 사고를 당하는 피보험자 당사자가 소비하는 부분이라 가정하고 소득의 75%를 나머지 가족의 생활비로 가정하여 만들어진 수치이다.

미래에 들어오는 소득액의 75%가 유가족이 앞으로 써야 할 생활비라고 보면 된다. 즉 미래의 생활비를 물가 수준이나 이자율을 이용하여 현재 가치로 전환하여야 하는데, 이 때 현재 가치로 전환하여 줄 수 있는 지수를 이용한다.[34)]

1년에 3,000만 원을 벌고 앞으로도 20년을 더 벌 수 있는 직업을 가진 가장이 사망했다고 가정해보자. 앞으로의 물가 상승률이 4%라고 가정한다면 유가족에게 앞으로 필요한 생활비(또는 상실 소득)는 3,000만 원×0.75×13.6 = 3억 600만원이 된다. 13.6은 이자율이 4%일 때 앞으로 20년간 피보험자가 벌어들일 수 있었던 액수를 현재 시점에서 13.6년어치의 소득을 갖고 있는 것과 같다는 의미로 보면 된다.

즉 3억 600만원에서 자신이 가지고 있는 자산을 빼면 가입해야 할 보험금이 된다.

필요비용 계산법은 피보험자가 사망하였을 경우 나머지 가족들에게 드는 생활비를 세부적으로 따져서 합산해 보는 방법이다.

〈필요비용 계산법〉

필요비용=[유가족 생활비 + 교육비 + 대출금 + 기타 유사시 필요한 비용] - 보유 자산 규모

지나치게 높은 보험료는 현재의 생활에 많은 영향을 미칠 수 있다. 미래의 불확실한 위험에 대비하기 위하여 지나치게 많은 보험료를 지불해야 한다면 바람직하다고 할 수 없다. 현재의 생활에 큰 지장을 주지 않는 범위 내에서 보험료 기준은 없지만 보장성 보험에 지불하는 총금액은 가계 소득의 10%를 넘지 않도록 하는 것이 좋다. 보험료는 보험금에 따라 달라

34) 호프만식 : 장래에 발생할 상실수익을 단리이자로 현가 계산하는 방법
라이프니쯔식 : 장래에 발생할 상실수익을 복리이자로 현가 계산하는 방법
보험사에서는 라이프니쯔식을 적용하고, 법원에서는 호프만식을 채택하고 있다.

지지만 보험 기간이나 보험료 납입 기간 등에 따라서도 달라지기 때문에 이를 통하여 보험료를 조정하도록 해야한다.

3) 3단계 : 보험계약

보험 가입은 보험 계약이라는 절차를 통해 이루어진다. 보험은 보험계약자가 청약을 하면 보험 회사가 이를 승낙하는 형식으로 이루어진다.[35]

4) 4단계 : 사고가 발생시 보험처리

보험 사고가 발생하면 보험금을 지급받도록 서류를 작성하고 일정한 확인 조사를 거치는 단계이다.

5) 5단계 : 주기적 평가

보험은 장기적으로 드는 것이 일반적이나, 그 사이에 가족 상황이나 위험 요인들이 변할 수 있기 때문에 주기적 평가가 필요하다.

35) 보험계약의 자세한 내용은 6장에서 기술하였음.

단원요약

- 가계나 개인이 처할 수 있는 위험을 가계위험 또는 개인위험라고 하며, 이러한 위험으로 인한 경제적 손실을 최소화하려는 노력을 가계위험관리라고 한다.
- 개인 또는 가계가 직면하는 주요 사건들로서 결혼, 출산, 주택구입, 자녀진학, 노후준비, 질병, 상해, 사망 등이 있다. 이러한 사건들은 주로 많은 경제적 비용이 발생한다는 특징이 있다. 이러한 지출은 평소의 소득으로 충당하기에는 너무 커서 미리 준비해야 하는데, 그러지 못하면 원하는 만큼 지출을 못하게 되거나 부채를 지게 된다. 이러한 위험들은 금전적인 손실 또는 비용을 발생시키기 때문에 가계경제에 부정적인 영향을 미친다는 특징이 있으며, 발생할 수도 있지만 그렇지 않을 수도 있기 때문에 불확실하다는 특징이 있다.
- 가계위험의 결정요인은 관리의 결여, 정보의 결여, 시간의 결의, 감성의 결여에서 기인한다.
- 가계위험관리의 필요성으로 고령화 사회의 진전 및 조기퇴직 증가, 핵가족화로 인한 자기책임주의, 산업화로 인한 산업재해의 증가, 서구화된 식생활로 인한 성인병 증가, 외환위기 이후의 급속한 가계부채의 증가 등 개별 가계를 위협하는 위험 요소등을 들 수 있다.
- 가계위험에서 순수위험의 범위는 인적위험과 물적위험 수익상실위험, 비용지출위험, 배상책임위험이 있다.

참고문헌

1. 亀井利明, 「リスク·マネジメントの理論と實務」, ダイヤモンド社, 1980.
2. 곽봉환, 「개인위험관리와 생활금융」, 도서출판 두남, 2008.
3. 김성민외 2인, 「생활재무관리」, 경문사, 1998.
4. 권순우, "가계부처의 위험도 진단", 삼성경제연구소, 2007.

제4장 라이프사이클과 가계위험관리

1 라이프사이클에 따른 위험관리

1-1 가계 라이프사이클의 개요

1) 가계 라이프사이클의 위험관리 의의

대부분의 가계는 인생의 일정한 주기에 따라 경제적 생활의 변동을 겪게 되어 있으며, 이런 일들을 라이프사이클의 변화를 통해 장래의 소비와 지출의 불확실성을 미리 예측하고 대비할 수 있다. 일반적으로 사람들은 대부분 유사한 모습의 라이프사이클을 보여주는데, 아동기와 청소년기를 거쳐 독립적인 사회인이 되고, 혼자 살거나 아니면 결혼을 하게 된다. 결혼을 하면 아이를 낳고 기르면서 중년이 되고, 직장에서 은퇴할 시기가 되면서 노년에 접어들게 된다.

이처럼 시간의 흐름에 따라 개인의 삶이 어떻게 전개되는지, 또 가족의 모습은 어떻게 변화하는지를 몇 가지 단계로 나타낸 것을 라이프사이클이라고 한다. 가계의 형성부터 쇠퇴까지의 라이프사이클을 단계적으로 구분해 본다면 크게 가계형성기, 가계성장기, 가계성숙기의 3단계로 나눌 수 있다.

라이프사이클을 이해해야 하는 이유는 모든 사람이 라이프사이클을 통과할 뿐만 아니라, 라이프사이클의 모습과 각 단계에 따라 가족의 구성이 달라지고 그에 따른 가족의 필요도 달라지며, 그 필요를 채울 수 있는 소득도 달라지기 때문이다.

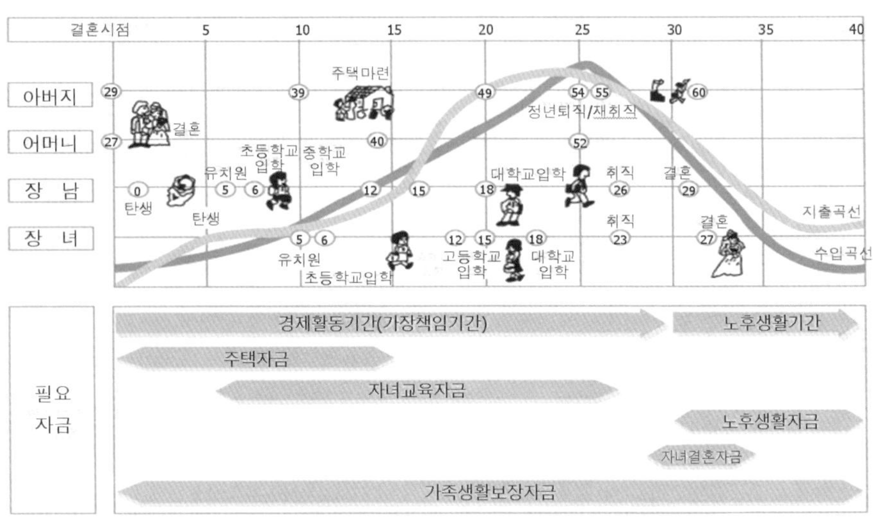

자료 : 생명보험협회

그림 4-1 라이프사이클의 형태

각 단계에 따라 가정생활자금, 주택마련자금, 자녀교육 및 결혼자금, 노후생활자금, 긴급자금 등 많은 경제적 비용이 필요하게 된다. 라이프사이클을 이해하면 미래를 미리 생각할 수 있고, 다음 단계의 라이프사이클에 이르게 될 때 준비해야 할 것이 무엇인지 알 수 있게 된다.

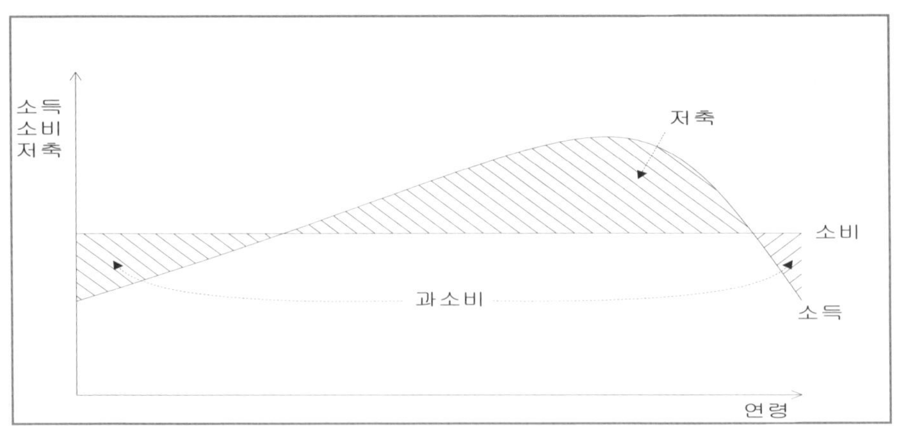

그림 4-2 라이프사이클 가설에 의한 소비 및 저축 유형

인간의 라이프사이클을 통해서 볼 때 특별한 지출이 요구되는 때가 있으며, 일정한 생활수준을 유지하려면 현재 소득만 가지고 소비 생활을 할 수 없는 때도 있다. 자녀의 출산, 교

육, 주택 마련, 자녀의 결혼 등 많은 경제적 비용이 발생되는 일이 있으며 이러한 지출은 평소의 소득으로 충당하기에는 너무 커서 미리 준비해야 하는데, 그러지 못하면 원하는 만큼 지출을 못하게 되거나 부채를 지게 된다.

소비 지출이 라이프사이클을 통해 변화하듯이 소득 또한 일생 동안 똑같지 않다. 소득은 대체로 20대 중반부터 50대 초반에 이르기까지 점차 증가하다가 정상을 이룬 후 감소하기 시작한다. 최근 은퇴 시기가 앞당겨져서 더 이른 시기부터 소득이 감소하기도 한다.

그래서 평소의 생활비는 소득수준에 맞추어서 유지할 수 있다 하더라도, 소비지출은 목돈 드는 일이 생길 때마다 급격히 커져서 소득을 초과하는 일이 있게 된다.

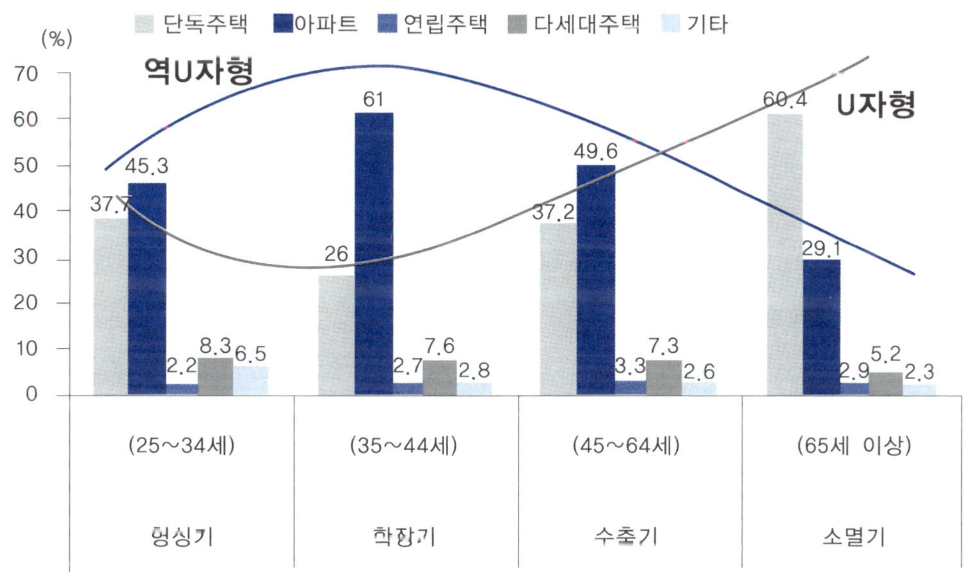

자료 : 통계청(http://kostat.go.kr)

그림 4-3 라이프사이클에 따른 주택유형

이상과 같이 개인의 라이프사이클에 따라 나타나는 필요자금과 내재된 위험을 파악하여 합리적인 재무설계를 하는 것이 필요하다. 따라서 각 개인의 선호와 경제적 능력에 따라 재산축적 및 증식, 위험관리, 절세 등 여러 가지 금융수단과 비금융수단을 합리적으로 결합하여 개인별 재무설계를 수립하는 것이 필요하다.

2) 가계의 필수 생활자금[36]

(1) 가계생활자금

안정적인 가정생활을 유지하기 위해 가장 중요한 것은 가계 전체의 생활자금이다. 만약 한 가정의 지출이 급격히 늘어날 시기에 가장이 불의의 사고를 당하게 되면 그 가정은 곤경에 빠지게 될 것이다.

따라서 가장이 불의의 사고를 당하게 될 경우를 대비해서 막내가 대학을 졸업하고 독립할 때까지의 가족의 생활자금과 자녀의 독립으로 처(妻)가 혼자서 생활해야 하는 기간동안 처의 생활자금을 준비해 두어야 하는데 이를 합쳐 가계생활자금이라 한다.

* 가족의 생활자금 = 월간생활비 × 0.7 × 12개월 × (자녀의 대학졸업시 연령-자녀의 현재연령)
* 처의 생활자금 = 월간생활비 × 0.5 × 12개월 × 막내 대학졸업시의 처의 평균여명
* 가계생활자금 = 가족의 생활자금 + 처의 생활자금

(2) 주택자금

주택은 가족생활에서 없어서는 안 될 귀중한 재산이다. 그러나 주택문제의 복잡성은 갈수록 심각해지고 있고 특히 일반서민에게 주택을 마련한다는 것은 쉬운 일이 아니다. 따라서 신혼초의 합리적인 재정설계를 기초로 각 가정의 소득구조에 맞는 주택마련 방법을 택하여 하루라도 빨리 주택마련계획을 실행해야 한다.

주택자금 = 주택구입 및 확장시 필요자금의 미래가치 + 미상환 주택대출금

(3) 자녀의 교육, 결혼자금

자녀에 대한 교육은 부모가 남겨줄 수 있는 최고의 유산이라 할 수 있다. 따라서 자녀가 훌륭하게 자라 안정적으로 독립할 수 있도록 이에 필요한 교육자금(교육자금, 대학자금)을 사전에 준비해야 한다.

교육 자금 설계시 교육비 상승률은 일반적으로 소비자 물가상승률의 2배정도인 5 ~ 8% 범위에서 결정하는 것이 바람직하다. 또한 자녀 결혼자금의 경우 일시에 목돈이 소요되는 것이기 때문에 사전에 적절히 준비해 두어야 한다.

---

36) 생명보험협회 자료인용

(4) 노후생활자금

회사의 퇴직금이나 정부의 사회보장제도만으로는 노후생활을 보내기에 충분하다고 할 수 없다. 풍요로운 노후를 보내기 위해서는 가장의 정년퇴직 후 평균여명기간 동안의 부부의 생활자금과 남편 사망 후 처의 평균여명기간 동안의 처의 생활자금을 준비해 두어야 하는데 이를 노후생활자금이라 한다.

> * 부부의 노후생활자금 = 월간생활비 × 0.7 × 12개월 × 남편정년시 남편의 평균여명
> * 처의 노후생활자금 = 월간생활비 × 0.5 × 12개월 × 남편 사망시의 처의 평균여명
> * 노후생활자금 = 부부의 노후생활자금 + 처의 노후생활자금

(5) 긴급예비자금

가입되어 있는 금융상품들이 대체로 만기가 있는 경우라 할지라도 긴급하게 자금이 필요할 때는 중도해약하여 긴급하게 자금을 마련할 수는 있다. 그러나 여유 자금을 투자운용할 때에는 언제라도 긴급하게 사용할 수 있는 유동적인 자금을 배분하여 자금관리를 하는 것이 중요하다. 왜냐하면 긴급자금이 마련되어 있지 않아서 부득이 만기가 있는 금융상품을 중도해약하게 된다면 목표로 했던 수익률을 얻지 못하는 손실을 경험하게 되기 때문이다.

일반적으로 자금관리에 있어서도 월 생활비의 3~6개월분 정도는 비상금으로 확보해 두는 것이 반드시 필요하다. 이때 가계의 월별 소득의 규모나 지출 등을 세밀하게 검토해 보고 가계의 상황에 맞게 최소 3개월에서 넉넉하게는 6개월 생활비 분량의 비상금은 마련해 두는 것이 바람직하다.

비상시 사용할 자산은 쉽게 인출해 쓸 수 있는 만기가 6개월 미만인 현금성 자산으로 구성되어야 하고 생명보험의 해약환급금 또한 비상시 이용할 수 있는 자산이기는 하나 출금 후에 보장이나 만기 지급 시 불이익은 없는지 사전에 충분히 검토한 후에 이용하는 것이 좋다. 긴급자금 마련을 염두에 두고 자금관리를 한다면 중도해약이나 대출로 인해서 발생할 수 있는 기회비용도 줄일 수 있을 뿐만 아니라 정신적으로 재정적인 안정감도 누릴 수 있다는 장점이 있다.

1-2 가계형성기의 위험관리

1) 가계형성기의 개요

결혼에서부터 첫 아이를 출산할 때까지의 기간을 가계형성기로 볼 수 있다. 대부분의 사

람들은 이 단계에 가계구성원은 미래에 대해 불확실하고 제한된 자원과 재산을 가지고 있지만, 대부분 자신들외에 부양가족이 없어서 상대적으로 부담이 적은 단계이다. 이 단계에서는 가구, 가전제품, 자동차, 스포츠 용품, 문화 용품, 여행 등 다른 어느 라이프사이클 단계보다 이 시기에 많은 사람들이 여가 생활과 개인적인 용품에 많은 돈을 소비하는 단계로서 고정적인 지출과 할부금 지불이 충분하다고 생각하기 때문에 과도한 부채를 지고도 심각성을 잘 깨닫지 못하기도 한다.

2) 가계형성기의 위험관리

이 시기는 현재의 욕구를 충족시키기 보다는 다음 라이프사이클 단계를 위해 자원을 확보해야 할 때이다. 기본적인 생활비와 직업 안정을 위한 능력개발 비용외에는 저축과 투자에 많은 부분을 할애해야 한다.

[표 4-1] 가계형성기의 주요위험과 관리방향

주요위험요인	위험관리방향
- 재무목표 및 재무설계를 세우지 않음 - 현재의 욕구에 충실하려다가 라이프사이클의 변화를 예견 못함 - 소득을 다 써 버림	- 주택마련 상품가입 - 보장성보험 가입 - 저축의 극대화(금융상품 조사)

우리나라에서 결혼 후 집을 장만하기까지 걸리는 기간은 약 8년이라고 한다. 주택을 마련하는데 드는 비용은 지역에 따라, 집의 크기에 따라, 종류에 따라 차이가 많지만, 집은 일생동안 구입하는 물건 중 아마 가장 값비싼 것 중의 하나이다. 내집 마련을 할 때에는 어느 정도 대출을 이용하는 것이 일반적이기 때문에, 좀 더 좋은 조건의 대출을 받기 위해서 자신의 신용을 관리하고 신용을 확보해 두어야 한다. 세부적으로 보면 내집마련을 위한 가장 경제적인 방법이 청약 통장을 이용하여 분양받는 방법이기 때문에 주택 청약 저축, 청약 부금, 청약예금의 차이점을 알아보고, 자신의 계획에 맞는 상품에 가입하도록 해야 한다.

3) 가계형성기의 노후관리

가계형성을 하는 20대 후반에서 30대에게 노후준비를 시작하라고 하면 아마도 쉽게 수긍하기 어렵고 실감이 나지 않을 수 있다. 그러나 노후준비에 있어서 가장 중요하게 활용할 수 있는 자산이 '시간'이라는 점을 고려하면 충분히 그럴 필요가 있다.

연금보험에 가입하는 경우를 통해 비교해 보자. 20년간 매달 30만원씩 불입한 후 55세부터 연금을 받는다고 할 때 30세부터 불입을 시작한 경우는 55세 은퇴시점이 되면 1억 4천800만원의 노후자금을 확보하게 된다(공시이율 5.1% 적용). 20년간 불입한 원금은 7천200만원 이지만 그 사이 원금의 두 배 이상 이자가 붙은 것이다.

또한 30대는 재테크의 첫 단추를 끼우는 시기인 만큼 기초를 잘 잡는 것이 중요하다. 체계적인 지출관리를 통해 가능한 많은 금액을 저축할 수 있도록 하며, 향후 내집 마련을 위한 포석으로 청약종합통장이나 장기주택마련저축에 가입하면서 예금 이자 외에 청약자격확보나 절세혜택을 공략하는 것도 좋은 방법이다.

30대의 노후준비를 비롯한 재테크 전략의 핵심은 다양한 투자상품의 활용이다. 전체 금융자산 중 투자상품 비중은 성향을 고려해 6,70% 수준으로 설정하는 것이 적정하다. 이자목적의 예금이나 채권, 확정금리형 보험상품이 3,40% 비중이라면 적립식펀드를 비롯한 다양한 펀드상품과 변액보험과 같은 투자형상품 비중이 나머지 6,70%를 차지하도록 구성한다.

단, 투자상품은 시장 변동성에 따라 수익성과가 크게 달라질 수 있다. 따라서 투자상품을 통한 재테크 전략은 이러한 변동성을 감안하여 반드시 위험(Risk) 관리가 병행돼야 한다. 구체적으로는 매월 투자하는 금액은 적립식펀드로, 목돈은 시장 상황을 고려한 분산투자를 추천한다. 이를테면 매월 투자할 수 있는 여유자금으로는 주식형펀드를 통해 적립식으로 투자하면서 위험(Risk) 관리와 함께 수익성을 높이는 전략을 가져간다. 매달 적립식으로 분할해 투자하면서 투자액의 평균단가를 낮추는 전략이다. 일부 여유자금으로 목돈이 확보됐다면 이 자금으로는 몇 가지 투자상품에 분산투자하는 것을 권한다. 상대적으로 공격적인 주식형 펀드 상품과 주가 등락에 따라 투자비중을 달리하는 위험(Risk)이 덜한 변동성투자 펀드 등으로 분산해 투자하면서 위험(Risk)과 수익률을 동시에 관리하는 방안도 효과적이다.

30대의 노후준비 상품으로는 변액연금보험의 활용도 효과적이다. 변액연금보험은 다양한 주식이나 채권펀드 등으로 투자하면서 운용성과에 따라 향후 연금액이 달라지는 투자형 보험상품이지만 만일 성과가 부진하더라도 연금개시시점에서는 원금을 보장하는 안전판이 있다. 또한 중간에 주식과 채권펀드 등으로 쉽게 투자상품을 옮겨 탈 수 있어 시장상황에 탄력적으로 대응할 수 있는 장점도 있다. 다만 이 역시 보험상품이기에 중도해지시 원금손실의 가능성이 큰 만큼 내용을 확인해 장기플랜으로 접근하는 것이 효과적이다.

1-3 가계성장기의 위험관리

1) 가계성장기의 개요

가계성장기는 자녀출산과 함께 시작되는 단계이다. 자녀의 등장이 생활의 여러 부분에 변화를 가져오기 시작하고, 아이들이 생기면서 가족이 생활하기 위한 비용은 갑작스럽게 증가하기 시작한다. 예를 들어 아이를 낳으면서 부인이 직장을 그만두는 경우에는 가족의 소득도 급격히 줄어들 수 있고, 의료비, 식비, 피복비, 아이에게 필요한 가구, 큰 집으로의 이사 등은 생활비를 증가시키는 요인이 된다.

이 시기에 부부 간의 돈 문제로 인한 불화가 가장 빈번하게 일어나는 시기로 이혼으로 인한 가계붕괴 위험이 상존한다. 가족이 두 번째로 겪는 어려움은 자녀를 대학에 보낼 때이다. 물가 상승으로 인해 대학 교육비는 해마다 급격히 증가하는 상황에서 대학 교육비의 대부분은 부모의 부담하게 된다.

2) 가계성장기의 위험관리

자녀를 출산하게 되면, 자녀양육, 유치원 및 초등학교 입학, 내집마련 및 주택 확장 등으로 지출항목이 늘어난다. 가족수의 증가로 인해 생활비가 늘어나면서 관혼상제의 비용이나 생활필수품의 구입이 부담되는 시기이다.

[표 4-2] 가계성장기의 주요 위험과 관리방향

주요위험요인	위험관리방향
- 비상기금 부재 - 위험으로부터의 충분한 보호 부족 - 증가한 소득에 대한 관리부족 - 신용의 과다한 사용 - 자녀 교육자금의 부족	- 금융상품가입 - 위험관리를 위한 보험가입 - 연금상품 가입 - 신용관리 및 신용의 확대 - 교육보험가입

따라서 이 시기에 이루어야 할 과업은 우선 출산 비용, 육아용품비, 자녀교육비, 주택확장 및 내집마련 자금을 준비해야 한다. 또한 가장의 소득이 상실되어 자녀양육에 어려움이 생길 위험에 대비하여 생명보험 및 손해보험을 포함한 적절한 보험에 가입해야 하고, 비상 자금을 마련해야 한다.

가정을 형성하게 되면 부양가족을 돌볼 책임이 있다. 특히 부모의 건강과 생명은 자녀에

게 매우 중요한 것이며, 세상에 존재하는 각종 위험에 대비해서 부모의 건강이나 생명을 상실할 경우에도 자녀가 보호받을 수 있도록 하는 보험에 가입하는 것은 필수이다.

자녀가 어릴수록 보험의 필요성은 크다고 할 수 있으며, 부모 모두 보험에 가입하는 것이 어려울 경우에는 주 소득원에 대해 우선적으로 보험에 들어두고, 보험료는 소득의 5%를 초과하지 않는 것이 가계 경제에 부담을 주지 않는다.

3) 가계성장기의 노후관리

30대후반에서 40대의 노후준비 재테크는 안정적인 노후자금의 확보를 목표로 해야 한다. 주요 재테크전략은 자산의 덩치를 키우는 데 주력하는 한편 위험(Risk)관리를 통해 과도한 위험에 노출되지 않도록 해야 한다. 재테크 전략이나 노후준비자금의 확보 역시 공격적인 투자를 통해 수익을 높이려는 전략보다는 최대한 저축액을 늘려 자금 확보를 늘리는 쪽으로 방향전환이 필요하다.

안전자산 대 투자상품 비중을 5 ~ 60% 대 4 ~ 50% 수준으로 설정하도록 한다. 또한 앞서 30대와 마찬가지로 적립식펀드를 통한 분할투자전략은 여전히 유효하지만 여유자금 목돈의 투자상품 운용은 위험(Risk)수준을 다소 낮출 필요가 있다. 투자상품의 안전성 강화를 위해 원금보장형 원자재 투자상품이나 원금보장은 아니지만 주가가 일부 하락해도 수익 실현이 가능한 ELS(주가연계증권)나 ELF 등으로 분산투자하는 방법을 예로 들 수 있다.

이전까지 노후를 대비한 연금상품에 가입하지 않았다면 40대는 더 이상 미루지 말고 연금상품 가입을 고려해야 한다. 이미 다른 사람들보다 늦게 시작하지만 그래도 나중을 대비해 부담을 줄여놓는 노력은 여전히 유효하다. 물론 뒤늦게 가입하는 연금상품인 만큼 가능한 많은 금액을 저축할 수 있도록 해야 할 것이다.

또한 부동산 투자시에도 은퇴 이후를 대비한 투자종목 선정이 고려되어야 한다. 은퇴 이후에 임대수입이 가능할 수 있도록 수익형 부동산에 투자하거나 필요시 쉽게 현금화할 수 있도록 환금성 높은 부동산에 투자하는 것 등이 그것이다. 간혹 자산규모는 큰데 대부분 현금화하기 어려운 부동산으로 묶여있어 거의 활용하지 못하는 경우들이 있다. 이는 미처 은퇴 이후의 상황을 고려치 않은 투자결과인 셈이다.

1-4 가계성숙기의 위험관리

1) 가계성숙기의 개요

가계성숙기 단계는 자녀독립기를 지칭한다. 이 시기에는 은퇴와 노년을 준비해야 할 시기로 자녀에 대한 부양책임이 끝나지 않은 경우라면 더욱 힘든 시기가 된다. 보통 자녀의 독립기에는 소득이 일생 중에서 가장 높은 시기이나 자녀에 대한 부양책임, 자녀의 결혼 준비, 은퇴에 대한 준비 등으로 소비에 대한 요구도 높은 시기이다.

2) 가계성숙기의 위험관리

이 시기에는 자녀의 결혼이 가계경제에 영향을 주는 큰 재무위험이다. 또, 본격적으로 은퇴 생활의 준비를 해서 은퇴 생활에 들어가야 하는 단계이므로 은퇴 계획과 노후자금준비는 여전히 중요한 과제이다. 은퇴 후에 무엇을 할 수 있는지 다양한 대안을 미리 계획하고, 활용할 수 있는 지역 사회 자원이 무엇이 있는지를 파악해야 하고, 상황에 따라서는 조기 퇴직과 재취업을 경험을 해야하는 시기이다.

은퇴 후에는 퇴직금의 적절한 운용이 큰 과제가 되며, 자산의 안전한 보전이 중요시 된다. 건강 상실이나 불의의 사건을 위해서 언제라도 찾아 쓸 수 있는 비상자금을 반드시 준비할 필요가 있고, 상속 계획과 세금관리도 중요한 시기이다.

[표 4-3] 가계성숙기의 주요위험과 관리방향

주요위험요인	위험관리방향
- 은퇴기금의 부족 - 라이프스타일의 변화에 대한 적응의 실패 - 지역사회 자원 활용에 대한 지식부족 - 은퇴 전 다양한 대안의 탐구실패	- 생활비 확보를 위한 금융 상품 가입(금융 소득 종합 과세에 유의하여 금융상품 관리, 세제 혜택 극대화) - 사회보장제도 활용 - 상속계획

(1) 자금을 운용시 안전성과 유동성을 중시

이 시기에는 수익성보다는 안전성을 고려한 다소 보수적인 투자 전략이 적합하다. 은퇴 후에는 고정 수입이 없는데다가, 실패를 하더라도 다시 회복할 시간적 여유가 없기 때문이다. 노후에는 갑자기 질병이나 사고가 발생할 수 있으므로 보험 보장을 충분히 해두고, 비상시를 위해 유동성 높은 자산을 보유하고 있는 것이 좋다. 따라서 안전성이 낮은 주식투자나 유동성이 낮은 부동산투자 등은 피해야 한다.

(2) 금융소득 종합과세 고려

퇴직금과 같이 목돈을 운용하다 보면 부부의 금융 소득이 금융 소득 종합 과세 대상인 4천만원 선을 넘을 수도 있다. 따라서 금융 상품의 만기나 이자 인출 시기 등을 분산하여

절세할 수 있도록 한다. 또한 상속이나 증여할 재산이 있는 경우에는 미리 계획을 세워 절세 범위 내에서 처리하도록 한다.

3) 가계성숙기의 노후관리

은퇴를 목전에 둔 50대는 노후준비 재테크 전략도 급해질 수밖에 없다. 노후를 위해 마련된 자금은 은퇴 이후부터 바로 사용해야 하는 만큼 이때부터도 그렇고 은퇴 이후에도 안정적으로 운용될 수 있도록 관리해야 한다. 그런 측면에서 보면 수익성보다는 안전성에 비중을 둔 자산운용 전략이 필요하며, 투자상품 30% 내외와 안전자산 비중 70% 수준의 포트폴리오 구성이 필요하다. 부동산 비중이 너무 높지는 않은지, 필요할 때 즉시 현금화할 수 있는 자산은 충분한지, 은퇴 이후의 생활자금으로 사용할 연금액은 계획한 대로 마련이 가능한지의 여부다.

사정상 살고 있는 집 한 채와 얼마 안 되는 금융자산만을 가지고 은퇴하게 되는 경우들이 많은데, 이 경우엔 차선책으로 가지고 있는 자산을 최대한 잘 활용하는 방법을 찾아야 한다. 대표적으로는 거치기간 없이 자금을 예치하면서 바로 연금을 수령하는 즉시연금 상품의 활용을 들 수 있다.

일반적인 연금상품이 장기간에 걸쳐 자금을 불입하고 나서 은퇴한 다음에 이를 나눠서 지급받는 형태라면 즉시연금은 말 그대로 지금 목돈을 예치하고 다음달부터 바로 연금으로 지급받는 형태다. 노후에도 생활비 조달은 은퇴 전의 월급처럼 규칙적으로 꾸준히 받을 수 있도록 조치하는 것이 필요한 만큼 부족한 연금액을 즉시연금상품으로 보완하는 것은 충분히 가치 있는 방법이다.

한편, 금융자산도 충분치 않아 사실상 살고 있는 집을 통해 노후자금을 해결해야 하는 경우라면 이때는 거주주택을 줄여가는 방법 외에 주택연금 역모기지론 제도의 활용도 고려해 보자. 주택연금 역모기지론은 살고있는 주택을 담보로 맡기고 매달 연금식으로 대출금이 분할 지급되는 상품이다. 집 담보로 대출을 받는 구조이기는 하지만 해당 주택에 계속 거주하면서 종신토록 연금이 지급되기에 주거에 대한 불안해소와 안정적인 노후생활자금 조달이 둘 다 해결되는 장점이 있다. 주택연금 역모기지론은 60세 이상 1세대 1주택자의 시가 9억 원 이하 주택을 대상으로 하고 있다.

2 저출산·고령화 사회의 위험관리

2-1 저출산·고령화 현황

우리나라는 저출산으로 인해 1980년 이전부터 14세 이하 인구가 감소하기 시작하였고, 이 여파로 생산가능인구(15 ~ 64세)와 총인구는 각각 2017년과 2019년부터 줄어들 전망이다. 이에 반해 평균수명 연장에 따라 65세 이상 인구는 계속해서 늘어나고 있어 인구구조가 고령화되고 있다.

이러한 저출산·고령화는 전 세계적인 현상으로 볼 수 있으나 우리나라의 경우 평균 출산율이 1.2명으로 OECD 평균 출산율 1.8명에 비해 크게 낮기 때문에 상대적으로 생산가능인구가 감소하고 65세 이상 인구 비중이 빠르게 높아질 것으로 전망되어 저출산·고령화의 부정적인 영향이 더 클 것으로 보인다.

특히, 저출산·고령화에 따라 가계가 준비해야하는 노후부담이 크게 증가할 것이다. 한편으로는 대부분의 국가에서 재정 건전성을 유지하기 위해 공적연금과 공적건강보험을 개혁함에 따라 저출산·고령화 관련 재정 부담이 가계로 이전되고 있고, 다른 한편으로는 평균수명 연장으로 은퇴기간이 늘어나기 때문이다. 특히, 우리나라의 경우 가계의 자산구성이나 규모가 노후대비에 적절하지 못하고 부족하다는 점에서 가계의 노후준비가 시급해 보인다.

1) 저출산·고령화 추세

통계청[37]에 의하면 우리나라 총인구는 저출산과 기대수명 연장에 따라 2018년 4,934만명을 정점으로 감소하기 시작하여 2050년 4,234만 명까지 줄어들 것으로 전망된다. 또한 15세와 64세 사이의 인구로 정의되는 생산가능인구는 2018년보다 2년 빠른 2016년 3,619만 명을 기록한 이후 감소하여 2050년에는 2,242만 명이 될 것이다.

37) 통계청, 「2013 고령자통계」

[표 4-4] 연령계층별 고령인구

(단위 : %)

	1970	1990	2000	2013	2020	2030	2040	2050
총인구	100.0	100.0	100.0	100.0	100.0	100.0	100.0	100.0
0~14	42.5	25.6	21.1	14.7	13.2	12.6	11.2	9.9
15~64	54.4	69.3	71.7	73.1	71.1	63.1	56.5	52.7
65세이상	3.1	5.1	7.2	12.2	15.7	24.3	32.3	37.4
65~74세	2.3	3.5	4.9	7.3	9.0	14.6	15.8	15.3
75~84세 (75세이상)	(0.8)	(1.6)	2.0	4.0	5.1	7.2	12.4	14.4
85세 이상	-	-	0.4	0.9	1.6	2.5	4.1	7.7

자료 : 통계청, 「2013 고령자 통계」

2013년 총인구에서 65세이상 고령자가 차지하는 비율은 12.2%로 1970년 3.1%에서 지속적으로 증가하여 2030년 24.3%, 2050년 37.4% 수준에 이를 것으로 전망하고 있다. 특히, 85세 이상 초고령인구 비율은 2013년 0.9%에서 2030년 2.5%, 2050년 7.7%로 크게 증가할 것으로 전망하고 있다.

[표 4-5] 연령계층별 고령인구

(단위 : 해당인구 100명당 명, 명)

	1990	2000	2013	2017	2018	2030	2040	2050
노년부양비[1]	7.4	10.1	16.7	19.2	20.0	38.6	57.2	71.0
노령화지수[2]	20.0	34.3	83.3	104.1	108.5	193.0	288.6	376.1
고령자1명당 생산가능인구(명)[3]	13.5	9.9	6.0	5.2	5.0	2.6	1.7	1.4

자료 : 통계청, 「2013 고령자 통계」

주 : 1) 노년부양비 = (65세 이상 인구 / 15~64세 인구) × 100

2) 노령화지수 = (65세 이상 인구 / 0~14세 인구) × 100

3) 고령자 1명당 생산가능인구 = 15~64세 인구 / 65세 이상 인구

2013년 노년부양비는 16.7로서 생산가능인구 6명이 고령자 1명을 부양하는 상황까지 와 있다. 현재의 저출산이 지속될 경우 2018년에는 생산가능인구 약 5명이 1명을, 2050년에는 약 1.4명이 1명을 부양해야 할 것으로 전망된다. 결론적으로 생산가능인구의 세수부담은 증가하고, 고령인구의 사회보장의 질은 낮아진다고 볼 수 있다.

2) 저출산·고령화 요인

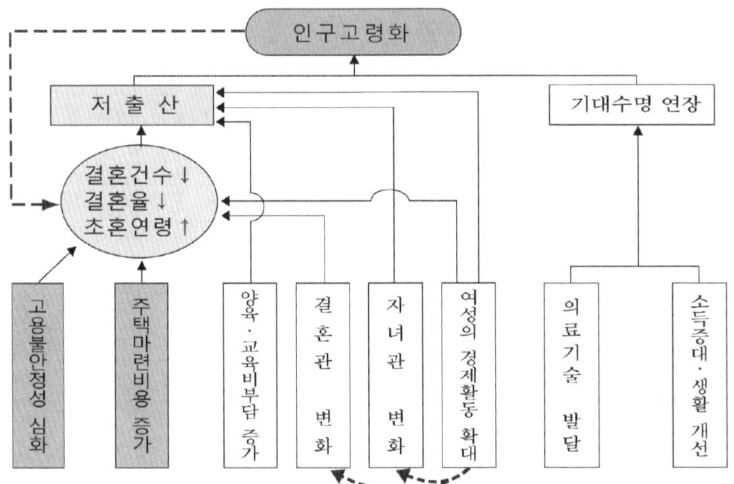

자료 : 보험연구원, "저출산·고령화와 금융의 역할", 2011

그림 4-4 저출산·고령화 요인

(1) 저출산

우리나라 합계출산율은 2003년 1.18명에서 2007년 1.25명, 2012년 1.30명으로 인구대체 수준인 2.1명을 넘지 못하면서 전체 인구수는 지속적으로 낮아지고 있다.

[표 4-6] 우리나라 출생률

(단위 : 가임여성 1명당 명, 해당 연령 여성인구 1천명당 명)

		2003	2004	2005	2006	2007	2008	2009	2010	2011	2012p
합계출산율		1.180	1.154	1.076	1.123	1.250	1.192	1.149	1.226	1.244	1.30
전년대비	증감	0.014	-0.026	-0.078	0.047	0.127	-0.058	-0.043	0.077	0.018	0.06
연령별 출산율	15-19세	2.5	2.3	2.1	2.2	2.2	1.7	1.7	1.8	1.8	1.7
	20-24세	23.6	20.6	17.8	17.6	19.5	18.2	16.5	16.5	16.4	16.0
	25-29세	111.7	104.5	91.7	89.4	95.5	85.6	80.4	79.7	78.4	77.4
	30-34세	79.1	83.2	81.5	89.4	101.3	101.5	100.8	112.4	114.4	121.9
	35-39세	17.1	18.2	18.7	21.2	25.6	26.5	27.3	32.6	35.4	38.9
	40-44세	2.4	2.4	2.4	2.6	3.1	3.2	3.4	4.1	4.6	4.9
	45-49세	0.2	0.2	0.2	0.2	0.2	0.2	0.2	0.2	0.2	0.2

자료 : 통계청 (2012년은 잠정수치임)

우리나라 출산율 하락의 원인으로 전통적인 가족·자녀관의 변화, 초혼 연령의 상승, 여성의 경제활동 참여 증가, 자녀 양육비 및 교육비 부담 등이 복합적으로 지적되고 있다.

이러한 요인들이 출산의 기회비용을 직·간접적으로 증가시켜 출산율 하락이라는 결과를 초래하고 있다. 첫째, 과거와는 달리 자녀에 대한 선호가 낮아지고 있다. 그리고 여성의 권익 신장으로 직장에서 남녀 간 불평등이 줄어듦에 따라 남아선호사상도 사라지고 있다.

둘째, 여성의 경제활동 참여가 증가하고 있으나 직장과 양육을 동시에 병행하기가 어려운 상황이다. 이에 따라 독신자의 비중도 높아지고 있고 자녀수도 감소하고 있다.

셋째, 외환위기 이후 고용이 불안해지고 주택마련비용이 높아짐에 따라 초혼연령과 출산연령이 높아져 출산율이 하락하고 있다.

[표 4-7] 우리나라 사교육비 총액 규모

(단위 : 억원 / %)

구 분		2008년	2009년	전년비	2010년	전년비	2011년	전년비	2012년	전년비
전 체		209,095	216,259	3.4	208,718	-3.5	201,266	-3.6	190,395	-5.4
	초등학교	104,307	102,309	-1.9	97,080	-5.1	90,461	-6.8	77,554	-14.3
	중학교	58,135	62,656	7.8	60,396	-3.6	60,006	-0.6	61,162	1.9
	고등학교	46,652	51,294	10.0	51,242	-0.1	50,799	-0.9	51,679	1.7

자료 : 통계청 「2012년 사교육비 조사 결과」

넷째, 자녀에 대한 교육비 부담이다. 아래 [표 4-7]에 따르면 2012년 전체 사교육비는 전년대비 5.4% 감소한 19조395억원이다. 통계로는 감소한 수치로 나오지만 전체 학생수가 2011년 6,987,000여명에서 3.4% 감소한 6,721,000여명이기 때문에 사교육비는 감소했다고 볼 수 없다. 이 수치는 GDP 대비 사교육 비중은 2.9% 차지하는 것으로 나와 결국 가계부담이 존재한다고 볼 수 있다.[38] 이처럼 사교육비 부담이 크고 노후대비를 자녀에 의존하지 않고 스스로 해결하려는 경향이 늘어남에 따라 출산율이 낮아지고 있다.

(2) 기대수명연장

의학의 발전과 소득수준 및 생활환경 개선으로 우리나라 평균 기대수명은 1970년 61.9세에서 2012년은 81.4세(남성 77.9세, 여성 84.6세)로 늘어났다. 출산율은 2.0명 미만으로 정체되어 있는데 기대수명은 계속 늘어난다는 것은 생산가능인구의 감소와 노령인구의 증가가

38) 통계청 「2012년 사교육비 조사 결과」 참조

동시 올 수 있는 상황이다.

[표 4-8] 우리나라 기대수명

	1970	1980	1990	2000	2010	2002	2011	2012
남녀전체	61.9	65.7	71.3	76.0	80.8	77.0	81.2	81.4
남자(A)	58.7	61.8	67.3	72.3	77.2	73.4	77.6	77.9
여자(B)	65.6	70.0	75.5	79.6	84.1	80.5	84.5	84.6
차이(B-A)	6.9	8.3	8.2	7.3	6.9	7.1	6.8	6.7

자료 : 통계청「2012년 생명표」

3) 고령화 위험

인구의 고령화는 수명연장에 따른 기대여명의 증가와 함께 개인 및 가계에 위험을 야기한다. 대표적으로 생존위험, 건강위험, 자산위험을 야기한다.

(1) 생존위험

생존위험은 개인이 예상했던 기대여명보다 오래 생존하게 됨으로써 노후를 위한 수입이 부족하게 됨으로써 생기는 위험을 말한다. 개인은 건강관리 수준제고, 의료기술의 발전 등으로 수명이 급격히 연장되고 있는데, 오히려 사회제도적으로는 근로기간이 짧아지는 문제를 안고 있다.

개인의 생존위험은 노후보장의 미비로 인해서 생겨나는데, 이의 확충을 위해서는 그에 소요되는 비용을 보험료로 부담해야 하며 개인의 자조노력 여하에 의해 그 크기가 달라진다. 일반 근로자의 경우 국민연금에 의해 노후보장을 받으나 표준적 생활수준에 비교하여 갭이 발생할 수 있다. 만약 국민연금 이외에 퇴직금 등 다른 소득원이 있어 이 갭을 메울 수 있다면 위험은 상쇄될 것이나, 중간에 그 소득원이 소진될 경우에는 위험이 발생하게 된다.

(2) 건강위험

건강위험은 고령화가 됨에 따라 신체적, 지적, 정신적인 질병 등으로 인해 의존상태에 있게됨으로써 생기는 위험을 말한다. 건강위험은 궁극적으로는 질병의 치료 및 간병에 소요되는 비용의 크기로 나타나게 된다. 연령이 높을수록 암 발병확률, 수술률 등이 높아지며 평균 입원일수도 높아지게 된다. 물론 과거에 비해 동일한 연령의 고령자 건강상태가 좋아진 것은 확실하지만, 수명연장에 따라 은퇴 이후 소요되는 의료비용은 급격히 증가함으로써 건강위험을 증가시킬 것이다.

건강위험의 경우 국민건강보험제도에 의해 완전하게 보장되지 않거나, 장기간병을 위한 보장장치가 미흡할 경우 생겨난다. 그런데 건강이 크게 악화되거나 장기간병 상태에 있게 될 경우 개인의 저축 등에 의해 해결되기 어려워져 위험이 확대되며, 이는 더 많은 지출이 이루어져 생존위험을 악화시키게 된다. 또한 보험제도가 존재하더라도 완전하게 보장되기 어려우며, 본인이 부담해야 될 부분만큼 결국 건강위험의 크기는 정해진다.

(3) 자산위험

자산위험은 개인이 축적한 자산이 경기침체, 금리변동, 물가, 투자실패 등의 요인에 의해 손실을 입게 될 위험을 말한다. 향후 개인들은 급속한 고령화에 대응하여 저축, 투자 등을 늘려감에 따라 금융자산 및 실물자산의 규모가 커질 것이나 적절히 관리되지 못할 경우 각종 거시경제적 요인 등에 의해 손실을 입음으로써 노후소득이 안정되지 못할 가능성이 있다.

2-2 고령화 사회와 공적보장

가계의 고령화위험 대응수단은 정부재정, 사회보험, 민간금융 및 보험이라는 3층 구조로 되어 있으며, 우리나라의 경우 사회보험제도가 중심적 제도로 위치하고 있다.

먼저 정부의 재정은 국민기초생활보장법에 의거하여 극빈층에 대한 소득지원 및 건강보조금을 지원한다. 또한 사회보험제도 운영과 관련하여 공적연금 중 군인연금과 공무원연금에 대해서는 정부가 사용자의 위치에서 보험료를 납부하며, 사학연금에 대해서는 재정보조를 하고 있다. 이렇듯 정부재정은 일부 극빈층에 대해 직접적인 지원을 하면서, 사회보험제도에 대해서는 최종적 대부자의 역할을 맡고 있다.

사회보험제도로는 국민연금, 국민건강보험, 산재보험, 고용보험이 있다. 그 중에서 고령화위험에 직접 대응하는 사회보험은 국민연금과 국민건강보험 그리고 노인장기요양보험제도가 있다. 10장에서 사회보상제도 중 공공부조와 사회보험을 자세히 다루었으므로 여기서는 10장에서 자세히 다루지 않은 노인장기요양보험제도와 주택연금제도에 대해서 다루어 보고자 한다.

1) 노인장기요양보험제도

장기요양이란 신체적·정신적 문제로 인하여 오랜 기간 동안 목욕, 옷입기 등 일상적인 행동(activities of daily living : ADL)을 스스로 할 수 없어 타인의 도움이 필요한 자들에게 제공하는 서비스를 의미한다. 장기요양의 대상은 고령으로 인하여 신체적·정신적 문제를 장기간 겪고 있는 노인층 및 사고 등으로 인한 장애인으로, 이 중 고령층을 대상으로 하는 것이 노인장기요양보험제도이다.

(1) 제도배경 및 목적

인구고령화로 인하여 사회 내에서 요양보호가 필요한 고령자의 수가 빠른 속도로 증가하고 있으며, 저출산·핵가족화 및 여성의 사회참여율 증가 등의 사회구조적 변화로 인하여 고령자 요양에 대한 책임이 가족에서 사회·국가로 이동하고 있다. 또한 요양비용에 대한 높은 부담 및 요양목적의 의료기관 장기입원 등은 건강보험재정에 부정적 영향을 미친다.

이에 우리나라에서는 고령이나 노인성 질병 등으로 일상생활을 혼자 수행하기 어려운 노인 등에게 신체활동 또는 가사활동 지원과 같은 장기요양급여 서비스를 제공하는 노인장기요양보험이 사회보험의 형태로 2008년 7월부터 도입·시행되고 있다. 이는 고령자에게 필요한 급여서비스를 제공하여 노후의 건강증진 및 생활안정을 도모하고 해당 가족의 부담을 덜어줌으로써 삶의 질을 향상하도록 돕는 것을 목적으로 하고 있다.

(2) 관리·운영 체계

노인장기요양보험사업에는 보건복지부, 국민건강보험공단, 장기요양기관, 지방자치단체 등이 참여한다. 사업을 총괄하는 보건복지부는 장기요양기본계획의 수립 및 조정작업 등을 담당하며, 국민건강보험공단은 보험자로서 보험가입자 자격관리, 보험료 부과 및 징수, 신청자 등급판정, 급여 관리·평가 및 급여비용 심사·지급, 제도 조사·연구·홍보, 서비스 전달체계 등의 역할을 수행한다.

장기요양기관은 등급판정을 받은 수급자와 계약을 체결하여 장기요양서비스를 제공하며, 제공한 급여에 대한 비용을 공단에 청구하며, 지방자치단체는 장기요양기본계획에 따른 세부시행계획을 수립하고 시행하며, 장기요양기관 설치 및 지정 등의 권한을 가지고 사업을 지원하는 역할을 한다.

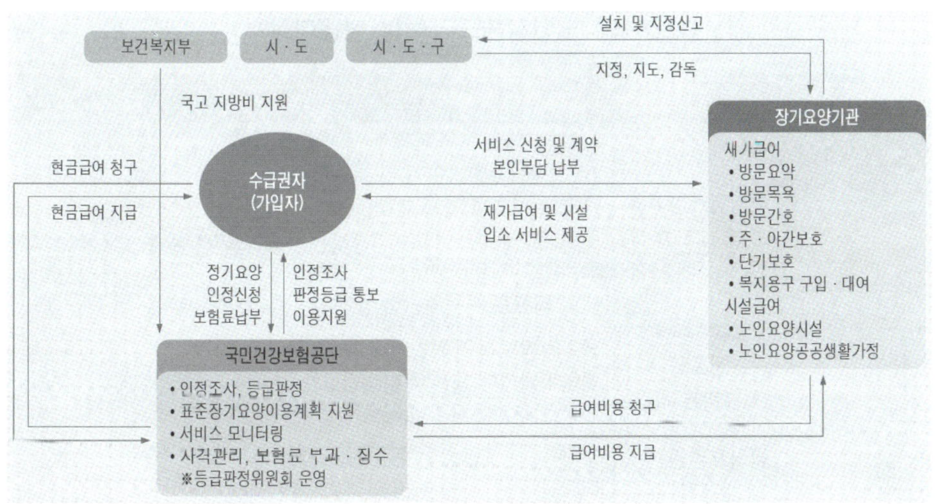

자료 : 국민건강보험공단, 「2011 노인장기요양보험 통계연보」

그림 4-5 노인장기요양보험사업 메커니즘

(3) 급여대상

노인장기요양보험의 급여대상은 65세 이상의 노인이나 노인성 질병6) 등으로 인해서 6개월 이상 혼자서 일상적인 생활을 하기 어려운 자로 장기요양인정 신청·조사 후 1~3등급의 장기요양인정을 통보받은 자들이다.

소득수준과 상관없이 65세 이상 노인 또는 65세미만이라도 노인성 질병을 가진 자는 국민건강보험공단의 각 지사에 위치한 장기요양센터에 장기요양인정을 신청할 수 있다. 신청을 하게 되면, 소정의 교육을 이수한 공단직원이 신청자의 거주지를 직접 방문하여 기본적 일상생활활동(ADL), 인지기능, 행동변화, 간호처치, 재활영역 등 5개 영역 52개 항목의 기능상태·환경상태 및 서비스 욕구 등을 조사하게 된다.

시·군·구 단위로 설치된 장기요양등급판정위원회는 공단직원의 방문 인정조사 결과와 의사소견서 등을 고려하여 신청자가 6개월 이상 혼자서 일상생활을 수행하기 어렵다고 판단되는 경우 심신상태와 장기요양 필요 정도 등을 판정기준에 근거하여 등급을 설정한다.

[표 4-9] 노인장기요양보험 적용대상자

구 분	적용 대상자 범위
노인장기요양보험 적용 대상자	전국민 【장기요양보험가입자 및 피부양자 (건강보험과 동일)+의료급여수급권자】 ※ 의료급여수급권자는 건강보험과 장기요양보험의 가입자에는 제외되지만, 국가 및 지방자치단체의 부담으로 적용대상이 됨
보험료를 부담하는 자	국민건강보험의 가입자로 하며, 직장가입자와 지역가입자에 대한 개별보험료는 건강보험제도의 보험료 부과체계를 그대로 활용하여 산정
장기요양인정 신청자	65세 이상 노인 또는 노인성 질병을 가진 65세 미만의 국민
장기요양급여 인정자	장기요양인정 신청인 중 6개월 이상 혼자서는 일상생활이 어려운 자로서 장기요양등급판정위원회에서 장기요양인정을 받은 자

자료 : 국민건강보험공단, 「2011 노인장기요양보험 통계연보」

장기요양보험 급여서비스를 제공받을 수 있는 등급은 장기요양인정 점수에 따라 3개 등급(1 ~ 3등급)으로 나누어지며, 다른 사람으로부터의 필요한 도움 수준이 상대적으로 가장 높은 경우 1등급으로 판정된다.

장기요양센터는 장기요양등급판정위원회로부터 장기요양등급(1 ~ 3등급)자로 판단·인정된 자들에게 장기요양인정서[39]와 표준장기요양이용계획서를 통지하며, 인정자는 이에 근거하여 급여서비스를 이용한다. 인정자는 스스로 장기요양기관을 선택하여 급여계약을 체결하게 되는데, 이때 장기요양기관은 표준장기요양이용계획서 및 계약내용을 반영하여 세부급여제공 계획을 수립하고, 그에 따른 급여서비스를 제공한다.

39) 장기요양등급, 유효기간, 장기요양급여 종류 등이 기재

[표 4-10] 노인장기요양보험 재가급여

종류	내 용
방문요양	장기요양요원이 수급자의 가정 등을 방문하여 신체활동 및 가사활동 등을 지원하는 장기요양급여
방문목욕	장기요양요원이 목욕설비를 갖춘 장비를 이용하여 수급자의 가정 등을 방문하여 목욕을 제공하는 장기요양급여
방문간호	장기요양요원인 간호사 등이 의사, 한의사 또는 치과의사의 지시서에 따라 수급자의 가정 등을 방문하여 간호, 진료의 보조, 요양에 관한 상담 또는 구강위생 등을 제공하는 장기요양급여
주·야간보호	수급자를 하루 중 일정한 시간 동안 장기요양기관에 보호하여 신체활동 지원 및 심신기능의 유지·향상을 위한 교육·훈련 등을 제공하는 장기요양급여
단기보호	수급자를 보건복지부령으로 정하는 범위 안에서 일정 기간 동안 장기요양기관에 보호하여 신체활동 지원 및 심신기능의 유지·향상을 위한 교육·훈련 등을 제공하는 장기요양급여
기타재가급여(복지용구)	수급자의 일상생활·신체활동 지원에 필요한 용구를 제공하거나 가정을 방문하여 재활에 관한 지원 등을 제공하는 장기요양급여로서 대통령령으로 정하는 것

자료 : 국민건강보험공단, 「2011 노인장기요양보험 통계연보」

(3) 급여

급여에는 재가·시설급여 및 특별현금급여가 있다. 재가급여에는 방문요양·목욕·간호, 주·야간보호, 단기보호, 기타재가급여(복지용구) 등 6가지 서비스가 있으며, 등급별 서비스급여 한도액[40]은 1등급 월 1,140,600원, 2등급 월 1,003,700원, 3등급 월878,900원으로 1등급의 한도액이 가장 높게 책정되어 있다.

시설급여는 장기요양기관이 운영하는 노인의료복지시설[41]등이 입소자에게 신체활동 지원 및 심신기능의 유지·향상을 위한 교육·훈련 등을 제공하는 장기요양급여 서비스로, 본인이 전액 부담하여야 하는 식사재료비, 상급침실 이용료, 이·미용비 등의 비급여 항목이 별도로 존재한다. 특별현금급여[42]에는 가족요양비[43], 특례요양비[44], 요양병원간병비[45]등이 급여항

40) 2013년 기준(매년 변경)
41) 「노인복지법」 제34조에 따른 시설로 노인전문병원 제외. 노인의료복지시설에는 노인요양시설, 노인요양공동생활가정, 단기보호에서 전환된 노인요양시설, (구)전문요양시설 등이 있으며 시설과 등급에 따라 1일당 급여수준이 상이(37,460원 ~ 52,640원)
42) 「노인장기요양법」 제23조
43) 도서·벽지 등 장기요양기관이 현저히 부족한 지역에 거주하거나, 천재지변 등의 사유로 인하여

목으로 명시되어 있으나, 이 중 모든 장기요양등급에 대하여 월 15만원이 동일하게 현금으로 지급되는 가족요양비만이 현재 시행되고 있다.

2) 주택연금제도

주택연금(주택담보노후연금보증)이란 60세 이상의 고령자들이 소유주택을 담보로 제공하고 금융기관에서 노후생활자금을 종신으로 매월 지급받는 대출에 대해 한국주택금융공사가 공적보증을 통해 이행책임을 부담하는 제도이다.

집은 소유하고 있으나 현금소득이 부족하여 노후생활이 불안정한 60세 이상의 고령자가 주 이용대상이다. 주택연금의 특징이자 가장 큰 장점은 자기 집에 살면서 월지급금을 연금방식으로 평생 지급받을 수 있다는 점이다.

기존에 은행들이 비슷한 성격의 역모기지 상품을 출시하였으나, 일반 시중은행의 역모기지는 종신거주와 종신지급을 보장받지 못하는 경우가 대부분이다. 대출기간이 만료되면 그동안 받았던 대출 원리금을 전액 일시 상환해야 하고, 만약 상환하지 못하면 주택은 경매 등의 방식으로 처분되어 강제퇴거 당할 위험이 존재한다.

따라서 주택연금은 사회보장적 성격(주택가격 하락, 이자율 상승)뿐만 아니라 기본적으로 자기보장의 성격(소유주택을 담보한 개인연금)을 가지고 있어 노후생활에 보다 안정적인 측면이 있다고 할 수 있다.

(1) 주택연금의 운영구조

2007년에 출시된 주택연금은 정확하게는 "주택담보 노후연금보증"과 "주택담보 노후연금대출(주택연금)"이 결합된 개념으로 보증기관에서 정한 일정한 보증 조건 하에 이루어진 역모기지 대출(주택담보 노후연금대출)에 대해 보증기관은 보증(주택담보 노후연금보증)을 제공하는 형태이다. 아래 [그림 4-6]처럼 주택금융공사가 연금가입자를 위해 은행에 보증서를 발급하고, 은행은 공사의 보증서에 의해 가입자에게 주택연금을 지급하는 형태를 취한다.

장기요양기관이 제공하는 급여를 이용하기 어렵다고 판단될 경우, 그리고 신체·정신·성격 등의 사유로 인하여 가족으로부터 장기요양을 받아야 하는 경우에 수급자 가족이 방문요양에 상당한 서비스를 제공하고 이에대한 급여를 현금의 형태로 지급.

44) 수급자가 장기요양기관이 아닌 노인요양시설 등의 기관 또는 시설에서 재가급여 또는 시설급여에 상당한 장기요양급여를 받은 경우 장기요양급여비용의 일부를 수급자에게 특례요양비로 지급하는 것

45) 수급자가 요양병원·노인전문병원에 입원한 때 장기요양에 사용되는 비용의 일부를 요양병원간병비로 지급하는 것

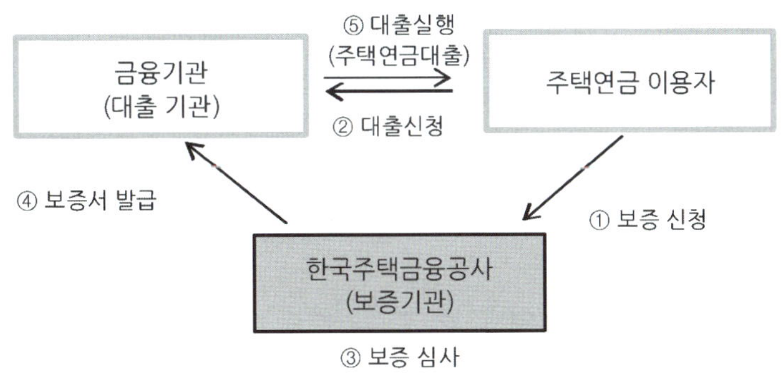

자료 : 주택금융공사

그림 4-6 주택연금의 매커니즘

(2) 주택연금 세부내용

[표 4-11] 주택연금 주요내용

구 분	세부 내용
적용금리	• 3개월 CD금리 + 1.1%(이자는 매월 대출 잔액에 가산)
보증료	• 초기보증료: 주택가격의 2%를 최초 연금지급일에 납부 • 연 보증료: 보증잔액의 0.5%를 매월 납부
보증 기한	• 종신: 소유자 및 배우자 사망시까지
담보의 제공	• 제3자(자녀, 형제 등) 소유주택을 담보로 하는 주택연금은 불가 • 보증금액의 120%로 저당권 설정
주택연금 지급정지 사유	• 본인 및 배우자 모두 사망 • 담보주택 소유권 상실(화재, 재건축 및 재개발 등으로 인한 소유권 상실) • 본인 사망후 배우자가 6개월 이내 소유권 이전 등기 및 채무인수를 하지 않는 경우 • 1년 이상 담보주택에서 미거주

자료 : 주택금융공사

주택연금에 가입하기 위해서는 주택소유자와 배우자 모두 만 60세 이상이어야 하고, 부부기준 실거주 주택 1채만 소유한 자로서 대상 주택은 시가 9억원 미만의 주택 및 지방자치단체에 신고된 노인복지 주택이어야 한다. 주택연금 지급방식은 종신지급방식과 종신혼합방식이 있으며, 이용기간 중 변경 가능하다.

* 종신지급방식 : 수시인출한도 설정 없이 월지급금을 받는 방식
* 종신혼합방식 : 수시인출한도 설정후 나머지 부분을 월지급금으로 받는 방식
  - 수시인출한도 : 의료비, 교육비, 주택수선유지비등 용도로 대출한도의 30%이내에서 수시로 지급 받을 수 있도록 미리 설정한 금액

주택연금의 장점으로는 ① 평생동안 가입자 및 배우자에게 거주와 연금지급 보장, ② 국가가 연금지급을 보증하는 공적 보증, ③ 일반주택담보대출금리 보다 낮은 금리 적용, ④ 저당권설정 및 재산세 관련 세제 혜택, ⑤ 중도상환수수료없이 전액 또는 일부정산 가능 등을 들 수 있다.

2-3 고령화 사회와 민간보장46)

민간보장으로서 활용될 수 있는 수단으로는 예·저금, 신탁, 보험 등을 들 수 있다. 그 중에서 가장 대표적인 것은 퇴직연금과 1994년 도입된 개인연금보험이 있으며, 민영건강보험과 민영장기간병보험이 있다.

퇴직연금은 기존에 근로기준법에 의거하여 존재하는 퇴직금제도를 연금제도로 전환하기 위해 제도이고 개인연금보험은 세제적격형과 세제비적격형이 있는데, 세제적격형의 경우 연간 240만원 한도에서 소득공제혜택이 주어지며, 세제비적격형의 경우 보험형에 한하여 10년 이상 가입할 경우 이자소득세 비과세 혜택이 부여되고 있다.

그리고 개인자산관리서비스로서 은행은 프라이빗뱅킹(PB), 증권은 랩어카운트(WA), 보험은 재무설계(FP) 서비스를 제공하고 있는데, 자산의 증식과 안전한 노후소득관리를 위한 중요한 수단으로 정착되어 가고 있다.

우리나라도 외국과 마찬가지로 저금리 상태가 지속되고 고령화 사회에 본격적으로 진입하면서 개인의 자산관리에 대한 중요성이 높아지고 있다. 이러한 추세에 맞추어 은행, 증권, 보험 등 업권별로 관련 서비스 제공을 확대하는 등 자산관리업무에 대한 관심을 높이고 있다.

국내에서 자산관리업무는 고객 자산의 보전 및 증식을 목적으로 제공하는 각종 서비스를 포괄하는 개념으로 발전되어 왔다. 자산관리업무를 가장 빨리 도입한 것으로 평가할 수 있는 은행권에서는 프라이빗 뱅킹(private banking) 사업을 통해 부유한 고객층을 대상으로 각종 서비스를 제공하는 형태로 발전되어 왔다. 즉 프라이빗 뱅킹은 일정금액 이상의 거액 자산을 보유한 부유층 고객을 대상으로 은행서비스, 금융상품 매매, 투자자문과 같은 종합적인 금융서비스뿐만 아니라 부동산 관련 서비스, 세무·법률 자문서비스, 기타 편의서비스 제공 등을 통해 고객유치 및 유지에 도움이 되는 방향으로 서비스를 발전시켜 왔다.

은행권에서는 예금, 금융투자상품, 보험상품 등 금융업권을 포괄하는 금융상품을 고객들에게 제시하면서 자산의 보전과 증식이라는 두가지 개념을 모두 충족하는 자산관리업을 발

46) 4장 3. 노후보장 3층체계에서 자세히 다루고자 한다.

전시켜온 반면, 증권업의 경우에는 금융투자상품을 중심으로 자산증식을 목적으로 하는 상품 제공을 위주로 자산관리업무를 발전시켜 왔다.

투자자의 자산을 종합적으로 분석하고 금융투자상품을 중심으로 하는 투자대상을 고객들에게 제시하거나 맞춤형 상품을 설계하는 등 적극적인 의미의 자산증식을 목적으로 하는 형태로 발전되어 왔다. 증권업은 이러한 유형의 자산관리업무 확대를 통해 기존 은행권을 중심으로 하는 자산관리업무를 대중화시키는 데 기여했다고 할 수 있지만, 투자자의 상황에 맞는 자문서비스라든지 광의의 자산관리에 해당되는 사후관리 등에서는 아직도 미흡한 수준에 머물러 있는 것으로 평가할 수 있다.

보험사의 경우 고객의 인적, 물적 손해에 대한 위험관리와 더불어 사망보험금을 통한 상속 서비스 제공 등과 같은 자산관리업무를 발전시켜 왔다. 보험사들은 장기계약이 특성인 보험상품을 중심으로 고객의 생애설계 차원에서 자산관리 서비스를 제공하고 있지만 금융투자상품을 전반적으로 포괄하는 상품의 부재 및 자산관리 서비스 관련 노하우의 부족 등으로 본격적으로 자산관리업무를 영위한다고 보기 힘든 상황이다.

3 노후보장의 3층 체계

한국사회는 OECD국가 중에서 가장 빠르게 고령화되어 가고 있으며 출산율도 최저 수준에 머물러 있다. 이러한 고령화, 저출산 추세 등 급격한 인구동태학적 구조변화는 잠재성장률 하락, 민간저축 감소 및 투자 위축, 고령인구에 대한 사회적 비용증가 등의 문제를 발생시켜 경제적 어려움을 가중시키고 있다. 또한 급속한 고령화 진전은 개인 및 가계 측면에서 소득대체율 위험, 장수위험, 투자위험, 인플레이션위험을 증가시켜 소비자의 안정적인 노후생활을 위협하고 있다.

3-1 가계의 노후대비 현황

1) 50대 ~ 60대 자산 및 노후대비 현황

지난 20년간('92 ~ '12년) 생애주기(가구주 연령)에 따른 가구소득비(1인가구 제외)를 비교해 보면, '60대 이상 노인가구'의 경우 1997년(외환위기)이후부터 2007년 금융위기까지 계속 하락하여 2012년 소득비가 가장 낮은 집단이다. 베이비붐세대인 50대도 1997년(외환위기)이후부터 회복기미를 보이지 못하고 있다.

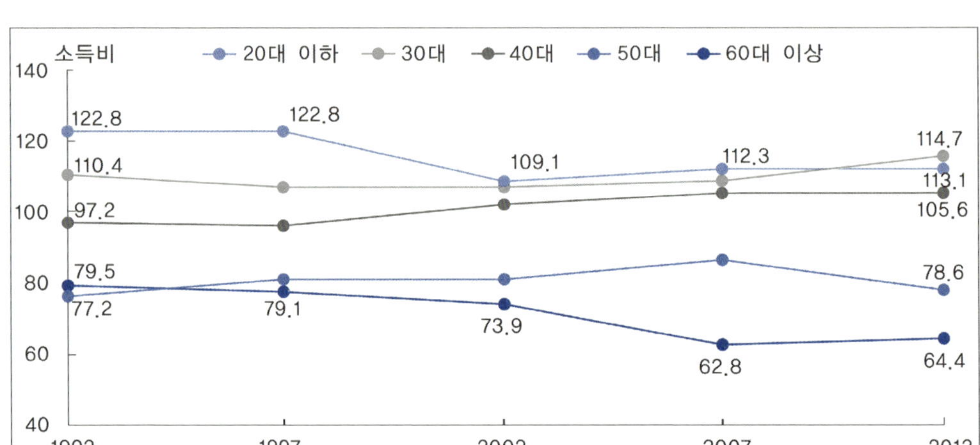

주 : 1) 소득비 : 각 연도 전체 가구의 월평균 가구소득을 100으로 했을 때 해당 연령집단의 소득비임.
2) 1인 가구 통계는 2006년 이후부터 제공되므로 시계열적 일관성을 위해 제외하였음.
출처 : 통계청, 「가계동향조사」, 원자료, 각 년도.

그림 4-7 가구주 연령집단별 소득비 : 1992 ~ 2012

위의 그림에서 보듯이 소득비가 20대이하 보다도 낮은 60대는 의료비 지출과 소비지출의 빈곤현상을 유추해 볼 수 있다. 개인 및 가계의 노후준비는 재무적 측면과 비재무적 측면(심리적 안정, 건강, 사회적 관계 등) 모두 중요하다. 특히 비재무적 노후준비가 중요한 이유는 노년층이 느끼는 가장 큰 어려움이 바로 질병과 외로움이기 때문이다. 비재무적 노후준비의 많은 부분은 재무적 준비가 일정부분 뒷받침 되어야 가능하다.

즉 60대의 낮은 소득비와 50대의 정체된 소득비는 비재무적 노후준비도 불량하다라는 결론을 도출할 수 있다. 가계의 재무적 노후준비도는 '은퇴 후 노후생활에 필요한 총 필요자금' 대비 '은퇴 시점까지 마련되는 노후준비자금 규모'로 정의할 수 있다. 우리나라 시중은행의 최근조사[47]에 의하면 2013년 한국 비은퇴 가구의 재무적 노후준비도는 평균 40.3으로 분석되었고, 재무적 노후준비도가 40.3이라 함은 가구 은퇴 시점까지 마련되는 노후준비자금 규모가 실제 필요한 노후생활자금 총액의 40.3%에 불과하다는 것을 의미한다고 한다.

가구당 월평균 227만원의 노후생활비가 필요할 것으로 예상하고 있으나, 현재 자산 및 노후준비 상태로는 은퇴 이후 월평균 92만원 정도가 준비된 것으로 환산 할 수 있다.

47) KB 금융지주경영연구소 2013. 10. 조사자료를 인용하였음

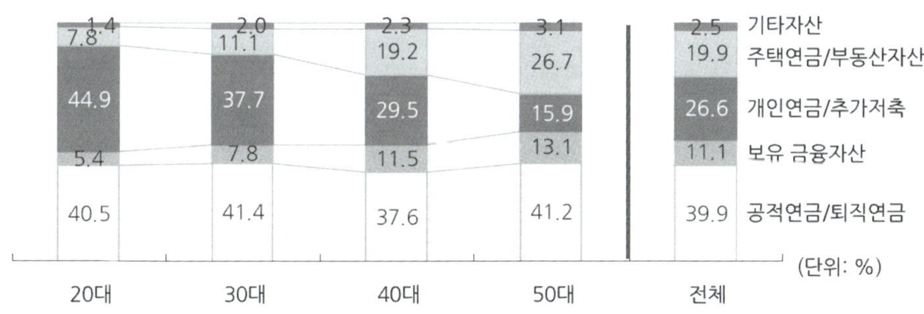

자료 : 통계청, "통계로 본 베이비붐 세대", 2010년

그림 4-8 노후 준비 재원

더불어 베이비붐 세대의 노후준비는 전체를 100으로 보았을 때 약 83%가 준비하고 있고, 83% 중 국민연금이 40%를 차지한다는 것은 노후준비도의 열악성을 반증한다고 볼 수 있다. 또한 [그림 4-9]를 보면 40대부터 전체 자산에서 부동산이 차지하는 비율이 75%를 넘어가는 것으로 파악되어 유동성위험을 보유하고 있다.

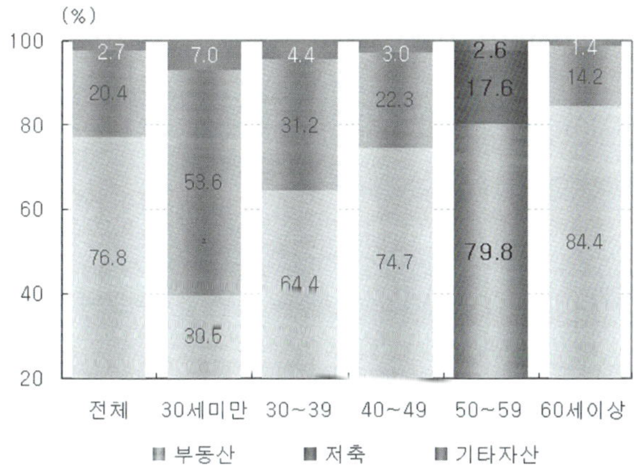

자료 : 통계청, "통계로 본 베이비붐 세대", 2010년

그림 4-9 연령별 자산구조

물론 주보유하고 있는 부동산자산을 주택연금 등을 활용하여 노후 생활자금으로 활용할 경우, 재무적 노후준비도는 상승하겠으나 주택연금에 가입하기 위해서는 주택소유자와 배우자 모두 만 60세 이상이어야 하고, 부부기준 실거주 주택 1채만 소유한 자로서 대상 주택은 시가 9억원 미만의 주택 및 지방자치단체에 신고된 노인복지 주택이어야 하므로 대상이 한정되어 있기 때문에 문제는 더 커질 수 있다.

2) 노후생활의 경제적 위험

(1) 소득대체율 위험

연금의 소득대체율(Income Replacement Rate)은 은퇴 전 소득 대비 은퇴 후 받는 연금 수령액의 대체 수준을 파악하는 지표로서 연금제도 가입 기간의 평균 소득을 현재 가치로 환산한 금액 대비 연금으로 지급하는 비율로 산출된다.

World Bank, IMF, ILO 등과 같은 국제기구는 은퇴 후 안정적인 생활을 보장하기 위한 연금 소득대체율로 70-80% 수준을 권고하고 있다. 3층보장 기준으로 권장되는 연금별 소득대체율은 공적연금(1층) 30%, 퇴직연금(2층) 30%, 개인연금(3층) 10 ~ 20% 수준이다.

(2) 장수위험

장수위험(Longevity Risk)이란 의료기술 혁신 등으로 기대수명이 길어질 때 개인이 필요로 하는 은퇴자금이 부족해 질 수 있는 위험을 말한다. 앞에서도 언급하였듯이 2013년 총인구에서 65세이상 고령자가 차지하는 비율은 12.2%로 1970년 3.1%에서 지속적으로 증가하여 2030년 24.3%, 2050년 37.4% 수준에 이를 것으로 전망하고 있다.

(3) 투자위험

고령화가 급진전되면서 더 많은 노후자금이 필요하게 되고 부족한 은퇴자금을 마련하기 위해 은퇴자산으로 무리한 투자를 하였을 때 손실을 입을 수 있는 위험을 말한다. 최근 우리나라에서 늘어나는 수명, 금리하락 추세로 예금상품으로만은 노후자금 확보가 어려워질 것이라는 불안감이 확산되면서 60세 이상 고령층 투자자가 크게 증가하고 있다.

(4) 인플레이션위험

인플레이션위험은 물가상승률로 인해 노후대비를 위해 마련해 놓은 은퇴준비자산의 실질가치가 감소하여 사망 전에 노후자금이 모두 소진됨으로써 정상적인 노후생활을 영위할 수 없게 될 수 있는 위험을 말한다. 물가상승률 1%의 차이가 은퇴자산에 미치는 효과가 매우 민감하므로 인플레이션위험에 대한 철저한 대비가 필요함.

3-2 연금의 체계

세계 각국은 국민들이 정년퇴임을 한 후에도 인간다운 삶을 계속할 수 있도록 국민의 노후생활보장을 위한 연금제도를 시행하고 있다. 세계은행은 1994년 '노년 위기의 모면(The

Averting Old-age Crisis)'이라는 보고서를 통해 연금의 3층 체계를 본격적으로 알리기 시작했다. 특히 각국에서 시행하는 공적연금의 취약성을 지적하고, 이를 해소하기 위해 사적연금, 즉 기업 및 개인연금을 발전시켜 공·사연금 다층체계(multi-pillar system)를 구축해야 한다고 역설하였다.

통상 노인가계의 퇴직 전 소득의 약 70% 이상을 확보해야 부족하지 않은 노후생활을 유지할 수 있는 것으로 알려져 있다. 우리나라 또한 3층 체계를 갖추고 있는데, 1층은 노후의 기본적인 생활보장으로 국민연금과 직역연금(공무원연금, 군인연금, 사학연금) 같은 공적연금으로 구성돼 있다. 2층은 표준적인 노후생활 보장을 위한 기업보장으로 2005년 12월 퇴직연금제도를 도입하였고, 3층은 여유 있는 노후생활 보장을 위해 개인이 스스로 준비하는 개인연금으로 조세특례제한법에 따라 세제지원 개인연금저축제도를 1994년부터 도입하여 2000년까지 상품을 판매하였고, 2001년부터는 보험료 소득공제 범위의 확대, 연금세제의 도입, 개인연금의 금융기관간 이전을 내용으로 하는 연금저축(신개인연금)제도가 시행되고 있다.

그림 4-10 우리나라 연금제도의 체계

최근 미국, 일본, 및 유럽 등 선진국에서도 공적연금제도가 약화되고 있어 개인이 자신이 가진 경제능력으로 노후의 풍요로운 생활자금 마련을 위해 추가로 준비하는 기업 및 개인연금과 같은 사적연금이 급성장하고 있다.

[표 4-12] 연금제도

구 분	보장체계	책임주체	수 단
공적연금	제1층	국 가	국민연금
			공무원연금 사립학교교직원연금 군인연금
사적연금	제2층	기 업	퇴직금, 퇴직연금
	제3층	개 인	개인연금

3-3 개인연금상품의 분류

개인연금은 오랫동안 생존할 경우를 대비한 노후를 위한 장기저축으로, 여러 금융기관에서 취급하고 있다. 은행과 자산운용사는 개인연금상품으로서 신탁상품을 판매하며 보험사는 보험상품을 판매하고 있다.

자료 : 보험개발원, 보험연구소

그림 4-11 개인연금보험 종류

보험사에서 운영하는 개인연금은 첫째, 연금지급이 생사에 관계없이 확정된 일정기간에 지급되는 확정연금(annuity certain)과 피보험자의 생존을 조건으로 지급되는 생존연금(life annuity)으로 구분한다. 둘째, 어느 연령 또는 어느 시기 등 정해진 기간 동안 지급되는 정

기연금(temporary annuity)과 피보험자가 사망 전 생존해 있는 동안 지급을 계속하는 종신연금(whole life annuity)으로 구분한다.

셋째, 연금계약과 동시에 연금지급이 개시되는 즉시연금(immediate annuity)과 연금계약 후 일정기간이 경과하여야 지급되는 거치연금(deferred annuity)으로 구분한다. 넷째, 피보험자가 한명인 단생연금(single annuity)과 피보험자가 여러 명인 연생연금(joint annuity)으로 구분한다.

다섯째, 연금수취인이 사망한 경우 연금지급이 중단되는 순수연금(straight life annuity)과 연금지급에 일정한 보증이 있는 상환보증연금(refund annuity)으로 구분한다. 상환보증연금은 연금수취인이 일찍 사망하더라도 5년, 10년, 20년 등 일정 기간 연금을 지급하는 확정지급보증부연금과 연금 구입가격과 동일한 금액까지 연금이 지급이 계속되는 분할상환보증부연금 등으로 구분한다.

여섯째 소득공제 또는 자본이득에 세금이 감면 또는 면세되는 세제적격연금과 세제지원이 제공되지 않는 세제비적격연금으로 구분한다. 마지막으로 인플레이션과 화폐가치 하락으로 인해 실질적 자산가치 보전에 대한 소비자 인식이 높아짐에 따라 기존의 전통적 연금상품 이외에 2002년 이후 변액연금 등 다양한 실적배당형연금을 들 수 있다.

실적배당형연금은 계약자가 납입한 보험료를 확정금리(확정형) 또는 금리연동(연동형)으로 분리하여 연금액을 지급하는 일반연금과는 달리 보험회사의 적립보험료 운용 실적 등에 따라 연금액이 변동한다. 실적배당형연금의 경우 보험료를 주식·채권 등에 투자하고 그 실적을 연금액에 반영하여 지급하는 변액연금과 보험료를 주가지수 등 특정지표 또는 자산에 연계하고 그 수익을 연금액에 반영하여 지급하는 자산연계형연금으로 구분한다.

변액연금은 투자성과가 좋을 경우 높은 연금액을 기대할 수 있지만, 투자성과가 좋지 않을 경우 일반연금 보다 낮은 수준의 연금액을 지급받을 수 있고, 자산연계형연금은 연계자산에서 발생한 추가 수익을 기대할 수 있고, 변액연금보다 연금액을 안정적으로 지급받을 수 있는 상징이 있다.

1) 세제혜택 및 평가방식에 따른 분류

(1) 개인연금저축

조세특례제한법 제86조[48]에 의거 '94.6월부터 판매되어 2000년 12월에 판매중단 되었으

48) 제86조 (개인연금저축에 대한 소득공제 등) ① 거주자가 저축불입계약기간만료후 연금의 형태로 지급을 받는 저축으로서 대통령령이 정하는 저축(이하 "개인연금저축"이라 한다)에 2000년 12월 31일까지 가입한 경우에는 당해 연도의 저축불입액의 100분의 40에 상당하는 금액을 당해 연도의

며 기존 가입자에 한해 추가불입만 가능한 연금상품으로서 연간저축금액의 40%이내에서 72만원 한도로 소득공제가 되며 연금소득 수령시에도 비과세인 것이 특징이다.

[표 4-13] 개인연금저축 및 세금우대 연금저축 비교

구 분		개인연금저축	세금우대 연금저축
판매시점		□ '94. 3월 ~ '00. 12월말	□ '01. 1. 1일 이후
가 입 대 상		□ 만20세이상 국내거주자	□ 만18세이상 국내거주자
취 급 기 관		□ 보험회사, 은행(신탁), 자산운용사, 우체국(보험), 농·수협 단위조합 (생명공제)	□ 보험회사, 은행(신탁), 자산운용사, 우체국(보험), 농·수협 조합·중앙회 (생명공제), 증권투자회사(Mutual Fund), 신용협동조합중앙회(생명공제)
소득공제	범위	□ 연간 저축금액의 40%	□ '연간 저축금액의 100%
	한도	□ 72만원	□ 300만원(퇴직연금의 근로자 부담금과 합산)
소득세 부과		□ 이자소득세(15%) 비과세	□ 연금소득세(5%) 부과
5년이내 중도해지시		□ 납입금액의 4% 소득공제추징 (연간 72천원 한도)	□ 납입금액의 5% 해지가산세 부과
계약기간	적립기간	□ 10년이상 만55세 이후	□ 좌 동
	연금 지급기간	□ 적립기간 만료후 5년이상	□ 좌 동
납 입 금 액		□ 월 100만원 또는 분기300만원	□ 좌 동
근 거 법		□ 조세특례제한법 제86조	□ 조세특례제한법 제86조의2

(2) 세금우대 연금저축

2000년 12월 29일 조세특례제한법 개정으로 기존의 개인연금저축을 폐지하고 새롭게 도입된 연금상품으로서 조세특례제한법 제86조의 2[49]에 의거 연간저축금액의 100%이내에서 240만원(현재는 300만원)을 한도로 소득공제가 되며 연금소득 수령시 세금이 부과된다.

종합소득금액에서 공제한다. 다만, 공제금액이 72만원을 초과하는 경우에는 72만원을 공제한다 〈개정 2000. 12. 29〉.

49) 제86조의2(연금저축에 대한 소득공제 등) ① 거주자가 저축불입계약기간 만료후 연금의 형태로 지급을 받는 저축으로서 대통령령이 정하는 저축(이하 "연금저축"이라 한다)에 가입하는 경우에는 당해 연도의 저축불입액과 300만원중 적은 금액을 당해 연도의 종합소득금액에서 공제한다. 다만, 당해 연도의 저축불입액과 「소득세법」 제51조의3 제1항 제3호 본문의 규정에 의한 불입액의 합계액이 연 300만원을 초과하는 때에는 그 초과하는 금액은 이를 없는 것으로 한다. 〈개정 2005. 12. 31〉.

2) 판매회사별 분류(연금보험과 연금신탁)

개인연금저축 또는 연금저축 상품은 판매 금융회사별로 상품형태가 다르며 은행과 자산운용사는 신탁상품을 보험사는 연금보험을 판매하고 있다.

[표 4-14] 연금보험과 연금신탁 비교

구 분	개인연금보험		개인연금신탁	
	생명보험사	손해보험사	은 행	자산운용사
납입방식	매월 정해진 금액		1만원 이상 자유납입식	
연금 지급방식	확정연금형, 종신연금형	확정연금형	확정연금형	
수익률 및 원금보장여부	원리금 보장형		실적배당이나 원금보장	실적배당으로 수익률에 따라 원금손실 가능
상품형태	금리확정형 및 금리연동형		채권형, 안정형	국고채형, 채권형, 주식형, 혼합형
예금자보호	은행 및 보험은 5천만원까지 예금자보호 대상			예금자보호 제외
주요 특징	• 종신연금형의 경우 사망시까지 연금지급 • 원리금보장형이므로 수익률이 낮아도 미리 약속한 금액 지급 • 다양한 보장성 특약 운영	• 원리금보장형이므로 수익률이 낮아도 미리 약속한 금액 지급 • 다양한 보장성 특약 운영	• 자유납입식이므로 소득수준에 따라 신축적으로 납입 가능	• 자유납입식이므로 소득수준에 따라 신축적으로 납입 가능 • 본인의 선호에 따라 국고채, 채권, 주식, 혼합형 등 다양한 투자수단 선택 가능

(1) 신탁상품

'94. 6월부터 '00 7월까지 장부가평가방식의 개인연금저축상품을 개인연금신탁, '00. 7월부터 '00. 12월까지 판매된 시가평가방식의 개인연금저축 상품(신개인연금저축)을 신개인연금신탁, '01. 1월부터 판매된 연금저축 상품을 연금신탁이라고 한다.

(2) 보험상품

'94. 6월부터 '00. 12월까지 판매된 개인연금저축 상품을 구개인연금보험, '01. 1월부터 판매된 연금저축 상품을 신개인연금보험이라고 한다.

3) 연금지급 기간에 따른 분류

(1) 종신연금

종신연금은 인간의 수명과 연관하여 연금의 수혜기간이 결정되는 상품으로 피보험자가 생존하면 평생 동안 지급되는 연금이다. 주로 생명보험회사에 판매하고 있으며, 생명보험회사의 고유의 상품으로 인식되는 것이 일반적이다.

(2) 확정연금

확정연금은 연금수혜자의 수명과 관계없이 정해진 일정기간동안 연금을 수혜 받는 것으로 생명보험회사를 포함하여 모든 연금취급 금융회사들이 판매하는 상품이다.

3-4 퇴직연금제도

1) 퇴직연금제도의 개요

(1) 퇴직연금제도의 도입배경

1961년부터 실시되고 있는 근로기준법상의 퇴직금제도는 그 동안 어느 정도 근로자의 노후생계보호에 기여해 왔지만 그간의 사회경제적 변화를 적절히 반영하지 못하고 있고 잦은 이직과 중간정산, 조기퇴직 등으로 퇴직금이 생활자금으로 소진되어 노후 소득재원으로서의 역할을 수행하지 못하였고, 또한 일시금으로 퇴직금이 지급되기 때문에 장기적인 노후소득 보장이 불가능하였다.

① 퇴직금의 수급권 보장 미흡

퇴직금이 노후 생활 자금 본연의 역할을 하기 위해서는 퇴직금에 대한 근로자의 수급권이 보장되어야 한다는 것이 기본적인 전제조건이다. 그러나 현실적으로 퇴직금을 지급하기 위한 재원이 별도로 적립되어 있지 않고 기업의 운영 경비 등으로 이용되는 경우가 많기 때문에, 기업이 갑자기 도산하는 경우에는 퇴직금을 전액 지급받지 못하고 체불되는 사례가 빈번하다.

② 잦은 이직과 중간정산으로 퇴직금의 소진

근무 실적에 따라 급여를 지급받는 연봉제가 확산되고 정기적으로 퇴직금 중간정산을 실시하는 기업이 많아지면서, 퇴직금이 노후를 위해 적립되지 못하고 이직 및 중간정산 등에 의해 소액으로 지급받게 되는 경우, 근로자 입장에서도 새로운 직장을 찾는 기간 동안 생활자금으로 사용하게 되는 형편이라, 퇴직금을 노후 생활자금으로 이용하기 위한 제도 원래의

목적이 달성되지 않고 있다.

③ 인사관리의 유연성 제약

최근 확산되고 있는 연봉제등의 성과주의 임금제도에서 퇴직금제도를 그대로 적용하게 되면 성과에 따라 평균임금에 변동(상승 또는 하락)이 발생하게 되므로 퇴직금 수령금액에 차이가 크게 발생할 소지가 많다. 또한 기존 퇴직금제도는 임금피크제 등의 새로운 제도 도입에 제약 요인으로 작용할 여지가 크므로 결국 효율적 경영을 달성하는 데 저해요소가 되기도 한다.

(2) 퇴직연금제도의 의의

퇴직연금제도는 2005년 12월부터 기존의 퇴직금제도를 대체하기 위해 도입된 제도로서 근로자의 노후소득 보장과 생활안정을 위해 근로자 재직기간 중 사용자가 퇴직금 지급재원을 외부의 금융기관에 적립하고 이를 사용자 또는 근로자의 지시에 따라 운용하여 근로자 퇴직시 연금 또는 일시금으로 지급하도록 하는 기업복지제도이다.

① 기업도산에 따른 지급불능 사태에 대응

기존 퇴직금제도 하에서는 기업이 도산해버리면 퇴직금을 떼이는 경우가 많았다. 그러나 퇴직연금제도에서는 믿을 만한 금융기관을 선정하여 퇴직금을 맡겨 놓기 때문에 사업장이 도산해도 떼일 염려가 없다.

② 제도설계 및 운용과정의 다양한 선택권 부여

퇴직급여를 퇴직금제도에서처럼 일시금으로 수령할 수도 있고, 조건이 충족되면 연금으로 수령할 수도 있다. 또한, 퇴직연금 적립금의 운용을 사용자가 할 수도 있고 (확정급여형, DB(Defined Benefit)), 근로자가 개별적으로 적립금을 운용할 수도 있다 (확정기여형, DC (Defined Contribution)). 특히 DC형의 경우에는 근로자의 추가 부담금 납부가 가능하고 이에 대한 별도의 소득공제혜택도 주어진다.

③ 변화된 사산관리 환경에 대응

퇴직연금제도는 퇴직연금 적립금을 자산운용전문기관의 도움을 받아 채권, 주식, 선물, 각종 파생상품 등 다양한 금융상품에 장기 분산투자함으로써, 자산관리 환경의 변화에 효과적으로 대응할 수 있도록 해준다.

④ 은퇴 시까지 충분한 수준의 노후재원 보존

퇴직연금제도에서는 중도인출(중간정산) 요건을 엄격하게 제한[50]함으로써, 노후재원인 퇴

50) 근로자퇴직급여보장법 개정(2012.7.26)하여 중간정산 제한

직급여가 생활자금으로 소진되지 않도록 하고 있다. 또한 개인형퇴직연금제도(IRP : Individual Retirement Pension)라는 퇴직금 통산장치를 도입하여, 근로자가 직장을 옮기는 경우에도 퇴직급여를 인출하지 않고 세금혜택을 받으며 계속 적립하여 운용할 수 있게 함으로써, 실질적인 은퇴 시점까지 퇴직급여를 넉넉히 쌓을 수 있는 제도적 수단을 구비하고 있다.

(3) 퇴직연금보험의 장점

① 퇴직금 수급권 강화

확정기여형 퇴직연금의 경우 전액 사외적립되기 때문에 퇴직금을 전혀 떼일 염려가 없다. 확정급여형 퇴직연금은 확정기여형 퇴직연금제도처럼 100% 전액 사외적립을 의무화하고 있지는 않지만, 퇴직부채의 60%이상을 금융기관에 적립하게 되어 있어 퇴직금제도보다 근로자의 수급권이 많이 개선되었다.

② 안정적인 노후생활자금 보장

새로이 도입된 퇴직연금제도는 직장이동에 따른 부작용을 최소화하기 위해 직장을 이동하더라도 퇴직금을 은퇴할 때까지 관리하고 운용할 수 있는 개인퇴직계좌라는 퇴직(일시)금 통산장치를 마련하였다. 즉, 직장을 이동할 때마다 퇴직금을 써버리지 말고 세금혜택을 받아가면서 개인퇴직계좌 에 충분히 쌓아 두었다가 55세 이후에 연금 또는 일시금으로 수령할 수 있게 된 것이다. 대부분의 근로자들이 법적으로 퇴직금제도의 보호를 받도록 함으로써 국민연금, 개인연금과 함께 실질적인 다층의 노후소득보장체계를 갖추려는 것이다.

③ 세금혜택 제공

확정기여형 퇴직연금의 근로자 추가납입금에 대해서 개인연금과 합산하여 400만원까지 소득공제를 받을 수 있으며, 운용 중에 세금이 부과되지 않는 퇴직연금 적립금은 모두 투자재원으로 이용되기 때문에 실질적으로 세후 소득을 높일 수 있다.

④ 개인별 맞춤 노후설계 가능

확정기여형의 경우, 사용자 부담금 이외에 근로자의 추가납입이 가능하고 앞서 설명한 것

〈퇴직금 중간정산 사유(시행령 제3조)〉

① 무주택자인 근로자가 본인 명의로 주택을 구입하는 경우
② 무주택자인 근로자가 주거목적으로 전세금 또는 보증금을 부담하는 경우(당해 사업장 1회로 한정)
③ 본인, 배우자 또는 부양가족의 질병·부상으로 6개월 이상 요양하는 경우
④ 최근 5년 이내 파산선고를 받거나 개인회생절차 개시 결정을 받는 경우
⑤ 임금피크제를 실시하여 임금이 줄어드는 경우
⑥ 태풍, 홍수 등 천재지변으로 고용노동부장관이 정한 사유와 요건에 해당하는 경우

처럼 세제혜택까지 받을 수 있다. 즉, 노후생활 재원을 보다 충분히 마련하고자 하는 근로자는 각자의 선택에 따라 다양한 혜택이 부여되는 퇴직연금 플랜에 추가적인 재원을 납입할 수 있는 것이다.

⑤ 금융환경 변화에 대한 이해와 활용능력 제고

퇴직연금제도에서는 근로자에게 퇴직연금제도에 대한 교육을 실시하는 것이 의무화되어 있으며, 사용자의 의무사항으로 연 1회 이상 실시하게 되어 있으나, 전문 금융기관인 퇴직연금사업자에게 위탁하여 실시하는 것이 일반적이기 때문에, 금융기관 전문가로부터 다양한 금융정보 및 투자와 관련된 지식을 제공받을 수 있다.

2) 퇴직연금제도의 분류

우리나라에 도입된 퇴직연금제도는 [표 4-13]에서 보는 바와 같이 확정급여형 퇴직연금(DB형; Defined Benefit Retirement Pension), 확정기여형 퇴직연금(DC형; Defined Contribution Retirement Pension), 개인형 퇴직연금(IRP형; Individual Retirement Pension)의 세 가지 유형으로 구성된다.

2011년 7월 근로자퇴직급여보장법의 개정 이전에는 근로자는 확정급여형 퇴직연금제도와 확정기여형 퇴직연금제도 중에서 하나만 가입할 수 있어서 근로자의 퇴직연금제도에 대한 다양한 수요를 반영하지 못하는 문제가 있었다. 근로자 선택의 폭을 넓힐 수 있도록 하기 위해 2011년 7월 근로자퇴직급여보장법의 개정에 의해 근로자는 확정급여형 퇴직연금제도와 확정기여형 퇴직연금제도를 혼합하여 퇴직급여제도를 설정할 수 있게 되었다.[51] 그러나 퇴직금제도를 대체하기 위해 퇴직연금제도가 도입되었음에도 불구하고 법적으로는 퇴직연금제도로의 전환을 강제하고 있지 않다는 한계[52]가 있다.

2017년부터 자영업자도 개인형 퇴직연금에 가입할 수 있도록 가입대상자를 대폭 확대함으로써 퇴직연금의 사각지대를 상당부분 해소하고 퇴직연금 시장의 큰 폭 성장을 기대할 수 있게 되었다.

---

51) 근로자퇴직급여보장법 제4조 제3항

52) 「근로자퇴직급여보장법」 제4조에서는 1인 이상의 사업장의 사용자(사업주 등)가 퇴직금제도와 퇴직연금제도 중 하나 이상의 제도를 설정하도록 하고 있다.

[표 4-15] 퇴직연금제도 분류

구 분	확정급여형(DB)	확정기여형(DC)	개인형(IRP)	
			특례형 IRP	개인형 IRP
개념	- 퇴직시 지급할 급여 수준을 노사가 사전에 약정 - 사용자가 적립금 운용방법을 결정 - 사용자는 근로자 퇴직시 사전에 약정된 퇴직급여를 지급 - 계속근로기간 1년에 대하여 30일분의 평균임금에 상당하는 금액 이상	- 기업이 부담할 기여금 수준을 노사가 사전에 확정 - 근로자가 적립금 운용방법을 결정 - 근로자는 일정연령에 도달하면 운용결과에 따라 퇴직급여를 수령	- 10인 미만의 사업장의경우 개별 근로자의동의를 얻거나 근로자의 요구에 따라 개인형퇴직연금제도 설정 ⇒ 퇴직급여제도 설정한 것으로 인정 - 근로자가 적립금 운용방법을 결정 - DC형 준용 -근로자는 일정연령에 달하면 운용결과에 따라 퇴직급여를 수령	- 퇴직급여 일시금 수령자, DB형 또는 DC형 가입자 추가 설정, 자영업자 등이 설정 - 설정자가 부담금을 납입하고 적립운용방법을 결정 - 퇴직일시금 수령자 가입시 동 일시금에 대해 퇴직소득세 과세이연
기업부담	- 산출기초율(운용수익률, 승급률, 이직률등)에 따라 부담금변동 - 규정에서 정한 최소수준(60%) 이상을 납부하여야 함 - 퇴직연금사업자는 기업의 부담금이 최소수준을 상회하는지 매년 재정건전성 검증실시	- 매년 기업의 부담금은 근로자 임금의 일정비율로확정 ※ 가입자의 연간 임금총액의 1/12에 해당하는 금액 이상	- 매년 기업의 부담금은 근로자 임금의 일정비율로 확정 ※ 가입자의 연간 임금총액의 1/12에 해당하는 금액 이상 ※ 가입자의 부담으로 추가 부담금 납입가능	없음
연금수급 요건	- 연령 :55세 이상 -가입기간 :10년 이상 -연금수급 :5년 이상			- 연령 :55세 이상 - 연금수급 :5년 이상
일시금수습요건	- 연금수급 요건을 갖추지 못한 경우 - 일시금 수급을 원하는 경우			- 55세 이상으로 일시금 수급을 원하는 경우
담보대출·중도인출 사유	- DB형은 아래의 사유에 대하여 담보대출(적립금의 50%)에 한하여 가능 - DC형 및 IRP는 아래의 사유에 대하여 담보대출(적립금의 50%)및 중도인출 가능 • 무주택자인 가입자가 주택을 구입하는 경우 • 가입자 또는 그 부양가족이 6월 이상 요양을 하는 경우 • 천재·사변 등 노동부령이 정하는 사유와 요건을 갖춘 경우			
제도간 이전	- 어려움 (퇴직시 IRP로 이전)	- 직장 이동시 이전용이		- 연금이전 용이

적합한 기업·근로자	- 도산 위험이 없고, 정년 보장 등 고용이 안정된 기업	- 연봉제 도입기업 - 체불위험이 있는 기업 - 직장이동이 빈번한 근로자	- 10인 미만의 영세 사업장	- 퇴직일시금 수령자 - DB형 또는 DC형 가입자 추가설정 - 자영업자

자료 : 고용노동부(http://www.moel.go.kr/)

(1) 확정급여형

확정급여형(DB형; defined benefit plan)퇴직연금은 근로자가 퇴직시에 수령할 퇴직급여가 근무기간과 평균임금에 의해 사전적으로 확정되어 있는 제도이다. 금융기관은 사망률, 이직률, 승급률, 투자수익률 등을 고려하여 각각의 종업원들이 퇴직 시에 약속된 급부를 받을 수 있게 기업주가 매 시기에 적립하여야 하는 금액을 산정한다.

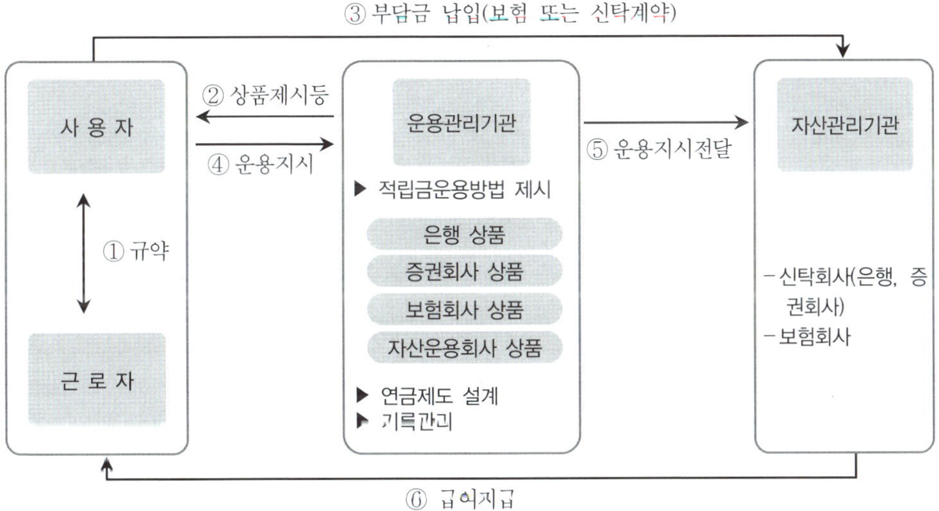

① 기업은 노사합의에 따라 근퇴법에 규정되어 있는 퇴직연금규약을 작성하여 노동부에 신고
② 기업과 근로자는 금융기관의 안내를 받아 제도 설계 및 운용방법 등을 결정
③ 기업은 자산관리기관에 부담금을 납입
④ 근로자는 적립금의 운용방법(금융상품)을 선택하여 운용관리기관에 운용지시
⑤ 운용관리기관은 자산관리기관에 운용지시를 전달
　– 자산관리기관은 운용지시에 따라 납입된 적립금으로 운용지시 내역 이행(금융상품 매매)
⑥ 근로자 퇴직시 자산관리기관은 근로자에게 퇴직급여를 연금[주)] 또는 일시금으로 직접 지급
주 : 연금을 희망하는 근로자는 자기의 판단으로 적정한 연금상품을 구입

그림 4-12 확정급여형 퇴직연금제도 운영구조

DB형은 근로자에게 지급될 연금급여가 근무기간과 평균임금에 의해 사전에 결정되고, 그

것을 보장하기 위해서 사용자가 매년 부담할 금액은 적립금 운용결과에 따라 변동되는 제도이다.

DB형은 퇴직금과 같이 급여가 사전에 보장되고 사외적립금이 부족하더라도 사용자가 최종 지급책임을 진다는 장점이 있으나, 기업이 도산할 경우 금융기관에 적립된 부분에 한해서만 수급권이 보장되는 단점이 있다.

(2) 확정기여형

확정기여형(DC형; defined contribution plan) 퇴직연금은 기업주가 적립하여야 하는 금액만을 정해 놓고 있으며 퇴직 시에 종업원들이 받는 급부는 명시하지 않는다. 즉 사용자가 매년 근로자 연간 임금의 1/12 이상을 부담금으로 납부하고, 근로자가 적립금의 운용방법을 결정하는 제도이다. 적립금 운영성과에 따라 퇴직 후의 연금 수령액이 증가 또는 감소하게 되며, 결과적으로 적립금 운용과 관련한 투자위험을 근로자가 부담하게 된다.

운용결과에 따라 사용자가 납입해야 할 부담금 수준이 변동될 수 있으며, 임금인상률·퇴직률·운용수익률 등 연금액 산정의 기초가 되는 가정에 변화가 있는 경우에 사용자가 그 위험을 부담한다.

DC형은 기업의 부담금이 사전에 확정되고 근로자가 지급받을 퇴직급여는 적립금의 운용실적에 따라 변동되는 제도이다. DC형은 직장을 옮겨도 적립금 연결계산이 쉽고 100% 사외적립이 됨에 따라 기업이 도산하더라도 적립금이 보장되는 장점이 있는 반면, 투자결과에 따라 법정퇴직금보다 작아질 수도 있다는 단점이 있다.

(3) 개인형 퇴직연금(IRP형; Individual Retirement Pension)

개인형퇴직연금제도(IRP)라 함은 퇴직급여제도의 일시금을 수령한 자 등이 그 수령액을 적립·운용하기 위하여 퇴직연금사업자에게 설정한 저축계정으로서, 퇴직급여제도로부터 수령한 일시금을 통산하여 근로자의 은퇴 시까지 적립을 유도하기 위한 제도로서 급여의 수준이나 부담금의 수준이 확정되지 않은 제도이다.

개인형퇴직연금제도(IRP)에 일시금을 적립하는 경우, 연금을 수급할 때까지 과세가 이연되고, 수급권 보장 등 안전장치가 다른 퇴직연금제도와 같이 동일하게 적용된다.

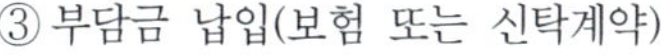

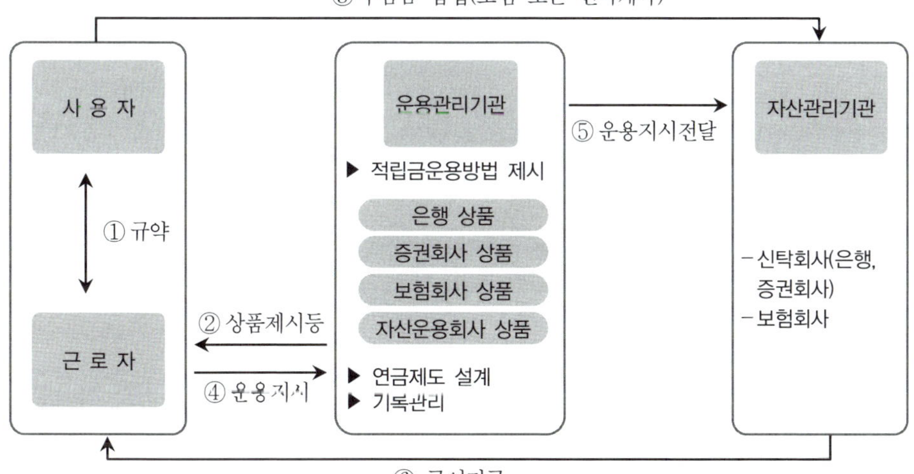

① 기업은 노사합의에 따라 근퇴법에 규정되어 있는 퇴직연금규약을 작성하여 노동부에 신고
② 기업과 근로자는 금융기관의 안내를 받아 제도 설계 및 운용방법 등을 결정
③ 기업은 자산관리기관에 부담금을 납입
④ 근로자는 적립금의 운용방법(금융상품)을 선택하여 운용관리기관에 운용지시
⑤ 운용관리기관은 자산관리기관에 운용지시를 전달
 – 자산관리기관은 운용지시에 따라 납입된 적립금으로 운용지시 내역 이행(금융상품 매매)
⑥ 근로자 퇴직시 자산관리기관은 근로자에게 퇴직급여를 연금[주)] 또는 일시금으로 직접 지급
주 : 연금을 희망하는 근로자는 자기의 판단으로 적정한 연금상품을 구입

그림 4-13 확정기여형 퇴직연금제도 운영구조

4 상속·증여의 위험관리

상속세는 사망을 과세시기로 하여 '사망자의 유산' 또는 '사망자의 유산을 상속받는 자'에게 과세하는 소세이고, 증여세[53]는 증여계약에 의해 타인으로부터 경제적 가치가 있는 재산을 무상으로 취득하는 경우에 그 재산을 과세물건으로 하여 과세하는 조세이다.

상속세와 증여세는 재산의 무상 이전된 재산으로 인해 발생한 일종의 불로소득으로 보아 국가에서 과세하고 있다.[54] 또한 불로소득이므로 필요경비 등이 거의 인정되지 않고 부의 사회적 환원을 목적으로 하므로 일반적으로 세율도 높은 편이다.

53) 증여세는 상속세의 보완적 기능을 수행하므로 상속세의 보완세라고 함
54) 자연인의 사망으로 인해 경제적 가치가 무상으로 이전되는 경우에는 상속세가 과세되고, 생전에 재산이 무상으로 이전되는 경우에는 증여세가 과세되는 것임

4-1 상속·증여세의 개요

1) 상속·증여세의 개념

우리나라의 상속세는 유형은 유산 전체를 하나의 단위로 하여 과세표준을 계산하는 유산과세형으로 운영하고 있다.[55] 유산과세형은 피상속인의 유산 자체를 과세대상으로 하는 과세방식으로, 상속대상 재산을 상속인에게 분할하기 이전의 상속재산 총액을 과세표준으로 하여 누진세율을 적용하는 방식이다.

상속세의 납세의무자는 원칙적으로 자연인인 상속인 또는 수유자로 「상속세 및 증여세법」에서 규정하고 있는 납부의무자는 재산이 상속되는 경우에는 상속인, 유증 및 사인증여의 경우에는 수유자로 지칭된다. 상속세는 피상속인이 거주자인 경우와 비거주자로서 국내에 상속재산이 있는 경우에 발생하며 거주자는 국내외 재산 모두에 대하여 납세의무를 가지고 비거주자는 국내재산에 대하여만 납세의무를 가진다.

증여세는 취득과세형 제도로서 수증자가 무상취득한 재산을 과세대상으로 하고 있다. 납세의무자는 수증자이며 수증자가 거주자인 경우 국내외에서 증여받은 모든 재산에 대하여 납세의무를 가지며 수증자가 비거주자인 경우에는 취득재산의 소재가 국내인 경우에 납세의무를 가진다.

2) 상속·증여재산의 범위

(1) 상속재산의 범위

① 본래의 상속재산 : 금전으로 환가할 수 있는 경제적 가치가 있는 모든 물건과 재산적 가치가 있는 법률상·사실상의 모든 권리

② 간주상속재산 : 상속재산으로 간주하는 것으로서 보험금, 신탁재산, 퇴직금등

③ 추정상속재산 : 상속개시일 전 처분한 재산가액 또는 부담한 채무가 상속개시일 전 재산종류별로 1년내 2억원이상, 2년내 5억원이상인 경우로서 용도가 객관적으로 명백하지 않은 것

(2) 증여재산의 범위

금전으로 환가할 수 있는 경제적 가치가 있는 모든 물건과 재산적 가치가 있는 법률상·사실상의 모든 권리를 포함한다.(행위 또는 거래의 명칭·형식·목적에 불구하고 타인으로부터

---

55) 취득과세형은 각각의 상속인에게 분할한 후 분할된 상속재산을 과세표준으로 하여 누진세율을 적용하는 방식임

재산의 직·간접 무상이전(저렴한 대가에 의한 이전포함), 타인의 기여에 의한 재산가치 증가에 증여세 과세)

3) 상속·증여세의 세율

우리나라의 상속·증여세율은 2000년 1월 1일 이후에는 변화 없이 현재까지 적용되고 있다. 2000년 이후 적용되는 최고세율 구간은 1997 ~ 1999년까지 적용되는 구간보다 낮아졌으며 최고세율 또한 5% 상승한 50%로 바뀌면서 부유층에 대한 상속·증여세를 강화하려는 방향으로 과세정책이 유지되고 있다(표 4-16 참고).

4) 상속·증여세 현황

[표 4-17]을 보면 2009년 이후 상속세는 1인당 결정 세액과 산출세액이 크게 낮아지고 있는 양상을 보이고 있으나 증여세의 경우 1인당 산출세액과 결정세액이 과거 11년 동안 평균을 상회하고 있다.

2010년부터 평균 고령층의 수명 연장에 따른 생전 증여에 대한 필요성이 높아짐에 따라 증여금액이 높아지고 있다. 이는 평균수명의 연장은 기존처럼 상속에 의해 재산을 물려줄 경우 자녀들의 연령 또한 고령이 되는 상황이므로 자녀들에 대해 좀 더 실질적인 경제적 원조가 되기 위하여 증여가 증가하는 것으로 파악된다.

[표 4-16] 상속·증여세 세율변화

'90.12.31 이전		'97.1.1 ~ '99.12.31	2000.1.1 이후
〈상속세〉			
• 5천만원 이하	10%	○ 과세구간 및 세율 단일화	
• 2억5천만원 이하	20%	• 1억원 이하 10%	• 1억원 이하 10%
• 5억5천만원 이하	30%	• 5억원 이하 20%	• 5억원 이하 20%
• 5억5천만원 초과	40%	• 10억원 이하 30%	• 10억원 이하 30%
〈증여세〉		• 50억원 이하 40%	• 30억원 이하 40%
• 2천만원 이하	10%	• 50억원 초과 45%	• 30억원 초과 50%
• 1억5천만원 이하	20%		
• 3억원 이하	30%		
• 3억원 초과	40%		

자료 : 기획재정부, 「조세개요」, 2012

[표 4-17] 상속·증여세의 연도별 현황

(단위: 억원, %)

	국세		상속세			증여세			상속세 및 증여세	
	금액	증가율	금액	증가율	국세 비중	금액	증가율	국세 비중	금액	국세 비중
2000	929,347		4,487		0.48	5,401		0.58	9,888	1.06
2001	957,928	3.1	4,299	-4.2	0.45	5,184	-4.0	0.54	9,483	0.99
2002	1,039,678	8.5	3,978	-7.5	0.38	4,583	-11.6	0.44	8,561	0.82
2003	1,146,640	10.3	4,853	22.0	0.42	8,297	81.0	0.72	13,150	1.15
2004	1,177,957	2.7	5,883	21.2	0.50	11,199	35.0	0.95	17,082	1.45
2005	1,274,657	8.2	7,019	19.3	0.55	11,708	4.5	0.92	18,727	1.47
2006	1,380,443	8.3	8,676	23.6	0.63	15,216	30.0	1.10	23,892	1.73
2007	1,614,591	17.0	10,589	22.0	0.66	17,829	17.2	1.10	28,418	1.76
2008	1,673,060	3.6	11,817	11.6	0.71	15,953	-10.5	0.95	27,770	1.66
2009	1,645,407	-1.7	12,206	3.3	0.74	12,096	-24.2	0.74	24,302	1.48
2010	1,777,184	8.0	12,028	-1.5	0.68	18,733	54.8	1.05	30,761	1.73
2011	1,923,812	8.3	12,586	4.6	0.65	20,740	10.7	1.08	33,326	1.73
평균		6.9		12.4			13.0			
2009년 이후 3년 평균		4.9		2.13			13.7			1.64

자료 : 국세청, 『국세통계연보』 중 「국세청 소관 세입현황」, 2012.

4-2 상속·증여세의 절세관리

1) 보험을 통한 절세관리

(1) 변액종신보험을 통한 절세관리

상속재산이 부동산만 있는 경우 상속세 납부를 위한 현금의 조달에 있어 많은 어려움이 있다. 이런 경우에는 상속세 납부를 위해 종신보험에 가입하는 것이 절세측면에서 매우 유리한 방법이다.

예를 들어 40억원의 부동산(기준시가 32억)을 갖고 있는 홍길동씨가 10억원의 변액종신보험에 가입한 경우 상속재산은 50억원(부동산 40억원, 보험금 10억원)이 될 것이다. 그러나 상속세 계산시 보험금에 대해 2억원의 금융재산 상속공제가 되고 부동산의 경우 시가로 계산하는 것이 원칙이지만 현실적으로 대부분의 경우 기준시가로 하기 때문에 상속재산가액은 40억원(부동산 32억원, 금융재산 8억원)이 된다.

이런 경우 대략 10억원 정도가 과세되는데 종신보험금 10억원으로 납부하면 된다. 그러나 만일 상속재산이 부동산(시가 50억원, 기준시가 40억원)만 있을 경우를 생각해 보자. 이런 경우에도 상속재산은 일반적으로 기준시가가 적용되어 40억원이 될 것이다. 그래서 과세된 상속세가 10억원이라고 하면 이러한 10억원의 현금조달에 많은 문제가 있다. 이러한 문제의 해결방안으로는 현금이 없으므로 부동산으로 상속세를 납부하는 물납의 방법이나 아니면 부동산을 처분하여 상속세를 납부하는 것을 생각해 볼 수 있다.

물납을 할 경우에 가장 문제가 되는 것은 상속부동산중에 상속세액에 딱맞는 10억원짜리 부동산이 있느냐 하는 것이다. 없다면 부동산을 분할할 수도 없고 18억원짜리 부동산을 세무서에 내고 나머지 8억원은 거슬러 달라고 할 수도 없는 곤란한 상황에 빠진다. 그리고 혹시 상속세액에 딱 맞는 10억원짜리 부동산이 있다고 하더라도 국세청은 그 물납 부동산의 가액을 시가가 아닌 기준시가(기준시가 8억원이라고 가정)로 받을 것이므로 10억원의 상속세를 내려면 적어도 시가 12억원(기준시가 10억원)정도의 부동산은 되야 10억원의 상속세를 대신할 수 있기 때문에 많은 손해를 봐야한다.

또한 부동산을 처분하여 상속세를 납부하려면 상속세는 상속개시일이 속하는 달의 말일로부터 6월이내에 납부해야 하므로 급매로 처분해야 하기 때문에 제값을 못받을 것이다. 만일 처분시 제값을 받아 50억원을 받는다고 하더라도 상속세법상의 엄격한 규정 (상속개시일로부터 6월이내에 상속재산인 부동산을 처분하는 경우 그 처분금액을 시가로 보아 과세)때문에 상속재산을 40억원이 아닌 시가 50억원으로 평가하여 상속세가 10억원이 아닌 15억원으로 재계산되어 과세될 것이다.

따라서 부동산만 많은 경우에는 반드시 종신보험(특히 높은 투자수익을 기대할 수 있는 변액보험)에 가입하여 상속세 재원을 마련하는 것이 필요하다.

(2) 즉시연금

즉시연금(immediate annuity)은 적립(또는 거치)기간을 두지 않고 연금급여가 필요한 시점에서 일시금을 납입하여 연금을 받는 형식이다.

[표 4-18] 즉시연금의 분류

<table>
<tr><th colspan="2">옵션</th><th>연금지급
기간</th><th>사유</th><th>연금급여 및
기타 급여</th><th>재원</th><th>위험률</th><th>중도해지</th><th>세제혜택</th></tr>
<tr><td colspan="2">종신형</td><td>종신
(보증기간
존재)</td><td>생존</td><td>책임준비금을 기준으로 계산한 금액</td><td>원금+이자</td><td>○</td><td>×</td><td rowspan="4">종신형에 대해서만 적용</td></tr>
<tr><td colspan="2">확정형</td><td>확정기간
(예:10년,
20년 등)</td><td>생존과 무관</td><td>책임준비금을 기준으로 확정기간 동안 지급</td><td>원금+이자</td><td>×</td><td>○</td></tr>
<tr><td rowspan="2">상속형</td><td>종신형</td><td>종신</td><td rowspan="2">생존 및 사망</td><td rowspan="2">- 생존: 운용이자를 지급
- 사망(종신형): 사망 시점의 책임준비금 지급
- 만기(만기형): 만기시 만기보험금 지급</td><td rowspan="2">- 연금급여: 이자
- 기타급여: 원금</td><td rowspan="2">×</td><td rowspan="2">○</td></tr>
<tr><td>만기형</td><td>확정기간
(예:10년,
20년 등)</td></tr>
</table>

자료 : 이경희, "즉시연금보험의 특성과 가입자 선택행동 분석", 보험금융연구, 2012.

위의 [표 4-18]에서 주목해서 보아야 할 부분은 상속형 즉시연금이다. 상속형에서의 연금 지급 방식은 다시 종신형과 만기형으로 구분된다. 종신형에서는 가입자가 살아 있을 경우 운용이자를 연금급여로 지급하며, 사망시에는 동시점의 책임준비금을 지급한다. 만기형에서는 운용이자를 확정기간(예 : 10년, 20년 등) 동안 지급하며, 동 기간 중 사망하면 그 시점의 책임준비금을 지급한다. 만약 가입자가 만기 시점까지 생존하면 만기보험금을 지급한다.

가입자가 상속형을 선택하면 운용이자만 연금급여로 받기 때문에 사망 또는 만기시 원금을 유족에게 남겨줄 수 있어 상속 니즈(비과세 혜택과 상속세 절세)를 충족시킬 수 있다.

즉시연금의 비과세 혜택은 종신형에 대해서만 적용된다. 보험기간이 종신인 상속형 가입자는 비과세혜택을 받을 수 있으며, 상속형 가입 후 계약자가 사망하면 계약자를 피상속인으로 변경해 세대 간 연금을 이전시킬 수 있고, 중도해지하면 상속세 재원으로 활용할 수 있어 자산관리의 효율성 측면에서 활용 여지가 크다.

2) 신탁을 통한 관리

상속과정에서 발생하는 세금문제, 법률문제 등의 해결책으로 상속형 신탁을 위험관리 방안으로 제시할 수 있다. 아직까지는 세제혜택이 부재하지만 미국형 생전신탁을 도입한다면 그 효과는 클 것이라고 판단된다. 2012년에 신탁법 개정으로 유언신탁과 유언대용신탁, 수익자 연속신탁 등 상속형 신탁을 통한 다양한 상속 설계가 가능해졌다.

(1) **유언신탁**

유언신탁이란 유언 및 상속문제를 대비하기 위하여 유언서에 명시된 상속재산을 수탁자(금융회사)에 위탁하여 운용토록 하고, 위탁자 사망 시 유언서 내용대로 유증되도록 하는 신탁이다.

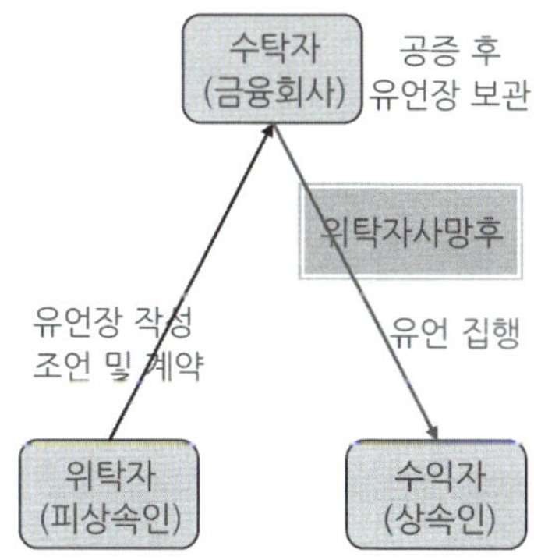

자료 : KB금융지주 경영연구소 2014

그림 4-14 유언신탁구조

(2) **유언대용신탁**

유언대용신탁이란 위탁자 생전에 수탁자(금융회사)와 신탁 계약을 체결하면서 위탁자 생전에는 자신을 수익자로 지정하고 위탁자 사후에는 배우자, 자녀 등을 수익자로 지정하여 재산을 승계하는 신탁으로 생전신탁이라고도 한다. 위탁자 생존시, 자산을 안전하게 유지, 관리가 가능하며 사망시에는 신탁상 정해진 바에 따라 재산을 승계시켜 유산을 둘러싼 분쟁 위험을 감소시킬 수 있다.

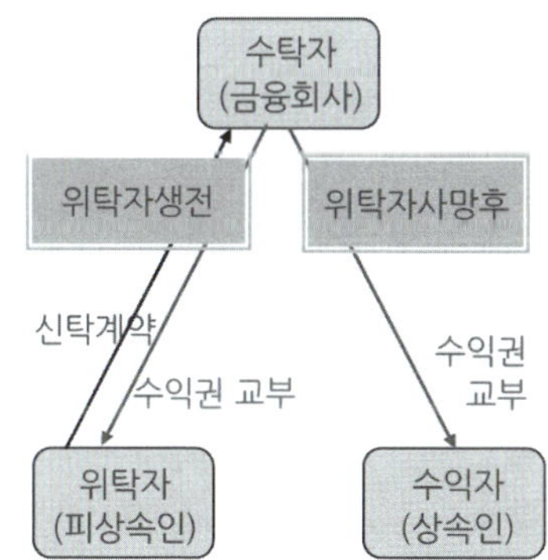

자료 : KB금융지주 경영연구소 2014

그림 4-15 유언대용신탁 구조

(3) 수익자 연속신탁

수익자 연속신탁이란 다수의 수익자가 순차적으로 상속을 받는 형태의 신탁으로, 수익자가 사망하면 차례로 차순위자가 수익권을 취득하게 되며 유언으로 할 수 없는 대를 이은 상속이 가능하다. 위탁자 자신이 원하는 방식으로 재산의 수익과 귀속을 상당기간 동안 지속할 수 있고, 전문가인 수탁자가 장기적이고 안정적인 자산운용을 대행해준다.

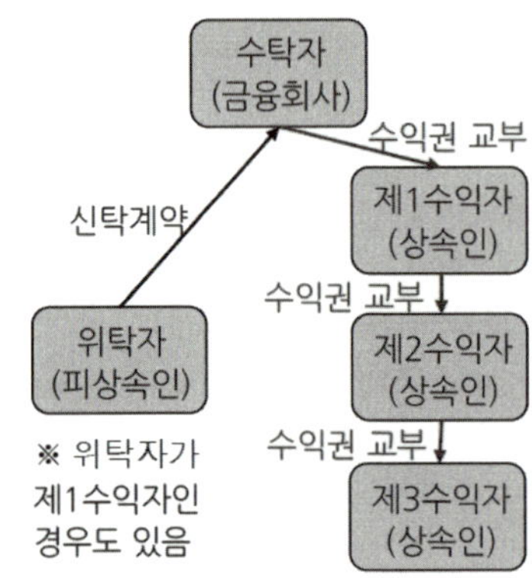

자료 : KB금융지주 경영연구소 2014

그림 4-16 수익자 연속신탁 구조

단원요약

- 가계의 형성부터 쇠퇴까까지의 라이프사이클을 단계적으로 구분해 본다면 크게 가계형성기, 가계성장기, 가계성숙기의 3단계로 나눌 수 있다. 각 단계에 따라 가정생활자금, 주택마련자금, 자녀교육 및 결혼자금, 노후생활자금, 긴급지금 등 많은 경제적 비용이 필요하게 된다.
- 저출산·고령화에 따라 가계가 준비해야하는 노후부담이 크게 증가할 것이다.
- 인구의 고령화는 수명연장에 따른 기대여명의 증가와 함께 개인 및 가계에 위험을 야기한다. 대표적으로 생존위험, 건강위험, 자산위험을 야기한다.
- 우리나라 또한 3층 체계를 갖추고 있는데, 1층은 노후의 기본적인 생활보장으로 국민연금과 직역연금(공무원연금, 군인연금, 사학연금) 같은 공적연금으로 구성돼 있다. 2층은 표준적인 노후생활 보장을 위한 기업보장으로 2005년 12월 퇴직연금제도를 도입하였고, 3층은 여유 있는 노후생활 보장을 위해 개인이 스스로 준비하는 개인연금으로 조세특례제한법에 따라 세제지원 개인연금저축제도를 1994년부터 도입하여 2000년까지 상품을 판매하였고, 2001년부터는 보험료 소득공제 범위의 확대, 연금세제의 도입, 개인연금의 금융기관간 이전을 내용으로 하는 연금저축(신개인연금)제도가 시행되고 있다.
- 개인연금은 오랫동안 생존할 경우를 대비한 노후를 위한 장기저축으로, 세제혜택 여부, 평가방식, 판매금융회사별로 구분할 수 있는네, 우선 연말정산시 소득공세 등 세세혜택이 있는 상품을 세세적격상품, 세세혜택이 없는 상품을 비적격 상품이라고 하며, 세제적격상품은 세제혜택의 범위 및 평가방식에 따라 개인연금저축, 신개인연금저축, 연금저축으로 구분할 수 있다.
- 퇴직연금제도는 기업이 근로자의 노후소득보장과 생활안정을 위해 근로자 재직기간 중 퇴직금 지급재원을 외부의 금융기관에 적립하고, 이를 사용자(기업) 또는 근로자의 지시에 따라 운용하여 근로자 퇴직 시 연금 또는 일시금으로 지급하도록 하는 『기업복지제도』이다.
- 상속세와 증여세는 재산의 무상 이전된 재산으로 인해 발생한 일종의 불로소득으로 보아 국가에서 과세하고 있다. 상속재산이 부동산만 있는 경우 상속세 납부를 위한 현금의 조달에 있어 많은 어려움이 있다. 이런 경우에는 상속세 납부를 위해 종신보험에 가입하는 것이 절세측면에서 유리한 방법이다.

참고문헌

1. 곽봉휘, 「개인위험관리와 생활금융」, 두남, 2008.
2. 김동훈, 「보험론」, 학현사, 2006.
3. 박상범, 「손해보험론」, 문영사, 2001.
4. 보험경영연구회, 「보험과 리스크관리」, 문영사, 2006.
5. 이용석, 「보험학개론」, 도서출판 두남, 2013.
6. 연금시장 리뷰, 현대경제 연구원, 각 년도 월 호

제 2 부

보험의 구조

제5장 보험의 기본이론

1 보험의 역사와 의의

1-1 생명보험의 역사

1) 고대

기원전부터 사람들은 집단생활을 하면서 집단구성원이 사망하거나 사고를 당해 손해를 입는 경우 이를 공동으로 도와주었다. 보험과 유사한 이들 제도는 장례비를 부담하거나 천재지변에 따른 손해를 구제하기도 하였다. 오늘날의 생명보험과 유사한 대표적인 제도로는 BC 3세기경의 에라노이(Eranoi)와 로마 제정시대에 조직된 콜레기아(Collegia Tenuiorum)를 들 수 있다.

에라노이는 어떤 사람이 갑자기 불행한 처지에 이르게 되거나 돈이 필요하게 되었을 때 도움을 주는 일종의 종교적 공제단체였으며, 콜레기아는 당시 사회적 약자나 하층민들이 서로 돕기 위해 만든 상호부조조합이었다. 콜레기아는 회비를 부담하여 예배 등 종교활동에 필요한 비용을 충당하기도 하고, 회원의 사망시 장례비를 지급하였으며, 유가족을 위한 급부금도 지급하였다.

2) 중세

13~14세기경부터 유럽 특히 독일에서 발달한 길드(Guild)는 동업자간의 상호부조조합이다. 길드는 항해 도중에 발생한 선박이나 화물의 손해를 공동으로 부담하였으며, 동업자들

모임인 상인길드, 예배나 기도를 목적으로 하는 종교길드, 친목과 자선을 목적으로 하는 사교길드 등으로 다양하게 구성되었다.

또한 길드는 구성원의 사망, 화재, 도난 등의 재해도 구제해 주었다. 길드의 상호구제 기능은 점차 그 필요성에 따라 전문화되고, 자본주의가 성립하면서 영국의 우애조합(friendly society) 및 독일의 구제금고(hilfskasse) 등과 같은 형태로 발전하였고, 오늘날에도 다양한 형태의 공제조직이 상존하고 있다.

17세기 말에는 프랑스의 루이 14세가 톤틴연금을 시행하였다. 톤틴연금은 이탈리아의 은행가인 톤티(Lorenzo Tonti)가 국가의 재정 개선을 위해 건의한 것으로 국고에 유휴자금을 융자하는 자에 대하여 원리금(元利金)을 지불하는 대신 종신연금을 지급하는 제도였다. 이 제도는 곧 영국, 네덜란드, 독일 등에서 국채조달 수단으로서 채택하였으며, 나라에 따라서는 사적인 자금조달 수단으로 이용되기도 하였다. 톤틴연금은 사망률, 이자계산방법 등에서 근대적 생명보험의 발달에 크게 기여하는 등 생명보험 사상을 광범위하게 보급시키는 역할을 하였다.

3) 근대

1762년 영국에서는 세계 최초로 근대적인 생명보험체제를 갖춘 에퀴타블(Equitable)생명보험회사가 설립되었다. 에퀴타블사는 신체검사, 가입금액의 제한,

해약환급금제도, 보험계약자 배당 등 오늘날 생명보험의 토대가 된 각종 근대적인 제도를 도입하였다. 에퀴타블에 이어 페리칸, 런던라이프, 프로베이던트 등 생명보험사가 설립되었으며, 영국은 1870년에 생명보험주식회사법을 제정함으로써 국가감독을 통해 보험산업의 발달과 보험계약자의 이익을 도모하였다.

독일에서는 중세기의 길드가 붕괴되고 자본주의 경제가 성숙됨에 따라서 19세기들어 근대적인 생명보험기반을 확립하였다. 1828년에 고타(Gotha)생명보험상호회사가 창립되었으며 이어 라이프찌히, 하노버, 베를린생명 등이 설립되었다.

프랑스는 톤틴연금제도 이후 비교적 부진한 상황이었다. 1787년에 제국보험회사(Companie Royale d'Assurance)가 창립되었으나 프랑스대혁명으로 곧 해산되었으며, 혁명 이후에도 유니온, 패닉스, 르몽드 등 여러 회사가 설립되었으나 19세기까지 생명보험의 발전은 매우 완만하게 진행되었다.

미국은 1812년에 펜실베니아생명보험회사가 설립되었으며, 이후 메사추세츠생명, 뉴욕생명, 뉴잉글랜드생명 등이 설립되어 본격적으로 생명보험이 보급되었다. 그러나 생명보험회사가 과도한 경쟁으로 위기에 처하게 되자, 1905년 미국 뉴욕주 암스트롱조사 위원회가 실

시한 경영·판매실태 조사결과를 이듬해 뉴욕주보험법에 반영함으로써 경제발전과 더불어 미국 생보산업은 커다란 진전을 보게 되었다.

일본은 메이지유신 이후 서양의 문물을 활발하게 받아 들여 1880년에는 쿄사이고햐쿠메이샤(共濟五百名社)라는 상호보험조직이 설립되었으며, 같은 해 니혼보험회사(日本保險會社)가 설립되었다. 이후 테이코쿠생명(帝國生命), 니혼생명(日本生命) 등이 설립되었고, 1900년에는 보험업법이 제정되어 보험사는 엄격한 감독을 받게 되었다.

4) 우리나라의 생명보험

(1) 상호부조제도

우리나라에는 대표적인 상호부조제도로서 계(契)와 보(寶)가 있었다. 삼한시대부터 시작된 계는 여러 사람이 돈이나 곡식 등을 추렴하여 소수의 사람에게 모아줌으로써 경세적인 필요를 해결하는 제도였다. 조선시대에는 친목을 도모하고 관혼상제 부담을 덜어주는 다양한 계가 등장하였으며, 최근까지도 목돈 마련을 위한 대중적인 수단으로서 계는 널리 이용되어 왔다.

신라시대부터 시작된 보는 불교사원에서 공동재산을 운영하여 그 이자로 자선이나 대부를 해주던 제도였다. 보는 이후 불교사원 뿐만 아니라 점차 사회적 보장제도로 확대되었으며, 고려시대에 들어와서 크게 발전하였다.

(2) 근대적 생명보험

우리나라에 생명보험이 도입된 것은 1876년 일본과의 강화도조약 체결 이후 일본의 생명보험회사가 국내에 대리점을 실시하면서부터였다. 일본의 테이코쿠생명(帝國生命)이 1891년 최초로 부산에 대리점을 낸 데 이어 쿄사이생명(共濟生命), 니혼생명(日本生命), 치요다생명(千代田生命) 등이 인천, 목포 등 주로 항구도시에 대리점을 개설하였다. 그 후 1921년에 한상룡 등 기업인들이 우리나라 최초의 생명보험회사인'조선 생명보험주식회사'를 설립하였다. 이듬해인 1922년에는 최초의 손해보험회사인'조선 화재해상보험주식회사'가 설립되었다.

1950년 한국전쟁과 4.19혁명 등을 거치면서 생명보험업도 침체상태에서 벗어나지 못했다. 1960년대 들어 경제개발계획이 추진되고 생명보험회사가 국민저축기관으로 지정되면서 단체험이 크게 성장하기 시작하였다. 1970년대는 경제성장에 힘입어 생명보험산업이 발전을 거듭하면서 보험시장도 개인보험 위주로 전환되었다.

1990년대에는 보험시장의 개방, 금융자율화 등에 따라 생명보험시장이 본격적인경쟁체제로 전환되었고, 한편으로는 과거 규모위주의 성장과정에서 나타난 사업비증가, 과다한 실효

해약 등으로 경영부실이 드러나기 시작하였다. 결국 IMF 금융위기를 겪으면서 1998년에 4개 생명보험회사의 허가가 취소되는 등 다수 생명보험회사가 구조조정으로 계약을 다른 회사로 이전하거나 합병되었다.

2003년에는 보험업법 개정을 통해 방카슈랑스 제도가 도입됨으로써 방카슈랑스전문 보험회사가 출범하였고, 이와 더불어 홈쇼핑, T/M, C/M 등에서의 판매도 활발해지는 등 생명보험사업의 판매 채널이 다양해지는 양상을 보이고 있다.

1-2 손해보험의 역사

1) 고대

손해보험의 기원에 관하여는 여러 학설이 있으나 모험대차설(冒險貸借說)이 가장 유력하다. 모험대차(bottomry)는 금융업자가 무역업자에게 자금을 융자할 경우 이자 이외에 오늘날의 보험료에 해당하는 위험부담비용을 부과하는 대신, 사고로 인하여 원금을 상환하지 못할 경우에는 채무를 면제하는 제도이다. 이 제도는 고대의 바빌로니아, 페니키아시대부터 존재하였으며, 로마시대까지 이어오다가 보험업이 금융업으로부터 분리되면서 자취를 감추었다.

2) 중세

근대적 손해보험은 14세기경 이탈리아의 제노바, 팔레르모 등의 항구도시에서 성립된 해상보험에서 그 기원을 찾을 수 있다. 그후 에스파냐·포르투갈을 거쳐 영국에 도입되어 1688년경에 템스강변에서 로이드가 경영하던 커피하우스에서 번성하여, 오늘날 해상보험뿐만 아니라 재보험의 중심시장으로 이름난 로이즈시장으로 발전하였다.

한편 화재보험은 13세기경부터 유럽에서 발달한 길드가 화재 기타의 천재를 당한 자를 구제하는 사업을 벌여오다가, 1666년 런던대화재를 계기로 화재보험을 전문으로 하는 회사가 설립되어 여러나라로 확대되었다.

3) 근대

18세기 말 영국에서 시작된 산업혁명에 의해 생산·수송 수단이 기계화되면서 기계보험·상해보험·자동차보험·항공보험 등 새로운 보험상품이 개발되었다. 제2차 세계대전이 끝난 후 과학기술의 눈부신 발달에 힘입어 원자력보험·인공위성보험·정치위험보험 등이 새로 등장하여 손해보험의 상품은 200여 종으로 늘어났다.

4) 우리나라의 손해보험

한국에 서구식 손해보험이 도입된 것은 1876년 강화도조약이 체결되어 인천·부산·원산 등 항구를 개항하여 외국과 무역을 시작하게 되자, 일본·영국·독일·중국·뉴질랜드 등의 보험회사가 한국에 대리점을 개설하여 해상보험을 판매하기 시작하였다.

[표 5-1] 우리나라 손해보험산업의 주요연혁

년 도	주 요 내 용
1880	일본 동경해상이 부산에 대리점 설치
1884	영국의 홍콩화재보험이 인천에 대리점 설치
1921	조선생명보험 설립
1922	조선화재해상보험 실립
1910	조선총독부령으로 보험회사 설립 및 규제 근거마련
1947	미 군정 훈령으로 일본의 보험업법 및 시행규칙 준용 지시
1962	보험업법, 시행령, 시행규칙, 보험모집 단속법 제정
	국가재건최고회의의 보험회사 감사 실시, 보험사 정비
	생보사 : 9개→6개, 손보사 : 14개→10개
1967	화재보험풀제도(금융기관 화재보험 공동인수사무소 발족)
1977	재무부, 「보험의 해」로 제정, '보험산업근대화 방안'발표
1992	화재보험풀 해체
1993	보험상품 가격 자유화 방안 발표 및 보험시장 자유화 추진
1997	재정경제원, '금융시장안정 및 금융산업구조개선을 위한 종합대책' 발표
1997-99	외환위기극복을 위한 보험회사 구조조정
2003	방카슈랑스제도 시행
2008	대리점의 생, 손보 교차판매 허용
2009	금융권역간 업무장벽 완화 : 보험회사의 금융투자기능 확대 등 업무영역 확대
2011	보험업법 개정 : 보험상품심사 절차 대폭 간소화 및 소비자 보호기능 강화 등

1910년 국권침탈 후 일본 보험회사의 지점들이 대거 진출하여 화재보험·자동차보험 등을 판매하게 되었다. 1922년 조선화재(현 동양화재)가 설립되었다. 광복 후 한국의 손해보험이 보험상품의 구색을 갖추게 된 것은 1962년 이후의 국민경제가 고도의 성장을 보인 때부터이다.

1-3 보험의 의의

누구나 미래에 대하여 정신적, 경제적으로 안정적인 생활을 영위하기를 원치 않는 사람은 없을 것이다. 그러나 미래의 사회가 그리고 미래의 경제가 어떤 모습일지에 대해 확신을 가지고 말하는 것은 어렵고도 위험한 일인지도 모른다.

이와 같이 동태적인 현대생활에서 발생할 수 있는 다양한 위험을 극복하기 위해서는 어떠한 방안들이 강구되어야 한다. 이러한 다양한 위험에 대하여 오늘날과 같은 경우는 자기의 책임은 자기가 져야 하기 때문에 이에 대한 어떤 수단을 강구하지 않으면 안된다.

이러한 방법 중의 하나가 위험전가의 수단으로 사용되는 보험이다. "보험이란 무엇인가?"에 대한 대답은 다양하게 나타날 수 있다. 일반적으로 보험이라 함은 동질의 우발적인 위험하에 있는 다수인이 위험단체를 구성하고 그 단체의 구성원이 일정한 기금을 각출, 기금을 형성하여 우연한 사고를 당한 구성원에게 재산적 급여를 함으로써 경제적 불안을 제거하고자 하는 경제제도라 할 수 있다.

따라서 보험은 사회제도 안에서 운영되어야 하며, 보험의 원리는 다수의 사람으로부터 기금을 모아서 미래에 손실을 입는 당사자에게 이 기금을 분배하는 것이다.

그러므로 보험제도가 운영되기 위해서는 위험에 대하여 개인이 아닌 다수의 동질의 위험을 소유한 사람이 필요하며, 동질의 위험을 결합시키고 분산시키기 위한 주체가 있어야 한다.

"보험이란 무엇인가?"에 대하여 구체적으로 경제적, 법적, 사회적, 수리적 측면에서 살펴보자.

경제적 측면에서 보험은 다수의 동질적인 위험을 결합함으로써 위험을 감소시키는 경제제도이다. 여기서 말하는 다수의 동질적인 위험의 의미는 첫째, 보험사고의 성질이 동질이어야 한다는 것이다. 예를 들어 해상사고와 자동차 사고는 동질의 위험라고 할 수 없으며, 따라서 각각 다른 보험종목으로 담보하여야 한다.

둘째는 위험이 동질적이어야 위험의 결합이 가능하며, 위험이 결합되어야만 비로소 손해의 발생빈도와 규모를 예측하여 통계적인 확률치의 산정이 가능해진다.

따라서 보험은 보험계약자로부터 손해를 보전할 수 있는 기금을 모아서 실제로 손해를 입은 당사자에게 이 기금을 지급하는 경제제도이다.

법적 측면에서 보험은 법적 계약을 통하여 손실을 보상하는 법률적인 제도이다. 보험자는 보험계약자와 보험계약을 체결하고 만약 손해가 발생하면 이를 보상할 것을 약속하며 보험계약자는 이러한 손해 보상의 약속을 받는 대가로 보험료를 지급하게 된다. 우리나라 상법상 보험계약은 영업적 상행위(제46조 제17호)에 속하나 보험제도는 일반적인 상행위와는 다

른 특이성을 지니고 있다. 특히 보험계약은 계약자유의 원칙이 적용되지 않으며 법정절차에 따라 허가를 받지 않은 자와는 보험계약을 체결할 수 없다.

사회적 측면에서 보험은 기금의 형성을 통하여 소수인이 입는 손실을 다수인이 부담하는 사회적 제도이다. 여기서 손실을 다수인이 부담한다는 의미는 첫째, 공동으로 형성된 기금이 실제 우연히 발생한 사고로 인하여 손해를 입은 소수인에게 지급된다는 것이고, 둘째는 사회적으로 보험의 기능은 국민소득의 확보와 노후생활을 안정적으로 도모함으로써, 부의 분배과정에 균형을 조성하여 계층간의 조화를 이룩하여 사회생활의 안정향상에 기여하는 것이라 볼 수 있다.

수리적 측면에서 보험은 확률의 원리를 이용하여 손실을 예측하고 분배하는 수리적 제도이다. 보험은 우연한 사고를 대상으로 하지만 그 이면을 보면 확률의 원리에 의하여 운영된다. 수리적·기술적 측면에서 보험은 대수의 법칙의 이용을 전제로 하여 형성되는 것이며, 그것을 구체화하기 위해서는 수지상등의 원칙과 급부반대급부 균등의 원칙이 충족되어야 한다. 다양한 측면에서 알아본 바와 같이 보험은 동질의 우발적인 위험 하에 있는 다수인이 위험단체를 구성하고, 그 단체의 구성원이 일정한 기금을 각출, 기금을 형성하여 우연한 사고를 당한 구성원에게 재산적 급여를 함으로써 경제적 불안을 제거하고자 하는 경제제도라 할 수 있다.

2 보험의 기본원리

보험제도가 형성되고 보험사업이 영위되기 위해서는 보험의 요건 및 기본원칙이 지켜져야 하는데 보험의 요건이라는 것은 보험의 대상이 될 수 있는 요건을 구비하는 것을 말하고, 기본원칙이라는 것은 보험과 보험이외의 제도를 구별하는 기술적 원칙을 의미한다.

2-1 보험의 요건

보험은 모든 위험을 대상으로 하지 않기 때문에 보험의 대상이 될 수 있는 위험과 사고는 다음의 요건을 구비하여야 한다.

1) 위험의 동질성과 대량화의 원칙

보험제도가 합리적으로 행하여지기 위해서는 위험의 대량화와 동질성이 반드시 이루어져야 한다. 위험의 동질성이란 상당수의 동질적인 위험이 선택 결합되는 것인데 이 경우의 동질성은 위험의 종류, 빈도, 금액 등이 유사한 것을 의미 한다. 그리고 대량화란 위험이 대량화 될수록 사고 발생의 예측치와 실제치의 편차가 적어지고 평균치를 산정할 수 있기 때문에 사고발생률을 구하기 위해서는 위험의 동질성 및 대량성이 필요하다.

2) 보험사고의 명확성

보험사고는 발생하는 때와 장소가 명확하여야 한다. 사고가 발생하는 시간이 명확하지 않거나 그 장소를 파악할 수 없으면 객관적으로 보험사고의 발생여부를 결정할 수 없게 된다.

따라서 보험사고의 발생시기와 장소가 명확해야만 동질적인 위험을 결합할 수 있다. 보험사고가 명확하지 않으면 그러한 위험들이 동질적인가 아닌가를 판단하는 것이 불가능하고 또한 동질성을 파악할 수 없기 때문에 다수성의 요건도 자동적으로 결핍된다. 그러므로 위험의 동질성 및 다수성의 요건을 갖추지 못하여 보험의 대상이 될 수 없다.

3) 보험사고의 우연성

보험은 우연히 발생하는 위험을 대상으로 한다. 보험사고는 반드시 우연히 일어나야 하며 사고발생을 사전에 예측하고 시간이나 장소가 예측가능해서는 안된다.

보험에서 사고의 우연성을 강조하는 것은 고의적인 보험사고를 방지하기 위해서이다. 따라서 보험계약자 또는 피보험자의 고의 및 중과실로 인하여 발생한 사고는 보험사고로 처리되지 않는다.

4) 위험의 보편성

보험이 대상으로 하는 위험은 일반적이고 보편적이어야 한다. 위험빈도가 낮고 손실규모가 큰 대이변적인 위험은 확률의 원리를 적용시키기 힘들기 때문에 이러한 위험을 인수할 경우 보험집단 전체, 즉 보험의 단체성에 영향을 줄 수가 있어 보험의 대상에서 제외된다.

(1) 보험의 대상이 되는 위험

보험 시스템의 기초가 되는 수리적·기술적인 원칙은 대수의 원칙이기 때문에 보험의 대상이 되는 위험은 다수 존재하고, 집단에서 발생확률의 산출이 가능한 것에 한정된다. 따라서 모든 위험이 보험의 대상이 되는 것은 아니다. 보험의 대상이 되는 위험은 다수 존재하며,

사고의 발생은 상호간에 무관계하게 발생하고, 대수의 법칙에 의해 발생확률을 측정할 수 있는 것이다.

보험의 대상이 되는 위험은 발생할지 여부가 불확실한 위험(if risk)로, 발생하는 것이 확실한 위험은 보험의 대상이 되지 않는다.

사람의 죽음은 누구에게나 확실한 것이지만 언제 사망할지의 시기는 불확실하고, 이 언제라는 시기의 위험(when risk)가 지닌 불확실성 혹은 우연성 때문에 생명보험이 성립된다.

보험의 대상이 되는 위험, 혹은 보험 가능한 위험은 발생확률을 측정할 수 있는 위험로, 원칙적으로 순수위험 혹은 정태적 위험이다.

이와 더불어 발생확률을 직접적으로는 측정할 수 없는 사상이라도, 인공위성 보험 등은 대상이 되는 위험의 건수가 적고, 정보가 부족한 경우에는 사고의 발생빈도를 측정할 수 없지만, 유사 사항을 통한 추측에 의해 발생확률을 평가하여 보험의 대상으로 하고 있다.

(2) 보험의 대상이 되지 않는 위험

보험의 대상이 되는 위험은 다수 존재하고, 대수의 법칙에 의해 사고의 발생확률을 측정할 수 있는 것이며, 발생확률을 측정할 수 없는 위험은 대상으로 하지 않는다.

투기적 위험의 환변동, 금리변동, 혹은 주가변동은 손실 및 이득이 발생하고, 손실을 수화할 수 없기 때문에 보험의 대상이 되지 않는다. 또한 동태적 위험의 기술혁신, 제도의 변화, 혹은 유행의 변화는 투기적 위험과 같이 손실과 이들을 발생시키기 때문에 수치화가 곤란하고, 따라서 보험의 대상이 되지 않는다.

그리고, 이 외에도 가전제품 등의 일정 기간 경과로 인한 이른바 수명이 다 해 사용할 수 없게 되는 것, 우산이나 서적의 망실 등 사고의 빈도가 너무 높은 것, 혹은 골동품 등 작자가 불명이고 손실의 평가가 일반적으로 불가능한 것도 보험의 대상이 되지 않는다.

보험의 대상이 되지 않는 기업의 투기적 위험 및 동태적 위험에 대해, 기업은 이 위험들에 대응·회피·예방하며, 손실이 발생한 경우에는 손실을 경감하는 등 위험을 관리하고 있고, 한편으로는 이 위험 및 비즈니스 찬스(사업기회)에 대해, 이른바 risk taking에 따라 수익기회를 모색하고 있다. 기업이 이 위험들을 기업외부로 전가하는 것은 불가능하다.

2-2 보험의 기본원칙

보험은 우연히 발생하는 사고를 대상으로 하지만 보험자가 위험을 인수할 수 있는 것은 확률의 원리에 의해 손해 발생률을 구할 수 있기 때문이다. 또한 이를 통하여 손해발생으로 지급되는 총보험금의 금액과 이에 따라 거수보험료의 총액을 산정할 수 있다. 그리고 이것을 개개의 가입자 단위로 볼 때 급부·반대급부의 원칙으로 유도된다.

1) 대수의 법칙

주사위를 한 번 던졌을 때 어떤 눈이 나올 것인지를 정확히 예측하기는 어렵다. 그러나 던지는 횟수를 많이 하다 보면 각 눈이 나오는 횟수가 점차 비슷해지게 되는데, 각 각의 눈이 나오는 비율은 전체 던진 횟수의 1/6에 가깝게 된다. 이와 같이 어떠한 사건의 발생확률은 1회나 2회의 관찰로는 예측이 어렵지만 관찰의 횟수를 늘려가면 일정한 발생확률이 나오고 이 확률은 대개 비슷하게 진행되는데 이를 대수(大數)의 법칙이라 한다. 즉, 어떤 위험에 대해서 그 관찰대상을 늘리면 늘릴수록 실제 결과는 예정 결과에 가까워지는 통계상의 법칙을 말한다.

따라서 대수의 법칙에 따라 관찰대상으로 삼은 위험의 수가 많으면 많을수록 보다 정확하게 그 위험의 발생가능성을 측정할 수 있으며, 우연히 발생하는 개별적인 위험도 오랜 기간 대량으로 관찰하게 되면 규칙적이고 장기적으로 발생한다는 것을 알 수 있게 된다.

따라서 보험자는 관찰결과를 바탕으로 사고발생을 예측하고 보험료를 산정하고 위험의 인수 여부를 결정한다. 대수의 법칙이 적용될 수 있는 위험집단이 아니면 보험은 성립되지 않게 된다.

2) 수지상등의 원칙

수지상등의 원칙은 동질동형의 위험단체에 있어서 보험계약자로부터 모아진 순보험료의 총액과 지급된 보험금의 총액 등이 과부족이 없도록 설정되어야 한다는 원칙이다. 따라서 수지상등의 원칙이 지켜지기 위해서는 보험료가 적정하고 충분하여야 한다. 보험경영상 중요한 기술적 원칙이다.

3) 급부·반대급부 균등의 원칙

보험계약자는 보험료를 지급하고 장래 우연한 사고를 담보하기 때문에 보험자는 장래에 발생할 사고로 인하여 지급될 보험금의 재원을 확보하여야 하고 보험사고 발생시 피보험자 또는 보험수익자에게 보험금을 지급하여야 한다.

즉 수지상등의 원칙과 급부·반대급부 균등의 원칙은 표리관계에 있으며 전자는 전체적 원칙에 후자는 개별적 원칙에 해당된다.

4) 생명표(Life Table)

생명표는 사망표라고 부르기도 하며, 대수의 법칙에 의해서 사람의 연령별 생사잔존상태를 나타낸 표인데, 어느 집단의 연령별·남녀별 생존율과 사망률·평균여명(平均餘命)등을 연도별로 표시한 표로서, 사람의 수명은 개인의 입장에서 보면 예측할 수 없으나, 집단적으로 관찰해 보면 거기에는 매우 정연한 법칙이 지배하고 있음을 알 수 있다.

더구나 이 법칙은 관찰 대상인 집단을 확대하면 할수록 분명하게 된다. 이러한 관점에서 사람의 수명 측정방법의 하나로서 동일연령자(보통 0세)의 한 집단(보통 10만 명)을 취하고, 그 후 각 연도 초의 생존수와 그 연도 중의 사망수, 이것에서 산출되는 각 연도의 생존율·사망률 및 평균여명 등의 생명함수를 열기한 표가 만들어진다. 이를 생명표·사망표·사망생존표라고 한다. 생명표는 사망통계·인구정태통계(人口靜態統計)·인구동태통계(人口動態統計) 및 국세조사(國勢調査)에 의존해 작성한다. 생명표에는 국민을 대상으로 한 국민생명표와 생명보험의 피보험자집단을 대상으로 작성하는 경험생명표가 있다.

- 국민생명표 : 국민 또는 특정지역의 인구를 대상으로 작성
- 경험생명표 : 생명보험사, 공제조합 등의 피보험자의 실제 사망 경험치를 근거로 작성

5) 이득금지의 원칙

손해보험은 일정위험에 따라 발생한 손해의 보상을 목적으로 하는 보험이기 때문에 손해보험의 목적은 정액보험과 달리 실제로 입은 손해를 보상하는데 있다, 즉 피보험자는 실제 손해 이상으로 보상을 받을 수 없는 것이다.

만일 보험에 가입한 피보험자가 사고발생전의 경제상태보다 좋은 상태로 이익을 얻는다면 보험가입에 의한 사고유발이 증가할 것이다. 이와 같은 도덕적 위험의 증가는 대수의 법칙이라는 우연성을 전제로 한 보험제도의 성립을 무너뜨리는 것이기 때문에 '이득금지의 원칙'이 손해보험의 재물보험에서는 대명제가 되고 있다. 즉, 사고발생으로 인하여 실제 발생한 손해이상의 이익이 돌아가지 않도록 하는 실손보상(實損補償)의 원리에 기초한 손해보험만의 원칙이다.

3 보험의 사회적 기능과 비용

보험의 기능을 다루는 경우 사회경제적 기능과 경영경제적 기능의 양측면에서 생각할 수 있는데, 여기서 경영경제적 기능은 보험기업 일반이 수행하는 경영기능 또는 경영업무를 의미한다. 따라서 여기에서는 경영경제적 기능을 제외한 사회경제적 기능에서 본질적 기능과 부수적 기능으로 나누어 살펴보고자 한다.[56)]

본질적 기능과 부수적 기능의 구별은 전자는 보험의 본질로부터 비롯되는 사회경제적 기능인 것에 비해 후자는 전자에 관련하여 부차적으로 수행되는 기능이다.

그리고 보험은 사회적으로 여러 가지 기능을 수행하지만 이와 관련하여 불가피하게 나타나는 부정적인 측면이 있다. 이를 보험의 사회적 비용이라 하며 이에 대하여 알아보고자 한다.

3-1 보험의 본질적 기능

보험은 각종 기업이나 가계에 필연적으로 수반하는 위험을 비용화하여 기업의 발전을 조장하고 가계의 안정을 보장한다. 즉 장래에 발생할지도 모르는 손해발생의 가능성이나 경제적 필요성에 대해 보험기업에 보증을 요청하는 것으로서 만일 손해를 입었거나 경제적 필요성이 요구되어질 때 그 보상을 받는 것을 의미한다. 결국 기업이나 가계는 보험기업으로부터 위험부담이라는 보증을 받아 위험부담의 결과로서 손해보상 또는 확정급부라는 보상을 받는 것이다.

그러므로 보험의 본질적 기능이라고 하더라도 그것은 가치창조를 하는 적극적인 기능이 아니라 어디까지 수동적, 소극적인 기능을 지닌다. 따라서 보험의 본질적 기능은 기업에 대해서는 각종 위험에 대해서 기업방위로서의 기능을 행하며, 가계에 있어서는 경제생활의 안전확보 수단으로서의 기능을 한다.

한편 가계에 있어서의 위험도 다양화되고 있는데 발생가능한 위험에 대하여 알아보면 첫째, 신체와 관련한 것으로 사망, 질병, 상해 등이 있다. 둘째, 재산과 관련된 것으로 자산이나 소득의 상실, 비용의 지출 등의 위험이 있으며, 셋째 노령화와 관련한 것으로 노령화에 따른 소득원의 재창출의 문제, 넷째는 책임위험의 증가로 인한 비용부담의 위험 등이 발생가능한 위험이다. 이와 같은 가계위험들은 생명보험이나 손해보험의 이용을 통하여 위험을 전가시킬 수 있다.

---

56) 龜井利明 著, 이은섭·서성석 역, 『위기관리와 보험이론』, 세종출판사, 1999.

3-2 보험의 부수적 기능

보험의 부수적 기능으로는 신용의 수단, 금융기능, 방재기능, 피해자 구제기능, 기업내 복지 기능, 국제수지기능 등이 있다.

1) 신용의 수단

소비자대출이 일반화한 현대에 있어서 각종 손해보험이나 생명보험은 개인의 신용을 보완하여 지급능력을 확보하고 그에 따른 소비자 대출을 촉진하는 기능도 행하고 있다.

2) 금융기능

보험은 기업이나 가계에 융자하고 있는 은행을 보완하는 기능을 가지는 것 이외에 그 자체가 금융기능을 수행하고 있다. 그것은 보험료 선불제에 의하여 생기는 보험료 수입과 보험금 지급과의 시간적 차이로 발생하는 각종 준비금의 운영에서 생기는 금융기능들이다.

3) 방재기능

보험기업은 다방면에 걸쳐서 사고의 예방이나 손해경감을 위해서 각종의 활동을 행하고 있다. 예를 들면, 해상보험의 경우 해사에 관한 조사연구, 해난구조시설의 정비, 해사기업에 대한 조언 등을 행하고, 화재보험의 경우 화재예방사업, 자동차보험의 경우 교통사고 방지사업 등이 수행되고 있다. 즉 사업운영의 일환으로서 방재서비스를 제공하고 있는 것이다.

4) 피해자 구제기능

현대사회에서는 위험의 다양화 및 거대화로 인하여 발생되는 피해자들이 증가하고 있다. 따라서 이러한 피해자들을 구제하기 위하여 다양한 책임보험들이 존재하게 됐다. 본래 책임보험은 가해자가 피해자에게 발생한 손해를 배상함으로써 필요한 금액을 제공하기 위한 것인데 현대사회에서는 보험자에 대한 피해자의 직접청구권을 인정해서 피해자를 직접 구제하는 기능을 수행하고 있다.

5) 기업내 복지 기능

최근 기업의 사회적 책임이나 기업내 복지문제가 주목을 받고 있는데 기업은 종업원을 위해 보험제도를 이용하고 더 나은 기업보장이나 기업내 복지의 확충, 강화를 도모하고 있다.

이를 위하여 이용되고 있는 것이 기업연금(퇴직보험제도), 산업재해 등과 같은 기능을 하고 있는 보험들이다.

6) 국제수지기능

해상보험이나 재보험은 국제수지기능을 수행하고 있다. 해상보험의 경우 국제성이 강한 무역, 해운 등의 해사기업에 대한 경제보장제도이기 때문에 해상보험 자체도 국제성을 지니고 있다.

그리고 재보험의 경우 국내보험시장에 부보된 보험중 일부 또는 전부를 보험경영상 해외의 재보험자에게 재출재하는 경우가 있다. 따라서 보험은 국제수지에 대한 기능을 수행한다고 볼 수 있다.

3-3 보험의 사회적 비용

보험의 사회적 비용은 크게 보험운영상의 비용, 보험사기의 발생, 도덕적 위태, 보험금 과다 청구 등으로 나누어 알아 볼 수 있다.

1) 보험운영상의 비용

보험을 운영하면 많은 비용이 소요되는데 예를 들어 보험모집인에게 지급하는 수수료, 경상경비, 기타 세금 등의 부대비용이 있다. 이와 같은 비용은 보험이 존재하지 않으면 발생하지 않는 경비로서 직접적으로 사회에 부담을 주는 비용이다.

이 비용은 보험자가 징수하는 보험료에 포함되며, 그 비율은 보험의 종류나 보험자의 형태에 따라서 다르게 나타난다.

2) 보험사기의 발생

보험은 보험사고의 발생 및 이에 대한 보상을 전제로 하여 보험료와 보험금을 서로 교환하는 것이다. 따라서 보다 많은 보험금을 받기 위함이거나, 또는 고의적으로 보험사고를 유발하는 경우가 발생할 수 있다.

예를 들어 보험계약자가 보험금을 탈 목적으로 화재보험에 가입된 건물에 일부러 방화를 한다든지, 고의적으로 자동차사고를 유발하여 보험금을 청구하는 것과 같은 것이 보험사기의 대표적인 방법 들이다.

따라서 보험사기로 인한 보험금의 지급이 증가할수록 보험료의 인상이 발생하며 이러한 보험료의 인상은 선의의 보험계약자에게 전가되어 사회적 비용을 증가시킨다.

3) 도덕적 위태

보험에 부보함으로써 보험계약자에게 정신적인 안정감을 줄 수도 있지만, 이에 반해 정신 상태를 해이하게 만들기도 한다. 즉, 사고예방에 대한 무관심을 초래함으로써 손해예방과 감소활동을 소홀히 할 수 있는 소지를 마련해 준다. 이를 도덕적 위태라 하는데 이 역시 보험이 가져오는 사회적 비용이라 할 수 있다.

4) 보험금 과다 청구

보험사고로 인하여 보상을 받는 당사자는 대부분 보험금을 과다 청구하는 경우가 있다. 예를 들어 의사가 보험사고로 인한 환자에 대하여 일반환자에 비해 과잉진료를 하고 환자들로도 보험혜택을 충분히 받기 위해서 입원기간을 고의적으로 연장하는 경우가 있다. 이러한 경우 발생하는 보험금의 인상은 결국 보험료의 인상을 초래하고 이는 선의의 보험계약자들로 하여금 보험료를 인상케 하는 요인을 발생시킨다. 이 역시 보험의 사회적 비용이라 할 수 있다.

4 보험의 분류

보험의 분류에 대해서는 학자들의 분석 시점이나 실무상의 편의적 관점에서 다양한 기준[57]이 제시되어 왔지만 모든 사람이 명확하게 동의할 만큼 체계화되어 있지는 않은 상태이다. 본 책에서는 첫 번째로 부보대상별로 분류하여 알아보고, 두 번째는 여러 관점에서의 분류하고자 한다.

4-1 부보대상별 분류

부보대상별로 보험을 분류하여 보면 첫째는 인간 및 동물과 관련된 보험, 둘째는 재물의 멸실 및 손상과 관련된 보험, 셋째는 배상책임에 대한 보험, 넷째는 신용 및 채권에 대한 보험, 다섯째는 비용손해에 대한 부분으로 나누어 볼 수 있다.

57) 이윤호, 『현대 생명보험』, 두남, 2001.

[표 5-2] 부보대상별 보험종류

분류(부보대상)	주요보험
인간, 동물의 사망과 부상	생명, 상해, 동물보험 등
재물의 멸실, 손상	해상, 화재, 자동차, 동산, 도난, 원자력 등
배상책임	자동차 배상책임, 승객배상보험
신용보완, 채권의 보전	보증, 신용
비용손해	비용, 이익

자료 : 이윤호, "현대생명보험", 2001.

4-2 다양한 관점에서의 분류

1) 공보험과 사보험

보험을 보험정책적 관점에서 보면 공보험과 사보험으로 분류된다. 공보험(government insurance)은 전체 경제적 관점에서 국가 또는 공공단체가 사회정책 또는 경제정책의 실현 수단으로서 영위하는 보험을 말하며 상법의 적용을 받지 않는다. 예를 들면, 의료보험, 국민연금보험, 산업재해보험, 수출보험 등이 이에 해당한다.

사보험(private insurance)은 사경제적 관점에서 영위하는 보험을 말하며 영리보험, 상호보험 등과 같이 우리 주면에서 흔히 영위되고 있는 보험을 말한다.

2) 공영보험과 민영보험

보험을 경영주체에 따라 분류하면 공영보험과 민영보험으로 구분된다. 공영보험은 국가나 기타 공법인이 경영하는 보험이며, 민영보험은 영리를 목적으로 개인 또는 사법인에 의하여 경영되는 보험이다. 일반적으로 공보험은 공영보험이며, 사보험은 개인이나 보험회사가 운영하는 민영보험에 해당한다.

3) 영리보험과 상호보험

보험사업운영의 목적이 영리인지 비영리인지에 따른 분류이다. 영리보험은 보험자가 보험의 인수를 영업으로 하는 보험으로 보험자는 주식회사이어야 한다. 즉, 보험자가 가입자로부터 수령하는 보험료의 총액과 사고가 생긴 경우에 지급하는 보험금의 총액 및 경영비용과의 차액을 이득으로 하는 것을 목적으로 행하여지는 보험이다.

상호보험은 가입자 자신을 구성원으로 하여 사원 상호의 이익을 위하여 영위하는 보험으

로, 상호보험회사 사원은 회사의 구성원임과 동시에 보험계약자로서 지위를 가지며 보험관계가 종료하면 사원은 퇴사하게 된다. 즉, 상호회사나 협동조합보험은 비영리에 속한다.

4) 손해보험과 정액보험

보험급부가 손해액에 따라서 변동적인가 아니면 미리 약정된 확정액으로 이루어지는가에 따른 분류이다.

손해보험은 보험사고로 인하여 생긴 피보험자의 재산상의 손해를 보상할 것을 목적으로 하는 보험이다. 상법상 손해보험에는 화재, 운송, 해상, 책임, 자동차 보험이 있다. 정액보험은 보험사고가 발생한 때에 보험계약에서 정한 보험금액을 지급하는 보험이다.

5) 해상보험, 육상보험, 항공보험

보험사고가 발생하는 장소에 따라서 분류해보면 해상보험·육상보험·항공보험으로 구분된다. 해상보험은 해상사업에 관한 사고로 선박 또는 적하 등에서 생긴 손해를 보상하기로 하는 보험이다.

육상보험은 육상에서의 사고에 대비하기 위한 보험으로 해상보험에 속하지 아니하는 보험이다. 항공보험은 항공기와 항공에 관한 사고로 인한 손해를 보상하기로 하는 보험이다.

6) 개별보험과 집합보험

하나의 보험계약에 의해 부보되는 대상에 따른 분류이다. 개별보험은 개개의 물건 또는 사람을 보험의 목적으로 하는 보험을 말하며, 집합보험은 1개의 보험계약에 있어서 보험의 객체가 경제적으로 독립한 다수의 사람(이 경우 단체보험이라 함)또는 다수의 물건인 경우를 말한다.

7) 원수보험과 재보험

일반계약자를 직접당사자로 하여 보험계약을 체결한 것인지 다른 보험자를 당사자로한 것인지에 따른 분류이다. 원수보험은 어떤 보험자가 최초의 보험계약자로부터 인수하는 보험을 말하며 원보험이라고도 한다.

재보험은 어떤 보험자가 인수한 보험계약상의 책임의 전부 또는 일부를 다른 보험자가 다시 인수하는 보험이다.

8) 기업보험과 가계보험

보험가입의 주체가 기업인지 가계인지에 따른 분류이다. 기업보험은 기업을 경영하는 자가 경영상의 불안정에 대비하기 위해 이용하는 보험을 말한다. 예를 들어 해상보험, 화재보험, 임원배상책임보험 등이 이에 해당된다.

가계보험은 일반인이 가정경제의 불안정에 대비하기 위해 이용하는 보험을 말한다. 보험계약자는 경제적 약자인 경우가 대부분이기 때문에 법이 후견적 지위에서 간섭을 하고 있다.

9) 일부, 전부, 초과, 중복, 공동 보험

보험가액과 보험가입금액의 비교에 따라 분류하면 다음과 같다. 일부보험은 보험가액의 일부를 보험에 부보한 경우로 보험가액이 보험가입금액보다 큰 경우이다.

전부보험은 보험가액의 전부를 보험에 부보한 경우로 보험가액과 보험가입금액이 같은 경우이다. 초과보험은 보험금액이 보험가액을 현저하게 초과하는 보험을 말한다.

중복보험은 수개의 보험계약이 체결된 경우 그 보험금액 총액이 보험가액을 초과하는 보험을 말한다. 공동보험은 둘 이상의 보험자가 하나의 위험을 공동 인수하는 보험을 말한다.

10) 강제보험과 임의보험

보험가입의 강제성 유·무에 따른 분류이다. 강제보험은 보험가입이 강제적이며, 임의보험은 가입자의 자유의사에 따라 보험가입이 결정되는 보험이다.

5 보험과 유사개념

5-1 저축과 보험

저축(saving)은 은행 및 기타의 금융기관을 통하여 장래의 경제적인 불안에 대비하기 위한 경제준비를 의미한다. 따라서 저축과 보험이 경제생활의 안정을 도모한다는 점에서는 같다고 할 수 있으나 양자의 준비형태의 방법에 있어서는 근본적인 차이가 있다.

그 차이점을 알아보면 저축은 특정사고를 대비한 것이 아니기 때문에 처분이 자유롭고 사용하지 아니하면 비축재산은 그대로 존속하나, 보험의 경우 특정사고에 대하여 다수의 경제주체의 결합에 의해서 이루어지므로, 보험사고가 발생하면 지급보험료에 비하여 막대한 보

험금을 받는다.

[표 5-3] 보험과 유사한 제도 및 개념 비교

비 교	유사점	차이점
저 축	경제생활의 안정을 도모	보험 : 다수단체, 우연한 사고에 의한 보상 저축 : 개별재산, 사고가 발생하지 않으면 개인재산으로 귀속
공 제	우연한 사고로 희생된 자에게 지급	가입대상이 조합원 임
보 증	채무불이행에 의한 채권자의 손해 보상	다수인의 결합이 아니며 반드시 유상만은 아님
복 권	단체성, 사회계약성	복권 : 경제적 이익 도모
도 박	사행계약성	보험 : 손해의 전보 도박 : 경제적 이익 도모
자가보험	일정기간내의 손해 충당을 위한 제도	자가보험 : 위험의 자가보유

5-2 공제와 보험

공제(mutual aid)란 동일한 직장, 직업 및 지역에 속하는 사람들이 단체를 결성하여 보험료에 상당한 금액을 납입하고 가입자에게 소정의 사고가 발생하면 정해진 일정한 금액을 지급하는 상호구제제도이다.

다수의 사람이 단체를 결성하고 그 중 우연한 사고로 손해를 본 구성원에게 일정금액을 지급한다는 점은 보험과 유사하지만, 공제는 그 구성원의 자격이 한정되어 있다는 점에서 보험과 다르다.

5-3 보증과 보험

보증(guarantee)이란 채무자가 법률상의 채무를 이행하지 않을 경우에 제3자가 채권자에 대하여 채무와 동일한 내용의 독립된 채무를 부담하는 담보제도를 말한다. 일반적으로 경제상의 의미로는 당사자 일방의 책임을 지고 상대방에게 일어나는 손해를 인수하는 것을 가리킨다. 이와 같은 것은 보험과 유사하지만 그 조직방법에 있어서는 양자간에 명확한 차이가 있다.

첫째, 보증에 있어서는 보증인과 피보증인의 사이에는 법률상의 관계만이 존재하며 다수의 경제주체의 결합이라는 특수한 경제조직을 필요로 하지 않는다는 점이다. 둘째, 보험의 경우 유상계약에 의하여 다수의 경제주체가 유기적으로 결합한 제도인데 반하여 보증은 당사자간에 독립적으로 행하여지는 경우가 많다는 것이다. 여기서 언급한 보증은 보증보험을 말하는 것은 아니다. 보증보험은 다수의 경제주체 결합으로 운영되는 보험이다.

5-4 복권과 보험

복권이나 보험은 다수인이 참가하여 우연한 사고의 발생에 의하여 당사자간의 급부가 결정되는 사행계약성이 있으며, 다수인이 지급하는 금액의 총액이 당첨자에게 지급되는 급부와 어느 정도 균형을 이룬다는 점에서는 유사하다.

그러나 보험은 경제생활의 불안을 극복하고자 하는데 반하여 복권은 적극적으로 경제적 이익을 도모한다는 점, 또한 보험은 기존에 존재하는 위험을 분산 또는 전가시키는 제도인 반면 복권은 인위적으로 위험을 창출한다는 점에서 다르다.

5-5 도박과 보험

도박과 보험은 모두 우연한 사고를 전제로 한다는 점에서는 서로 유사하다. 그러나 보험은 이미 존재하는 순수위험을 대상을 하고 도박은 투기위험을 새로이 창출한다는 점에서 다르다.

5-6 자가보험과 보험

자가보험은 회사나 개인이 일정기간 내에 손해의 발생을 예상하고 매사업년도 마다 일정한 금액을 적립하여 그 기간내에 생긴 손해를 충당하는 것을 말한다.

따라서 자가보험은 위험의 자가보유를 의미하며, 보험은 다수 경제주체의 결합을 통하여 위험을 전가시키는 위험관리방법이므로 다르다 할 수 있다.

단원요약

- 보험이란 동질의 우발적인 위험하에 있는 다수인이 위험단체를 구성하고 그 단체의 구성원이 일정한 기금을 각출, 기금을 형성하여 우연한 사고를 당한 구성원에게 재산적 급여를 함으로써 경제적 불안을 제거하고자 하는 경제제도라 할 수 있다.
- 보험의 요건이란 보험의 대상이 될 수 있는 요건을 구비하는 것을 말하며, 위험의 대량화와 동질성이 필요하고, 보험사고가 발생하는 때와 장소가 명확하여야 하며, 보험사고는 우연히 발생하여야 한다. 또한 보험을 대상으로 하는 위험은 보편적이어야 한다.
- 보험은 우연히 발생하는 사고를 대상으로 하지만 보험자가 위험을 인수할 수 있는 것은 대수의 법칙을 통하여 손해 발생률을 구할 수 있기 때문이다. 또한 손해발생으로 지급되는 총보험금의 금액과 이에 따라 거수보험료의 총액을 산정할 수 있다. 그리고 이것을 개개의 가입자 단위로 볼 때 급부·반대급부의 원칙으로 유도된다.
- 보험의 사회적 비용이란 보험의 기능이 수행되는 것과 관련하여 불가피하게 나타나는 부정적인 측면을 말하며, 크게 보험운영상의 비용, 보험사기의 발생, 도덕적 위태, 보험금과다청구 등으로 나타난다.
- 보험제도는 미래의 위험에 대한 대비책이라 볼 수 있는데, 우리가 살고 있는 사회에서도 이와 유사한 기능을 하는 제도 및 개념 등이 존재한다. 보험과 유사한 개념의 제도로는 저축, 공제, 보증, 복권, 노박, 자가보험 등이 있다.

참고문헌

1. 龜井利明 著, 이은섭·서성석 역, 『위기관리와 보험이론』, 세종출판사, 1999.
2. 이윤호, 『현대 생명보험』, 두남, 2001.
3. 한국생명보험협회
4. 한국손해보험협회

제6장 보험계약의 이해

1 보험계약의 기본원칙

1-1 보험계약의 의의

보험계약의 의의를 명확히 하는 것은 보험과 관계있는 규정의 적용 내지 유추적용의 범위를 결정하고 다른 계약과 구별하는 데 있어서 중요하다. 그러나 보험제도의 다양성으로 인해 모든 보험계약에 공통된 정의를 내리기는 곤란하여 모든 보험에 공통된 정의를 내린다는 것은 불필요하다는 주장까지 대두되고 있다.

보험의 본질과 관련하여 보험계약의 의의는 보험계약을 하나의 정의로 사용하는 일원설(一元設)과 두가지 이상의 의의로 설명하는 이원설(二元設)로 구분되고 있다.

우리나라 상법 제638조에서는 "보험계약은 당사자의 일방이 약정한 보험료를 지급하고 상대방이 재산 또는 생명이나 신체에 관하여 불확정한 사고가 생길 경우에 일정한 보험금액 기타의 급여를 지급할 것을 약정함으로서 효력이 생긴다."고 하여 손해보험과 인보험에 대하여 정의를 내리고 있다.

1-2 보험계약의 기본원칙

1) 피보험이익의 원칙

보험계약에 있어 "이익이 없으면 보험도 없다."라는 말이 있다. 여기서 이익이란 피보험이익(insurable interest)을 의미하는데, 피보험이익이란 피보험자 및 보험계약자가 피보험목적물에 대하여 가지는 경제적 이해관계를 말한다.

이는 피보험목적물에 손해가 발생한 경우 그 손실이 어떠한 형태든 피보험자에게 경제적으로 피해를 입히는 관계를 의미하는데, 피보험 목적물에 관해서는 여러 가지 보험계약이 존재할 수 있다.

예를 들어 자동차 보험의 경우를 알아보자. A라는 차량이 운전자 a가 자신 소유의 차량을 운행 중 B차량과 충돌로 인하여 B차량 및 B차량의 운전자 b에게 손해를 입혔을 경우 a에게 발생하는 손해는 다양하게 나타난다.

이 때 a에게 발생하는 손해는 첫째, B차량에 대한 물적손해와 B차량의 운전자 b에게 발생한 인적손해에 대한 손해배상책임, 둘째, 자신 소유의 차량 A에 발생한 물적손해 등이다.

이 경우 a가 자동차 보험의 책임보험 및 종합보험에 가입하였을 경우, b에 대한 손해배상책임은 인적손해에 대해서는 책임보험(대인배상 I) 및 종합보험 대인배상(II)에서, 물적손해에 대해서는 종합보험 대물배상에서 보상하도록 되어있다. 그리고 A차량에서 발생한 물적손해는 종합보험 자기차량손해에서 보상받도록 되어있다.

따라서 피보험이익(insurable interest)의 원칙이란 피보험자 및 보험계약자는 반드시 피보험이익을 가져야 하며, 피보험이익은 적법성, 경제성, 확정성을 갖추어야 한다는 것이다. 이 때 피보험이익의 원칙을 갖추지 못한 보험계약은 무효로 하고 있다.

그러므로 피보험이익이 합법적이기 위해서는 피보험이익의 요건을 충족하여야 하는데 이 요건은 다음과 같다.

첫째, 피보험이익은 적법한 것이어야 한다. 즉 법의 금지규정에 위반하거나 공서양속에 반하니 않는 것이어야 한다. 예컨대 해상보험의 경우 밀무역에 종사하는 선박의 보험, 수출입이 금지된 화물의 보험 등은 법의 보호를 받지 못하므로 피보험이익이 되지 못하고, 피보험이익의 적법성을 위배한 것이므로 보험계약이 되지 못한다.

둘째, 피보험이익은 금전적으로 산정할 수 있는 이익, 즉 경제적 이익이어야 한다. 피보험이익이 금전적으로 산정할 수 없는 경우에는 손해액을 산정할 수가 없으며, 또 보험의 남용에 의하여 실제손실 이상의 보상을 받을 염려가 있기 때문이다. 따라서 어느 특정인이 가보로 내려오는 가구에 대하여 강한 애착을 갖고 있어 객관적인 재산가치 이상으로 평가하고 있다고 해도 그것을 금전으로 평가할 수 없는 경우, 즉 객관적인 표준에 의하여 평가할 수 없는 경우에는 피보험이익으로서 보험대상이 될 수 없는 것이다. 즉, 개인적인 특수가치 밖에 없는 감정적·도덕적·종교적인 이익은 피보험이익이 될 수 없다.

셋째, 피보험이익은 확정되고 있거나 또는 확정할 수 있어야 한다. 즉, 피보험이익은 반드

시 보험계약 체결 당시에 현존하고 그 귀속이 확정되어 있어야 하는 것은 아니지만, 적어도 보험사고 발생시까지는 이익의 존재 및 귀속이 확정될 수 있는 것이어야 한다. 왜냐하면 그 때까지 피보험이익이 확정되지 않으면 손해도 확정될 수 없고, 따라서 보험자는 보상을 할 수 없기 때문이다.

2) 이득금지의 원칙

손해보험은 일정위험에 따라 발생한 손해의 보상을 목적으로 하는 보험이기 때문에 손해보험의 목적은 정액보험과 달리 실제로 입은 손해를 보상하는데 있다, 즉 피보험자는 실 손해 이상으로 보상을 받을 수 없는 것이다. 만일 보험에 가입한 피보험자가 사고발생전의 경제상태보다 좋은 상태로 이익을 얻는다면 보험가입에 의한 사고유발이 증가할 것이다. 이와 같은 도덕적 위험의 증가는 대수의 법칙이라는 우연성을 전제로 한 보험제도의 성립을 무너뜨리는 것이기 때문에 '이득금지의 원칙'이 손해보험의 재물보험에서는 대명제가 되고 있다. 즉, 사고발생으로 인하여 실제 발생한 손해이상의 이익이 돌아가지 않도록 하는 실손보상(實損補償)의 원리에 기초한 손해보험만의 원칙이다.

3) 실손보상의 원칙

실손보상(indemnity)이란 만약 보험사고가 발생하였을 경우 보험자는 피보험자에게 실제 발생한 경제적 손실에 대하여 보험가입금액에 비례하여 보상한다는 것을 의미한다. 여기서 실제로 입은 경제적 손실이라는 것은 손실의 실제현금가치(actual cash value)를 말하는 것으로 손해보험에서 손실의 실제현금가치는 다음과 같이 계산된다.[58]

실제현금가치 = 대체비용 – 감가상각

여기서 대체비용이란 손실보상을 하는 시점에서 손실을 원상태로 복구하는 데 드는 비용을 말하며, 감가상각이란 고정자산의 가치감소를 산정하여 그 액수를 고정자산의 금액에서 공제함과 동시에 비용으로 계상하는 것을 말한다.

예를 들어 보험가액 1억원의 건물 소유주 a가 보험금액을 1억원으로 하는 화재보험에 가입하였을 경우 만약 화재가 발생하여 5000만원의 분손 손해가 발생하였다면 보험자는 실제로 발생한 a의 경제적 손해인 5000만원을 보험금으로 지급하게 된다.

그러나 보험금액을 5000만원으로 가입하였을 경우에는 실제손해가 5000만원이 발생하여

58) 김동훈, 『보험론』, 학현사, 2006.

도 보험가액과 비례하여 보험자는 2500만원을 보상하게 된다.

이와 같이 실손보상이라는 것은 손해보험에 있어 피보험자 또는 보험계약자가 보험을 통하여 금전적 이익을 얻지 못하게 하는 등의 도덕적 위태를 제거하기 위함이 목적이다. 그러나 생명보험과 같이 정액보험으로 보험가입이 이루어지거나, 기평가 보험계약과 같이 손해발생시 실제가치와 관계없이 계약된 금액을 지불하는 보험계약의 경우 실손보상의 원칙을 예외로 하고 있다.

4) 보험자대위의 원칙

보험자대위(subrogation)란 보험사고가 발생하였을 경우 보험자가 보험계약에 규정된 바에 의하여 전보험금을 지급하여 보험계약을 이행한 다음 동일한 보험사고에 관련하여 과오를 행한 제3자에 대하여 보유하고 있는 보험계약자나 피보험자의 법적 권리를 인수 받는 보험자의 권리를 말한다.[59)]

환언하면, 피보험자가 제3자의 과오로 인하여 손실을 입었을 경우 일단 보험자가 이를 보상하여 주고 피보험자가 제3자에게 가지는 손해배상청구권을 대위하는 것을 말한다.

보험대위를 보험계약에서 특별히 인정하는 이유는 손해보험의 이득금지 원칙의 적용으로 보험자로부터 보험금을 수령한 피보험자가 다시 잔존물을 취득하거나 제3자로부터 손해배상을 받아 사고로 오히려 이득을 보는 것을 방지함으로서 도덕적 위험을 억제하기 위한 것이다.

예를 들어, a라는 사람이 자신의 재물에 보험을 부보하였다고 가정하자. 그런데 b라는 제3자의 과오로 인하여 a의 재물에 손해가 발생하게 되었을 경우 a는 자신의 재물에 대하여 보험에 가입하였기 때문에 자신이 가입한 보험의 보험자에게 보험금 청구권을 가지게 되고, b에게는 손해배상청구권을 가지게 된다.

즉, a는 보험자에게는 보험금을 지급 받게 되고 b에게는 손해배상금을 받게 되어, 이중으로 자신의 재물에 대한 손해를 보상받게 된다. 따라서 손해보험의 이득금지의 원칙 및 실손보상의 원칙에 반하며 이는 피보험자 및 보험계약자의 도덕적 위태를 야기 할 수 있기 때문에 보험자는 a에게 보험금을 지급하고 a가 b에게 가지고 있는 손해배상청구권을 인수하게 된다.

이때 피보험자는 보험자가 보험자대위권을 행사하는데 협조하여야 하며, 만일 피보험자가 정당한 이유없이 보험자의 권리행사에 협조하지 않음으로서 보험자가 그 대위권의 행사로 얻을 수 있을 금액을 취득하지 못한 경우에는 그 금액에 대하여 피보험자가 손해배상책임을

59) 방갑수, 「최신보험학」, 박영사, 1999.

진다.

보험에서 대위의 원칙이 존재함으로써 피보험자는 동일한 손해에 대하여 보험자 및 제3자에게 이중으로 보상 받는 것을 방지하며, 보험자는 피보험자에게 보상한 금액을 제3자에게 회수할 수 있으므로 피보험자에게는 손실발생에 따르는 보험료 인상의 소지를 제거할 수 있다.

5) 최대신의의 원칙

일상생활에서 발생하는 매매계약은 대부분의 경우 자신이 구매하려고 하는 물건을 직접 보고, 검토하여 구매하는 것이 일반적이다. 그러나 보험의 경우는 장래에 발생 가능한 손실을 경제적으로 보상받기 위한 금융서비스를 구매하는 것이기 때문에 일반적인 매매와는 그 성격이 다르다고 할 수 있다.

특히, 보험계약이 선의 또는 최대선의에 기초를 둔 계약이라는 말은 연혁적으로 보험계약의 사행계약성으로 인한 보험의 도박화 방지를 위한 데서 시작된 것이다. 다른 계약과 달리 보험계약은 보험계약자의 경우 자신에게 불리한 사실까지 보험자에게 고지할 의무를 가지며, 보험계약 체결후에는 위험의 변경 및 증가와 같은 사항이 발생하였을 때 통지하여야할 의무 또한 가지게 된다. 보험자의 경우는 보험계약에 명시된 보험사고가 발생하였을 경우 피보험자 및 보험계약자에게 지체 없이 자신이 약정한 보험금을 지급하여야 한다.

오늘날의 계약에 있어 선의 또는 신의성실의 원칙은 보험계약뿐만 아니라 모든 법분야에서 요구되는 대원칙이며, 특히 보험계약에서는 그 성질상 최대선의 원칙이 요구되고 있다.

2 보험계약의 법적특성

2-1 유상, 쌍무계약성

보험계약은 자신단체 등의 무상시원과는 달리, 계약당사자인 보험계약자가 보험회사에 보험료를 납입하고, 보험회사는 피보험자(보험대상자)에게 우연한 사고가 발생한 경우 약정한 보험금을 지급한다는 점에서 유상, 쌍무계약의 특성이 있다.

즉, 계약의 양 당사자인 보험계약자와 보험회사가 보험료, 보험금이라는 대가성 재산을 출연하게 되므로 유상(有償)계약이라 할 수 있고, 보험계약자는 보험료 납입, 보험회사는 보험금 지급의무를 지니게 되므로 쌍무(雙務)계약이라고 할 수 있는 것이다.

2-2 불요식, 낙성계약성

낙성계약이란 계약당사자간에 의사표시의 합치에 의하여 효력이 발생하는 계약을 말하며, 불요식 계약이란 계약의 성립요건으로 특별한 요식행위를 요구하지 않는 계약을 말한다.

보험계약은 낙성계약이기 때문에 계약당사자의 합의만으로 계약이 성립하고 보험료 납입 여부는 계약성립 요건이 아니다. 또한 불요식 계약이기에 청약서의 작성 또는 보험증권 교부는 보험계약의 성립요건이 아니다.

다만 실거래에서는 보험계약체결시에 정형화된 보험계약 청약서를 이용하고, 보험계약이 성립한 후에는 보험회사가 작성·교부하는 보험증권에 의하여 계약내용이 일단 확정되므로 보험계약이 사실상 요식계약화 되어가는 경향을 보이고 있다.

2-3 상행위성

상법에서는 보험을 영업적 상행위로 규정하고 있다. 이것은 보험자가 보험계약을 체결하는 것을 영업으로 하는 것을 말한다. 상호보험회사가 체결하는 계약은 영업적 상행위는 아니나 그 성질이 상반되지 않는 한 상법의 규정이 상호보험에도 준용된다.

2-4 사행계약성

보험계약은 보험회사의 보험금지급 책임이 장래의 우연한 사고(보험사고)의 발생에 달려 있다는 점에서 사행계약에 속한다. 보험계약은 보험회사가 장래의 불확정한 위험을 인수하는 것이고 그 사고의 발생은 장래의 우연한 사고에 달려 있으므로 도박과 마찬가지로 사행계약성이 인정된다고 할 수 있다.

그러나 보험은 위험에 대비하여 경제 생활의 안정을 추구하는 적법한 제도지만, 도박은 선량한 사회질서에 어긋나 법률상 허용되지 않는다는 점에서 차이가 있다.

2-5 계속계약성

보험계약은 보험자가 일정한 기간(보험기간)에 발생한 사고에 대하여 급여책임을 지는 것이므로 그 기간 동안 계속적인 관계가 있다. 이처럼 보험계약이 계속적 성질을 지니므로 상법상 계약을 해제할 수 있는 경우는 거의 없고 장래에 대해서만 효력이 없게 하는 해지를

인정하는 것이 원칙이다.

2-6 부합계약성

보험계약은 일반적으로 보험회사에서 만든 보험약관을 매개로 체결되는데, 보험계약자는 보험계약 체결시 그 약관을 전체로서 승인하든가 아니면 거절하든가의 선택밖에는 할 수 없기 때문에 이를 부합계약이라 한다.

보험계약이 이처럼 부합계약의 특성을 갖는 이유는 보험회사는 수많은 보험계약자를 상대하기 때문에 보험계약자 개개인의 필요에 맞게 보험약관을 다양하게 만드는 것은 사실상 불가능하기 때문이다.

이와같은 보험계약의 부합계약성으로 인하여 보험계약의 해석에 있어서 의문이 있을 때에는 보험자의 불이익으로 하여야 한다는'작성자 불이익의 원칙'이 도출된다.

2-7 독립계약성

보험계약이 로마법에서 유래하는 계약유형의 어느 것에도 속하지 않음은 물론이나, 여기서 말하는 독립계약이란 보험계약자체가 독립하여 존재하는 것을 의미한다. 따라서 예컨대 매매인 또는 운송인이 매매계약 또는 운송계약에 부대하여 위험을 인수하는 약속은 보험계약이 아니라 그 계약의 부대협정이다.

2-8 최대선의 계약성

보험계약은 보통의 계약과는 달리 계약의 체결과 이행에 있어 계약관계자의 선의성과 신의성실이 요구되므로 신의계약이라 한다. 특히 보험계약은 우연한 사고의 발생을 전제로 하고 사행계약성을 가지고 있다는 점에서 선의성이 더욱 강조된다.

이처럼 보험계약은 당사자의 최대선의를 전제로 하는 것이므로 보험계약자와 보험회사 모두에게 선의성을 위한 의무를 부여하고 있는데 대표적인 것이 고지의무(계약전 알릴의무)이다. 고지의무(계약전 알릴의무)를 위반한 경우 보험회사는 계약을 해지할 수 있도록 규정하고 있다.

3 보험계약의 기본요소

3-1 보험계약의 당사자

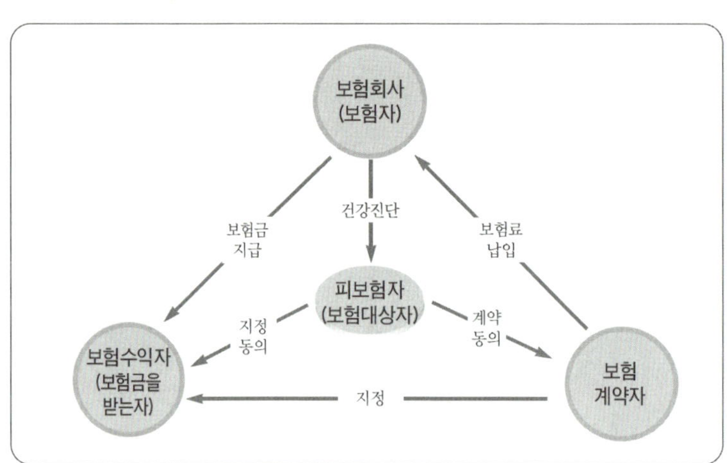

자료 : 생명보험협회 2010

그림 6-1 보험계약의 주요 당사자

1) 보험자(보험회사)

보험자(insurer)란 일반적으로 보험회사라고도 하며, 보험종목별로 금융감독위원회의 허가를 받아 보험업을 영위하는 자를 말한다. 그리고 보험업의 허가를 받을 수 있는 자는 주식회사·상호회사와 외국보험회사에 한하며, 금융감독위원회의 허가를 받은 외국보험회사의 국내지점은 보험회사로 보고 있다.

상호회사는 보험업을 영위할 목적으로 보험업법에 의하여 설립된 보험계약자를 사원으로 하는 회사를 말하며, 외국보험회사는 대한민국외의 국가의 법령에 의하여 설립되어 대한민국외의 국가에서 보험업을 영위하는 자를 말한다.

따라서 보험계약을 체결하기 위해서는 보험업법 제3조에 "누구든지 보험회사가 아닌 자와 보험계약을 체결하거나 이를 중개 또는 대리하지 못한다. 다만, 대통령령이 정하는 경우에는 그러하지 아니하다." 라고 규정하고 있다.

2) 보험계약자

보험계약자(policy holder)란 보험계약의 당사자로서 자기명의로 보험자에게 보험계약을

신청하고 보험료를 납입할 의무를 지는 자를 말한다. 보험계약자는 계약당사자로서 보험계약을 맺을 때에 고지의무를 지고 또 보험계약이 성립한 후 보험증권교부청구권 등 각종의 권리를 가지며, 보험료지급의무 등 각종의 의무를 진다.

보험계약자는 사기 스스로 직접 보험사와 보험계약을 체결할 수 있으며 또 대리인에게 의뢰하는 경우도 있다. 대리인으로 하여금 보험계약을 체결케 하는 경우에는 계약의 당사자는 그 대리인이 되지만 그 계약으로부터 생기는 효과는 대리인에게 미치지 않고 본인인 보험계약자가 이를 받는다. 보험계약자가 되기 위한 자격에 대해서는 법률상 별도의 제한은 없고 개인이건, 법인이건 불문하며 다수인이 공동으로 보험계약자가 될 수도 있다.

3) 피보험자

피보험자(insured, assured)란 보험사고가 보험의 목적에 발생함으로써 손해를 입는다고 하는 이해관계(피보험이익)를 가지는 자, 즉 피보험이익의 주체로서 보험사고가 발생한 경우에 손해보상이라는 형식으로 보험금을 청구할 수 있는 자를 말한다.

생명보험에서는 사람의 삶과 죽음이라는 보험사고 발생의 객체를 보험의 목적으로 보기 때문에 생명보험계약의 피보험자는 보험계약자와 동일인일 수도 제삼자일 수 있다. 양자 동일인의 경우에는 그 계약을 '자기를 위한 보험계약'이라 하고, 그렇지 않는 경우의 보험계약을 '타인을 위한 보험계약'이라 한다.

피보험자의 자격에 대해서는 손해보험의 경우에는 별도의 제한이 없지만, 생명보험의 경우에 피보험자가 될 수 있는 자는 그 성질상 자연인에 한정되며 생명의 위험이 없는 법인은 포함되지 않는다.

4) 보험수익자

보험수익자(beneficiary)란 보험금수취인이란 용어로서도 쓰여 지고 있는데 이것은 손해보험에서는 피보험자가 손해보상을 받으나, 생명보험에서는 반드시 피보험자가 보험금의 지급을 받는 것이 아니기 때문이다.

보험수익자란 생명보험의 경우 보험사고가 발생한 경우에 보험자로부터 보험금을 수취할 권리를 가지는 자를 말한다. 손해보험의 경우 보험수익자가 되는 것은 피보험자이지만 피보험자로부터 보험금청구권을 물려받은 자를 실무상 보험수익자로 정하는 경우도 있다.

또 피보험자, 보험수익자는 보험계약의 관계자로서 통지의무, 손해방지의무 혹은 고지의무 등을 지는 외에, 경우에 따라서는 보험료납부의무도 지지 않으면 안 된다.

3-2 보험계약의 모집종사자

보험계약의 모집이라는 것은 보험계약의 체결을 중개 또는 대리하는 것을 말하는데, 우리나라에서는 보험업법 83조에 이를 규정하고 있으며, 모집을 할 수 있는 자는 ① 보험설계사, ② 보험대리점, ③ 보험중개사, ④ 보험회사의 임원(대표이사·사외이사·감사 및 감사위원을 제외)또는 직원, ⑤ 보험대리점 또는 보험중개사의 임원 또는 사용인으로서 이 법에 의하여 모집에 종사할 자로 신고된 자 등으로 되어 있다.

1) 보험설계사

보험설계사란 보험회사를 위하여 보험계약의 체결을 중개하는 자(법인이 아닌 사단 및 재단을 포함한다)로서 보험회사는 소속보험설계사가 되고자 하는 자를 금융감독위원회에 등록하여야 보험설계사로 활용할 수 있다.

2) 보험대리점

보험대리점(insurance agent)은 마케팅 경로조직상 회사 외부조직으로서 보험사업자를 위하여 보험계약의 체결을 대리하는 자로서 보험업법의 규정에 의하여 등록된 자를 말한다.

보험대리점은 보험 회사와의 계약에 따라 일정한 상품에 대해 판매 및 계약을 대행하는 독립된 사업자이다. 즉, 보험자를 대리하여 보험계약의 체결권과 보험료 징수권·고지의무 수령권이 인정된다.

3) 보험중개사

보험중개사란 독립적으로 보험계약의 체결을 중개하는 자(법인이 아닌 사단 및 재단을 포함한다)로서 대리점 제도와 달리 보험자와 완전히 독립하여 보험계약자를 위해 최선의 보험요율과 조건으로 보험계약을 주선하는 전문직업인이다.

다른 보험 조직은 보험회사를 대리 또는 대표하는 조직인데 반하여 보험중개인은 보험계약자의 이익을 위해 활동한다는 점이 다르다. 특히 이 제도는 역사적으로 선진국의 해상보험부문에서 발전하여 온 제도이다.

3-3 보험계약의 요소

1) 보험의 목적물

보험의 목적물은 보험사고발생의 객체로서 손해보험에서는 피보험자의 재화를 의미한다. 즉, 위험의 발생에 의해서 손실을 입은 물건이 보험의 목적이다. 가옥, 가재도구, 공장건물 및 기계, 사무소, 자동차, 선박, 항공기 등을 예로 들 수 있다.

인보험에서는 피보험자의 생명 또는 신체를 가리킨다. 이 보험의 목적은 보험자가 배상하여야 할 범위와 한계를 정해준다.

이에 대하여 보험계약의 목적이란 보험에 의해서 보호를 받는 대상을 말한다. 보험의 목적이 화물이나 선박, 건물 등 재산 그 자체를 의미하는 것임에 반하여 보험계약의 목적은 그 재산에 대해서 가지는 이해관계, 즉 피보험이익이라고 할 수 있다.

2) 보험료

보험의 법적성질에서도 알아본 바와 같이 보험계약은 유상계약이다. 즉 보험료는 보험계약자가 보험자에게 위험부담의 보전을 목적으로 지급하는 위험부담료이다. 보험료(premium)는 보험자가 부담하는 위험의 크기 혹은 손해 발생가능성의 정도 등에 따라 변화한다. 따라서 보험료는 보험금 지급에 충당되는 순보험료와 회사의 각종 경비, 사원의 급료, 대리점수수료, 광고선전비, 건물임대료 등에 충당되는 부가보험료로 구분된다.

3) 보험금

보험사고가 발생하였을 때, 보험자가 피보험자 또는 보험금(claim amount)수취인에게 지급하는 금전을 보험금이라 한다. 손해보험은 손해보상의 계약임에 대하여, 생명보험은 확성급부의 계약이므로 생명보험의 보험금액수는 원칙적으로 보험금액과 동일하다. 다만, 생명보험의 주 계약에 부대하여 계약되는 각종의 특약에 대해서는 각각의 약속에 근거하여 지급된다.

4) 보험사고

보험자가 보험금지급을 약정한 불확실성을 가진 사고를 보험사고(risk covered)라 한다. 예를 들면, 손해보험에서는 화재라든가 지진, 교통사고 등 보험증권 으로 담보된 위험이 우연적으로 현실화된 경우에 보험금이 지급된다. 생명보험에서는 보험자의 보험금지급의무를 발생시키는 사실의 발생을 의미하고 사망이나 질병뿐만 아니라 미리 약속된 시기까지 생존한 경우에도 보험사고가 된다.

5) 보험가액

보험가액(insurable value)이라 함은 보험계약의 목적, 즉 피보험이익의 경제적 가치를 말한다. 환언한다면, 보험사고가 발생한 경우에 피보험자가 입게 되는 손해액의 최고한도를 의미한다. 피보험자가 보험가액 이상의 손해를 입게 될 경우는 있을 수 없으므로 보험가액은 보험자의 손해보상책임의 최고한도를 의미하기도 한다.

보험가액은 보험기간 중 언제나 일정한 것이 아니고 시간의 경과, 장소의 이동에 따라 수시로 변동하는 것으로, 이것은 보험가액 가변주의라 한다. 그리고 손해보험은 피보험자가 입은 손해의 보상을 목적으로 하는 이상, 보험자가 보상해야 할 손해액은 원칙적으로 손해가 발생한 때와 장소에 있어서의 보험가액에 기인하여 결정된다.

그러나 해상보험이나 운송보험과 같이 보험의 목적인 선박이나 화물운송품이 광범위하게 이동하는 보험에서는 손해발생의 때와 장소에 있어서의 보험가액을 산정하는 것이 곤란한 경우가 있을 뿐만 아니라 손해발생의 때와 장소에 있어서의 보험가액을 산정하는 것이 곤란한 경우가 있을 뿐만 아니라 손해발생의 때와 장소 그 자체가 불명확한 경우도 적지 않다. 그래서 우리나라의 상법도 해상보험에 대해서는 보험자의 책임개시 때와 선적 때의 가액을 보험가액으로 하고 있다.

보험가액 불변경주의에 의해 보험기간 중의 보험가액의 변동에 대한 문제는 없어졌지만 보험가액이 얼마였는지 대해서는 논쟁이 생길 수 있다. 그래서 실제거래에서는 보험계약체결시에 당사자간에 보험가액을 협정하는 경우가 행하여지고 있다.

계약당사자가 협정한 보험가액을 기평가보험가액이라 하고 보험가액이 협정된 보험계약을 기평가보험(valued policy), 그렇지 않은 보험계약을 미평가보험(unvalued policy)이라 한다. 화재보험, 자동차보험과 같은 육상보험에서는 미평가보험이, 해상보험이나 운송보험에서는 기평가보험이 일반적으로 이용되고 있다.

6) 보험금액

보험금액(sum insured)이란 손해발생 시에 보험자가 부담하는 보상책임의 최고한도로써 미리 당사자간에 정해진 금액을 말한다. 이같이 보험금액을 정하는 이유는 계약체결시에 보험자의 급부의무의 한도가 미정인 상태에서는 보험료의 산출이 불가능하기 때문이다.

말하자면 급부한도는 보험가액에 의해서 설정되지만, 전술한 바와 같이 보험가액은 때와 장소에 따라 변동하고 그 평가도 상당히 곤란하다. 더구나 계약의 대부분이 손해의 발생 없이 종료되는 것임을 고려한다면, 평가는 무용할 뿐만 아니라, 책임보험의 경우와 같이 평가 자체가 불가능한 것도 있다.

또 보험계약자가 보험료절약 등을 이유로 반드시 보험가액의 전액을 보험금액으로 하지 않는 경우도 있으므로 실제로는 보험가액의 평가를 생략하고 보험금액만을 정하고 이것을 보험료산출의 기초로 삼아 보험자가 지급하는 보상금액의 최고한도로 정하는 경우가 많다.

4 보험계약의 체결

4-1 보험계약의 성립

일반적인 계약은 계약당사자 일방의 청약과 다른 당사자의 승낙으로 이루어진다. 그러나 보험계약은 보험계약자의 청약에 대하여 보험자가 승낙함으로서 계약이 이루어지게 되는데 이 때 보험자(모집종사자를 포함)가 보험에 가입하도록 유도하는 것은 청약이 아니라 청약의 유인에 해당한다.

이와 같이 보험계약은 보험계약자의 청약과 보험자의 승낙으로 계약이 성립되며 청약과 승낙에는 특별한 방식이 요구되지는 않는다. 일반적으로는 보험자가 권유하는 보험계약청약서에 보험계약자가 일정한 사항을 기재하여 청약하고 보험자는 청약서 및 기타 서류를 검토한 후 승낙여부를 통지하는 형식으로 이루어진다.

우리나라의 경우 상법 제638조에 "보험계약은 당사자 일방이 약정한 보험료를 지급하고 상대방이 재산 또는 생명이나 신체에 관하여 불확정한 사고가 생길 경우에 일정한 보험금액 기타의 급여를 지급할 것을 약정함으로써 효력이 생긴다."라고 규정하여, 보험계약의 의의에 대하여 명시하고 있다.

그리고 보험계약의 성립요건에 있어 다음과 같이 규정하고 있다. 첫째 보험계약의 승낙여부와 관련하여 보험자가 보험계약자로부터 보험계약의 청약과 함께 보험료 상당액의 전부 또는 일부의 지급을 받은 때에는 다른 약정이 없으면 30일내에 보험계약자에게 낙부의 통지를 발송하도록 하고 있다. 단, 인보험계약에 있어서는 피보험자가 신체검사를 받아야 하는 경우 그 기간은 신체검사를 받은 날부터 기산(起算)하는 것으로 되어 있다.

둘째, 보험자가 상기의 기간내에 승낙 여부를 통지하지 않았을 경우 보험계약을 승낙한 것으로 본다.

만약 보험자가 보험계약의 승낙 이전에 피보험자에게 보험사고가 발생한다면 보험자는 보상 책임을 이행하여야 할지가 문제시 될 수 있다. 상법 제638조의 2에서는 보험자의 승낙전 책임에 대하여 특별한 규정을 두고 있는데, 보험자가 보험계약자로부터 보험계약의 청약과 함께 보험료 상당액의 전부 또는 일부를 받은 경우에 그 청약을 승낙하기 전에 보험계약에서 정한 보험사고가 생긴 때에는 그 청약을 거절할 사유가 없는 한 보험자는 보험계약상의 책임을 진다.

단, 인보험계약의 피보험자가 신체검사를 받아야 하는 경우에 그 검사를 받지 아니한 때에는 보험자가 책임을 지지 않는다.

4-2 보험약관의 이해

1) 보험약관의 의의

약관이라 함은 일방의 당사자가 다른 일방의 다수인과 계약을 체결하기 위하여 일정한 형식의 문서를 미리 마련한 계약내용을 말하는데, 우리나라의 경우 약관에 대하여 약관의 규제에 관한 법률[60]로 규정하고 있다.

이 법률에서는 약관에 대하여 그 명칭이나 형태 또는 범위를 불문하고 계약의 일방 당사자가 다수의 상대방과 계약을 체결하기 위하여 일정한 형식에 의하여 미리 마련한 계약의 내용이 되는 것을 말한다.

보험약관이란 보험자가 보험계약내용에 대하여 표준적인 조항을 미리 작성하여 다수의 거래 상대방에게 제시하고 그에 따라 계약을 체결하도록 하는 계약조항을 의미한다. 보험약관은 광의로는 보통보험약관과 특별보험약관을 의미하고, 협의로 보통보험약관을 의미한다. 일반적으로 보험약관이라고 하면 보통보험약관을 말한다.

이와 같이 보험자가 보험약관을 계약의 청약을 유인하기 위하여 사용하는 이유는 기술적으로 다수의 상대방과 일일이 계약내용을 합의하고 결정하기가 어렵고 위험의 동질성을 확보하여 대수의 법칙을 적용하기 위한 것과 일반적인 보험계약자들은 보험에 대한 전문적인 내용의 파악이 어렵기 때문에 주요 내용에 대한 전달을 위함이다.

---

60) 약관 규제에 관한 법률(제1조 목적)이 법은 사업자가 그 거래상의 지위를 남용하여 불공정한 내용의 약관을 작성·통용하는 것을 방지하고 불공정한 내용의 약관을 규제하여 건전한 거래질서를 확립함으로써 소비자를 보호하고 국민생활의 균형있는 향상을 도모함을 목적으로 한다.

2) 보험약관의 교부·명시의무

보험자는 보험계약을 체결할 때에 보험계약자에게 보험약관을 교부하고 그 약관의 중요한 내용을 알려주어야 하는데 이를 보험약관의 교부·명시의무라 하고, 보험자가 이 규정을 위반한 때에는 보험계약자는 보험계약이 성립한 날부터 1월내에 그 계약을 취소할 수 있다.

보험약관의 교부·명시의무는 보험자이나 현실적으로 보험계약의 모집종사자를 통하여 보험계약이 이루어지기 때문에 보험설계사, 보험대리점 등이 보험자를 대신하여 약관의 교부·명시의무를 지게 된다.

3) 보험약관의 내용

보험약관의 내용에는 보험자의 보험금 지급사유, 보험계약의 무효의 원인, 보험자의 면책사유, 보험자의 의무의 범위 및 그 의무이행의 시기, 보험계약자 또는 피보험자가 그 의무를 이행하지 않은 경우에 받는 손실, 보험계약의 전부 또는 일부의 해제원인과 해제한 경우의 당사자의 권리의무, 보험계약자·피보험자 또는 보험금액을 취득할 자가 이익 또는 잉여금의 배당을 받을 권리가 있는 경우에 그 범위 등의 사항을 기재하여야 한다.

4-3 보험증권의 이해

1) 보험증권의 의의

보험증권은 보험계약의 성립과 그 내용을 증명하기 위하여 계약의 내용을 기재하고 보험자가 기명날인 또는 서명하여 보험계약자에게 교부하는 증권이다. 보험계약은 요식계약이 아니라 낙성계약이기 때문에 보험증권의 발행은 계약당사자간의 편의를 위한 것이므로 계약의 성립요건은 아니다. 따라서 보험증권은 계약서라고 할 수 없다.

보험증권의 교부에 대하여 보험자는 보험계약이 성립한 때에는 지체없이 보험증권을 작성하여 보험계약자에게 교부하여야 하여야 하나, 보험계약자가 보험료의 전부 또는 최초의 보험료를 지급하지 아니한 때에는 지급의무가 없다고 상법 제640조에 명시하고 있다.

2) 보험증권의 기재사항

보험증권에는 보험자가 기본적인 기재사항과 각 보험종목별 기재사항을 기재하고 기명날인 또는 서명하여야한다.

보험증권의 기본적인 기재사항으로는 보험의 목적, 보험사고의 성질, 보험금액, 보험료와 그 지급방법, 보험기간을 정한 때에는 그 시기와 종기, 무효와 실권 사유, 보험계약자의 주소와 성명 또는 상호, 보험계약의 연월일, 보험증권의 작성지와 그 작성연월일 등이다.

그리고 상기의 기본적인 기재사항 이외에도 상법은 화재보험, 운송보험, 해상보험, 자동차보험, 인보험 등에 따라서 각각 별도의 기재사항을 법으로 정하고 있다.

3) 보험증권의 법적성질

(1) 요식증권성

보험증권에는 일정사항에 대하여 기재하여야 하는데 이를 요식증권성이라 한다. 보험증권의 요식증권성은 법정기재사항을 갖추지 못한 경우에도 보험계약의 중요한 내용이 모두 포함되어 있는 한 보험증권의 효력에는 영향을 미치지 않는다.

(2) 증거증권성

보험증권은 보험계약의 성립을 증명하기 위하여 보험자가 발행하는 증거증권이다. 따라서 보험계약자가 이의 없이 보험증권을 수령하는 때에는 그 기재가 계약의 성립 및 내용에 대하여 사실상의 추정력을 갖게 될 뿐, 계약서는 아니다.

(3) 면책증권성

보험증권은 보험자가 보험금 등의 급여를 함에 있어서 제시자의 자격의 유무를 조사할 권리는 있으나 의무는 없는 면책증권이다.

(4) 상환증권성

보험자는 보험증권의 상환으로 보험금 등을 지급하고 있다. 따라서 보험증권은 일반적으로 상환증권으로서의 성질을 가지고 있다.

(5) 유가증권성

보험증권은 기명식에 한정되어 있지 않기 때문에 지시식 또는 무기명식으로 발생할 수 있다. 실제로도 운송보험, 행상적하보험 등에서 지시식 보험증권 또는 무기명식 보험증권이 이용되고 있다.

이와 같이 보험증권이 지시식 또는 무기명식으로 발생되는 경우 유가증권성이 문제가 될 수 있다. 생명보험이나 화재보험과 같이 일반적인 손해보험에서는 도덕적 위험과 관련된 폐해가 발생될 수 있어 유가증권성을 인정하지 않고 있다.

그러나 보험의 목적인 재화에 대한 권리가 유통증권과 더불어 유통되는 경우에 있어서는 보험증권의 유가증권성을 인정하여 배서·교부에 의한 보험금청구권의 이전을 가능하게 하

고 있다.

4) 보험증권에 대한 이의신청 및 재교부청구

보험계약의 당사자는 보험증권의 교부가 있은 날로부터 일정한 기간내에 한하여 그 증권 내용의 이의신청을 약정할 수 있다. 이 기간은 1개월을 초과하지 못한다.

보험증권의 재교부청구란 보험증권을 멸실 또는 현저하게 훼손한 때에는 보험계약자는 보험자에 대하여 증권의 재교부를 청구할 수 있다. 그 증권작성의 비용은 보험계약자의 부담으로 한다.

4-4 보험자의 권리와 의무

1) 보험자의 권리

(1) 보험료 청구권

보험자는 보험계약자로부터 보험료를 징수할 수 있는 보험료 청구권을 가지 있으며, 보험계약자로부터 위험변경·증가의 통지를 받았을 때, 또는 보험계약자 등의 고의·중과실로 위험이 현저하게 증가된 경우에는 보험료의 증액을 청구 할 수 있다.

(2) 보험금액 감액청구권

선의의 초과보험의 경우 초과보험의 해소를 위하여 보험자는 보험금액의 감액을 청구할 수 있다.

(3) 보험금 반환청구권

보험계약자 등의 고지의무 위반이나 위험변경·증가의 통지의무 위반의 경우로 보험계약을 해지한 경우에는 해지 전에 발생한 사고라도 보험자가 보상책임을 면한다는 규정을 두고 있다. 따라서 보험자가 이미 보험금을 지급하였다면 이에 대한 반환청구도 할 수 있다.

(4) 보험자대위권

보험계약자 또는 피보험자가 제3자에게 갖는 법률상의 권리가 있다면, 보험자는 보험금을 지급하고 이에 대한 법률상의 권리를 대신 취득하는 보험자대위권도 보험자의 권리에 속하게 된다. 제3자에 대한 보험자대위는 원칙적으로는 손해보험에서만 인정 되지만 당사자간 특약에 의하여 상해보험에서도 인정할 수 있다.

(5) 보험계약해지권

보험계약자가 보험료를 지급하지 않거나, 고지의무를 위한한 경우, 위험변경·증가의 통지의무를 위반한 경우, 선박미확정의 예정보험에서 통지의무를 위반한 경우, 보험계약자 등의 고의, 중과실로 위험이 증가한 경우에는 보험자는 보험계약을 해지할 수 있다.

2) 보험자의 의무

(1) 보험계약 낙부통지의무

보험자는 보험계약자로부터 보험계약의 청약과 함께 보험료 상당액의 전부 또는 일부를 지급받았을 경우 상법 제688조에 규정된 기간내에 보험계약 체결에 대한 낙부통지를 하여야 한다.

(2) 보험약관 교부 및 설명의무

보험계약자가 청약한 경우 보험계약자에게 약관을 교부하고 그 중요한 내용을 설명해야 하는 것을 말한다. 보험제도의 성질상 보험회사는 다수의 보험계약자를 상대로 동일한 내용의 계약을 반복하여 체결하고 있고, 그 세부내용은 보험약관에서 정하고 있다.

그러나 보험약관은 보험회사가 일방적으로 작성하여 교부하기 때문에 보험계약자는 계약의 내용을 잘알지 못하는 경우가 많아 선의의 불이익을 당할 수가 있다. 따라서 보험계약자가 보험계약의 내용을 정확히 알고 계약을 체결하도록 하기 위해서 보험약관에 대한 교부의무와 중요한 내용에 대한 설명의무를 부과하고 있는 것이다.

보험계약자에게 설명해야 할 약관의 중요한 내용은 보험종류에 따라 다르지만 일반적으로 보험회사의 보장개시일, 보험금 지급사유, 보험계약의 해지사유 또는 보험회사의 면책사유 등 계약당사자의 권리·의무와 밀접한 관련을 맺고 있다

보험약관의 교부·설명 의무자는 보험회사이지만 현실적으로 보험설계사·보험 대리점 등 모집종사자를 통하여 보험계약의 청약이 이루어지고 있기 때문에 보험설계사·보험대리점 등이 회사를 대신하여 약관의 교부·설명의무를 이행하고 있다.

보험계약 청약시 회사가 보험계약자에게 보험약관을 전달하지 아니하거나 약관의 중요한 내용을 설명하지 아니한 경우 보험계약자는 청약일로부터 3개월 이내에 그 계약을 취소할 수 있다. 계약이 취소된 경우 회사는 계약자에게 이미 납입한 보험료를 반환하여야 하며, 보험료를 받은 기간에 대하여 보험계약대출이율을 연단위복리로 계산한 금액을 더하여 지급한다.

(3) 보험증권 교부의무

보험자는 보험계약이 성립한 때에 지체없이 보험증권을 작성하여 보험계약자에게 보험증권을 교부하여야 한다. 그러나 보험계약자가 보험료의 전부 또는 최초 보험료를 지급하지 않았을 경우에는 교부의 의무가 없다.

(4) 보험금 지급의무

보험회사는 피보험자(보험대상자)에게 보험금 지급사유가 발생한 때에는 보험수익자(보험금을 받는 자)에게 중도보험금, 만기보험금, 사망보험금, 장해보험금, 입원보험금 등의 약정한 보험금을 지급한다.

또한 보험회사는 중도보험금, 만기보험금의 지급시기가 되면 지급시기 7일 이전에 그 사유와 회사가 지급하여야 할 금액을 보험계약자 또는 보험수익자(보험금을 받는지)에게 알리며, 보험금 등을 지급함에 있어 보험금 지급일까지의 기간에 대한 이자를 '보험금 지급시의 적립이율 계산'에 따라 지급한다.

보험계약자, 피보험자(보험대상자) 또는 보험수익자(보험금을 받는 자)는 보험금 지급사유 조사와 관련하여 의료기관 또는 국민건강보험공단, 경찰서 등 관공서에 대한 회사의 서면에 의한 조사요청에 동의하여야 한다. 다만 정당한 사유없이 이에 동의하지 않을 경우에는 사실확인이 끝날 때까지 회사는 보험금 지급지연에 따른 이자를 지급하지 아니할 수 있다.

그러나 보험회사가 보험금 지급사유의 조사 및 확인을 위하여 지급기일이내에 보험금을 지급하지 못할 것으로 예상되는 경우에는 그 구체적인 사유, 지급예정일 및 보험금 가지급제도에 대하여 피보험자(보험대상자) 또는 보험수익자(보험금을 받는 자)에게 서면으로 통지하며, 장해지급률의 판정 및 지급할 보험금의 결정과 관련하여 보험금 지급이 지연되는 경우에는 보험수익자(보험금을 받는 자)의 청구에 따라 회사가 추정하는 보험금을 우선적으로 가지급할 수 있다.

(5) 보험료 반환의무

보험계약이 무효인 경우나, 보험계약자의 보험계약 임의해지의 경우 미경과 보험료가 남아 있을 때에 보험계약자는 미경과 보험료의 반환을 청구할 수 있다.

4-5 보험계약자의 권리와 의무

1) 보험계약자의 권리

(1) 보험료 반환청구권

보험계약의 전부 또는 일부가 무효인 경우, 보험계약자의 보험계약 임의해지의 경우 미경과보험료가 남아있을 때에 보험계약자는 미경과보험료의 반환을 청구할 수 있다.

(2) 보험료 감액청구권

보험계약자는 보험기간 중 특별한 위험이 소멸하였을 경우와 선의의 초과보험의 경우 보험료의 감액을 청구할 수 있다. 그러나 보험료의 감액은 장래에 대하여만 효력이 있다.

(3) 보험계약자의 보험수익자 지정변경권

보험수익자의 지정권한은 보험계약자의 권리인데 이 권리는 보험자의 동의를 요하지 아니하고 보험계약자의 일방적인 의사표시만으로 가능하다. 단, 보험계약자가 보험수익자를 변경하기 위해서는 보험사고 발생 전에 한하여 할 수 있다.

(4) 보험계약 해지권

보험계약자는 보험사고가 발생하기 전에는 언제든지 계약의 전부 또는 일부를 해지 할 수 있다.

2) 보험계약자의 의무

(1) 보험료 납입의무

보험계약자는 보험자에게 보험계약에서 약정한 보험료를 지급할 의무가 있다. 보험료 지급의 일차적인 책임은 보험계약자이지만, 타인을 위한 보험계약의 경우 보험계약자가 파산하거나 보험료 지급을 지체한 경우 피보험자나 보험수익자가 보험계약 명시한 권리를 포기하지 않는 한 보험료 지급의 의무를 지게 된다.

(2) 고지의무

고지의무(obligation to disclose)란 보험계약자 또는 피보험자는 보험자에 대하여 중요한 사실에 대하여 고지하고 부실의 고지를 하지 아니할 의무를 말한다. 만약 보험계약자나 피보험자가 고의 또는 중대한 과실로 인하여 중요한 사항을 고지하지 아니하거나 부실의 고지를 한 때에는 보험자는 그 사실을 안 날로부터 1월내에, 계약을 체결한 날로부터 3년내에

한하여 계약을 해지할 수 있다고 상법 제651조에 규정하고 있다. 그러나 보험자가 계약당시에 그 사실을 알았거나 중대한 과실로 인하여 알지 못한 때에는 그러하지 아니하다. 라고 명시하고 있다.

[표 6-1] 고지의무의 주요내용

고지의무 당사자	① 당사자 : 보험계약자, 피보험자와 그들의 대리인 – 인보험에서 보험수익자는 고지의무를 지지 아니함. ② 대리인에 의하여 보험계약을 체결한 경우에 대리인이 안 사유는 그 본인이 안 것과 동일한 것으로 함. (상법 제646조)
고지시기 및 방법	① 시기 : 보험계약 성립시 까지 – 일반적으로 보험계약 청약시에 하지만 보험계약의 승낙으로 성립되기 전까지 고지한 내용의 변경, 추가, 철회가 가능 – 청약 이후에 알게 된 사실에 대해서도 고지 ② 방법 : 고지 방법에 대하여는 특별한 제한이 없기 때문에 서면 또는 구두로 하면 됨. – 실무에서는 청약서상의 질문서에 답하는 방식이 일반적임
고지사항	① 중요한 사항 : 중요한 사항이란 보험자가 보험인수 여부 및 보험료 산정에 판단을 미칠 수 있는 사실을 의미 – 보험자가 그 사실을 알았더라면 계약 체결을 거절했거나 동일한 조건으로는 계약을 체결하지 않았으리라 생각되는 사항 임. ② 질문표의 기재사항 : 실무에서는 질문표를 사용하는데, 보험자가 서면으로 질문한 사항은 중요한 사항으로 추정(상법 제651조 제2항). ③ 청약서의 질문서 외에 보험자가 질문한 사항 ④ 보험계약자가 당해 질문표에 기재되어 있지 아니한 사항이라도 중요한 사항을 알고 있을 때에는 보험자에게 고지
고지의무 위반의 요건	① 판정시기 : 고지의무위반의 판정 시기는 보험계약 성립한 때. ② 요 건 – 주관적 요건 : 보험계약자 또는 피보험자의 고의 또는 중대한 과실이 있어야 함(고의는 중요한 사실을 알면서 불고지 또는 부실고지 한 것을 말함). – 객관적 요건 : 보험계약자 또는 피보험자의 중요한 사항에 대하여 불고지 또는 부실고지가 있어야 함. ③ 입증책임 – 보험계약자 등에게 고의, 중과실이 있었다는 주관적인 사실과 불고지 또는 부실고지가 있었다는 사실을 보험자가 입증하여야 함. ④ 고지의무위반은 계약 성립 후에 발생하는 위험변경, 증가 통지의무와는 구별됨.
고지의무 위반의 효과	① 계약해지권의 발생 – 보험자는 고지의무위반을 입증하고 사고발생 전후를 불문하고 계약을 해지할 수 있음 – 보험료 및 적립금 반환 청구 : 해지는 소급효가 없기 때문에 해지 전까지의 보험료

는 보험계약자가 지급하여야 하며, 해지 후 미경과기간에 대한 보험료를 반환한다는 규정이 있으면 보험계약자는 미경과기간에 대한 환급보험료의 반환을 청구할 수 있음.

② 계약해지권의 제한(다음의 사유가 있는 경우에는 보험계약을 해지 할 수 없음)
– 제척기간의 경과 : 보험자가 고지의무위반의 사실을 안 날로부터 1월이 지나거나 계약 체결일로부터 3년이 경과한 때는 보험자가 해지권을 행사할 수 없음.
– 보험자의 악의·중과실 : 보험자가 계약 체결 당시에 그 사실을 알았거나 중대한 과실로 알지 못한 때는 해지권을 행사할 수 없음.

③ 해지의 소급효의 제한 사유
– 해지의 효과는 장래를 향해서만 영향을 미치는 것이 일반 원칙인데 반하여 보험계약의 특성상 해지 전에 발생한 사고에 대해서도 해지의 효력을 미치게 하고 있음.
– 그러나 보험사고의 발생이 고지의무와 인과관계가 없음을 보험계약자나 피보험자가 입증하면 보험자는 해지 전에 발생한 보험사고에 대하여 책임을 짐.

자료 : 김두철 외, 『보험과 위험관리』, 문영사, 1997. pp.112 ~ 113. 재작성

(3) 통지의무

통지의무는 보험사고 발생의 위험이 현저하게 변경 또는 증가된 사실을 안 때 보험계약자가 보험자에게 통지하여야 하는 위험변경·증가의 통지의무와 보험사고가 발생하였을 때 보험자에게 통지하는 보험사고발생의 통지의무를 말한다.

전술한 것과 같이 고지의무가 보험계약 체결당시의 계약성립의 전제조건으로 계약성립 전의 의무인데 반하여, 통지의무는 보험계약 성립 후 계약의 효과로써 발생되는 의무인 것이다.

(4) 위험변경·증가의 금지의무(위험유지의무)

위험변경·증가의 금지의무란 보험기간 중 보험계약자는 위험을 변경 혹은 증가시켜서는 안된다는 의무이다. 이 의무를 위반한 경우 보험자는 그 사실을 안날로부터 1개월내 보험료 증액 또는 계약해지를 할 수 있다.

(5) 손해방지 경감의무

손해보험에만 있는 의무로써 보험계약자와 피보험자가 손해방지를 위하여 노력하여야 할 의무를 말한다.

[표 6-2] 통지의무의 주요내용

구 분	위험변경·증가의 통지의무	보험사고발생의 통지의무
통지의무 당사자	① 보험계약자 또는 피보험자	① 보험계약자 또는 피보험자
통지시기 및 방법	① 시기 : 위험의 현저한 변경·증가의 사실을 안 때 ② 방법 : 약관상에는 서면 통보(구두로 하여도 상관없음)	① 시기 : 보험사고 발생을 안 때 ② 방법 : 통지의 방법에는 제한이 없음
통지사항	① 사고발생 위험이 현저하게 변경·증가된 사실	① 보험사고 발생
통지의무 요건	① 보험기간 중 위험이 현저하게 변경 또는 증가 되어야 함. ② 보험계약자나 피보험자가 임의로 보험의 증가를 일으킨 것이나 허락한 것이 아니어야 함. ③ 위험증가 사실에 대한 인지와 불통지	① 보험사고의 발생 ② 보험계약자 등 보험사고 발생사실의 인지 ③ 보험자가 이미 보험사고 발생을 안 경우에는 통지하지 아니 하더라도 의무위반이 아님
통지의무 위반의 효과	① 보험자는 위험의 현저한 증가가 있었다는 객관적 사실을 입증하고 보험계약을 해지할 수 있음. ② 해지권 행사기간은 위반 사실을 안 날로부터 1개월 이내	① 보험사고발생의 통지의무를 태만히 한 경우 늘어난 손해에 대해서는 보험자는 보상책임이 없음. ② 입증책임은 보험자에게 있음.

단원요약

- 우리나라 상법 제638조에서는 "보험계약은 당사자의 일방이 약정한 보험료를 지급하고 상대방이 재산 또는 생명이나 신체에 관하여 불확정한 사고가 생길 경우에 일정한 보험금액 기타의 급여를 지급할 것을 약정함으로서 효력이 생긴다."고 하여 손해보험과 인보험에 대하여 정의를 내리고 있다.
- 피보험이익의 원칙이란 피보험자 및 보험계약자는 반드시 피보험이익을 가져야 하며, 피보험이익은 적법성, 경제성, 확정성을 갖추어야 한다는 것이다.
- 이득금지란 보험사고로 인하여 피보험자가 실제 발생한 경제적 손해 이상의 이득을 얻는 것을 방지하기 위한 것이며 실손보상이란 보험자는 피보험자에게 실제 발생한 경제적 손실에 대하여 보험가입금액에 비례하여 보상한다는 것을 의미한다.
- 보험대위변제란 보험사고가 발생하였을 경우 보험자가 보험계약에 규정된 바에 의하여 전보험금을 지급하여 보험계약을 이행한 다음 동일한 보험사고에 관련하여 과오를 행한 제3자에 대하여 보유하고 있는 보험계약자나 피보험자의 법적 권리를 인수 받는 보험자의 권리를 말한다.
- 보험계약이 선의 또는 최대선의에 기초를 둔 계약이라는 말은 보험계약이 다른 종류의 계약에 비하여 계약당사자들의 정직성을 필요로한다는 사실을 강조한 원칙이다.
- 보험계약의 법적 특징은 보험계약이 유상·쌍무계약, 불요식, 낙성계약, 상행위성, 사행계약성, 계속계약성, 부합계약성, 독립계약성, 최대선의 계약을 갖추어야 한다는 특징을 말한다.
- 보험약관이란 보험자가 보험계약내용에 대하여 표준적인 조항을 미리 작성하여 다수의 거래 상대방에게 제시하고 그에 따라 계약을 체결하도록 하는 계약조항을 의미한다.
- 보험증권은 보험계약의 성립과 그 내용을 증명하기 위하여 계약의 내용을 기재하고 보험자가 기명날인 또는 서명하여 보험계약자에게 교부하는 증권이다. 보험계약은 요식계약이 아니라 낙성계약이기 때문에 보험증권의 발행은 계약당사자간의 편의를 위한 것이므로 계약의 성립요건은 아니다. 따라서 보험증권은 계약서라고 할 수 없다.
- 보험자의 권리에는 보험료 청구권, 보험금액 감액청구권, 보험금 반환청구권, 보험자 대위권, 보험계약해지권 등이 있으며, 보험자의 의무에는 보험계약 낙부통지의무, 보험약관 교부 및 설명의무, 보험증권 교부의무, 보험금 지급의무, 보험료 반환의무 등이 있다.
- 보험계약자의 권리에는 보험료 반환청구권, 보험료 감액청구권, 보험수익자 지정변경권, 보험계약 해지권 등이 있으며, 보험계약자의 의무에는 보험료 납입의무, 고지의무, 통지의무,
- 고지의무란 보험계약자 또는 피보험자는 보험자에 대하여 중요한 사실에 대하여 고지하고 부실의 고지를 하지 아니할 의무를 말하며, 통지의무란 보험사고 발생의 위험이 현저하게 변경 또는 증가된 사실을 안 때 보험계약자가 보험자에게 통지하여야 의무를 말한다.

참고문헌

1. 김두칠 외,『보험과 위험관리』, 문영사, 1997.
2. 김동훈,『보험론』, 학현사, 2006.
3. 방갑수,『최신보험학』, 박영사, 1999.

제 3 부

가계위험과 보험기능

제7장 가계위험과 생명보험

1 생명보험의 개요

1-1 생명보험의 의의

1) 생명보험의 개념

사람은 출생해서 사망에 이르는 동안 언제 어디서 닥칠지 모를 질병이나 상해 또는 우연한 사고 등 무수히 많은 위험에 노출된 채로 살아간다. 특히 그 사고 등이 사람의 생사에 관한 것일 경우에는 가족의 안정적인 생활유지에 큰 어려움을 겪게 된다.

생명보험은 상부상조 정신을 바탕으로 하여 사망 등 불의의 사고로 인한 경제적 손실을 보전하기 위한 준비제도이다. 사람은 출생 이후 성장, 결혼, 육아, 노후와 같은 인생주기를 거치면서 가정생활자금, 주택마련자금, 자녀교육 및 결혼자금, 노후생활자금, 긴급자금 등이 필요하다.

이러한 필요자금 역시 생명보험제도를 이용하여 개인이 경제활동 중에 준비할 수 있다. 이처럼 생명보험은 재산을 마련하는 저축기능 뿐만 아니라 우연한 사고를 대비하는 보장기능을 동시에 갖추고 있다.

또한 생명보험은 4장에서 기술 하였듯이 사회보장제도의 보완역할도 하고 있다. 우리나라의 경우 급격한 도시화 및 핵가족화의 진행, 평균수명의 연장으로 인한 인구구조의 고령화, 소득수준의 향상 및 그에 따른 기대욕구의 증대, 소득재분배 구조의 왜곡으로 인한 소득분포의 불균형 등이 사회문제로 대두되고 있으며 이를 해소하기 위해 정부차원에서 사회보장제도를 확충해 가고는 있지만, 그 보장수준이 개개인이 필요로 하는 기대수준에는 미치지 못하고 있는 것이 현실이다.

따라서 국가가 일정 최저수준의 국민생활을 보장해 주는 사회보장과 기업이 종업원의 복리후생이나 퇴직 후의 안정된 생활을 보장해 주기 위해 실시하는 기업보장, 그리고 각 개인이 만족스러운 수준의 생활까지 보장받기 위해 스스로 준비하는 개인보장의 3대 보장축(三大保障軸, three-pillar system)의 한축을 담당하고 있다.

2) 생명보험 계약관계자

보험계약관계자란 보험자, 보험계약자, 피보험자, 그리고 보험수익자를 말하며 이를 구체적으로 설명하면 다음과 같다.

(1) 보험자

보험자란 보험회사를 말하는 것으로 보험사고가 발생할 경우 보험금을 지급할 책임이 있다.

(2) 보험계약자

자기의 이름으로 보험회사와 계약을 체결하고 계약이 성립되면 보험료 납입의무를 지는 자이다. 보험계약자의 자격에는 제한이 없어 자연인이든 법인이든 또는 1인이든 2인 이상이든 상관없다. 그러나 20세 미만자는 친권자나 후견인(법정대리인)의 동의가 필요하다.

(3) 피보험자

사람의 사망, 장해, 질병의 발생 또는 생존 등의 조건에 관해서 보험계약이 체결된 대상자를 말한다. 보험계약자 자신이 피보험자가 될 수도 있고 제3자로 할 수도 있다. 다만 제3자를 피보험자로 하는 경우 반드시 서면동의를 받아야 하는 등 제한을 하고 있다.

(4) 보험수익자

보험계약자로부터 보험금 청구권을 지정받은 사람으로서 그 수나 자격에는 제한이 없으며 보험금 지급사유가 발생했을 때 보험금을 지급받는 자를 말한다.

3) 보험사고

보험회사가 그 발생에 대하여 보험금 지급을 약속한 사고이며 생명보험계약의 경우는 피보험자의 생사나 상해, 질병 등이 이에 해당된다.

4) 보험기간

보험회사의 책임이 시작되어 끝날 때까지의 기간으로서 이를 책임기간 또는 위험기간이라고도 한다.

5) 보험금액

보험기간 내에 보험사고가 발생하는 경우 보험회사가 지급해야 하는 약정된 금액을 말한다. 보험사고가 발생한 경우 보험회사는 보험사고 발

생으로 인해 실제로 입은 손해와는 관계없이 보험계약 체결시 약정한 보험금액을 지급해야 한다.

6) 보험료

생명보험계약은 보험회사가 보험금의 지급의무를 부담하는 대신 계약 상대방인 보험계약자는 그 대가를 보험회사에게 지불할 것을 약속하는 계약이다. 이 때 보험금지급 약속의 대가로서 보험계약자가 보험회사에게 지불하는 금액을 보험료라고 한다.

7) 보험료 납입기간

보험계약자가 보험료를 납입하는 기간으로서 보험기간과 항상 일치하는 것은 아니다. 보험료 납입기간이 보험기간과 동일한 경우를 전기납(全期納)이라 하며 보험기간보다 보험료 납입기간이 짧은 경우를 단기납(短期納)이라고 한다.

1-2 생명보험의 보험구성

1) 생명보험의 보험료 구성

생명보험의 보험료는 예정사망률, 예정이율, 예정사업비율의 3대 예정률을 기초로 계산하게 된다. 이 세 가지 예정률 중에서 예정사망률, 예정이율을 기초로 하여 계산된 보험료를 순보험료(net premium)라고 하며, 예정사업비율에 기초하여 계산된 보험료를 부가보험료(loading)라고 한다. 그리고 이 두 가지를 합한 것을 총보험료(gross premium)하며, 실제 보험계약자가 보험계약 체결 후 납입하는 보험료이다.

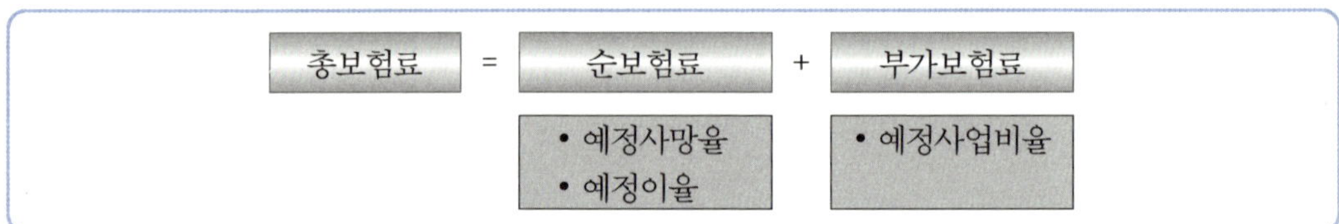

(1) 예정사망률(예정위험률)

생명표에 의하여 연령별로 사망률을 알 수 있는데 이 사망률을 기초로 하여 장래의 사망보험금 및 만기보험금 지급에 필요한 보험료를 계산하게 되는데 이 계산에 사용되는 사망률을 예정사망률이라 한다.

(2) 예정이율

보험회사는 납입된 보험료를 적립해 나가는데 보험료수입과 보험금지급간의 시간적 차이를 통하여 이 적립금을 운용할 수 있으므로 이에 대한 수익을 감안하여 일정한 비율로 보험료를 할인하여 산출하는데 이 계산에 사용되는 이율을 예정이율이라 한다.

(3) 예정사업비율

보험회사가 보험계약을 체결·유지·관리하기 위하여 필요로 하는 경비를 예상하고 계산하여 보험료에 포함시키는데 이 계산에 사용되는 사업비율을 예정사업비율이라고 한다.

2) 수지상등의 원칙과 보험료의 결정

생명보험계약의 보험료는 수지상등(收支相等)의 원칙에 의하여 계산된다. 수지상등의 원칙이란 사망의 발생, 이자의 수입, 사업비의 지출을 예상하여 보험계약에서 장래 수입되어질 보험료의 현가의 총액이 장래 지출해야 할 보험금 현가의 총액과 같게 되는 것을 말한다.

3) 잉여금과 배당금

(1) 잉여금

보험회사는 위의 3대 예정률이 보험기간동안 안정적으로 유지될 수 있도록 노력하고, 보험료는 안전하고 확실하게 운용하며, 또한 사업경비를 절감함으로써 매사업년도말 결산시에 이익이 발생할 수 있는데 이를 잉여금이라 한다.

(2) **3대 이원**

생명보험의 계약은 보통 장기계약이므로 앞서 설명한 3대 예정율을 보수적으로 안전하게 설정하는 것이 일반적이다. 즉 예정사망률(위험률)은 실제보다 약간 높게, 예정이율은 실제보다 조금 낮게, 그리고 예정사업비율은 실제보다 약간 높게 설정한다.

이때 예정위험률에 비해 실제 사망이나 재해, 질병 등이 적게 발생할 경우 이익이 발생하는데 이것을 사(위험률)차익이라고 한다. 또 예정이율에서 예측했던 운용수익보다 실제 자산운용수익이 더 많이 발생할 경우에도 이익이 발생하는데 이것을 이차익이라고 한다. 마지막으로 예정사업비율에 의한 사업비보다 실제 지출된 사업비가 적을 경우에 이익이 발생하는데 이것을 비차익이라고 한다.

(3) **배당**

생명보험의 배당금이란 보험계약자로부터 납입된 보험료를 가지고 보험회사가 합리적인 경영을 행한 결과 발생한 잉여금을 보험계약자에게 환원하는 것을 말한다. 보험료가 예정이율, 예정사망률(위험률), 예정사업비율에 의해 사전적으로 결정되는 가격이라면 배당은 예정율과 실제발생률과의 차이에 의해 발생한 잉여금으로 사전가격을 보완하는 사후가격적인 성격을 지니고 있다. 따라서 은행예치금의 이자나 주식의 배당과는 그 성격이 본질적으로 다르다고 볼 수 있다.

[표 7-1] 계약자 배당의 종류

구 분	발생사유	배 당
사차익	예정위험률에 의한 예상보험금 지급액 〉 실제 보험금 지급액	사차배당
이차익	예정이율에 의한 예상운용수익 〈 실제 운용수익	이차배당
비차익	예정사업비율에 의한 예상 사업비 〉 실제 사업비 지출액	비차배당

배당금의 지급방법은 배당금이 발생할 때마다 계약자에게 현금으로 지급하는 현금지급방법, 배당금을 계약이 소멸할 때까지 또는 보험계약자로부터 청구가 있을 때까지 보험회사에 적립해 두었다가 보험금 또는 제 환급금에 더하여 지급하는 적립방법, 배당금을 계약자와 납입할 보험료와 상계하는 상계방법 그리고 계약의 소멸이전에 분할하여 지급하는 방법, 급부의 전부 또는 일부를 일시납 형태로 해서 보험계약을 추가 구입하는 방법 등 여러 가지 방법이 있을 수 있다.

4) 생명보험의 구성

(1) 주계약

보험계약에서 기본이 되는 중심적인 보장내용 부분을 주보험이라고 한다. 보험상품의 특성에 따라 주보험에 의무적으로 특약을 부가하여 상품을 설계하는 경우가 있는데 이때 주보험과 의무부가 특약을 합쳐 주계약이라 한다.

(2) 특약

특약은 특별보험약관의 준말로서 주계약에 계약자가 필요로 하는 보장을 추가하거나 보험가입자의 편의를 도모하기 위한 방법을 추가하는 계약을 말한다. 원칙적으로 주보험 자체만으로도 보험계약이 성립할 수 있으나 주보험만으로는 다수 보험계약자들의 다양한 욕구를 모두 충족시키는 데에는 한계가 있다.

따라서 보험회사는 계약자들의 다양한 욕구를 수용할 수 있는 여러 가지 특약을 개발하여 주보험에 부가하여 판매하고 있다. 한편, 특약은 그 부가방법에 따라 상품개발시 주계약에 포함되어 있는 고정부가특약과 보험계약시 계약자의 선택에 의해 임의로 가입할 수 있는 선택부가특약 등으로 구분된다.

5) 생명보험의 분류

생명보험은 보험에 가입한 사람이나 가족의 생명이나 건강과 관련된 사고가 일어난 경우 보험금을 지급하여 주는 보험이다. 생명보험은 가장 기본적으로 사망보험, 생존보험, 생사혼합(양로보험)으로 나누어진다.

(1) 사망보험

사망보험이란 보험의 대상이 되는 피보험자가 보험 기간 중에 사망했을 때 사망보험금이 지급되는 보험을 말한다. 원칙적으로 보험 기간 만료일까지 살아 있다면 보험금이 지급되지 않으며, 이미 납입한 보험료도 돌려주지 않는다. 그러나 실제로는 보험료를 환급하여 주는 사망보험 상품도 많이 있다. 이러한 상품은 보험료가 더 높은 것이 일반적이다.

사망보험은 보험의 보장적 기능을 강조하여 만든 보험이다. 사망보험은 정기 보험과 종신보험으로 나누어진다. 보험 계약을 할 때는 지급 사유가 발생하면 보험금을 지급해야 하는 기간을 정하는데 이를 보험기간이라고 한다. 보험기간이 일정 기간으로 정해진 보험을 정기보험이라고 한다. 예를 들어 10년 정기보험이라고 하면 그 기간 동안 보험 사고가 발생하면 보험금이 지급되지만 그 기간이 지나면 보험금이 지급되지 않는다. 최근 많이 판매되고 있

는 종신보험이란 이러한 사망에 대한 보장을 하는 보험기간을 최대한으로 확장하여 피보험자의 평생 동안 보장해 주는 보험을 말한다.

(2) 생존보험

생존보험이란 피보험자가 보험 기간 동안 살아 있어야만 만기 보험금이 지급되는 보험이다. 즉 어느 일정한 시점에서 피보험자가 생존하는 것을 조건으로 보험금을 지급하며, 피보험자가 보험 기간 중 사망하면 보험금이 지급되지 않는다. 이미 납입한 보험료도 물론 돌려주지 않는 것이 원칙이다. 그러나 우리나라에서 판매되고 있는 대부분의 생존보험은 보험기간 중 사망하더라도 사망보험금이 지급되도록 설계되어 있는 것이 대부분이다.

생존보험은 저축의 기능이 강조된 보험이며, 연금보험이나 교육보험 등이 대표적인 생존보험이라고 할 수 있다.

(3) 생사혼합보험

사망보험과 생존보험을 혼합한 보험을 양로보험 또는 생사혼합보험이라 한다. 만기 보험금이 없는 사망 보험의 단점과 피보험자의 사망시 보험금이 지급되지 않는 생존보험의 단점을 보완한 것이다. 실제로 우리나라 보험상품은 대부분 순수사망보험이나 생존보험보다는 생사혼합보험의 형태를 띠고 있으며 더 많이 이용되고 있다.

(4) 보장성보험과 저축성보험

보험의 본래의 기능은 위험에 대한 보장이라고 할 수 있으나, 최근에는 보험을 노후설계, 재산증식의 수단으로도 이용하고 있다. 따라서 보험상품의 성격 및 고객의 보험가입 목적에 따라 보장성보험과 저축성보험으로 분류할 수 있다.

① 보장성보험

각종 위험보장에 중점을 둔 보험으로서 적은 보험료 납입으로 보험기간중의 사망이나 질병, 각종 재해시 보장을 받을 수 있는 상품으로, 종신보험, 암보험, 상해보험 등이 보장성보험의 대표적인 예이다. 엄밀한 의미의 순수 보장성 보험은 사고가 나면 보상을 하지만 만기에 환급금이 전혀 없는 것이 특징이다. 그러나 어떤 보험은 만기에 환급을 해 주는데 이러한 보험을 만기환급형 보험이라고 한다.

만기환급형 보험은 같은 위험 보장을 하는 순수보장성 보험보다 보험료가 더 비싸고 저축에 따른 수익률도 낮은 편이다. 만기환급형 보험은 만기에 원금을 돌려주는 것이므로 보험기간 동안의 이자로 보장을 받는 것이라고 할 수 있겠다. 즉 보장성 보험은 생존시 지급되는 급부금이 전혀 없는 순수보장성보험과 만기까지 생존했을 경우에 기납입보험료를 환급해

주는 만기환급형보험으로 구분된다.

② 저축성보험

만기생존시에 보험금이 지급되는 저축기능을 강화한 상품으로 위험보장과 더불어 저축기능을 강화한 상품으로 중·단기간에 목돈을 마련할 수 있도록 개발된 보험 상품을 저축성보험이라고 한다. 연금보험, 교육보험 등과 같은 금리연동형 상품이 대표적인 예이다.

(5) 배당부보험과 무배당보험

생명보험의 계약 기간은 여타 금융상품에 비하여 상대적으로 장기계약의 성격을 가지고 있다. 그리고 보험료를 계산할 때는 앞서 설명한 3대 예정률을 기초로 하고 있기 때문에 계약 기간 중 이러한 요소들이 변화할 가능성이 있다. 또한 실제로도 보험회사는 3대 예정률을 일반적으로 보수적으로 책정하는 경우가 대부분이다.

보험회사에서는 이러한 요소를 미리 반영하여 보험료를 일단 책정하고 예정치와 실제액이 달라 잉여가 발생하면 그 액수를 배당하게 되는데 이러한 보험을 배당부보험이라고 하고 보통의 보험은 배당보험이다. 무배당보험은 계약자배당을 실시하지 않는 보험상품으로서 계약자에게 배당금을 지급하지 않는 대신 미리 보험료를 할인하여 산출하기 때문에 보험료가 싼 것이 특징이다. 즉 보험료를 실제치와 비슷하게 산출하고 만일에 손해나 이익이 발생하면 보험회사가 책임지는 보험이다. 무배당보험인 경우는 배당보험과 같이 상품명에 표시가 된다.

2 종신보험

2-1 종신보험의 의의

전통적으로 인간의 사망위험을 보장하도록 설계된 생명보험 상품은 보장기간에 따라 정기보험(term insurance)과 종신보험(whole life insurance)으로 구분하고 있다. 정기보험은 피보험자의 생명에 대하여 1년, 3년, 5년 등 일정기간만 위험을 보장하는 상품으로 보험기간이 끝나면 계약이 종료되고 보험료는 소멸되는 반면에 종신보험은 생명의 상실로부터 연유하는 경제적 위험에 대하여 평생 동안 보장하는 상품이다.

종신보험은 피보험자의 생명에 대한 보장기간이 평생인 대표적인 사망보험 상품으로 피보험자가 언제 어떤 경우로 사망하더라도 약정된 보험금을 지급하는 것이 특징이다. 또한 대

부분의 종신보험이 다양한 특약을 통해 하나의 보험가입으로 여러 개의 보험을 가입한 효과를 누릴 수 있도록 하고 있으므로 종합보장형 보험이라고도 한다. 종신보험은 그 특성상 보험금 지급사유가 반드시 발생되므로 보험료 중 일부가 저축의 형식으로 적립되기 때문에 적립액에 대한 환급권이 계약자에게 창출된다.

또한 최근에는 초기 약정된 보험료를 장기간동안 납입해야하는 부담, 보험계약기간 중 물가상승이 높을 경우 보험금의 실질가치의 하락, 실세금리가 초기 책정금리보다 높을 경우 수익률하락 등 과거 보험이 안고 있는 여러 가지 문제점을 해소하고 소비자의 욕구를 충족시켜주기 위해 새로운 형태의 종신보험 상품이 개발되고 있다.

2-2 종신보험의 개요61)

종신보험의 경우 보험료를 평생 동안 내는 일반종신보험과 보험료의 납입을 일정기간, 예들면 15년 혹은 20년 등으로 국한하는 한정납 종신보험으로 구분된다. 물론 보험계약액이 동일한 경우 종신보험의 평준보험료는 한정납 종신보험보다 상대적으로 저렴하다.

종신보험의 경우 보험계약 시 보험료를 단 한 번에 목돈으로 전액 납부하는 일시납 종신보험도 있지만 대부분의 경우 납기별 보험료가 매기별 동일하도록 평준보험료를 산출하여 부과한다. 따라서 사망확률이 낮은 젊은 시기에는 가입자의 사망확률에 비하여 높은 보험료를 부담하게 되지만, 나이가 들면서 일정한 연령이 지나면 사망확률에 비하여 저렴한 보험료를 납부하게 된다.

이러한 평준보험료의 부과는 젊어서 많이 낸 보험료를 저축하였다가 연령증가로 사망률에 비해 적게 내는 보험료의 부족분을 상쇄시켜 주는 효과가 있다.

따라서 종신보험의 경우에는 보험료 중 일부가 저축의 형식으로 적립되기 때문에 적립액에 대한 환급권이 계약자에게 창출되며 이러한 생명보험을 적립형계약이라고 부른다.

종신보험은 적립현가를 지니기 때문에 이를 담보로 보험계약자들은 보험계약기간 동안 필요한 자금을 대출받을 수 있으며 이러한 대출을 약관대출이라고 한다. 약관대출은 보험계약을 중도에 해약하여 필요자금을 조달하려는 유인을 경감시켜 주기 때문에 보험의 유지율 향상에도 기여할 수 있다.

종신보험은 또한 정기보험과는 달리 계약기간이 매우 길기 때문에 보험계약 당시 적정한 보험료를 산출하는 것은 매우 어렵다. 따라서 보험회사는 재정적 안정을 도모하기 위하여

---

61) 보험경영연구회, 「보험과 리스크관리」, 문영사, 2006.

보험료를 좀 넉넉히 보수적으로 받았다가 나중에 배당금 형식으로 환급해 주는 유배당상품을 흔히 판매한다.

계약 당시 산출한 보험료는 후에 계약자 배당금 형식으로 정산되어 보험계약자에게 현금으로 환급해 주든지, 아니면 연속되는 보험료 납입에 충당되어 보험료 부담을 경감시켜 줌으로써 상품의 탄력성을 높여 주는 역할을 한다. 물론 무배당상품으로 종신보험을 판매하는 경우도 많이 있는데 이러한 상품에 대해서는 예정이자율이나 사망률의 가정이 배당상품보다 엄격하다.

3 연금보험[62)]

3-1 연금보험의 의의

생명보험은 불의의 사고를 대비하기 위한 것이지만 연금보험은 그 반대로 오랫동안 생존해 있을 경우 즉, 노후를 대비한 보험이다. 연금보험은 자신이 가진 경제능력으로 노후의 풍요로운 생활자금 마련을 위해 경제적 활동을 시작하는 젊은 시절부터 소득의 일정한 일부를 적립하였다가 경제활동이 중단된 노후에 연금을 수령함으로써 노후의 안정적인 생활자금 마련을 위한 것이다.

연금보험은 연금지급개시전의 위험보장기간(제1보험기간)과 연금지급기간(제2보험기간)으로 구분되며, 연금의 지급방법은 피보험자가 생존시 평생동안 지급되는 종신연금형과 연금지급기간을 확정하여 지급하는 확정연금형, 생존기간에 적립금의 이자만 지급하는 상속연금형 등이 있으며, 최근에는 연금개시 전에 계약자가 2개 이상의 급부를 병행 선택할 수 있는 혼합연금형도 등장하고 있다.

고령화 현상의 빠른 진전에 따라 정부에서는 개인의 노후생활자금 준비를 위한 자조노력을 돕기 위해 조세특례제한법에 따라 세제지원 개인연금저축제도를 1994년부터 도입하여 2000년까지 상품을 판매하였고, 2001년부터는 보험료 소득공제 범위의 확대, 연금세제의 도입, 개인연금의 금융기관간 이전을 내용으로 하는 연금저축(신개인연금)제도가 시행되고 있다.

그리고 조기 퇴직자의 증가에 따라 퇴직금 등을 일시에 납입하고 바로 연금을 수령할 수

62) 연금보험은 4장 3(노후보장의 3층 체계)에서 상세히 기술하였으므로 이 부분에서는 신개인연금을 중심으로 기술하겠다.

있는 일시납즉시연금이 도입되었고, 특별계정의 운용실적에 따라 보험금이 변동하는 변액연금보험이 도입되어 소비자의 수요에 부응하는 다양한 연금상품이 개발되었다.

3-2 연금보험의 개요

2001년에 도입된 신 개인연금(연금저축)은 일정한 세제적격 요건을 갖출 경우 소득공제 및 연금소득세 혜택이 제공되는 세금우대형 저축상품으로 각 금융권의 특성에 따라 다양한 설계가 가능하다.

신 개인연금은 취급하는 금융권에 따라 보험형과 신탁형으로 설계될 수 있으며, 보험형의 경우 생명보험회사와 손해보험회사 등에서, 신탁형의 경우 은행, 증권사, 자산운용회사 등에서 판매되고 있다.

1) 가입대상

신 개인연금의 보험형과 신탁형은 공통적으로 만 18세 이상 국내 거주자를 가입 대상으로 하며, 10년 이상 납입 후 55세 이후에 연금수령이 가능하고, 예금자보호제도 및 세제 혜택이 적용되며, 중도해지 또는 일시금 수령시 세금이 부과된다.

2) 보험형 신 개인연금

신 개인연금 중 보험형의 경우 정액납입방식이고, 원리금보장형이며, 특별약관을 선택하여 가입할 수 있는 특징이 있다. 정액납입방식이란 매월 정해진 금액을 정해진 시기에 보험료를 납입하는 것으로서 계약상 의무화 되어 있는 방식이다. 원리금보장형은 납입액에 대해 회사에서 미리 정한 금리를 보장해 주는 것으로서 수익률이 낮아도 미리 정해진 연금액을 지급하므로 위험을 선호하지 않은 계약자에게 유리한 조건이다.

연금계약의 내용은 주계약과 특별약관으로 구성되며, 주계약은 연금지급만을 목적으로 하는 순수연금이며, 가입자가 사망보장 등 보장이 필요한 경우 보장성 특별약관을 선택하여 가입할 수 있다.

생명보험의 경우 재해사망 특약, 암보장 특약, 성인병 특약 등을 선택하여 가입할 수 있고, 손해보험의 경우 교통사고처리지원금 특약, 실손의료 특약, 질병사망 특약 등을 선택하여 가입할 수 있다. 연금지급방식은 생명보험회사의 경우 확정기간형과 종신형이 있고, 손해보험회사의 경우 확정기간형이 제공된다.

3) 신탁형 신 개인연금

신탁형의 경우 보험형에 비하여 자유납입방식이고, 실적배당형이며, 투자수단이 다양하다는 특징이 있다. 매회 1만 원 이상, 분기 300만 원 가입 한도에서 자유롭게 납입할 수 있으나, 보험회사와 달리 정해진 시기에 의무적으로 납입하지 않아도 되므로 가입자가 계획적으로 적립해야 한다.

연금지급방식은 확정기간형이지만 일정기간 동안 확정적으로 연금을 지급하는 보험회사의 확정기간형과 달리 좌수분할식이다. 좌수분할식은 매번 연금지급 시 적립액 잔액을 잔여 연금지급회수로 나눈 금액을 지급하는 것을 말한다.

신탁형은 적립금이 주식 및 채권 등의 유가증권에 투자되어 투자성과에 따라 연금액이 결정되는 실적배당형이므로 원칙적으로 예금자보호 대상에서 제외되나, 다만, 납입원금을 보장해주는 은행의 연금신탁은 보험과 같이 예금자보호 대상이 된다.

연금저축을 위한 투자수단이 채권형, 주식형, 안정형 등 다양하므로 투자에 대한 위험선호도에 따라 선택하여 가입할 수 있음.

[표 7-2] 신 개인연금의 분류

구분	보험형		신탁형	
	생보사	손보사	은행	증권투자회사, 투신사
납입방식	정액식	정액식	자유식	자유식
수익률	금리연동형 금리확정형	금리연동형 금리확정형	실적배당	실적배당
연금지급방식	확정기간형, 종신형	확정기간형	확정기간형	확정기간형
중도해지 시	일정기간 불입해야 원금확보	일정기간 불입해야 원금확보	원금 및 일정이자지급	원금 및 일정이자지급
주요 서비스	각종 생활보장	교통사고 및 상해사고 보상	담보 및 신용대출, 거래실적대출	주식형과 공사채형 상호 전환
예금보호여부	보호	보호	보호	비보호[1]

주 : 1) 「예금자보호법」에 의한 보호대상은 아니지만 자체적으로 안전기금을 적립하여 보호함.
자료 : kiri weekly 보험연구원, 2011. 8.

4 변액보험

4-1 변액보험의 의의

변액보험(variable life insurance)은 정액보험(fixed life insurance)과는 달리 보험계약자가 납입한 보험료의 전부 또는 일부로 펀드를 조성하고 그 펀드의 투자, 운용성과를 계약자에게 분배하는 보험이다.

[표 7-3] 정액보험과 변액보험의 비교

구 분	정액보험	변액보험
개 요	보험료 및 보험금이 가입당시 미리 정액으로 결정되어 있는 보험	보험료는 정액으로 운용되나 보험금이 투자수익에 따라 변동하는 보험
사망보험금	보험금액 등으로 고정	자산의 운용실적에 따라 변동 (단, 최저 기본보험금액 보증)
만기보험금	보험계약 시 약정한 정액	만기 시 적립액(최저보증 없음)
해약환급금	납입월수 및 경과기간에 따라 상이	자산의 운용실적에 따라 매일 변동 (최저보증 없음)
부리이율	예정이율(확정금리)+배당	실제 투자수익률(매일변동)
회계계정	일반계정	특별계정
자산운용원칙	안정성 최우선	수익성 최우선
투자에 대한 책임	보험회사	고객(계약자)
판매자격	보든 보십 소식	변액보험 판매 자격시험 합격자
목표시장	일반대중	위험보상에 대한 니즈가 있고 투자성향이 강한 중산층

변액보험은 투자실적에 따라 사망보험금과 해약환급금이 변동되는 실적 배당형 보험으로 사망보험금은 최저 보장금액이 있으나 해약환급금에는 최저 보장금액이 없는 것이 특징이다.

변액보험은 특별계정마다 독자적인 자산운용이 집행되어 그 결과가 직접 적립금(정액보험의 책임준비금+배당금에 해당)에 반영되므로 결과에 따라 정액보험을 웃도는 급부를 얻을 수 있고 물가상승에 대안 구실을 수행하는 측면이 있는 한편, 중도 해약 시점에서 특별계정 실적이 낮을 경우 계약자가 불이익을 당할 위험도 더불어 갖게 된다.

즉 변액보험에서는 일반보험료의 운용과는 달리 "고위험, 고수익(high risk, high return)"

형의 투기적 운용으로 인하여 사망보험금과 해약환급금이 크게 변동된다. 변액보험은 특별계정이 주로 유가증권(주식, 채권 등)의 장기적 상승을 겨냥해서 운용되기 때문에 장기 보장에 유리하다.

1) 변액보험의 개발배경

변액보험이 개발되기 시작한 1950년대는 주요 선진국에서 인플레이션이 큰 문제로 대두되던 시기였다. 제2차 세계대전 이후 경제성장에 따른 주식시장의 활성화로 보험금에 주식투자 실적을 반영하여 인플레이션에 의한 화폐가치 하락에 대처할 필요가 대두되기 시작했다. 즉 인플레이션을 헤지(hedge)하기 위한 수단으로 변액보험이 개발된 것이다.

여기에 투자신탁의 보편화는 금융권의 수익률 제고의 필요성을 야기하여 변액보험 개발의 효용 가능성을 배가시켰다. 한편 개인의 금융자산규모가 증가함에 따라 소비자의 금리 선호의식이 제고되어 고수익 상품의 필요성이 제기되었던 것도 변액보험의 개발을 촉진하였다고 할 수 있다. 또한 전통적인 생명보험 상품은 투자위험을 보험회사가 모두 부담하도록 되어 있으므로 보험회사 입장에서도 투자위험을 줄이는 수단이 필요했던 것이다.

2) 변액보험의 특징

(1) 운영실적에 따라 보험금과 해약환급금이 변동

변액보험은 자산운용회사의 수익증권 또는 뮤추얼펀드와 유사한 자산운용구조를 갖고 있어 투자실적이 좋을 경우에는 사망보험금과 환급금이 증가하나, 투자실적이 악화될 경우에는 환급금이 원금에도 미치지 못할 수 있는 전형적인 투자형 상품이며, 투자 결과에 대한 책임 역시 자산운용회사 상품처럼 전적으로 계약자가 부담하는 「자기책임의 원칙」이 적용되는 보험이다.

단, 보험고유의 기능인 보장을 제공하기 위해 사망시 지급되는 사망보험금이 최저보증될 수 있도록 설계하는 경우 보증비용을 추가로 부담하게 되며, 이 경우 가입한 펀드의 실적이 악화되더라도 가입시 설정한 최저사망보험금(기본보험금)은 보장된다.

(2) 특별계정에 의한 자산 운용

일반보험의 자산운용을 수행하는 일반계정의 경우 안정성이라는 투자원칙을 갖고 있는 반면 변액보험 상품은 위험을 동반한 장기적 고수익 추구를 기본 원칙으로 하고 있다.

변액보험은 실적 배당을 하며 투자리스크를 계약자가 부담하므로 계약자의 자산에 비례한 공편한 투자손익의 배분이 필요하다. 따라서 일반계정의 자산운용규제와는 다른 규제를 적

용하는 특별계정, 즉 별도의 펀드를 설정하여 자산을 운용한다.

[표 7-4] 일반계정과 특별계정의 비교

구 분	일 반 계 정	특 별 계 정
리스크 부담	보험회사	계약자
최저 보장이율	예정이율	없음(실적배당이므로)
자산운용목적	안정성	수익성
자산평가 시기	매월	매일
결산시기	매년	매일
회계처리	보수적 평가	시가평가

(3) 고객의 성향에 따라 자산운용 형태 선택가능

계약자는 가입시점에서 자신의 투자성향에 맞는 펀드를 선택할 수 있으며 또한 시장상황에 맞게 중도에 펀드를 4~12회 이내 변경할 수 있도록 해 자산운용의 수익성과 안정성을 동시에 추구할 수 있도록 했다.

(4) 물가상승에 따른 보험금액의 실질가치 보전가능

일반적으로 사망보험금이 고정되어 있는 정액보험과는 달리 변액보험은 사망보험금이 투자실적에 따라 연동되므로 인플레이션에 따른 보험금액의 실질가치 보전이 가능할 수 있다.

(5) 예정 기초이율에 따라 보험료가 결정

변액보험에서는 정액보험과 같이 예정이율, 예정사망율, 예정사업비율의 3요소에 의하여 보험료가 계산된다. 그러나 예정이율이 보증되지 않고 보험금, 연금액이 투자실적에 따라 변동되기 때문에 투자리스크를 보험계약자가 부담해야 한다. 따라서 예정이율은 단지 보험료의 산출이나 예정책임준비금의 계산에 이용되는 기초율에 불과한 셈이다.

(6) 해약환급금이 매일 변동

해약환급금은 해약 청구일의 적립금에서 해약 미상각 신계 약비를 공제한 금액으로 하며 적립액은 분리계정 자산의 운용실적에 의거하여 매일 변동하기 때문에 해약환급금도 매일 변동하게 된다.

4-2 변액보험의 개요

1) 상품구조

변액보험의 사망보험금은 최초 계약한 기본보험계약의 「기본보험금」과 투자실적에 따라 증감하는 「변동보험금」으로 구성되며, 보험의 성격을 유지하기 위해 변동보험금의 크기와 관계없이 사망보험금에 대한 최저보장을 설정하고 있다.

[표 7-5] 변액보험의 상품구조

기본보험계약		변동보험계약
• 최초 가입시 상품내용 • 보험료 산출의 기초가 되는 계약 • 최저보장금액 산정 기초	+	• 특별계정이 운용실적에 따라 추가로 계산되는 계약(투자실적 반영) • 추가험료 부담 없음

\+

선 택 계 약
• 일반계정에서 운용 • 예정이율로 부리, 적립

현재 우리나라에서 판매되는 변액상품은 상품설계의 다양성에 따라 최저보장 사망보험금도 다양한 방법으로 설정하고 있다. 예를 들면 변액종신보험에서는 기본보험금을 최저보장 사망보험금으로 설정하고 있으며, 변액연금 및 일부 변액유니버설보험에서는 기본보험금이 아닌 기납입보험료를 최저보장 사망보험금으로 설정하고 있다. 그 밖에도 상품설계 방법에 따라 얼마든지 다양한 최저보장 사망보험금을 설정할 수 있다.

2) 상품종류

(1) 변액양로보험(variable endowment policy)

보험기간 중 사망 시에는 그 시점의 사망보험금(최저보증 있음)이 지급되고, 만기 시에는 만기보험금(투자실적에 연동)이 지급되는 보험으로 사망 시의 최저보장금액을 제외하고는 매월(또는 매일, 매 6개월, 매년 등도 가능, 이하 "매월"이라고 한다) 사망보험금이 변동된다는 점에서 전통형 양로보험과는 구별된다.

변액양로보험은 투자실적에 따라 제지급금이 변동한다. 사망보험금은 매월 변동되고, 해

약환급금은 예정책임준비금에서 일정액의 미상각 신계약비를 공제한 금액과 매일 변동하는 적립금에서 예정책임준비금을 공제한 금액의 합계액 즉, 실제 계약자적립금을 지급하며 만기보험금은 만기 시 실제 적립된 금액을 지급한다.

실제적립금은 예정이율(확정이율)로 적립되는 것이 아니고 매일 매일의 투자실적을 적용하여 적립된다. 따라서 해약환급금 및 만기보험금은 확정된 금액이 아니며, 투자실적이 좋을 경우에는 환급률이 증가하나 투자실적이 약화될 경우에는 원금 이하로 내려갈 수도 있다.

(2) **변액종신보험**(variable whole life policy)

보험기간이 종신으로 사망 시에는 항상 보험금이 최저보증금액 이상 지급된다는 점에서 변액양로보험과 같으나, 만기가 없다는 점에서 차이가 있다.

변액 종신보험은 계약이 유지되는 경우 항상 최저사망보증금액 이상의 사망보험금이 지급된다. 해약환급금의 계산방식은 변액 양로보험과 동일하다. 정액형 종신보험의 취약점인 보장가치의 하락을 투자수익으로 방지할 수 있다는 장점이 있으나, 중도해지 시점에 수익률하락 시에는 정액형보다 손해 볼 수 있다는 단점이 있다.

(3) **변액연금보험**(variable annuity)

전통형 연금보험과는 달리 실적배당을 한다. 변액연금으로 가입을 하였다 하더라도 연금개시 이후에는 계약자의 선택에 따라 정액연금 또는 변액연금으로 운영할 수도 있다. 정액연금으로 운영할 경우에는 연금지급개시 시점의 책임준비금을 예정이율로 계산하여 연금을 지급하나, 변액연금으로 운영할 경우에는 연금지급 준비금을 계속 실적배당으로 운영하여 발생한 수익에 기초한 연금을 지급하게 된다. 따라서 투자실적이 약화될 경우에는 연금지급액이 줄어들 수도 있다.

연금보험은 주로 노후를 대비하기 위해 가입하기 때문에 일반적으로 수익성보다는 안정성을 선호하는 경향이 있다. 그런데 변액연금은 계약자가 투자리스크를 모두 부담하므로 안정성을 선호하는 연금보험 가입자들에게는 충분한 상품설명을 통해 가입여부를 확인하여야 한다. 또한 연금개시시점의 주계약 기납입보험료를 보증하기 위한 보증비용을 공제한다. 일반적으로 연금개시시점에 종신형, 확정형, 상속형의 연금을 선택할 수 있다.

현재 국내에서 판매되고 있는 변액연금은 연금 본래의 취지를 감안하여 최소한의 안정성을 부여하기 위해 2가지의 최저보증 기능을 도입하고 있다. 첫째, 최저사망보험금보증이다. 연금개시전 사망시 투자실적이 아무리 악화되더라도 사망보험금은 기납입보험료를 최저 보증해준다. 둘째, 최저연금 적립금보증이다. 변액종신보험 및 변액유니버설 보험과 달리 변액연금은 생존시에도 최저보증이 있는데, 노후의 안정적인 연금지급을 위해 투자실적이 아무리 악화되더라도 연금개시가 되면 기납입보험료는 최저보증을 해준다. 다시 말해 변액연금에 가입하고 연금개시 시점까지 유지하기만 하면 펀드의 투자실적과 무관하게 원금보장이 된다는 것이다.

변액연금은 이러한 최저보증기능이 있기 때문에 계약자가 실질적으로 부담하게 되는 원금손실의 위험은 중도에 해약할 경우에만 발생한다고 할 수 있다. 한편 현재 국내에서 판매되고 있는 변액연금 가운데는 이렇게 연금개시시점에 기납입보험료 전액을 보증하는 형태 외에 기납입 보험료의 70% 또는 80%를 보증하는 형태도 있다.

또한, 일반적으로 변액연금은 연금개시 이후에는 그 시점까지 투자 운용된 연금적립금을 예정이율 또는 공시이율로 계산하여 연금을 지급하는 형태를 취하고 있는데, 일부 변액연금의 경우는 연금개시 이후에도 계속해서 실적배당으로 운용되는 형태도 있다.

(4) **변액유니버설보험**(variable universal insurance)

변액유니버설보험은 변액보험의 장점인 실적배당과 유니버설보험의 장점인 단순한 상품구조 및 자유입출금을 결합하여 만든 종합금융형 보험이다. 변액보험은 실적배당을 하지만 보험료납입이 정액 정기납이고, 상품구조가 복잡하다는 문제점을 갖고 있다.

유니버설보험은 보험료의 자유로운 납입과 적립액의 인출이 가능하고, 상품구조가 국내에서 판매되고 있는 슈퍼재테크보험 등 금리연동형 저축성보험과 유사하게 단순하다는 장점이 있다. 그러나 유니버설보험은 공시이율을 적용하므로 저금리, 고주가 시대에는 고수익을 제공하기 어렵다는 단점을 갖고 있다.

이러한 두 상품의 장점만을 채택하고 여기에 자산운용과 관련된 다양한 고객의 니즈를 반영하여 그림과 같이 은행의 자유로운 입출금 기능, 투자신탁의 투자 기능, 보험의 보장기능을 하나의 상품으로 제공할 수 있는 원스톱 서비스의 종합금융형 보험상품이 바로 변액유니버설보험이다.

변액유니버설보험은 사망 시에는 기본 사망보험금과 사망 시 실제적립금을 합한 금액을 실제 사망보험금으로 지급한다. 종신보험 형태를 기본형으로 하여 만기보험금을 설정하는 양로보험 형태도 가능하다.

변액유니버설보험은 변액양로보험 또는 변액종신보험에서 사용하는 변동보험금 계산방법 중 일시납보험 구입방법 및 책임준비금 비례방법을 사용하지 않고 가산지급 방법만 사용한다.

최저사망보증금액은 변액양로보험 또는 변액종신보험과 동일하게 보장부분의 기본사망보험금을 최저 보증하며, 해약환급금 및 만기보험금의 계산방법도 변액양로보험 또는 변액종

신보험과 동일하다.

기타 기능으로는 보험기간 중 보험료를 추가로 납입 또는 일시 중지할 수 있으며, 적립금에서의 중도인출도 가능하다. 다만 변액 유니버설보험은 적립식 펀드와는 달리 단기투자형 상품이라기보다는 장기적인 목적자금 준비에 합당한 상품이다.

5 교육보험

5-1 교육보험의 의의

지난 10년간 우리나라의 대학등록금 인상률은 물가상승률을 상회해 왔으며 이에 따라 가계에 큰 부담으로 작용하고 있다. 교육부조사에 따르면 지난 10년간 국립대 등록금 인상률은 82.7%, 사립대의 경우 57.1%로 같은 기간 소비자 물가상승률 31.5%를 크게 웃돈 것으로 나타났다.

이는 통계청의 2010년 자료에서 자녀교육비에 대해 40대의 79.8%와 50대의 79.7%가 경제적인 부담을 느끼고 있는 것으로 조사되었다. 이러한 교육비 부담은 저출산 및 노후대비 부족 등 사회 문제를 심화시키는 원인이 되고 있다.

또한 우리나라 부모는 자녀 양육에 대해 책임 의식이 강하며, 이는 양육 부담을 크게 하는 해저드 요인이 되고 있다. 보건사회연구원조사(2009)에 따르면 우리나라 부모의 89.9%가 자녀의 대학졸업을 책임져야 한다는 가치관을 가지고 있을 정도이다.

통계청에서는 취학 전 영유아기 6년간 5,404만 원, 초·중·고등학생 12년간 1억 3,989만 원, 대학생 4년간 6,811만 원 등 자녀 한명에게 지출되는 총 양육비는 출생 후 대학 졸업 시까지 22년 동안 총 2억 6,204만 원으로 추정하고 있다.

결론적으로 자녀의 교육비 부담은 부모의 노후 준비가 소홀하게 되는 원인이 되고 있으며, 가계위험의 중요한 요인으로 고려해야하는 상황이다.

따라서 교육자금은 부모와 자녀의 라이프 사이클을 고려하여 부모의 노후준비가 방해되지 않도록 장기적인 관점에서 계획되고 준비될 필요가 있다. 현재 가계의 재무상황을 분석하고 향후 발생할 자녀교육비와 노후자금을 종합적으로 준비하기 위한 재무 설계가 필요한데, 구체적으로는 자녀교육비의 예상되는 인상률을 감안하여 규모를 설정하고, 자녀의 성장단계에 맞춰 구체적인 목표를 수립해야 한다.

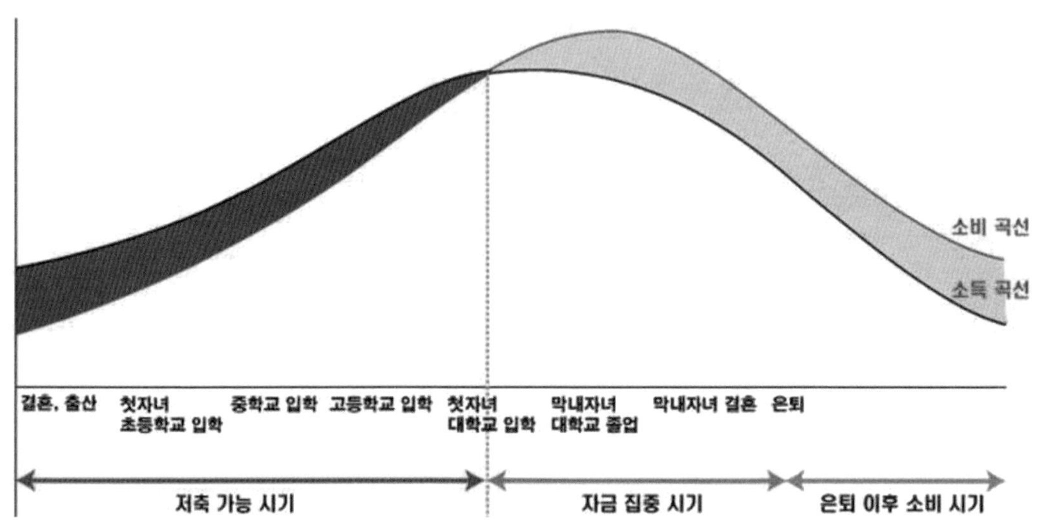

자료 : 보험연구원(www.kiri.or.kr)

그림 7-1 라이프사이클에 따른 가계소득과 교육비 지출의 관계

예금·적금, 펀드, 신탁 등과 더불어 교육보험은 교육비부담 리스크 경감을 위한 목적자금 마련의 한 가지 대안으로 제시될 수 있다. 교육보험은 타 금융상품에 비하여 자녀교육비 마련 목적에 집중하며, 부모와 자녀의 라이프사이클에 맞춰 상품을 설계할 수 있다는 장점을 가지고 있다.

5-2 교육보험의 개요

교육보험은 유치원부터 대학원까지 자녀의 교육자금을 종합적으로 보장하여 주는 상품으로 부모의 생존시에는 각종 학자금 등 교육자금이 지급되며, 부모 사망시에는 교육자금 및 양육자금이 지급되어 자녀의 교육 및 양육을 보장해 주는 상품이다.

교육보험은 도입초기 선풍적인 판매실적을 올렸으나 보험에 대한 수요 다양화, 상품개발 양상의 변화에 따라 판매실적이 감소하고 있는 상황이었으나, 최근 기존 교육보험에 자녀의 발달기에 맞춰 각종 인성 Program과 해외유학 및 진학상담 서비스 등을 추가한 상품이 판매되어 좋은 반응을 얻고 있다. 예를들어 적성진단비(2세), 컴퓨터구입비(5세), 학원비(7~18세), 진로상담비(14세), 영어캠프자금(15세), 배낭여행비(19세), 어학연수비(21세), 결혼준비자금(29세) 등으로 세분화 되어있다.

다양한 특약 부가로 자녀의 각종 질병·재해·장해에 대한 보장을 받을 수 있는 동시에 부모의 사망 또는 사고시 보험료 납입 면제혜택과 더불어 교육 자금을 계속해서 안정적으로

지급받을 수 있다.

기존의 교육보험이 제공하는 공시이율이 교육비 상승률을 따라가지 못하는 문제점이 지적됨에 따라 투자성을 높인 변액교육보험에 대한 소비자의 관심이 높아지고 있다.

대부분의 상품은 주피보험자를 자녀가 아닌 부모로 설정하여 자녀가 어렸을 때는 부모의 사망과 자녀교육비를 보장하고, 자녀가 성인이 되면 비과세 증여를 통해 피보험자를 자녀로 교체하여 자녀의 사망보장과 목돈마련 등에 활용할 수 있다. 특히 연금형 상품의 경우 자녀교육비로 활용되고 남는 적립금을 부모가 연금으로 수령할 수 있어 자녀의 교육자금과 부모의 노후자금을 동시에 준비할 수 있다.

단원요약

- 생명보험은 상부상조 정신을 바탕으로 하여 사망 등 불의의 사고로 인한 경제적 손실을 보전하기 위한 준비제도이다.
- 보험계약관계자란 보험자, 보험계약자, 피보험자, 그리고 보험수익자를 말한다.
- 생명보험의 보험료는 예정사망률, 예정이율, 예정사업비율의 3대 예정률을 기초로 계산하게 된다. 이 세 가지 예정률 중에서 예정사망률, 예정이율을 기초로 하여 계산된 보험료를 순보험료(net premium)라고 하며, 예정사업비율에 기초하여 계산된 보험료를 부가보험료(loading)라고 한다. 그리고 이 두 가지를 합한 것을 총보험료(gross premium)하며, 실제 보험계약자가 보험계약 체결 후 납입하는 보험료이다.
- 생명보험은 가장 기본적으로 사망보험, 생존보험, 생사혼합(양로보험)으로 나누어진다.
- 종신보험은 피보험자의 생명에 대한 보장기간이 평생인 대표적인 사망보험 상품으로 피보험자가 언제 어떤 경우로 사망하더라도 약정된 보험금을 지급하는 것이 특징이다. 또한 대부분의 종신보험이 다양한 특약을 통해 하나의 보험가입으로 여러 개의 보험을 가입한 효과를 누릴 수 있도록 하고 있으므로 종합보장형 보험이라고도 한다.
- 연금보험은 자신이 가진 경제능력으로 노후의 풍요로운 생활자금 마련을 위해 경제적 활동을 시작하는 젊은 시절부터 소득의 일정한 일부를 적립하였다가 경제활동이 중단된 노후에 연금을 수령함으로써 노후의 안정적인 생활자금 마련을 위한 것이다.
- 연금보험은 연금지급개시전의 위험보장기간(제1보험기간)과 연금지급기간(제2보험기간)으로 구분되며, 연금의 지급방법은 피보험자가 생존시 평생동안 지급되는 종신연금형과 연금지급기간을 확정하여 지급하는 확정연금형, 생존기간에 적립금의 이자만 지급하는 상속연금형 등이 있으며, 최근에는 연금개시 전에 계약자가 2개 이상의 급부를 병행 선택할 수 있는 혼합연금형도 등장하고 있다.
- 변액보험(variable life insurance)은 정액보험(fixed life insurance)과는 달리 보험계약자가 납입한 보험료의 전부 또는 일부로 펀드를 조성하고 그 펀드의 투자, 운용성과를 계약자에게 분배하는 보험이다.
- 교육보험은 유치원부터 대학원까지 자녀의 교육자금을 종합적으로 보장하여 주는 상품으로 부모의 생존시에는 각종 학자금 등 교육자금이 지급되며, 부모 사망시에는 교육자금 및 양육자금이 지급되어 자녀의 교육 및 양육을 보장해 주는 상품이다.

참고문헌

1. 김동훈, 「보험론」, 학현사, 2006.
2. 보험경영연구회, 「보험과 리스크관리」, 문영사, 2006.
3. 이경룡, 「보험학원론」, 영지문화사, 2006.
4. 정홍주, 「한국의 위험과 보험이야기」, 문영사, 2005.

제8장 가계위험과 손해보험

1 손해보험의 개요

1-1 손해보험의 의의

손해보험[63]은 우연한 사건으로 발생하는 재산상의 손해를 피보험자에게 보상할 것을 목적으로 하는 보험이다. 손해보험은 생명보험과 마찬가지로 우연한 사고 발생으로 야기되는 경제생활의 불안을 경감시켜주는 보험의 고유한 특성인 위험보장 기능이 존재한다.

손해보험의 의의는 경제적 측면과 법적 측면에서 살펴 볼 수 있다.[64] 우선 경제적 측면에서의 의의는 재산의 소유, 사용 및 관리상 손해가 발생한 경우에 이를 보상해 주는 제도라는 점이다.

보험에 있어서, 중요한 점은 사전예측을 통한 손해발생의 예상과 이러한 손해부담을 분산시키고자 하는 장치라는 것이다. 보험자는 일정한 재산손해나 기타 손해발생 위험에 관하여 과거의 경험에 의거하여 손해발생을 예측한 후, 이에 상응한 적절한 위험단위당 요율을 산정하여 보험가입자들에게 공평한 비용부담을 하게하며 결과적으로 발생한 손해를 분산시키는 것이다.

보험가입자의 입장에서는 이러한 전체 손해의 전체 보험가입자간 분산이라는 효과를 거둠은 물론 자신의 위험을 전문적인 기관에 전가하는 것이 된다. 궁극적으로 대규모의 불확실

63) 상법 제665조에서 손해보험을 보험사고로 인하여 생길 피보험자의 재산상의 손해 보상을 목적으로 하는 보험으로 정의하고 있다.

64) 박상범, 『손해보험론』, 문영사, 2001.

한 손해(실제 발생 손해)를 적은 비용(보험료)으로 대체하는 것이다.

손해보험의 법적 의의는 보험계약자가 약정한 보험료를 보험자에게 지급하고 보험사고로 인한 피보험자의 재산상의 손해를 보상해 줄 것을 약정하는 계약이다. 대부분의 경우에 있어서 보험사고의 객체가 피보험자의 재산이 된다. 보험사고는 우연 발생적이어야 한다. 사고의 발생 여부, 사고발생 시간 그리고 사고로 인한 손해의 규모가 불확정적이어야 한다는 의미이다.

6장에서 기술하였듯이 손해보험계약은 보험금 지급 형태, 보험의 목적[65], 보험자 대위의 존재여부, 보험기간 등에서 생명보험계약과 차이를 보인다.

첫째, 손해보험의 경우 계약 성립시 보험사고 발생으로 인해 지급해야 할 금액을 미리 알 수 없는 불확정보험이라는 점에서 정액보험인 생명보험과 차이를 보인다. 손해보험은 실손보상을 원칙으로 하고 있기 때문이다.

둘째, 손해보험은 물건 또는 기타 재산상의 손해보상을 목적으로 한다. 손해보험은 자연인이나 법인, 유체물이나 무체물이든 피보험이익[66]의 요건을 충족하는 것이라면 모두 보험의 목적이 될 수 있다. 반면에 생명보험은 자연인에 한하며 15세 미만자, 심신상실자, 심신박약자는 사망보험의 피보험자가 될 수 없다.

셋째, 손해보험은 실손보상 원칙이 적용되므로 보험자 대위[67]가 인정되고, 생명보험에 비해 보험기간이 단기라는 특징을 보이고 있다.

1-2 손해보험의 보험구성

1) 손해보험 보험료 구성

보험상품의 가격에 해당하는 보험료[68]는 보험가입자가 위험보장에 대한 대가로 보험회사

65) 보험의 목적(items subject to loss)이란 보험사고의 대상이 되는 객체로 피보험자의 재화 등을 의미한다.

66) (교재 5~6장 참조)피보험이익(insurable interest)이란 어떤 물건에 우연한 사고가 발생함으로써 특정인이 손해를 입을 위험이 있는 경우 그 사람과 물건 사이에 개재하는 이해관계를 의미한다. 즉, 피보험이익이란 피보험자가 보험의 목적에 대하여 가지는 경제적 이익을 나타낸다.

67) (교재 5~6장 참조)보험자 대위(subrogation)란 보험금을 지급한 보험자가 피보험자 또는 보험계약자가 보험의 목적이나 책임 있는 제3자에 대하여 가지게 되는 권리를 취득하는 것을 의미한다. 손해보험은 피보험자가 보험 가입을 통해 재산상 이득이 발생하지 않도록 하기 위해 보험자대위를 인정함으로써 피보험자에게 보상책임을 이행한 한도 내에서 잔존물이나 청구권을 취득하게 된다.

68) 보험료(premium)와 보험요율(premium rate)이란 용어는 근본적으로 상이한 개념으로 보험료는 보험계약을 체결함에 있어 보험금 지급에 대가로서 보험계약자가 지불하는 상품가격에 해당하며, 보험요율은 보험료를 산출하기 위하여 일정한 보험단위(unit of insurance)또는 단위위험(expo-

에 지불하는 금액으로, 보험계약자(소비자)와 보험회사(공급자)의 보험계약관계를 성립시키는 매개체로 작용한다.

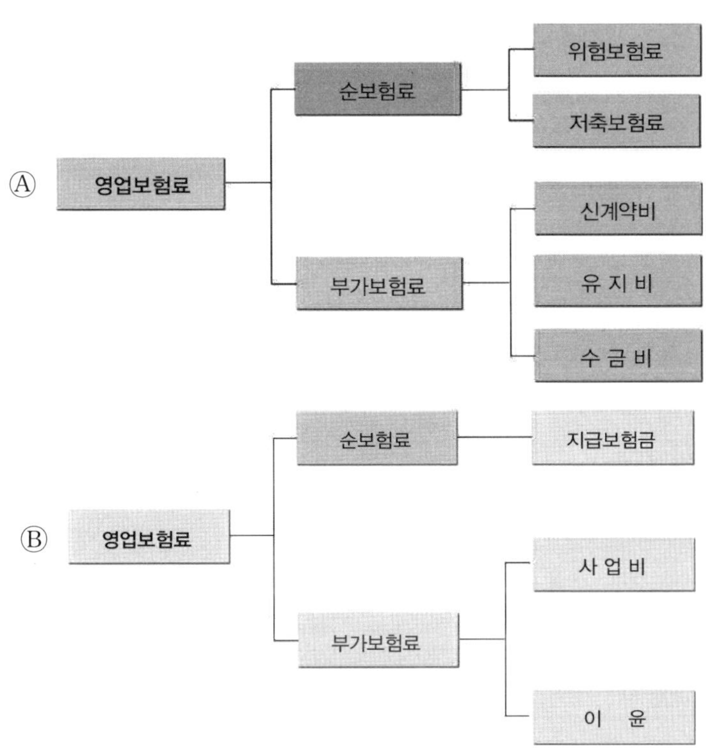

자료 : 보험연구원

그림 8-1 손해보험료의 구성체계(Ⓐ-장기손해보험, Ⓑ-일반손해보험)

일반상품의 가격은 투입된 생산요소의 평균원가에 생산자가 희망하는 이윤을 부가하여 산출되는 반면, 보험상품 가격인 보험료는 장래의 일정기간 동안 발생할 것으로 예상되는 비용을 사전에 예측하여 산정하고 보험기간의 종료 시 정확한 원가가 확정되게 된다. 그래서 보험 상품의 가격은 예정가격 또는 추정가격으로 불리기도 한다. 보험상품가격인 보험료[69]는 순보험료(pure or net premium)와 부가보험료(loading premium)로 구성되어 있는데 순보험료는 피보험자의 사망, 장해, 입원 또는 만기 등과 같은 보험금 지급사유 발생 시 보험금으로 충당할 수 있도록 계산된 보험료[70]로, 위험보험료와 저축보험료로 구분된다.

sure unit)당 적용된 비율로서 보험요율에 보험금액을 곱하게 될 경우 보험계약자가 지불하는 보험료가 된다.

69) (5~6장 참고)순보험료와 부가보험료를 합한 보험료를 총보험료(gross premium)또는 영업보험료라고도 한다.

손해보험에서의 위험보험료는 사망보험금, 장해급여금 등의 지급 재원이 되는 보험료이며, 저축보험료는 만기생존보험금, 해약환급금 등의 지급 재원이 되는 보험료이다. 그리고 부가보험료는 보험회사가 보험계약을 체결하고 관리하기 위한 비용과 적정이윤을 충당하기 위한 비용에 해당되는 보험료로 예정사업비율을 기초로 하여 산출한다.

2) 손해보험 보험요율

(1) 보험료 구성항목에 따른 분류

보험요율은 보험료를 구성하는 항목에 따라 순보험요율과 부가보험요율로도 구분할 수 있다. 이때의 보험요율은 영업보험요율 또는 총보험요율(gross premium rate)을 나타낸다.

순보험요율은 보험자가 보험계약의 조건에 따른 손해발생시 보험금 지급을 위해 산출된 요율을 의미하며, 부가보험요율은 보험담보제공과 관련한 보험회사의 제반 사업경비부분에 해당하는 요율을 의미한다.

(2) 위험집단 적용방식에 의한 분류

보험요율은 위험집단에 대한 적용방식에 따라 등급요율과 개별요율로 구분할 수 있다.

첫째, 등급요율(class rate) 또는 집단위험요율(manual rate)은 동일 등급에 속하는 위험에 대해 동일한 보험요율 즉, 평균요율(average rate)을 적용하는 방식이다. 대부분의 손해보험에서는 등급요율을 적용하고 있으며, 생명보험이나 건강보험에서도 등급요율 형태를 채택하고 있다.

등급요율은 적용이 간편하고 개별요율에 비해 상대적으로 작은 비용으로 요율을 산출할 수 있다는 장점이 있으나, 동일 등급에 속한 위험에 대해서는 평균요율을 적용하기 때문에 집단 내 위험 간 불공평성이 존재한다는 단점이 존재한다.

둘째, 개별요율(individual rate)은 등급요율의 단점을 보완하기 위한 것으로 보험목적별 위험도에 따라 개별적으로 요율을 산출하는 방식으로 동질적인 위험만으로 등급을 구성하였다 하더라도 시간이 경과함에 따라 이질적인 위험이 발생하는 현상을 반영하여 요율의 공평성을 기하고자 고안된 방식이다. 개별요율의 경우 ① 예정요율(schedule rating), ② 경험요율(experience rating), ③ 소급요율(retrospective rating) 등으로 재분류할 수 있다.

---

70) 생명보험과 장기보험의 경우 '수지상등의 원칙'에 따라 보험료를 산출하며, 일반손해보험의 경우 해당종목의 손해 빈도(frequency)및 심도(severity)에 기초하여 보험요율을 산출한다. 일반손해보험의 경우 순보험료는 위험보험료로 구성되며, 장기손해보험의 순보험료의 경우 저축보험료가 포함된다.

① 예정요율이란 동일 위험군에 속한 동질적 위험의 과거경험에 따라 기준이 되는 보험요율을 산정한 후, 이를 기초로 각 위험의 특수성을 반영하여 최종적 요율을 산출하는 방식이다. 예를 들어, 자동차보험에 있어서 운전자의 나이, 성별, 운전경력 등 기본적 사항에 따라 기본 보험요율을 산정한 후, 직업, 결혼여부 등 운전자별 특성에 따라 요율을 조정하는 방식 등이 이에 해당한다. 예정요율의 경우 사고방지를 유도할 수 있다는 장점[71)]을 보유하고 있어서, 보험사고의 발생요인을 제거하거나 감소시킬 수 있는 종목에 많이 사용된다.

② 경험요율은 각 위험의 과거 손해실적에 따라 차기 보험료에 차등을 두는 방식으로, 객관적 기준마련을 위해 보험대상을 동질성을 기준으로 분류하고 동일등급에 속하는 위험의 개별적인 과거 손해경험에 따라 표준보험요율을 산정한다. 자동차보험에서 과거 손해율에 따른 할인·할증을 예로 들 수 있다.

③ 소급요율은 경험요율의 일종으로, 보험기간 동안의 손해발생 결과를 당해 보험료에 바로 반영시킨다는 점에서 경험요율과 차이를 보인다.

(3) 기타

보험요율은 요율경쟁 유·무에 따라 표준요율, 범위요율, 자유요율로 구분할 수 있다. 표준요율은 금융감독원장의 인가대상인 보험요율 중에서 보험료 및 책임준비금 산출방법서상의 표준적인 위험에 대한 보험요율을 의미하고, 범위요율은 위험요인별로 정해진 요율이 아니라, 상한과 하한을 정하거나 표준이율을 정한 후 보험목적별로 위험에 따라 요율을 수정하여 적용하는 방식이다. 마지막으로 자유요율은 각 보험회사가 인수한 위험에 대해 개별 회사 자체에서 위험을 측정하고 보험요율을 자율적으로 결정하는 방식을 의미한다.

2 자동차보험

2-1 자동차보험의 필요성

자동차보험은 우리의 생활에서 가장 많이 접하고 있는 보험 중 하나이다. 자동차보험은 자동차의 소유, 사용 또는 관리하는 동안에 발생하는 사고로 생긴 손해를 보상할 것을 목적

71) 보험계약자나 피보험자는 사전에 어떤 요소들이 보험요율산정에 영향을 미치는지 알 수 있기 때문에, 낮은 요율을 적용받기 위해 사고방지를 위한 자구적 노력을 기울이는 경향을 말한다.

으로 하는 보험이다. 자동차보험은 보험계약자 자신과 가족은 물론 피해를 입은 제3자를 보호하기 위해서도 꼭 필요한 필수적인 보호장치라고 할 수 있다.

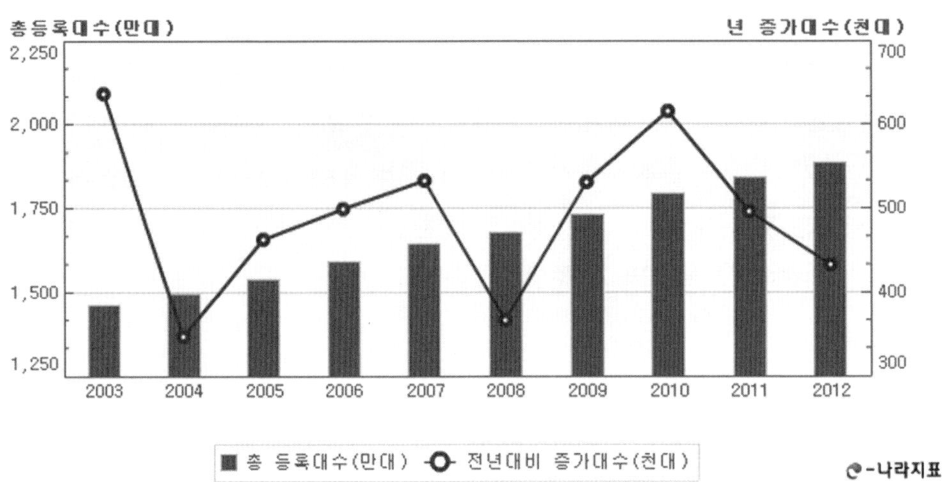

자료 : 나라지표(http://www.index.go.kr)

그림 8-2 우리나라 자동차 등록현황

[표 8-1] 우리나라 자동차 등록대수

	2005	2006	2007	2008	2009	2010	2011	2012
등록대수(만대)	1,540	1,590	1,643	1,679	1,733	1,794	1,844	1,887
전년대비 증가대수(천대)	463	499	533	366	531	616	496	433
전년대비 증감비(%)	3.1	3.2	3.4	2.2	3.2	3.6	2.8	2.3

자료 : 국토교통부 -시도별자료

위 그림과 표에서 알 수 있듯이 우리나라의 자동차 등록대수 현황은 2012년 현재 1,887만대로 매년 꾸준한 증가세를 보이고 있다. 전년대비 증감비율은 낮아 졌으나, 2008년도를 제외하고는 매년 400만대씩 증가하고 있다.

한편 교통사고 발생률(아래 [표 8-2])을 살펴보면 2005년을 정점으로 최근 수년간 점차 완화되고 있는 모습을 보여주고 있으나 2011년부터는 사망자 수가 인구대비 늘어나고 있다. 또한 OECD선진국에 비하여 교통사고 후진국의 불명예를 안고 있다.

자동차 사고는 사고로 인한 직접 또는 간접적인 인적 피해, 재산적 피해뿐만 아니라 소년소녀가장 및 장애인의 양산이나 보험사기의 급증 등 많은 사회적인 문제점을 야기하고 있으

며 이러한 문제점은 계속 증가하고 있는 추세이다.

[표 8-2] 교통사고 발생현황

(단위 : 건, 명)

	2005	2006	2007	2008	2009	2010	2011	2012
발 생	214,171	213,745	211,662	215,822	231,990	226,878	221,711	223,656
사 망	6,376	6,327	6,166	5,870	5,838	5,505	5,229	5,392
부 상	342,233	340,229	335,906	338,962	361,875	352,458	341,391	344,565
자동차 1만대당 교통사고	3.4	3.3	3.1	2.9	2.8	2.6	2.4	2.4
인구 10만명당 교통사고 사망자수(명)	13.2	13.0	12.7	12.1	12.0	11.3	10.7	10.8
보행자 교통사고 사망자 구성비(%)	40.0	38.6	37.4	36.4	36.6	37.8	39.1	37.6

자료 : 경찰청(교통경찰업무관리시스템) & 나라지표(http://www.index.go.kr)

물론 이러한 사회적인 문제를 줄일 수 있는 가장 좋은 방법은 교통법규준수 등을 통해 교통사고자체를 줄이는 것이다. 그러나 이미 발생한 사고로 인한 재정적 손실을 신속히 복구하는 것 또한 매우 중요하며, 그 가장 좋은 방법은 보험이라고 할 수 있다. 따라서 대부분의 국가에서는 자동차 보험의 가입을 강제하기도 한다. 우리나라의 경우에도 자동차를 운행할 경우 반드시 자동차손해배상보장법에 의해 규정된 의무보험에 가입하여야 한다.

2-2 자동차보험의 구성

1) 보험종목 및 가입대상

자동차보험의 종목은 크게 개인용자동차보험, 업무용자동차보험, 영업용자동차보험, 이륜자동차보험 등으로 구분된다.[72] 개인용자동차보험은 법정승차정원 10인승 이하의 개인소유 자가용승용차를 가입대상으로 하고, 업무용자동차보험은 개인용을 제외한 모든 비사업용자동차 및 관용의 자동차를 가입대상으로 한다. 그리고 영업용자동차보험은 모든 영업용의 자동차와 건설기계 및 대여차(렌트카)를 대상으로 하고, 이륜자동차보험은 모든 이륜자동차와

72) 이외의 자동차보험에는 농기계보험(동력경운기, 농용트랙터 및 콤바인 등 농기계), 외화표시자동차보험(외국인(기관)소유자동차), 기타(운전자보험, 운전면허교습생자동차보험, 자동차취급업자종합보험)등이 있다.

원동기장치자전거(50cc이상)를 가입대상으로 하고 있다.

2) 담보종목

보험회사가 판매하는 개인용자동차보험은 대인배상 I , 대인배상II, 대물배상, 자기신체사고, 무보험자동차에 의한 상해, 자기차량손해의 6가지 담보종목과 특별약관으로 구성되어 있으며, 보험회사는 대한민국(북한지역 포함) 안에서 생긴 사고에 대하여 보험계약자가 가입한 담보내용에 따라 보상한다.

보험계약자는 이들 6가지 담보종목 중 한 가지 이상을 선택하여 가입할 수 있다. 다만, 자동차손해배상보장법 제5조 제1항 및 제2항의 규정에 따라 자동차보유자가 의무적으로 가입하여야 하는 의무보험은 반드시 가입하여야 한다.

(1) 자동차 사고로 인한 타인의 피해 보상(배상책임)

① 대인배상 I : 자동차사고로 다른 사람을 죽게 하거나 다치게 한 경우에 자동차손해배상보장법에서 정한 한도내에서 보상

② 대인배상II : 자동차사고로 다른 사람을 죽게 하거나 다치게 한 경우, 그 손해가 대인배상 I 에서 지급하는 금액을 초과하는 경우에 그 초과손해를 보상

③ 대물배상 : 자동차사고로 다른 사람의 재물을 없애거나 훼손한 경우에 보상

(2) 자동차 사고로 인한 피보험자의 피해 보상

① 자기신체사고 : 피보험자가 죽거나 다친 경우에 보상

② 무보험자동차에 의한 상해 : 무보험자동차에 의해 피보험자가 죽거나 다친 경우에 보상

③ 자기차량손해 : 피보험자동차가 파손된 경우 보상

(3) 의무보험 및 임의보험

① 의무보험 : 대인배상 I , 대물배상(1,000만원 이상 의무가입)

② 임의보험 : 대인배상II, 자기신체사고, 무보험자동차에 의한 상해, 자기차량손해

3) 보험계약의 성립

자동차보험에서 보험계약자와 보험회사의 보험계약은 보험계약자가 청약을 하고 보험회사가 승낙을 하면 성립한다. 보험계약자가 청약을 할 때 보험료를 분납하기로 약정한 경우에는 '제1회 보험료' 또는 보험료를 일시에 지급하기로 약정한 경우에는 '보험료 전액'(이하 '제1회 보험료 등')을 지급한 경우에는, 보험회사가 그 지급한 날로부터 15일 이내에 보험회

사가 승낙 또는 거절의 통지를 발송하지 않으면 승낙한 것으로 본다.

보험회사가 청약을 승낙한 때는 지체 없이 보험증권을 보험계약자에게 교부한다. 그러나 보험계약자가 제1회 보험료 등을 지급하지 아니한 경우에는 그러하지 아니한다. 보험계약이 성립하면 보험회사는 '보험기간'의 규정에 따라 보험기간의 첫 날부터 보상책임을 진다. 다만, 보험계약자로부터 제1회 보험료 등을 받은 경우에는, 그 이후에 발생한 승낙 전의 사고라도 청약을 거절할 사유가 없는 한 보상한다.

4) 청약철회

보험계약자는 제1회 보험료 등을 지급하지 않은 경우에는 청약을 한 날로부터, 이를 지급한 경우에는 그 지급한 날로부터 15일 이내에 보험계약의 청약을 철회할 수 있다. 다만, 가입이 강제되는 의무보험에 대해서는 청약을 철회할 수 없다.

보험회사는 보험계약자의 청약철회를 접수한 날로부터 3일 이내에 받은 보험료를 보험계약자에게 돌려주어야 한다. 보험회사가 위의 보험료 반환기일을 지키지 못하는 경우에는, 반환기일의 다음날로부터 반환하는 날까지의 기간에 대해서는 이자(보험개발원이 공시한 정기예금이율에 따라 연단위 복리로 계산한 금액)를 가산한 금액을 돌려 주어야 한다.

5) 보험기간

보험회사가 피보험자에 대해 보상책임을 지는 보험기간은 다음과 같다. 일반적으로 자동차보험의 보험기간은 보험증권에 기재된 보험기간의 첫날 24시부터 마지막 날 24시까지이다.

다만, 의무보험(책임공제를 포함)의 경우 전(前) 계약이 보험기간과 중복되는 경우에는 전 계약의 보험기간이 끝나는 시점부터 시작한다. 그리고 자동차보험에 처음 가입하는 자동차의 경우에는 보험기간은 보험료를 받은 때부터 마지막 날 24시까지이다. 다만, 보험증권에 기재된 보험기간 이전에 보험료를 받았을 경우에는 그 보험기간의 첫날 0시부터 시작한다.

6) 담보별 보상내용

(1) 자동차 사고로 인한 타인의 피해 보상(배상책임)

① 대인배상 I

대인배상 I 은 피보험자가 피보험자동차의 '운행'[73]으로 인하여 다른 사람을 죽게하거나

73) 자동차손해배상보장법 제2조의 2 : '운행'이란 사람 또는 물건의 운송여부와 관계없이 자동차를 그 용법에 따라 사용하거나 관리하는 것을 말한다.

다치게 하여 법률상 손해배상책임을 짐으로써 입은 손해를 보상해 주는 보험으로 자동차손해보상보장법에 의해 의무적으로 가입해야하는 의무보험이다. 대인배상 I 에서 피보험자라 함은 기명피보험자, 친족피보험자, 승낙피보험자, 사용피보험자, 운전피보험자를 말하며, 또한 자동차손해배상보장법상 자동차보유자에 해당하는 자가 있는 경우에는 그를 포함한다.

[표 8-3] 대인배상 I 의 보상범위

구 분	내 용
사 망	최고 1억원(최저 2,000만원)
부 상	부상급별에 따라 최고(1급) 2,000만원, 최저(14급) 80만원
후유장애	장해급별에 따라 최고(1급) 1억원, 최저(14급) 630만원

2005년 2월부터 대인배상 I 의 보상은 사망의 경우 최고 1억원, 부상의 경우 최고 2천만원으로 부상의 정도에 따라 차등 지급된다. 또한 후유장해가 발생하는 경우 장해의 정도에 따라 최고 1억원이 지급되며, 부상을 입고 치료중 사망의 경우 최고 1억2천만원까지 지급된다.

② 대인배상II

대인배상II는 피보험자[74]가 피보험자동차의 소유, 사용, 관리하는 동안에 생긴 피보험자동차의 사고로 다른 사람을 죽게하거나 다치게하여 법률상 손해배상책임을 짐으로써 입은 손해 중 대인배상 I 의 보상한도를 초과하는 손해를 보험가입금액 한도내에서 보상하는 보험이다.

보험계약자가 선택할 수 있는 1인당 보상한도는 1억원, 2억원, 3억원, 무한보상 등 4가지 중 하나를 선택할 수 있다. 그러나 형사처벌을 면제받기 위해서는 반드시 무한보상에 가입하여야 한다.

74) 대인배상II와 대물배상에서 피보험자의 범위는 대인배상 I 과 같으나 승낙 및 운전피보험자의 경우 자동차 취급업자가 업무상 위탁받은 피보험자동차를 사용하거나 관리하는 경우에는 피보험자로 보지 아니한다.

[표 8-4] 대인배상Ⅱ의 보상범위

구 분	내 용
법률상 손해배상책임액	사망, 부상, 후유장애
비 용	손해방지 및 경감비용, 권리보전과 행사비용, 긴급조치비용, 기차 보험회사의 동의를 얻어 지출한 비용
기 타	확정판결에 의한 지연배상금

③ 대물보상

대물배상은 피보험자가 피보험자동차를 소유, 사용, 관리하는 동안에 생긴 피보험자동차의 사고로 다른 사람의 재물을 없애거나 훼손하여 법률상 손해배상책임을 짐으로써 입은 손해를 보상한다. 대물배상은 2005년 2월부터 대물배상 기입의무화에 따라 최저 1천만원 이상의 보험가입금액으로 가입하여야 한다.

[표 8-5] 대물보상범위

구 분	내 용
법률상 손해배상책임액	• 직접손해 : 수리비용, 교환가액 • 간접손해 : 대차료, 휴차료, 영업손실
비 용	손해방지 및 경감비용, 권리보전과 행사비용, 긴급조치비용, 보험회사의 동의를 얻어 지출한 비용
기 타	확정판결에 의한 지연배상금

따라서 피보험자동차를 지동차를 소유, 사용 관리하는 동안 다른 사람에게 끼친 물적 손해만을 보상하는 부분이기 때문에 다른 사람의 신체상해나 보험계약자나 피보험자 또는 그의 부모, 배우자 및 자녀가 소유, 사용 또는 관리하는 재물에 관한 물적손해에 대해서는 보상하지 않는다. 보험계약자가 선택할 수 있는 보험가입금액(1사고당 기준)은 1천만원, 2천만원, 3천만원, 5천만원, 7천만원, 1억원, 2억, 3억, 5억, 10억으로 구분된다.

④ 공통적용사항

대인배상I, 대인배상II, 대물배상에서의 지급보험금은 '보험금지급기준에 의해 산출한 금액'과 '비용'을 합한 금액에서 '공제액'을 공제한 후 보험금으로 지급하는데, 다만, 대인배상 I은 자동차손해배상보장법령에서 정한 기준에 따라 산출한 금액을, 대인배상II 및 대물배상은 보험증권에 기재된 보험가입금액을 한도로 한다.

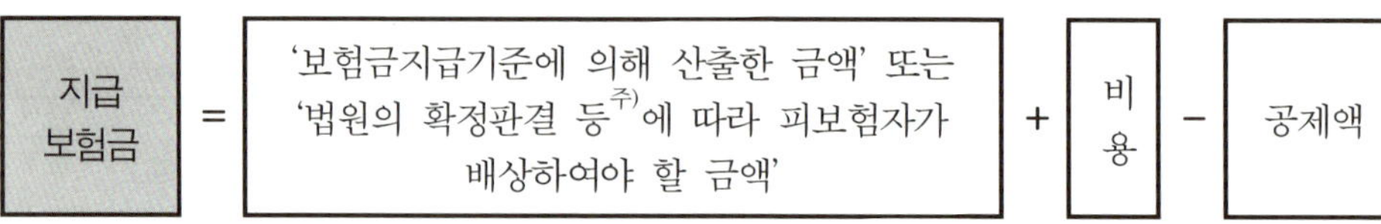

주 : '법원의 확정판결 등'이라 함은 법원의 확정판결 또는 법원의 확정판결과 동일한 효력을 갖는 조정결정, 중재판정 등을 말한다.

그림 8-3 자동차 배상책임에서 지급보험금의 계산

만약 소송(민사조정, 중재를 포함)이 제기되었을 경우에는 대한민국 법원의 확정판결 등에 따라 피보험자가 손해배상청구권자에게 배상하여야 할 금액(지연배상금을 포함)을 '보험금지급기준에 의해 산출한 금액'으로 본다. 그리고 '비용'[75]은 보험가입금액과 관계없이 보상한다.

마지막으로 '공제액'은 대인배상II에서는 대인배상 I 에서 지급되는 금액 또는 피보험자동차가 대인배상 I 에 가입되지 않은 경우에는 대인배상 I 에서 지급될 수 있는 금액을 말하며, 대물배상에서는 사고차량을 고칠 때에 엔진, 변속기(트랜스미션) 등 부분품을 교체한 경우 교체된 기존 부분품의 감가상각에 해당하는 금액을 말한다.

또한 음주운전 또는 무면허운전 중 사고시 피보험자는 일정금액을 사고부담금으로 보험회사에 납부해야 하는데, 음주운전의 사고부담금은 1사고당 대인배상 I · II는 200만원, 대물배상은 50만원이며, 무면허운전의 사고부담금은 1사고당 대인배상 I 은 200만원, 대물배상은 50만원이다.

(2) 자동차 사고로 인한 피보험자의 피해 보상

① 자기신체사고

자기신체사고는 피보험자가 피보험자동차를 소유, 사용, 관리하는 동안에 생긴 피보험자동차의의 사고로 인하여 죽거나 다친 때 그로 인한 손해를 보상하는 보험이다. 자기신체사고에서 피보험자는 대인배상II와 대물배상의 피보험자 및 피보험자의 부모, 배우자, 자녀이다. 그러나 피보험자가 입은 손해에 대하여 피보험자동차가 가입한 대인배상II 또는 무보험자동차에 의한 손해에 의하여 보상받을 수 있는 때에는 피보험자로 보지 않는다.

보험금의 종류는 사망보험금, 부상보험금, 그리고 후유장애보험금이 지급된다. 부상 중 사망한 경우 실제 치료비와 사망보험금을 합산한 금액을 보상한다.

---

75) '비용'은 ① 손해의 방지와 경감을 위하여 지출한 비용(긴급조치비용을 포함), ② 다른 사람으로부터 손해배상을 받을 수 있는 권리의 보전과 행사를 위하여 지출한 필요비용 또는 유익한 비용, ③ 그 밖에 보험회사의 동의를 얻어 지출한 비용을 말한다.

자기신체사고의 경우 보상받을 수 있는 보험금의 한도는 1인당 한도액인 1,500만원, 3천만원, 5천만원, 1억원 중 선택하여 보험에 가입한다. 흔히 1인당 보상한도 1,500만원을 선택하는 경우가 있으나 치료비나 수술비용에도 못 미치는 경우가 많아 이 경우 보험의 의미를 가지지 못한다 할 것이다.

② 무보험자동차에 의한 상해

무보험자동차에 의한 상해는 피보험자가 무보험자동차로 인하여 생긴 사고로 죽거나 다친 때에 그로 인한 손해에 대하여 배상의무자가 있는 경우에 이 약관에서 정하는 바에 따라 보상한다. 여기서 배상의무자라 함은 무보험자동차로 인하여 생긴 사고로 피보험자를 죽게 하거나 다치게 함으로써 피보험자에게 입힌 손해에 대하여 법률상 손해배상책임을 지는 사람을 말한다.

무보험자동차에 의한 상해의 가입조건은 대인배상 I·II, 대물배상, 자기신체사고가 모두 체결된 경우에 한하여 적용되며, 뺑소니 차량을 포함하여 가해차량이 보험에 가입되어 있지 않거나 보험에 가입되어 있더라도 보험보상 한도액이 피해자의 손해를 완전히 보상하지 못할 경우에 그 피해자의 보험에서 그 차액이 보상되는 것을 말한다.

보상한도는 피보험자 1인당 2억원으로 제한되어 있으며, 무보험자동차에 의한 상해 가입하며 자동적으로 다른자동차 운전담보특약에 가입되어 타인의 차량을 운행하다가 발생시킨 사고에도 자신의 보험에서 대인배상II, 자기신체, 무보험자동차에 의한 손해 등이 담보된다.

③ 자기차량손해

자기차량손해는 피보험자가 피보험자동차를 소유, 사용, 관리하는 동안에 발생한 사고로 인하여 피보험자동차에 직접적으로 생긴 손해를 보험증권에 기재된 보험가입금액을 한도로 보상한다. 다만, 보험가입금액이 보험가액보다 많은 경우에는 보험가액을 한도로 보상한다. 이 경우 피보험자동차에 통상 붙어있거나 장치되어 있는 부속품과 부속기계장치는 피보험자동차의 일부로 보지만, 통상 붙어 있거나 장치되어 있는 것이 아닌 것은 보험증권에 기재한 것에 한한다.

예를 들어 타차 또는 타 물체와의 충돌, 접촉, 추락, 전복 또는 도로운행 중 차량의 침수로 인한 손해나 화재, 폭발, 낙뢰, 날아온 물체, 떨어지는 물체에 의한 손해와 피보험자동차의 전부도난인 경우에 보상한다.

그리고 자기차량손해에만 있는 특수한 조항이 바로 자기부담금 조항인데, 자기부담금이란 자기차량 손해금액 중에서 본인이 스스로 부담을 해야 하는 금액이다. 자동차보험 약관 개정전에는 자기부담금가 정액제였으나 2011년 2월부터 정률제로 전환되어 수리비용의 일정금액(일반적으로 수리비용의 20%)을 자기부담금으로써 부담하게 된다. 그리고 보험증권에 기재된 최소자기부담금은 일반적으로 5만원~20만원에서 설정되며, 최대 자기부담금액은 50만원으로 설정되어 있는것이 보통이다. 이러한 자기부담금은 보험계약당시 선택할 수 있다.

7) 주요 면책사항

자동차보험에서 공통으로 사용되는 주요 면책내용은 다음 [표 8-6]과 같다. 자세한 면책사항은 각 보험사별 자동차보험약관을 참조하기 바란다.

[표 8-6] 주요면책사항

담보종목		주요 면책사항
대인배상 I		• 보험계약자 또는 피보험자의 고의로 인한 손해
기타 담보	공통 적용	• 보험계약자 또는 기명피보험자 및 기명피보험자 이외의 피보험자의 고의로 인한 손해 • 영리를 목적으로 요금이나 대가를 받고 피보험자동차를 반복적으로 사용, 대여한 때에 생긴 사고로 인한 손해(영업용 자동차보험은 제외) • 지진, 분화 등 천재지변에 의한 손해 • 피보험자동차를 시험용, 경기용 또는 경기를 위해 사용하던 중 생긴 손해(단 운전면허 시험을 위한 도로주행 시험용으로 사용하던 중 생긴 손해는 보상)
	대인II	• 피보험자 또는 그의 부모, 배우자, 자녀에게 생긴 손해 • 피보험자 본인이 무면허운전을 하였거나 기명피보험자의 명시적·V묵시적승인하에서 피보험자동차의 운전자가 무면허 운전을 하였을 때에 생긴사고로 인한 손해 • 배상책임이 있는 피보험자의 피용자로서 산업재해보상보험법에 의한재해 보상을 받을 수 있을 때 • 피보험자가 피보험자동차를 사용자의 업무에 사용하는 경우 그 사용자의 업무에 종사중인 다른 피용자로서 산업재해보상보험법에 의한 재해보상을 받을 수 있을 때
	대물	• 피보험자 또는 그 부모, 배우자 및 자녀가 소유, 사용 또는 관리하는 재물에 생긴 손해 • 피보험자가 사용자의 업무에 종사하고 있을 때 피보험자의 사용자가 소유, 사용 또는 관리하는 재물에 생긴 손해 • 피보험자동차에 싣고 있거나 운송중인 물품에 생긴 손해 • 다른 사람의 서화, 골동품, 조각물, 그 밖에 미술품과 탑승자와 통행인의 의류나 휴대품에 생긴 손해(단, 훼손된 소지품에 대하여는 피해가 1인당 200만원 한도에서 실손 보상)
	자손	• 피보험자가 고의로 그 본인이 상해를 입은 때. 이 경우 그 피보험자에 대한 보험금만 지급하지 않음. • 상해가 보험금을 받을 자의 고의로 생긴 때에는 그 사람이 받을 수 있는 금액

무보험	• 피보험자가 고의로 그 본인이 상해를 입은 때. 이 경우 그 피보험자에 대한 보험금만 지급하지 않음 • 상해가 보험금을 받을 자의 고의로 생긴 때에는 그 사람이 받을 수 있는 금액 • 피보험자의 부모, 배우자, 자녀나 피보험지가 사용자의 업무에 종사하고 있을 때 피보험자의 사용자 또는 피보험자의 사용자의 업무에 종사중인 다른 피용자
자차	• 피보험자동차의 일부 부분품, 부속품, 부속기계장치 만의 도난으로 인한 손해 • 피보험자동차에 생긴 흠, 마멸, 부식, 녹 등의 자연소모로 인한 손해 • 음주·무면허 운전중 발생한 사고

자료 : 민영보험사(M화재), 자동차보험상품요약서

2-3 자동차 보험료의 구성

자동차보험료는 여타 보험료의 구성과 같이 순보험료와 부가보험료로 구성되어 있다. 순보험료는 사고발생시 보상에 필요한 보험금으로 사용되는 재원이며, 부가보험료는 보험회사의 운영에 필요한 비용으로 사용되는 재원이다.

과거에는 순보험료와 부가보험료를 전보험사가 동일하게 적용하였으나, 2001년 8월부터 자동차보험 가격자유화가 실시된 이후로는 보험회사별로 자체 통계에 근거하여 순보험료를 각기 산출하고 또한 회사운영에 필요한 비용이 차이가 나므로 회사별로 보험료가 다를 수 있다.

1) 보험료의 결정요소

보험가입자별로 납입하는 보험료를 결정하는 요소에는 보험가입경력, 교통법규위반경력, 사고경력, 가입자연령, 운전자의 범위 등이 있다.76)

(1) 보험가입경력

보험가입경력요율은 피보험자가 보험에 가입한 기간에 따라 차등하여 적용하는 것이며, 보험가입기간 뿐만 아니라, 관공서, 법인체, 군대 등에서 운전직 또는 운전병으로 근무한 기간 및 외국에서의 보험가입기간을 포함하여 적용한다.

(2) 교통법규위반 경력요율

교통법규위반경력요율은 피보험자의 교통법규위반실적 평가대상기간 중 교통법규위반실적에 따라 보험요율을 최고 10%까지 할증하는 제도이며, 개인용자동차보험과 업무용 및 영

76) 보험개발원(http://www.kidi.or.kr/km/insurance03_01_04.asp)참조 검색일 2013. 12. 22.

업용자동차보험에 가입하는 개인소유자동차에 적용된다.

[표 8-7] 법규위반 경력요율

구 분		적용대상 법규위반	적용요율
할증그룹	1그룹	무면허운전금지/사고발생시조치	20%
		주취운전금지 1회	10%
		주취운전금지 2회 이상	20%
	2그룹	신호지시준수의무, 중앙선우측통행, 속도제한을 항목구분없이 2회 ~ 3회	5%
		신호위반, 중앙선침범, 속도제한을 항목구분 없이 4회 이상	10%
기본그룹		신호지시준수의무, 중앙선우측통행, 속도제한을 항목구분없이 1회이상	0%
		기타 할증그룹 이외의 벌점있는 교통법규위반	
		교통법규위반실적 평가대상기간중 사고가 있는 자로서 할증그룹에서 제외되는 경우	
할인그룹		할증 및 기본그룹이외의 경우	△α%

자료 : 보험개발원(http://www.kidi.or.kr/km/insurance03_01_04.asp)

평가대상기간은 당년 4월30일부터 과거2년으로 하며, 당년 9월1일부터 익년 8월31일사이에 책임이 시작되는 계약에 대하여 적용한다. 단, 법규위반실적기간이 평가대상기간 미만인 경우에는 당해 실적기간을 평가대상기간으로 한다.

(3) 사고경력(우량할인 및 불량할증, 할인할증률)

자동차보험에 있어서 할인·할증제도는 자동차운행에 따른 위험도가 서로 다른 경우 이를 차등화하여 보험가입자간 형평성을 제고하는 측면과 사고시 할증 및 무사고시 할인제도를 둠으로써 사고를 스스로 예방하려는 노력을 하도록 유도하는데 그 목적이 있다. 할인할증률은 평가대상기간 및 과거 3년간 발생한 보험사고실적(사고유무 및 사고내용)에 따라 담보구분 없이 증권별로 평가하여 적용한다.

자동차보험 갱신시 할인할증 평가대상기간은 갱신계약의 전전계약 보험기간 만료일 3개월전부터 전계약 만료일 3개월 전까지의 기간이며, 사고의 평가는 개인용자동차보험 및 개인소유 업무용 소형차(자가용경승합, 1톤 이하 화물)의 업무용자동차보험은 증권에 표시된 기명피보험자를 기준으로 평가한다. 따라서 개인이 상기에 해당하는 2대 이상의 자동차를 소한 경우에도 평가대상기간 중 사고를 모두 합산하여 평가한다. 다만, 동일증권계약[77]일

77) 동일증권계약이란 상기 피보험자별로 평가하는 차종에 있어서는 피보험자가 두 대 이상의 자동차

경우에는 그러하지 않다.

기타의 업무용자동차보험과 영업용자동차보험은 피보험자와 피보험자동차를 기준으로 각각 평가한다. 할인할증에 평가되는 사고는 자동차보험에서 보상책임이 있는 사고이며, 사고가 발생한 경우에도 보험금 청구포기를 한 경우에는 포함되지 않는다. 무과실사고의 경우도 할인할증에 포함되나, 구상으로서 보험회사가 지급한 보험금을 전액 환입할 수 있는 사고는 제외된다.

갱신계약의 할인할증 적용등급은 전계약의 적용등급 및 보험기간, 평가대상기간 중의 사고유무, 사고기록점수, 과거 3년(보험가입기간이 3년미만이면 그 가입기간) 동안의 사고유무에 따라 다음과 같이 결정되며, 기본등급을 11Z로 할 때 할인할증 등급별 적용률은 최저 40%에서 최고 200%까지 산정한다.

사고평가방법은 상기 평가대상기간(과거 1년) 중 보험사고의 내용별 사고점수에 따라 할증률을 산정한다. 평가대상기간 중 보험사고가 없는 경우에는 상기 평가대상기간 말일로부터 과거 3년간 보험사고 유무에 따라 사고가 있는 경우에는 전계약의 적용등급과 동일하게 적용(단, 전계약의 적용등급이 보호등급인 경우, 갱신계약은 일반등급 적용)하고, 사고가 없는 경우에는 할증등급은 기본등급으로, 기본등급 및 할인등급은 한단계 할인된 등급이 적용된다.(갱신계약이 1년미만인 경우 전계약의 적용등급 적용. 다만, 전계약이 보호등급으로서 1년미만인 경우 갱신계약은 일반등급 적용)

평가대상기간 중 사고내용별 점수는 [표 8-8]과 같이 산정되며, 사고점수 1점을 단위로 10%씩 할증된다.

첫째, 사고기록점수가 1점 미만인 경우, 갱신계약은 전계약의 적용등급을 적용한다. 단, 전계약의 적용등급이 보호등급인 경우 갱신계약 적용등급은 일반등급으로 한다.

둘째, 사고기록점수 합계가 1점이상인 경우, 전계약 적용등급에서 사고기록점수를 차감하여 갱신계약 등급이 결정된다. 단, 전계약적용등급에서 사고기록점수를 차감한 값이 1미만일 경우 최고할증등급을 적용한다. 장기무사고자 보호등급의 경우, 사고기록점수가 1점인 경우 일반등급을, 2점이상인 경우 [최저할인등급-(사고기록점수-1)]등급을 적용한다.

를 한 보험회사에 보험기간을 일치시켜 동일한 증권으로 계약을 체결할 수 있으며, 이 경우에는 각각의 자동차별로 사고평가를 하여 산출한 할인할증률을 산술평균하여 적용한다.

[표 8-8] 사고내용별 점수

<table>
<tr><th>구 분</th><th colspan="2">사고내용</th><th>점수</th></tr>
<tr><td rowspan="5">대인사고</td><td colspan="2">사망사고</td><td rowspan="2">건당 4점</td></tr>
<tr><td rowspan="4">부상사고</td><td>1급</td></tr>
<tr><td>2급 ~ 7급</td><td>건당 3점</td></tr>
<tr><td>8급 ~ 12급</td><td>건당 2점</td></tr>
<tr><td>13급, 14급</td><td>건당 1점</td></tr>
<tr><td colspan="3">자기신체사고·자동차상해</td><td>건당 1점</td></tr>
<tr><td rowspan="3">물적사고</td><td colspan="2">물적사고 할증기준금액 초과 사고</td><td>건당 1점</td></tr>
<tr><td colspan="2">물적사고 할증기준금액 이하 사고</td><td>건당 0.5점</td></tr>
<tr><td colspan="2">가해자불명 1점사고</td><td>1점</td></tr>
</table>

(4) 특별할증

특별할증요율은 위장사고, 자동차를 이용한 범죄행위 등의 일정한 항목에 해당하는 사고야기자 및 사고다발자 등에게 부과하는 항목으로 보험회사가 최고 50% 한도내에서 적용한다.

(5) 특별요율

자동차의 구조나 운행실태가 동종차종과 상이한 자동차의 특별위험에 대하여 적용하는 요율로 에어백 장착자동차 요율, 스포츠형 자동차요율 등이 있다. 이외 보험회사별로 ABS장치 장착자동차 특별요율, 자동변속기 장착자동차 특별요율, 도난방지장치 장착자동차 특별요율 등 다양한 할인 특별요율이 있으며, 상기 특별요율의 할인 및 할증률은 보험회사별로 다소 차이가 있다.

(6) 특약요율

기본약관에 특별약관을 첨부하여 체결하는 보험계약에 대하여 적용하는 요율로 가족운전자 한정운전 특약, 부부운전자 한정운전 특약, 만21세 이상 한정운전 특약, 만24세 이상 한정운전 특약, 만26세 이상 한정운전 특약, 만30세 이상 한정운전특약 등각 보험회사마다 다양한 운전자 및 운전자 연령한정 특약이 있다.

(7) 기명피보험자 연령요율

자동차보험 계약체결시의 기명피보험자 연령을 기준으로 해당 연령에 대하여 적용하는 요율을 말한다.

2) 보험료의 계산

자동차보험의 보험료는 앞서 소개한 보험료 결정요소를 감안하여 각 담보별로 다음과 같이 계산한다.

자료 : 보험개발원 http://www.kidi.or.kr/km/insurance03_01_04.asp

그림 8-4 자동차보험료 계산

3 신용·보증보험

3-1 신용보험의 주요내용

1) 신용보험의 개념

신용보험은 대출, 신용카드 및 각종 여신 협약(credit agreements)에 연결되어 판매되는 보험계약이다. 보험업감독업무 시행세칙에 의하면 신용보험은 보증보험의 하나로 분류되어 있다. 일반적으로 특정 상황발생 시 보험회사가 자금 차입자(borrower)인 소비자를 대신하여 대출 및 금융 계약상의 손실을 신용 공여자(lender)인 금융회사에 지급한다.

신용보험의 거래구조를 보면([그림 8-5] 참조), 보험회사(credit insurer), 대주(貸主)인 금융회사, 그리고 차주(借主)인 소비자의 삼자 간에 계약이 이루어진다. 보험회사는 금융회사에 단체보험계약(group policy)을 판매하고, 금융회사는 이를 대출 및 신용카드 거래와 연결하여 소비자에게 분할 판매한다.

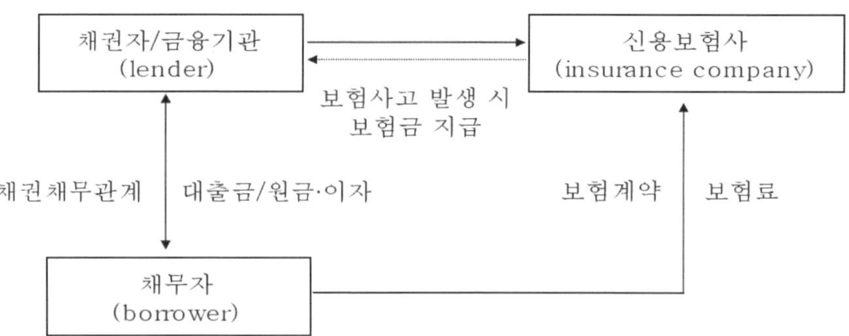

자료 : 주민정, 조재현, "신용리스크 전가 시장과 보험회사 참여에 대한 연구", 보험개발원 보험연구소, 2004.10.

그림 8-5 신용보험의 매커니즘

금융회사는 소비자로부터 보험료를 받아 보험회사에 지급하고 보험회사는 이의 대가로 보험사고 발생 시 소비자를 대신하여 약정한 금액을 금융회사에 보상한다.

2) 신용보험의 종류

금융회사가 대출금을 회수하지 못함으로써 입는 손해의 보상을 약속하는 신용보험의 종류는 아래와 같다.

(1) 신용생명보험(Credit Life)

신용생명보험(Credit Life)은 소비자 사망 시 당해 차주의 대출 또는 신용카드 계정 등에 남아 있는 잔존 채무를 보상한다.

(2) 신용상해보험(Credit Accident & Health, Credit Disability)

신용상해보험(Credit Accident & Health,Credit Disability)은 소비자가 질병 또는 사고로 인해 경제력을 상실할 경우, 회복 시까지 당해 차주의 대출 또는 신용카드 계정의 부채에 대해 약정된 월별 상환금을 대납한다.

(3) 신용실업보험(Credit Involuntary Unemployment)

신용실업보험(Credit Involuntary Unemployment)은 소비자가 비자발적 실업 상태가 되는 경우 당해 차주의 대출 또는 신용카드 계정의 부채에 대해 약정된 월별 상환금을 대납(일반적으로 대납 횟수에 대한 제한이 있음)하는 구조이다.

(4) 신용휴직보험(Credit Leave of Absence)

신용휴직보험(Credit Leave of Absence)은 소비자가 출산, 간호 등의 가정 사정으로 인해 경제활동을 중단하는 경우 당해 차주의 대출 또는 신용카드 계정의 부채에 대해 약정된 월별 상환금을 대납하며, 일반적으로 대납 횟수에 제한이 있다.

(5) 신용재산보험(Credit Property)

신용재산보험(Credit Property)은 소비자가 대출 및 할부금융을 통해 구입한 재산이 망실될 경우 당해 재산의 수리·교체 비용을 보상한다. 이는 당해 재산의 담보가치를 보전하기 위한 것으로, 소비자의 채무 변제 능력 변화와 상관이 없다.

(6) 상거래 관련 신용보험

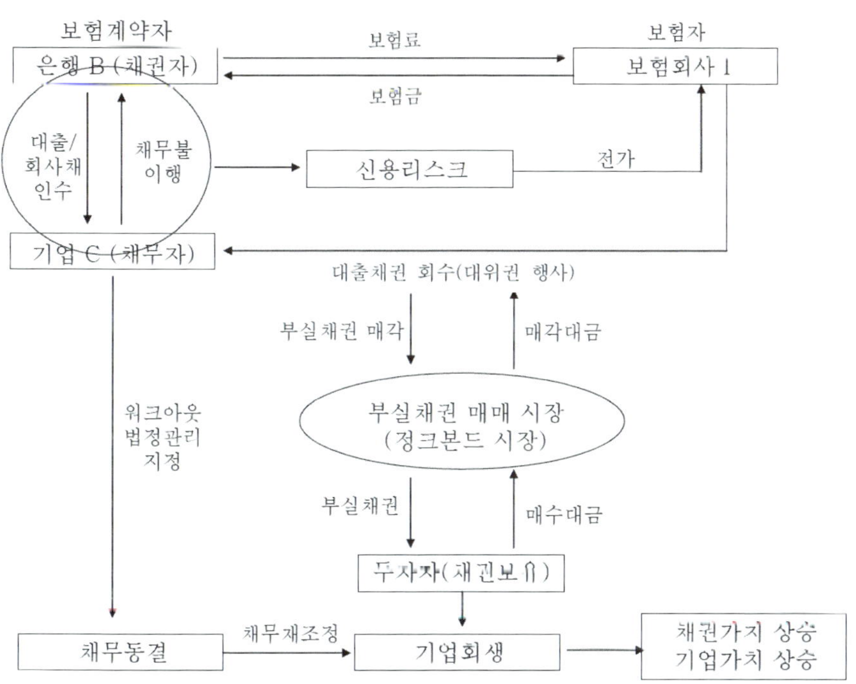

자료 : 주민정, 조재현, "신용리스크 전가 시장과 보험회사 참여에 대한 연구", 보험개발원 보험연구소, 2004. 10.

그림 8-6 상업신용보험의 매커니즘

(1) ~ (5)은 금융회사가 대출금을 회수하지 못함으로써 입는 손해의 보상을 약속하는 신용보험이고 그 외에 제조, 판매, 용역 회사 등이 상품 또는 용역을 제공할 때 외상판매 등 신용거래에 따른 위험에서 야기되는 손해로부터 이들을 보호해 주는 상업 신용보험(trade

credit insurance), 수출신용보험(export credit insurance), 할부 신용보험(commercial factoring)등도 통상 신용보험으로 불리고 있다.

3-2 보증보험의 주요내용

1) 보증보험의 개념

보증보험이란 채무자인 보험계약자가 채권자인 피보험자에게 계약상 채무불이행으로 손해를 발생시킬 경우, 보험회사가 보험계약자와 사전에 약정한 계약에 의거하여 발생된 손해를 대신 보상하는 제도이다. 보증보험의 매커니즘은 위의 신용보험과 동일하다

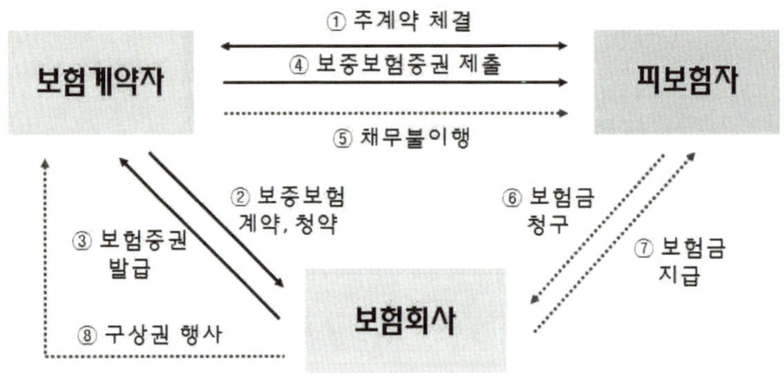

자료 : http://www.sgic.co.kr/

그림 8-7 보증보험의 매커니즘

보증보험은 채권자인 피보험자에게 발생할 수 있는 재산상 손해 보상을 목적으로 한다는 점에서 채권담보기능을 가지며, 채무자인 보험계약자를 위해서는 신용확보기능을 수행한다.

상거래 관계에서 채무자가 채권자의 채무확보 수단으로 보증인을 세우거나 물적담보의 제공이 어려운 경우 채무자의 이행능력을 보장하면서 채무불이행 시 손해보상을 확실히 할 수 있는 신용수단의 역할을 하게 된다.

보증보험은 일반손해보험과 비교해 볼 때, 계약형태, 보험사고, 구상권 등에서 차이를 보인다.

첫째, 보증보험은 보험계약자(채무자)의 채무불이행으로 피보험자(채권자)가 입게 될 손해를 보상하기 위한 보험이므로 타인을 위한 보험이다. 둘째, 보증보험 사고는 보험사고의 발생 여부가 보험계약자의 의사에 달려있는 '인위적 사고'의 특성을 지니지만, 일반손해보험은 일정 기간 동안 사고 발생여부, 발생시기가 불확실한 '우연한 사고'의 발생을 전제로 한다.

셋째, 보증보험에 있어서 보험회사는 보험사고 발생으로 보험금을 지급하면 보험계약자에 대하여 구상권을 가지며, 피보험자의 이익을 해치지 않는 범위 내에서 피보험자가 보험계약자에 대하여 가지는 권리를 대위하여 가지게 된다.

2) 보증보험의 종류

보증보험은 그 기능적 측면에서 볼 때, 신원보증보험, 이행보증보험, 금융성보증보험, 법령성보증보험, 신용보험상품[78] 등으로 분류할 수 있다.

[표 8-9] 보증보험의 종류

대분류	중분류	소분류	분류 기준
보증	신원보증 (fidelity)		피용인이 불성실 행위를 함으로써 고용주가 입은 손해 보장
	채무이행 보증 (surety)	법률상 채무 불이행	법령상의 채무불이행으로 채권자가 입게 되는 손해를 위해 채무자가 보험 가입
		계약상 채무 불이행(금융)	계약(금융성)상의 채무불이행으로 채권자가 입게 되는 손해를 위해 채무자가 보험 가입
		계약상 채무 불이행(비금융)	계약(비금융성)상 채무불이행으로 채권자가 입게 되는 손해를 위해 채무자가 보험 가입
	신용(credit)	상업신용	계약상의 채무불이행으로 채권자 자신이 입게 되는 손해를 보장하는 상업성 신용보험
		재무신용	계약상의 채무불이행으로 채권자 자신이 입게 되는 손해를 보장하는 재무성 신용보험
		기타	계약상의 채무불이행으로 채권자 자신이 입게 되는 손해를 보장하는 기타 신용보험
	기 타		상기 분류 이외의 보증보험 종목

자료 : 보험업감독업무시행세칙(별표 14) 표준사업방법서

78) (8장의 3-1 참고)신용보험은 일반적으로 사용자나 채권자가 피용인의 불성실행위나 채무자의 책임불이행에 대비하여 스스로 보험계약자가 되어 보험계약을 체결하는 것을 의미하며, 신원신용보험과 할부판매신용 보험 등이 있다.

(1) 신원보증보험

신원보증보험은 보험계약자가 취업하여 재정보증을 필요로 하지만 적당한 보증인을 구할 수 없거나 재정보증기간이 만료되어 재정보증서류를 갱신하여야 할 경우 재정보증을 담보하는 보험이다.

신원보증인보증보험도 있는데 이는 타인의 취업에 따른 신원보증을 하였을 경우 그 타인이 신원보증인에게 입힌 손해(고용주와 채결한 신원보증계약에 의거한 손해)를 대신 부담해주는 보험이다.

(2) 이행보증보험

이행보증보험은 보험계약자(채무자)가 피보험자(채권자)에게 계약상 채무를 이행하지 않을 경우 발생하게 되는 손해를 보험자가 보상하는 보험으로, 채무내용을 기준으로 입찰보증보험, 계약보증보험, 차액보증보험, 하자보증보험, 선급금보증보험 등으로 분류 가능하다.

① 입찰보증보험

입찰보증보험은 보험계약자인 채권자가 보험증권에 기재된 계약을 위한 입찰에 응하여 낙찰이 되었으나 보험기간 내에 주 계약을 체결하지 않거나 관계법령에서 정한 입찰보증금의 귀속사유가 발생하여 채권자인 피보험자가 입은 손해를 보험회사가 보상하는 상품이다.

② 계약보증보험

계약보증보험은 채무자가 주계약에서 정한 채무를 이행하지 않을 경우 채권자가 입게 되는 손해를 보상해주는 보험이다.

③ 분양보증보험

분양사업자(보험계약자)가 상가, 오피스텔 등을 분양하고자 하는 경우에 분양보증보험에 가입함으로서 분양받는 자(피보험자)를 보호하고, 분양의 신용도를 높일 수 있는 보험이다. 분양사업자가 부도로 분양계약을 이행할 수 없을 경우 보증보험회사가 분양사업자를 대신하여 분양계약을 이행하거나 기 납부된 분양대금을 분양받을 자에게 반환하여 줌으로서 보증채무를 이행토록 하는 보험이다.

④ 부품성능보증보험

이 보험은 부품·소재 제조업체가 납품한 부품·소재의 품질결함으로 인해 수요자(납품을 받은자 : 피보험자)가 입은 재산상의 손해를 보상하는 보험이다.

⑤ 주택관리사보증보험

이 보험은 아파트의 관리소장인 주택관리사가 관리사무소장으로 근무하는 동안 그의 고의

또는 과실로 인해 아파트 주민들이 입은 손해를 보장하는 상품이다. 이 보험은 주택관리사가 업무를 집행함에 있어서 도는 자기의 직무상의 지위를 이용하여 보험기간 중의 고의 또는 과실로 피보험자(아파트 주민)에게 입힌 재산상의 손해를 보상하는 보험이다.

⑥ 공공임대주택보증보험

이 보험은 민간건설공공임대주택 임대사업자가 임대주택 임차인을 위하여 임대기간 중 의무적으로 가입해야 하는 보증보험이다. 이 보험은 보험계약자인 임대사업자가 임대기간 중 부도발생, 임대차계약의 종료 등으로 임대보증금 반환사유가 발생하였음에도 임대보증금을 반환하지 아니함으로써 피보험자인 임차인이 입은 손해를 보상하는 보험이다.

⑦ 시공보증보험

이 보험은 주택재개발 및 주택재건축사업의 시공자로서 선정된 자가 도급 받은 공사의 계약상 의무를 이행하지 못하거나 의무이행을 하지 아니할 경우 보증기관이 시공자를 대신하여 계약이행을 부담하거나 보험금을 지급하는 방법으로 보증 채무를 이행하는 보증보험 상품이다.

⑧ 가맹사업보증보험

이 보험은 프렌차이즈 사업 등의 가맹점사업자가 가맹본부에 부담해야할 계약이행보증금(상품대금 & 손해배상 채무)을 담보하는 가맹계약 전용 상품이다.

⑨ 품질보증보험(성능보증보험)

이 보험은 보험계약자가 품질인증제품을 피모험자에게 납품 한 이후, 그 제품의 품질저하로 발생하는 보험계약자의 주계약상 채무(품질회복을 위한 당해 제품의 수리 및 교체)을 담보하는 보험 상품이다.

(3) 금융성보증보험

금융성보증보험은 금전소비대차계약상의 채무를 담보하는 보험으로 소액대출, 할부판매보증, 생활안정 자금, 사채보증, 리스, 어음보증 등이 이에 해당된다.

① 할부판매보증보험

할부판매보증보험은 매수인이 보험계약자가 되고 매도인이 피보험자가 되어 할부판매계약에서 정한 할부금지급채무를 이행하지 않을 경우 매도인이 입게 되는 손해를 보험자가 주계약에서 미회수 할부금액을 보상하는 보험이다.

② 사채보증보험

사채보증보험은 사채를 발행한 주식회사가 보험계약자가 되고 사채권자가 피보험자가 되어 사채발행회사가 사채의 원금을 상환하지 않거나 이자를 지급하지 않을 경우 발생하는 사채권자의 손해를 보험회사가 보상하는 보험이다.

③ 쇼핑몰보증보험

쇼핑몰 보증보험이란 소비자가 인터넷 쇼핑몰에서 상품을 구매하고 대금을 결제한 수 상품을 인도받지 못하거나, 반품사유에 해당함에도 결제대금을 반환받지 못한 경우 소비자가 입는 피해를 보상받는 보험이다. 이 보험의 보험계약자는 쇼핑몰을 개설한 자이며 피보험자는 피해를 당한 소비자이다.

④ 리스보증보험

리스보증보험이란 리스회사로부터 리스계약에 의해 시설대여를 받는 리스이용자의 리스료 지급보증 등 리스계약에 따른 담보에 대신하여 활용되는 보험으로서, 이 보험은 리스물건 이용자(보험계약자)가 리스계약에서 정한 채무를 이행하지 아니함으로써 피보험자인 리스회사가 입은 손해를 보상하는 보험이다.

⑤ 교육훈련비보증보험

이 보험은 국내외 유학, 연수, 직업훈련 등 각종 교육훈련에 수반하여 발생하는 피교육자의 당해 교육훈련 비용 반환채무를 보증하는 보험으로서 이 보험은 피교육자가 교육훈련을 수료하지 못하거나 수료 후 의무근무 기간을 채우지 못하고 중도 퇴직하는 등 교육훈련에 따른 의무 또는 채무를 이행하지 못한 경우에 피보험자가 피교육자의 교육훈련을 위하여 직접 지출한 비용을 보상하는 보험이다.

⑥ 전세금보장보증보험[79)]

이 보험은 주택 또는 점포의 임차인이 임대인으로부터 회수하여야 할 임차보증금을 보호받기 위하여 본인이 스스로 가입할 수 있는 상품이다. 이 보험은 임차인이 임차기간 중 해당 주택(또는 점포)이 경매되거나 임대차계약이 해지 또는 종료된 수 30일(상업용 점포는 60일)이 경과되었음에도 불구하고 임차보증금을 반환받지 못함으로써 임차인이 입는 손해를 보상하는 보험이다.

⑦ 전자상거래(결제수단)보증보험

이 보험은 전자상거래 등에서의 소비자 보호에 관한법률 시행령 제9조에서 정한 전자결제수단 발행자가 결제수단이용약관에서 정한 대금상환채무를 이행하지 아니하거나 이행하지 못함으로써 결제수단 구매자 또는 권리자가 임은 손해를 보상하는 보증보험이다.

---

79) 이 보험은 보증보험보다는 신용보험 범주안에서 설명하는것이 타당하다고 보아진다. 보증보험은 타인을 위한 보험이어야 하나 이 보험은 자기를 위한 보험이기 때문이다.

(4) 법령성보증보험

법령성보증보험은 법령상의 권리·의무를 담보해주는 보험으로 납세, 인허가, 공탁, 보석, 경매, 병무귀국, 공매보증상품 등이 이에 속한다.

① 납세보증보험

납세보증보험은 각종 세법에 의한 납세담보 제공의무자의 납세의무이행을 보증하는 보험으로, 보상하는 손해는 보험계약자인 납세의무자가 납세의무를 이행하지 않음으로서 국가 또는 지방자치단체(피보험자)가 입은 재산상의 손해를 말한다

② 인허가 보증보험

인허가 보증보험은 인가, 허가, 면허, 승인, 특허, 등록등의 출원자가 허가관청에 예치해야 할 각종 인허가 보증금을 대신하여 활용되는 보험이다.

③ 공탁보증보험

가압류, 가집행, 가처분신청 등 각종 민사사건을 신청함에 있어 권리자(피신청인)의 손해보전을 위해 법원이 담보제공을 원할 경우 신청인(보험계약자)이 납부해야 할 공탁금액을 대신하여 활용되는 보험이다.

④ 보석보증보험

형사 피고인의 보석을 위하여 국가에 보석보증금을 납부해야하는 보석신청인(피고인의 가족 또는 법정 대리인)이 보석보증금을 대신하여 활용되는 보험이다.

● 보증보험과 신용보험의 차이[80)]

(1) 보험목적의 차이

보증보험은 타인을 위한 보험 계약이나 신용보험은 자기를 위한 보험계약이다. 보증보험의 보험계약자는 채무자로서, 채권자를 위하여 보험에 가입하지만, 신용보험에 있어서 보험계약자는 채권자인 자기자신이 된다.

(2) 보상비율

사고발생시 보증보험은 전액 보상이나, 신용보험은 50～90%의 범위내에서 보상하도록 계약을 채결한다. 이것은 채권자의 정신적 위태(보험가입으로 인한 채권관리이 부주의)를 방지하기 위하여 인정하고 있으며 보험금 지급후의 상법상의 청구권 대위(민법상의 구상권)는 양쪽 모두 인정한다.

80) 이용석, 「보험학개론」, 도서출판 두남, 2013.

4 화재보험

4-1 화재보험의 개요[81)]

인류가 불을 생활에 사용한 이래로 수많은 화재가 발생하여 재산과 인명에 피해를 가져왔다. 17세기 중반 영국 런던에서 대규모 화재 이후로 화재보험이 본격적으로 발전하게 된 후 미국의 대도시에서 대화재가 연속적으로 발생하면서 미국의 손해보험이 화재보험을 중심으로 발전하는 계기가 되었다.

화재보험은 재산보험의 가장 오래된 형태 중 하나로서, 화재로 인하여 보험 목적물에 발생한 손실을 보상해주는 대표적인 재산보험이라고 하겠다. 소비자의 욕구가 다양해짐에 따라 이를 충족시켜 주기 위하여 담보위험의 범위와 보상의 범위가 확대되었다. 보험의 목적물은 건물 등의 부동산은 물론 기계나 각종 설비, 원료나 재고자산 및 귀중품 등의 동산이 포함된다. 또한 부동산이나 동산의 멸실로 인한 직접적 손실 뿐 아니라 이익의 상실 등과 같은 간접적인 손실도 보장하는 보험이다.

4-2 화재보험의 주요내용

1) 미국의 표준화재보험약관의 주요내용

(1) 담보되는 Perils(perils covered)

① 열거담보(named perils) : 열거된 손인에 의해서 발생한 손실만을 담보한다.

② 보험합의문(insuring agreement) : 화재에 의한 손실 및 손상, 번개에 의한 손실, 이전(removal)에 의한 손실과 같이 직접 손실만을 포함한다.

③ 화재의 정의 : 화재는 불꽃, 화염, 자연발화에 의한 적대적인 화재로 정의한다. 즉 화재는 눈에 보일만큼의 불꽃이나 화염을 만들기에 충분한 빠른 산화를 말한다. 자연발화(spontaneous combustion)란 외부매개체의 작용 없이 내부적으로 열이 발생되는 것을 뜻한다. 자연발화가 불꽃을 만들고 빛을 내며 타기 전까지는 화재라 정의하지 않는다. 적대적 화재(hostile fire)란 통제 불가능한 화재를 말한다. 우호적 화재는 화재로 정의하지 않는다. 화재의 원인은 근인주의(doctrine of proximate cause)에 입각하여 적대적 화재에 의하여 발생한 모든 손실을 보상하는데, 그 손실이 화재에 의한 직접적 손

81) 보험경영연구회, 「보험과 리스크관리」, 문영사, 2006. 2.

실이어야 한다. 번개에 의한 손실도 보상하는데, 이는 화재발생 여부에 관계없이 보상된다.

이전에 의한 손실 또한 보상된다. 이는 화재발생 도중 또는 화재진압 후에 재산을 보호하기 위해서 다른 장소로 재산을 이동하는 중에 또는 이동된 장소에서 발생하는 손실을 보상한다는 것이다. 단 이전된 장소에서 담보되는 손실은 담보기간을 5일 한도로 한다.

④ 확장담보특약(extended coverage endorsement) : 열거된 패릴 외에 확장하여 담보할 수 있는 추가손인은 태풍, 우박, 폭발, 폭동, 비행기, 자동차, 연기(smoke)이다. 이러한 손인들을 묶어서 패키지로 담보하거나 분리하여 담보할 수 있다.

(2) 보상한도 및 보상방법

실손보상의 원칙과 보험요율의 공정성에 근거하여 보상금액을 결정한다.

① 보상한도

보상한도는 보험가입금액을 초과할 수 없으며, 발생손실의 실질적 경제가치를 초과할 수 없다. 이는 실손보상의 원칙에 의한 것이다. 그러나 예외적으로 정액보험이나 기평가보험에서는 실손보상의 원칙이 적용되지 않는다.

대위의 원칙(principle of subrogation)의 적용을 통해서 보험자의 보상한도를 제한하고 있는데, 이는 피보험자가 동일한 손실에 대하여 이중으로 보상받는 것을 방지하고 있다. 즉 보험자는 피보험자에게 보상한도 내의 보험금을 지급하고, 보험자는 손실원인의 제공자에게 손실보전을 추구할 권리를 피보험자로부터 위임받는 것을 말한다.

② 보상방법

보험자는 손실에 대하여 실제현금가치(actual cash value)를 보상하는 것을 원칙으로 한다. 실제현금가치는 손실을 입은 재산의 대체비용(replacement cost)에서 감가상각비용을 차감한 금액을 채택하거나, 손실 당시의 해당 재산의 시장가격을 사용할 수도 있다. 실제현금가치는 손상된 재산에 대한 수리비용이나 대체비용을 초과할 수 없도록 하고 있으며, 보험자는 실제의 수리비용이나 대체비용으로 보험금을 지급할 수도 있다. 보험자의 선택에 따라서 보험자가 손상된 재산을 직접 수리하거나 대체할 수 있다.

(3) 기타 주요 계약내용

① 보험계약기간

표준보험약관의 계약기간은 일반적으로 1년이나 3년을 가장 많이 사용하고 있다. 계약의 개시와 종료시점은 표준시간으로 오전 12:01을 기준으로 한다. 표준시간을 기준으로 함으로써 보험계약에서의 혼란을 피할 수 있다.

② 담보재산과 장소

담보하는 재산은 계약서에 구체적으로 명기되고 설명된 재산에 한정되며, 담보하는 장소는 기본적으로 명기된 장소에 국한한다.

③ 면책재산 및 손인

보상에서 제외되는 면책재산은 명기되며, 회계장부, 증서, 청구서, 화폐, 채무증서, 증권 등을 포함한다. 면책손인으로는 전쟁 및 전쟁에 준하는 행위, 반란, 혁명, 시민소요 등으로 발생된 화재손실, 손실발생 도중이나 손실발생 후 재산보전을 위한 노력을 게을리 하여 발생한 손실, 도난에 의한 손실, 폭발 또는 폭동의 결과로 발생한 손실, 피보험자의 고의에 의하여 발생한 손실이 포함된다.

④ 보험담보의 중단

담보하는 위험에 현저한 변화가 생기면 보험자를 보호하기 위하여 보험담보가 중단될 수 있다. 즉 위태가 현저히 증가하면 보험담보를 중단할 수 있으며, 위태가 원상태로 복귀되면 보험담보는 자동적으로 부활된다. 구체적인 내용을 보면 (a) 위태의 증가가 현저하고 상당한 기간 지속될 경우, (b) 피보험목적물인 건물이 60일 이상 지속적으로 비어있거나 사용하지 않을 경우, (c) 폭발 또는 폭동이 진행되는 동안, (d) 부보된 재산이 증권에 명기된 장소에서 다른 장소로 이전될 경우에는 보험담보가 중단된다.

⑤ 손인 및 조건의 추가

추가적 손인 및 조건은 서면으로 만들어지고 기본증권에 첨부되어야 한다. 즉 각종 증권 양식(policy form) 또는 특약(endorsement)을 사용해야 한다.

⑥ 보험계약의 해약

보험자와 피보험자 쌍방은 보험계약을 해지할 수 있다. 언제든지 피보험자의 요청이 있으면 해약이 되고, 보험자는 납입보험료에서 단기요율을 적용하는 보험료를 초과하는 부분은 반환해야 한다. 보험자가 해약하는 경우는 서면으로 5일전 해약통보를 함으로써 이루어진다. 이 경우 보험자는 납입보험료에서 경과기간에 대한 비례요율을 적용한 보험료를 초과하

는 부분을 반환해야 한다.

2) 우리나라의 화재보험

우리나라의 경우 현재 인가되어 사용되는 화재보험약관은 국문약관과 영문약관으로 크게 구분된다. 영문약관은 보험가입금액이 3백만 달러를 초과하거나, 외국으로부터의 차관업체나 합작투자업체, 국내에 소재하는 외국인 소유의 보험목적물 등에만 사용이 가능 하다. 국문약관은 주택만을 대상으로 하는 주택화재보험 보통약관과 주택이 아닌 일반 공장, 창고 등에 적용되는 화재보험 보통약관이 있으며 각각에 대하여 특별약관이 존재한다.

우리나라 화재보험계약의 특징은 보통약관에 기본적인 내용만을 포함하고, 다양한 특별약관을 만들어 모든 상황 또는 특수한 문제를 해결하고자 한다.

(1) 화재보험 보통약관

① 일반물건

일반물건요율은 주택화재보험요율, 창고물건요율 및 공장물건 요율을 적용하는 물건을 제외한 물건에 적용한다.

(a) 병용주택, 점포, 사무실 및 이들의 부속건물 및 옥외설비, 장치, 공작물

(b) 공업상의 작업에 사용하는 동력설비의 합계가 20Kw 미만, 전력설비의 합계가 40Kw 미만, 작업인원이 늘 20인 미만 인 작업장의 건물 및 옥외설비, 장치, 공작물

(c) 앞의 각 항의 건물 및 옥외설비, 장치, 공작물에 수용하는 동산, 설치기계 및 야적의 동산

② 창고물건

다음의 건물 및 이에 수용되는 보관화물과 창고구내에 있는 야적의 보관화물에 대하여 적용한다.

(a) 농업협동조합이 점유하는 건물로서 농업창고업법에 따라 화물보관의 목적에 쓰이는 것.

(b) 수산업협동조합이 점유하는 건물로서 농수산부장관의 허가를 얻어 화물보관의 목적에 쓰이는 것.

(c) 영업용 보세창고 및 영업용 보세장치장으로서 세관장의 승인을 얻어 보세화물보관의 목적에 쓰이는 것.

(d) 창고물건 적용규정에 부합되는 창고업자의 건물로서 화물 보관의 목적에 쓰이는 것.

③ 공장물건

다음의 하나에 해당하는 공장, 또는 작업장(광업소, 발전소, 변전소 및 개폐소를 포함한다)의 구내에 있는 건물, 공작물 및 이에 수용된 동산, 야적의 동산에 대하여 적용한다.

(a) 공업상의 작업에 사용하는 동력설비의 합계가 20Kw 이상인 것.

(b) 공업상의 작업에 사용하는 설비의 합계가 40Kw 이상인 것.

(c) 공업상의 작업에 사용하는 인원이 늘 20인 이상인 것.

④ 특수건물 화재보험

화재로 인한 재해보상과 보험가입에 관한 법률에 의거 신체 손해배상특약부 화재보험에 의무적으로 가입하여야 하는 화재보험으로서 서울, 부산, 대구, 인천, 대전, 광주, 전주, 울산, 부천, 수원, 성남시(11개 도시)에 소재하는 다음 물건에 적용한다.

(a) 국유건물(연면적 1,000제곱미터 이상)

(b) 학원(연면적 1,000제곱미터 이상)

(c) 종합병원, 병원

(d) 호 텔

(e) 공연장

(f) 영화. 텔레비전촬영소. 방송시설장

(g) 옥내판매장(연면적 1,000제곱미터)

(h) 학교(연면적 1,000제곱미터)

(i) 아파트

(j) 공장(연면적 1,000제곱미터 이상)

(k) 6층 이상 건물(연면적 1,000제곱미터 이상)

(2) 주택화재보험 보통약관

주택으로만 쓰이는 건물 중 다음의 것 및 그 수용동산에 대하여 적용한다.

(a) 단독주택

(b) 주택의 부속건물로서 가재만을 수용하는데 쓰이는 것.

(c) 연립건물(연동건물), 중층건물 및 아파트로서 모두 주택으로 만 쓰이는 것

(3) 특별약관에 의해 보상하는 손해

- 도난
- 풍수재

- 지진
- 유리손해
- 산림화재
- 스프링클러 누출 손해
- 붕괴, 침강 및 사태와 폭발
- 전기
- 소요, 노동쟁의, 항공기 및 차량위험
- 냉동 (냉장) 위험
- 기업휴지손해
- 급배수설비 누출손해
- 신체손해배상책임

5 책임보험

5-1 책임보험의 개요

개인의 일상생활이나 기업 등 조직의 사업활동중의 과실로 타인의 신체나 재물에 손해를 입힘으로써 법률상 손해배상책임을 부담하게 되어 발생하는 피보험자의 손해를 보상하는 보험을 말한다.

법률상의 손해배상금, 소송비용, 변호사 보수, 중재 또는 화해비용, 응급비용, 호송 또는 기타 긴급소치에 소요된 비용 등을 보상하며, 가해자 측의 손해배상에 따르는 경제적 파탄을 구제하고 손해배상책임의 확실한 이행을 촉진시켜 간접적으로 피해자를 구제하는 기능을 가지고 있다.

배상책임보험의 종류에는 영업배상책임보험 등 일반배상책임보험, 전문직업배상책임보험, 근로자재해보장책임보험, 자동차보험의 대인배상 및 대물배상책임 등이 있다. 배상책임보험 중에는 자동차보험의 대인 및 대물배상책임, 가스사고배상책임보험 등 관련법률에 의해 가입이 강제되는 의무보험과 가입자가 임의로 선택하여 가입할 수 있는 임의보험이 있다

5-2 책임보험의 주요내용

1) 배상책임의 객체에 따른 분류

책임보험은 배상책임의 객체를 기준으로 대인책임보험(Personal Injury Liability Insurance), 대물책임보험(Property Damage Liability Insurance), 포괄책임보험(Comprehensive Liability Insurance)으로 구분해 볼 수 있다.

(1) 대인책임보험(Personal Injury Liability Insurance)

대인책임보험은 피보험자가 타인의 생명이나 신체상해에 대한 배상책임을 지는 경우 이를 보상하는 보험으로, 자동차손해배상책임보험 중 대인책임보험, 운송보험 중 승객배상책임보험 등이 이에 해당된다.

(2) 대물책임보험(Property Damage Liability Insurance)

대물책임보험은 피보험자가 타인의 물건 또는 기타 재산에 대한 배상책임을 가지는 경우 이를 보상하는 보험으로, 자동차보험 중 대물책임보험, 운송보험 중 화물배상책임보험, 선박보험 중 충돌책임보험 등이 이에 해당된다.

(3) 포괄책임보험(Comprehensive Liability Insurance)

포괄책임보험은 피보험자가 타인의 생명·신체상해·재산에 대한 손해배상책임을 가질 경우 이를 보상하는 보험으로, 자동차보험, 항공보험, 해상보험, 건설공사보험, 종합배상책임보험, 환경오염배상책임보험 등이 이에 해당된다.

2) 피보험자 주체에 따른 분류

피보험자의 주체에 따라 개인배상책임보험(Personal Liability Insurance), 기업배상책임보험(Business or Commercial Liability Insurance), 전문직배상책임보험(Professional Liability Insurance)으로 분류가 가능하다.

(1) 개인배상책임보험(Personal Liability Insurance)

개인배상책임보험은 피보험자 자신의 개인적인 책임으로 타인에게 배상책임을 지게 될 경우 이를 배상하는 보험으로, 개인종합책임보험, 운전자책임보험 어린이보험의 배상특약 등이 이에 해당된다.

(2) **기업배상책임보험(Business or Commercial Liability Insurance)**

기업배상책임보험은 각종 사업을 영위하는 과정에서 타인에게 배상책임을 가지는 경우 이를 보상하는 보험으로, 영업용자동차책임보험, 제조물책임보험, 기업종합책임보험, 항공책임보험, 오염배상책임보험, 임차인책임보험 등이 이에 해당된다.

(3) **전문직배상책임보험(Professional Liability Insurance)**

전문직배상책임보험은 전문직에 종사하는 사람이 본인의 과실에 따라 고객에게 신체상의 장애나 재산상 손실을 입힌 경우 발생하는 민사상 책임에 대해 보상하는 보험으로, 의료배상책임보험, 약사배상책임보험, 변호사배상책임보험, 회계사배상책임보험 등이 이에 해당된다.

3) 기타구분

책임보험은 보상한도에 따라 유한(limited)책임보험과 무한(unlimited)책임보험으로 구분하기도하며, 계약체결의 강제성 여부를 기준으로 임의(voluntary)책임보험과 강제(compulsory or obligatory)책임보험으로 구분하기도 한다.

6 자연재해보험

6-1 자연재해의 현황

1) 자연재해의 개념

"자연재해"라 함은 태풍·홍수·호우·폭풍·해일·폭설·가뭄 또는 지진(지진해일을 포함) 기타 이에 준하는 자연현상으로 인하여 발생하는 피해를 말한다.[82]

자연재해는 자연현상에 기인한 것을 말하는데 그 원인과 결과의 다양성으로 인하여 여러 가지로 나눌 수 있으며 자연재해를 크게 분류하면 기상요인에 의해 발생하는 기상재해와 지반의 운동으로 발생하는 지진 및 화산 활동으로 인한 지질재해로 나눌 수 있다.

지질재해는 직접적인 피해를 발생시키기도 하면서, 간접적으로 기상이변을 초래하면서 기상재해도 발생시킨다. 우리나라에서 발생하는 대부분의 자연재해는 이상 기상현상이 원인이

---

82) 자연재해대책법 제2조

되어서 발생하는 기상재해에 해당한다. 자연재해는 인위적으로 완전히 근절시킬 수 없는 불가항력적인 요소를 지니고 있다. 또한 가계의 인적손실과 물적손실 그리고 비용지출위험과 수익상실위험을 초래하는 요인이다.

2) 주요 자연재해

자연재해를 분류하면 [그림 8-8]과 같이 도식화 할 수 있다. 이중에서 우리나라 가계에 상당한 위험을 초래하는 태풍과 호우, 폭설, 가뭄에 대해서 알아보고 새로이 위험요인으로 대두되고 있는 지진에 대해서도 살펴보고자 한다.

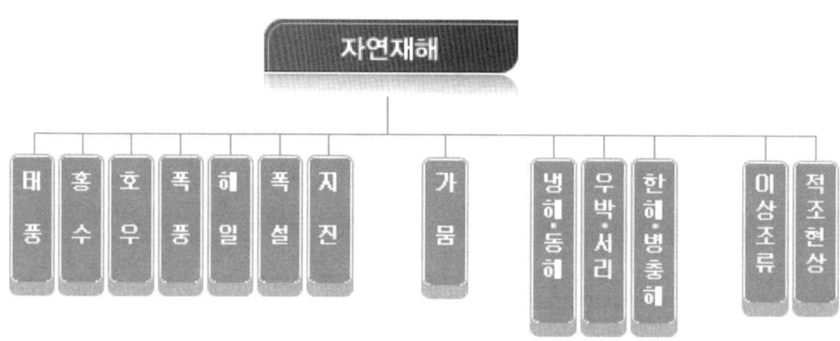

●─그림 8-8─● 자연재해의 분류

우리나라는 매년 여름철에 심한 호우로 인한 수위상승으로 저지대가 범람하여 인명과 재산에 막대한 피해를 주고 있다. 이와 같은 수해는 거의 매년 지역적으로 발생하여 몇 년에 한번은 극심한 홍수를 일으키고 있다. 소방방재청에 의하면 2011년 7월 26 ~ 29일 집중호우로 인하여 18,806동의 주택 침수, 74명의 인명피해, 32,484명의 이재민이 발생하였다.

실제로 우리나라에서 수해와 풍해가 개별적으로 나타나는 경우는 드물고 보통 호우가 내릴 때는 바람을 동반하기 마련이다. 또한 강한 태풍은 폭풍해일 현상을 일으키기도 하고 심한 파도를 일으켜 조업중이거나 항해중인 선박을 파손, 침몰시키는 등 육지뿐만 아니라 해상에도 막대한 피해를 일으킨다.[83)]

83) 소방방재청에 의하면 2010년 말 풍수해보험 가입률은 12.8%인 것으로 조사되었는데 풍수재 특약의 경우 전체 화재보험 가입건수 146만 2천여 건 중 약 0.6%에 해당하는 8천여 건만이 동 특약에 가입한 것으로 나타났다. 낮은 풍수재 특약 가입률은 대부분의 경제주체가 자연재해 위험에 대해 인식하지 못하고 있음을 나타낸다고 할 수 있다. 2010년 이후 발생한 도시 내 집중호우 현상은 자연재해 위험 노출 지역이 기존 수해지역 이외의 지역까지 확대될 수 있음을 시사하고 있으므로 가계위험관리로서 보험을 고려해 보아야 한다.

또한 대설로 인한 재해는 연중 12월부터 2월 사이에 주로 발생하며 비닐하우스농가와 양식업에 종사하는 어민들의 경제적 타격을 주고 있다. 그리고 도시지역의 차량사고와 함께 출근길의 상해를 초래하기도 한다.

1994년의 경우 북태평양 기단이 우리나라를 강하게 덮게 되어 전선이 형성되지 못하여 저기압이 우리나라에 접근할 수 없었기 때문에 유례없는 극심한 가뭄이 발생하였다. 이로 인해 전국적인 생·공용수공급 및 농작물에 극심한 피해를 주었으며 하천유지 용수의 부족 등으로 식수원이 오염되는 등 큰 물적 피해를 입었다.

지진은 일시적으로 일어나는 지각변동으로서 우리나라의 지진활동 추세에 관해서는 예측이 거의 불가능하고 도시의 광역화, 인구의 조밀화, 산업규모의 확대 등으로 지진에 의한 피해가 대형화되어 갈 것으로 예상된다. 그러므로 고층 건물이나 핵발전 설비, 댐 설비 등의 중요구조물을 설치할 경우 지진에 대한 안전성 검도가 반드시 이루어져야 할 실정이다.

[표 8-10] 국내 자연재해위험 관련 보험

정책보험	비고	민영보험	비고
풍수해보험	주택, 온실 대상	화재보험 풍수재 특약	보통약관에서는 면책이나 특약으로 보상(설해 제외)
농작물재해보험	농작물(사과, 배 등 30개) 대상	주택상공종합보험	전손된 경우 보험가입금액의 10%를 위로금으로 지급
가축재해보험	가축(소, 돼지 등 16마리) 대상	동산종합보험 풍수재 특약	화재보험 풍수재 특약과 동일
양식물재해보험	넙치(우럭, 양식시설 등으로 확대 예정) 대상	전위험 담보보험	주로 대규모 기업성 물건이 대상
		자동차보험 자기차량 손해 특약	침수에 의한 차량손해액 보상

주: 전위험 담보보험에는 재산종합보험, 건설공사보험, 조립보험 등이 있음.
자료: 소방방재청(2011), 「2011 풍수해보험 실무」.

6-2 자연재해보험의 주요내용[84)]

1) 운영근거법률

우리나라에서 자연재해의 근간이 되는 상위법령은 [재난 및 안전관리기본법(제7849호)]이 된다고 볼 수 있으나, 실질적으로는 아래 표와 같이 개별적인 운영근거법률을 가지고 있다.

84) 자연재해보험의 주요내용은 "자연재해보험 진흥을 위한 기본연구용역", 보험연구원, 2012. 11의 내용을 요약 정리하였음.

우리나라의 자연재해보험은 정책성보험[85] 중 임의보험으로 정부의 보험료 지원이 존재하며 자연재해로 인한 재산상 피해가 발생할 경우 정부에서 피해액의 일부를 지원하는 무상복구 피해지원제도와 연계해서 운영되고 있다.

[표 8-11] 국내 자연재해보험제도 관련 법률체계

<table>
<tr><th colspan="2">재해구분</th><th>세부법규</th><th colspan="2">보험제도</th><th>소관부처</th><th>특징</th></tr>
<tr><td rowspan="8">재난및안전관리기본법</td><td rowspan="5">자연재해</td><td>자연재해대책법</td><td>풍수해보험법</td><td>주택, 온실</td><td>소방방재청</td><td>민관협력보험</td></tr>
<tr><td rowspan="4">농어업재해대책법</td><td rowspan="4">농어업재해보험법</td><td>농작물</td><td>농식품부</td><td>민관협력보험</td></tr>
<tr><td>양식물</td><td>농식품부</td><td>민관협력보험</td></tr>
<tr><td>임산물</td><td>산림청</td><td>–</td></tr>
<tr><td>어선</td><td>농식품부</td><td>국영보험
(업무위탁)</td></tr>
<tr><td>인위재해</td><td>화재법, 원자력법
가스사고법
자배법</td><td>제3자
배상책임</td><td>목적물
다양</td><td>관련부처
다양</td><td>의무가입방식</td></tr>
<tr><td>사회재해</td><td>관련법규</td><td>손실 유형
다양</td><td>목적물
다양</td><td>관련부처
다양</td><td>임의가입방식</td></tr>
<tr><td>사람
가축
전염병</td><td>감염병예방관리법,
가축전염병</td><td>농어업재해
보험법</td><td>가축</td><td>농식품부</td><td>민관협력보험</td></tr>
</table>

자료 : "자연재해보험 진흥을 위한 기본연구용역", 보험연구원, 2012. 11.

2) 주요보험

(1) 풍수해보험

풍수해보험(Storm and Flood Insurance)이란 태풍, 홍수, 호우, 강풍, 풍랑, 해일, 대설, 지진 등 풍수해로부터 주택(동산 포함)과 온실(비닐하우스 포함) 등에 발생하는 재산상 피해를 보상해 주는 제도로서, 소방방재청이 관장하고 민영보험사가 운용하는 정책보험이다.

풍수해보험의 대상재해는 자연재해대책법 제2조 제3항에서 정의한 태풍, 홍수, 호우, 강풍, 해일, 대설이며, 크게 홍수와 강풍, 대설로 분류할 수 있다. 풍수해보험의 담보방식은 담보위험을 증권상에 명시하는 특정위험방식(named peril coverage)을 채택하고 있다.

85) 정책성보험이란 정부가 정책목표를 달성하기 위해 법률로 도입하여 운용하고 있는 보험상품으로, 법률에 의해 보험가입이 강제화되어 있는 의무보험과 계약자의 의사에 따라 가입하는 임의보험으로 분류할 수 있다.

[표 8-12] 자연재해보험 분야별 담보위험과 보상방식

구 분		풍수해보험	농어업재해보험			어선원 및 어선재해보험
			농작물 재해보험	가축재해보험	양식수산물 재해보험	
담보위험	기본	태풍, 호우, 홍수, 강풍, 풍랑, 해일, 대설	태풍, 우박 (품목별 차이 존재)	질병, 풍수해, 화재, 설해 등의 폐사	태풍, 폭풍, 해일, 적조	침몰, 좌초, 화재, 손상 등
	특약	동산담보, 주택침수확장, 지진 등	동상해, 집중호우, 동산(품목별 차이 존재)	축사, 전기장치위험 등	자연재해원인 수산질병, 양식시설물 등	어구, 어획물 보상특약 등
담보방식		특정위험방식 3개 보험상품	특정위험방식 종합위험방식 품목별 상품	특정위험방식 단일상품	특정위험방식 단일상품	특정위험방식 단일상품
보상수준 유형		정액보상(70, 70%, 90%) 실손보상	보험금액의 70%,80%,85% (종합위험은 70%보장)	가축(시가의 80~95%) 축사(손해액 100%) -가입금액한도내	70~90%	-기본계약: 어선평가액의 80~100% -그외: 기본계약 가입금액의 100~30/100

자료 : "자연재해보험 진흥을 위한 기본연구용역", 보험연구원, 2012. 11.

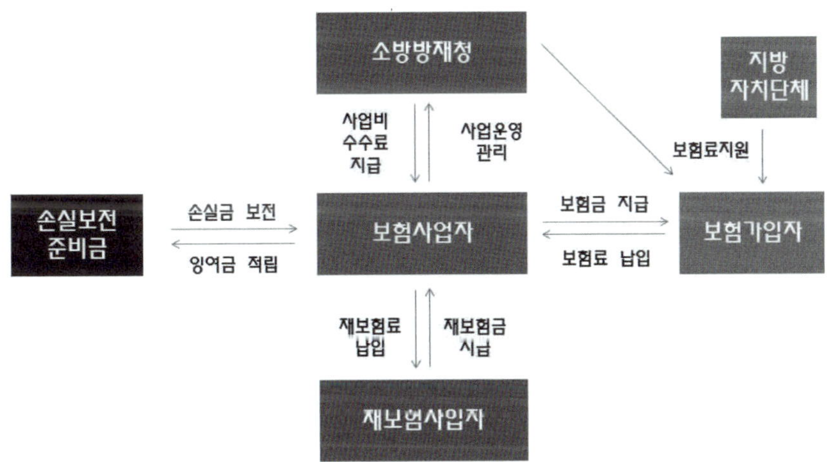

자료 : 소방방재청, "2011년도 풍수해보험실무", 2011

그림 8-9 풍수해보험 매커니즘

풍수해보험상품은 주택과 온실로 구분이 되며, 민영보험회사에서 판매하고 있는 대표적인 상품으로는 풍수해보험 I, 풍수해보험 II(단체가입상품), 풍수해보험III(공동주택 실손형 상품) 등이 있다. 풍수해보험 상품 I은 동산을 포함한 주택, 온실에 대한 정액 보상형 보험 상품으로 개별적으로 보험회사에 가입하는 상품이고, 풍수해보험 상품II는 동산을 포함한 주택에 대한 정액 보상형 상품이고, 마지막으로 풍수해보험 상품Ⅲ은 주택 중 공동주택에 한해 실손 보상형으로 판매되는 보험상품이다.

(2) 농어업재해보험

① 농작물재해보험

농작물재해보험(Crop Insurance)86)이란 자연재해로 인해 농작물 생산량이 감소하여 경제적 손실을 입은 농가에 보험원리를 이용하여 손실을 보전하는 제도로서 정부는 2001년 3월부터 농작물재해보험제도를 실시하고 있다.

농작물재해보험이 정책보험의 형태로 운영되며, 자연재해로 인해 농작물 생산량 감소에 대해 보상하는 물적손해보험이다. 보험기간은 최대 1년 6개월이며 단기소멸성보험이다.

농작물재해보험 보장 대상재해는 초기에는 태풍, 우박, 동상해 등에 한정된 특정위험방식이 위주였으나, 최근 도입되는 시범사업의 경우 종합위험방식을 채택하는 경우가 늘어나고 있다. 농업 분야의 재해복구 지원 항목은 '재난구호 및 재난복구비용 부담기준등에 관한 규정'에 있는 '재난등급별 재난지원금 기준표'에 의거하여 총 100단계로 구분한 뒤 재난등급에 해당하는 지원금(최대 5천만 원, 최소50만 원)이 지급되고 있다.

[표 8-13] 농업분야 재해복구 지원항목

구분	지원항목	지원비율(%)	지원조건 및 지원액
직접지원	농업용 시설복구	보조 35, 융자 55	지원액=기준단가×피해면적
	대파 대가축입식비	보조 50, 융자 30	지원액=기준단가×피해면적
	농약대	보조 100	지원액=기준단가×피해면적
간접지원	생계지원비	보조 100	(77만원/농가)농가단위 피해율 50% 이상
	영농자금 상환연기	1년	농가단위 피해율 30~50%
		2년	농가단위 피해율 50% 이상
	영농자금 신규지원	융자 100	농식품부 장관이 특별히 정하는 경우
	고교생 학자금면제	보조 100	농가단위 피해율 50% 이상

자료 : "자연재해보험 진흥을 위한 기본연구용역", 보험연구원, 2012. 11.

86) 농어업재해보험법 제2조 및 제5조에서는 농작물재해보험을 농업재해로 발생하는 농작물(산림작물 포함) 및 농업용 시설(임업용 시설물 포함) 피해에 따른 손해를 보장하기 위한 보험이라고 규정하고 있다.

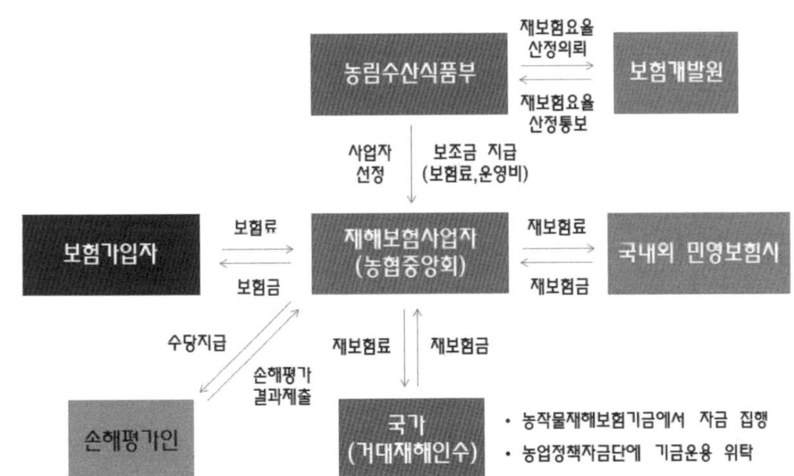

자료 : 농림수산식품부(2013), 2013년도 농어업재해보험(농작물재해보험) 사업시행지침.

그림 8-10 농작물 재해보험 매커니즘

② 가축재해보험

가축재해보험이란 자연재해, 화재, 각종 사고 및 질병 등으로 인해 가축에 피해가 발생할 경우 축산농가 경영의 안정성을 도모하기 위해 보험의 원리를 통해 손실의 일정 부분을 보전해 주는 제도로, 농림수산식품부에서 관장하고 민영보험회사가 참여하는 정책성 보험이다.

[표 8-14] 가축재해보험 지원항목

구분	가입대상	보장내용	가입형태
소	한우, 육우, 젖소	가입금액한도내 손해액 80%까지 보상	포괄가입 (송아지의 경우 대상연령 포괄가입)
	종모우	가입금액한도내 손해액 80%까지 보상	개별가입
돼지	제한없음	(주)가입금액 한도내 손해액 95%까지 보상 (특약)가입금액 한도내 손해액에서 자기부담금 차감한 금액	포괄가입
말	종빈마, 종모마, 경주마, 육성마, 일반마	가입금액한도내 손해액 80% 보상 단, 경주마는 가입금액의 70%까지 보상	개별가입
가금	닭, 오리, 꿩, 메추리, 칠면조, 타조, 거위, 관상조	(주)가입금액 한도내 손해액 95%까지 보상 (특약)가입금액 한도내 손해액에서 자기부담금 차감한 금액	포괄가입
기타 가축	사슴, 양, 토끼, 벌, 오소리	(주)가입금액 한도내 손해액 95%까지 보상	포괄가입
축사	가축사육 건물 및 부속건물	가입금액 한도내 손해액 보상	포괄가입

자료 : 농림수산식품부 재해보험팀, "가축재해보험 사업시행지침", 2012.

가축재해보험의 대상 재해범위는 자연재해, 화재, 질병 등이며, 축종별 보상 범위는 시가의 80 ~ 100%까지 손해액을 보장하고 있다. 가축재해보험의 가입대상은 가축재해보험 사업대상 가축을 사육하는 농업인 및 축산업 관련 법인이며, 정부에서는 납입보험료의 50%를 국고에서 보조지원하고 있다.

③ 양식수산물재해보험

양식수산물재해보험이란 재해로 인한 경영불안을 해소하여 양식어가의 소득 및 경영안정을 도모하고 안정적인 양식업 재생산 활동을 뒷받침하기 위한 정책성 보험이다. 정부는 재해로 인한 양식어가의 피해에 대비하기 위해 2007년에 양식수산물재해보험법을 제정하 였으며 농어업재해보험법이 시행된 2010년부터 양식수산물재해보험을 농작물재해보험, 가축재해보험 등과 함께 농어업재해보험으로 통합하여 운영하고 있다.

양식수산물 재해보험의 담보위험은 양식물 및 양식시설물에 피해를 주는 자연적 위험인 태풍·폭풍·해일·적조·이상조류 등의 주담보위험과 수산질병, 양식시설물 등과 같은 특약으로 구분된다. 양식수산물의 보상방식은 복구 지원액 전부를 선지급 받는 농업과 달리 지원금의 50%를 선지급 받고 복구를 완료한 후에 나머지 50%를 정산하는 과정을 거치는데 이는 해상의 경우 복구를 확인하는게 쉽지 않기 때문이다.

단원요약

- 우리나라의 상법은 "손해보험계약의 보험자는 보험사고로 인하여 생길 피보험자의 재산상의 손해를 보상할 책임이 있다"고 규정하여, 생명이나 신체에 관한 인보험과 재산에 관한 보험인 손해보험으로 구분하고 있다. 손해보험에는 보험사고로 인한 재산손해뿐만 아니라, 수익손해·비용손해 및 배상책임손해를 보상하는 보험도 포함된다.
- 손해보험의 의의는 경제적 측면과 법적 측면에서 살펴 볼 수 있다. 우선 경제적 측면에서의 의의는 재산의 소유, 사용 및 관리상 손해가 발생한 경우에 이를 보상해 주는 제도라는 점이다. 법적 의의는 보험계약자가 약정한 보험료를 보험자에게 지급하고 보험사고로 인한 피보험자의 재산상의 손해를 보상해 줄 것을 약정하는 계약이라는 점이다.
- 현대를 살아가는데 필수품이 되어버린 자동차는 그 많은 이점만큼이나 여러 가지 사고위험을 안고 있으며 사고 발생 시 손해의 규모도 매우 크다. 자동차보험은 자동차를 소유, 사용 또는 관리하는 동안에 발생한 사고로 인하여 생길 수 있는 피보험자의 손해의 보상을 목적으로 하는 손해보험이다.
- 신용·보증보험이란 채무자인 보험계약자가 채권자인 피보험자에게 계약상 채무불이행으로 손해를 발생시킬 경우, 보험회사가 보험계약자와 사전에 약정한 계약에 의거하여 발생된 손해를 대신 보상하는 제도이다.
- 화재보험은 재산보험의 가장 오래된 형태 중 하나로서, 화재로 인하여 보험 목적물에 발생한 손실을 보상해주는 대표적인 재산보험이다. 보험의 목적물은 건물 등의 부동산은 물론 기계나 각종 설비, 원료나 재고자산 및 귀중품 등의 동산이 포함된다. 또한 부동산이나 동산의 멸실로 인한 직접적 손실 뿐 아니라 이익의 상실 등과 같은 간접적인 손실도 보장하는 보험이다.
- 책임보험은 개인의 일상생활이나 기업 등 조직의 사업활동중의 과실로 타인의 신체나 재물에 손해를 입힘으로써 법률상 손해배상책임을 부담하게 되어 발생하는 피보험자의 손해를 보상하는 보험을 말한다. 법률상의 손해배상금, 소송비용, 변호사 보수, 중재 또는 화해비용, 응급비용, 호송 또는 기타 긴급조치에 소요된 비용 등을 보상하며, 가해자 측의 손해배상에 따르는 경제적 파탄을 구제하고 손해배상책임의 확실한 이행을 촉진시켜 간접적으로 피해자를 구제하는 기능을 가지고 있다.
- 자연재해보험의 대표적인 상품으로는 농작물재해보험, 풍수해보험, 가축재해보험, 어선재해보험 등이 있다. 자연재해보험은 자연재해로 인한 농작물 피해·어선 및 양식 수산물피해를 보상하여 농어민들의 안정적인 농어업 재생산활동을 뒷받침하기 위한 보험이다.

참고문헌

1. 박상빔, 「손해보험론」, 문영사, 2001.
2. 이용석, 「보험학개론」, 도서출판 두남, 2013.
3. 보험개발원(http://www.kidi.or.kr/)
4. 보험경영연구회, 「보험과 리스크 관리」, 문영사, 2006.

제9장 가계위험과 제3보험

1 제3보험의 개요

1-1 제3보험의 개념

1) 제3보험의 유래와 정의

제3보험이란 용어는 1965년 일본에서 처음 사용하였다. 쿄토(京都)대학의 오오모리(大森忠夫)교수가 "상법상의 상해보험의 지위"라는 논문을 발표하면서 처음으로 제기하였다. 이 논문에서 제3보험의 상해보험계약은 정액 내지 준 정액보험금 계약이므로 생명보험의 정액보상과 손해보험의 실손보상 특징이 혼합되어 있다는 의미로 제3보험이라는 용어가 사용되게 되었다.

우리나라에서는1997년 7월 21일 상품관리규정을 개정하면서 제3보험범위를 확정하였고, 제3보험 상품은 생명보험회사와 손해보험회사에서 상호 겸영할 수 있도록 허용되었다. 이후 2003년 5월 보험업법의 개정을 통해 제3보험의 정의와 손·생보 겸영대상을 명확히 하였다.

생명보험의 정액보상적 특성과 손해보험의 실손보상적 특성을 동시에 가지는 보험을 의미하며, 생명보험이나 손해보험 두 분야 중 어느 한 분야에 속했다고 보기 어려운 보험을 말한다.

예를 들어 질병에 대해 보장을 하는 상품의 경우에 그 보험대상은 사람이므로 생명보험의 영역이나, 질병으로 인한 소득상실의 보장, 각종 질병치료비의 실손보상 등은 손해보험의 성격을 갖고 있는데, 이같은 종류의 위험을 담보하는 보험종목을 제3분야(Gray Zone)보험이라고 한다.

[표 9-1] 제3보험의 비교

구 분	생명보험	제3보험	손해보험
보험사고	사람의 생존 또는 사망	신체의 상해, 질병, 간병	재산상의 손해
피보험이익*	원칙적으로 없음	원칙적으로 없음	존재
중복보험(보험가액초과)	없음	실손보상급부에는 존재	존재
보상방법	정액보상	정액보상, 실손보상	실손보상
피보험자(보험대상자)	보험사고의 대상	생명보험과 동일	손해의 보상을 받을 권리가 있는 자
보험기간	장기	장기	단기

* 보험계약의 목적(화재보험의 건물, 선박보험의 선박 등)을 금전으로 환산할 수 있는 가치를 의미

자료 : 한국생명보험협회 "2010년 생명보험이란 무엇인가", 2010

제3보험은 사람이 질병에 걸리거나, 재해로 인해 상해를 당했을 때 또는 질병이나 상해가 원인이 되어 간병이 필요한 상태를 보장하는 보험으로 생·손보 고유영역을 제외한 상해보험·질병보험·장기간병보험으로 구분된다.

구체적으로는 우연하고도 급격한 외래의 사고로 인한 상해의 치료 등에 소요되는 비용을 보장하는 상해보험과 질병에 걸리거나 질병으로 인해 발생되는 입원·수술·통원 등을 보장하는 질병보험, 상해·질병으로 인한 활동불능 또는 인식불능 등 타인의 간병을 필요로 하는 상태를 보장하는 장기간병보험 등이 있다.

2) 제3보험의 법률적 근거

(1) 상법

현행 상법 제4편에서는 보험계약을 손해보험과 인보험으로 구분하고 있으나 제3보험이라는 용어가 명시되어 있지 않다. 동법 제727조(인보험자의 책 임), 제737조(상해보험자의 책임), 제739조(준용규정)[87]를 통해 사람의 신체에 관한 보험사고를 담보하는 제3보험의 법률적 근거가 되고 있다.

87) 제3보험 중 상해보험에 대하여는 상법상 규정을 두고 있으나 질병·간병보험에 관하여는 규정을 두고있지 않다. 질병·간병보험은 그 성질상 인보험에 가까우나 손해보험적 성격도 내포하므로 과거 보험업법 개정 전에는 인보험사업자는 정액보상, 손해보험사업자는 실손보상을 조건으로 겸영을 허용하였고, 2005년4월 이후 생명보험회사도 실손보상판매를 허용하였다.

(2) 보험업법

보험업법상 제3보험은 생명보험. 손해보험과는 구분되는 독립된 보험종목(보험업법 제2조 제4항)으로 규정되어 있다. 제3보험에 관해서는 2003년 5월 보험업법 개정을 통해 제3보험의 정의와 겸영대상을 명확히 설정하였다.

① 보험업법 제2조 : 용어의 정의

제3보험업은 사람의 질병·상해 또는 이로 인한 간병에 관하여 약정한 급여를 제공하거나 손해의 보상을 약속하고 금전을 수수하는 것을 업으로 행하는 것을 말한다.

② 보험업법 제4조 : 보험업의 허가

보험업을 영위하고자 하는 자는 다음과 같이 보험종목별로 금융위원회의 허가를 받아야 한다. 이미 생명보험업 또는 손해보험업에 해당하는 보험종목의 전부에 관하여 허가를 받은 자는 제3보험업에 해당하는 보험종목에 관하여 허가를 받은 것으로 본다.

- 생명보험업의 보험종목 : 생략
- 손해보험업의 보험종목 : 생략
- 제3보험업의 보험종목 : ⅰ) 상해보험, 질병보험, 간병보험
  ⅱ) 그 밖에 대통령령이 정하는 보험종목

③ 보험업법 제10조 : 생·손사 간 겸영 가능한 보험종목

- 생명보험의 재보험 및 제3보험의 재보험
- 다른 법령에 의하여 대통령령이 정하는 보험종목
  ⅰ) 조세특례제한법에 의한 연금보험
  ⅱ) 근로기준법에 의한 퇴직보험
- 제3보험의 보험종목에 부가되는 보험

1-2 제3보험의 특징

1) 겸업의 가능

보험업법은 원칙적으로 생명보험업(장기 안정적위험)과 손해보험업(단기 거대위험)이 부담하는 위험의 상이성을 고려하여 생명보험업과 손해보험업의 겸영을 금지하고 있다. 그러나 제3보험업에 대해서는 보험업법상'제3보험업이라 함은 사람의 질병·상해 또는 이로 인한 간병에 관하여 약정된 급여를 제공하거나 손해의 보상을 약속하고 금전을 수수하는 것을 업

으로 행하는 것'이라고 정의하여, 겸영을 허용하고 있다.

또한 제3보험은 신체의 질병·상해 등을 주로 보장하는 보험이다. 생명보험회사나 손해보험회사는 질병보험주계약(기본계약)에 각종 사망보장 또는 질병사망을 특약형태로 보장할 수 있도록 상품을 설계하여 운용하고 있다. 단, 손해보험회사에서 판매중인 질병사망 특약의 보험기간은 80세만기, 보험금액 한도는 2억원까지만 부가할 수 있다.

2) 보험사고의 대상

생명보험에서의 보험사고는 사람의 생존과 사망이고, 손해보험은 재산상의 손해가 보험사고이다. 그러나 제3보험은 신체의 상해, 질병 및 이로 인한 간병상태를 보험사고의 대상으로 한다.

3) 보험금의 지급방법

원칙적으로 생명보험에서의 보험금 지급방법은 사전에 정해진 금액을 보상하는 것이 원칙이며, 손해보험은 재산상의 손해를 보상하는 특성상 실질적으로 손해를 입은 금액을 보상하는 것이 원칙이다. 그러나 제3보험의 보험금 지급방법은 정해진 금액(정액보상)과 실질적으로 입은 손해액(실손보상) 모두 가능하다.

4) 피보험이익

피보험이익은 손해의 보상을 약속하는 손해보험에서는 필수적인 요소이나, 생명보험의 경우에는 사람의 생명이나 신체를 금전으로 평가할 수 없으므로 피보험이익이 존재하지 않는다고 보고 있으며, 다만 실손보전이 가능한 제3보험의 경우에는 피보험이익을 인정하고 있다.

2 상해보험

2-1 상해보험의 개념

1) 상해보험의 정의

상해보험은 우연하고도 급격한 외래의 사고로 신체에 입은 상해를 치료하는데 소요되는 비용 및 상해[88]의 결과로 인한 사망 등을 보장하는 보험을 말한다. 일반적으로 생명보험은

피보험자(보험대상자)의 생사(生死)가 보험사고이므로 보험사고 발생여부에 대한 계약자와 보험회사간 다툼이 생길 여지가 크지 않으나, 상해보험은 외부로부터의 돌발적인 사고로 인한 상해만이 보험사고로 간주되므로 상해인정 여부가 중요한 쟁점이 된다.

일반적으로 상해보험에서 상해는 외부로부터의 우연하면서 돌발적인 사고로 인한 신체의 급격한 손상을 가리키며, 이러한 사고에 대해 우연성(accidental), 외래성(external), 급격성(violent)의 기준에 따라 상해여부를 판단하게 된다.

2) 상해보험의 특성

(1) 피보험자

상해보험계약의 피보험자는 보험사고의 객체가 되는 사람이다. 상해보험계약에서 보험사고인 상해는 피보험자의 상해사망을 포함하고 있지만, 피보험자의 연령 등에는 제한이 없다(상법 제739조, 제732조). 그러나 생명보험 표준약관에서는 사망을 보험금지급사유로 하는 계약에서 만 15세 미만자를 피보험자로 한 경우에는 계약을 무효로 하고 있음에 따라 상해보험 계약에서도 15세 미만의 미성년자에 대한 상해사망은 담보할 수 없도록 하고 있다. 이는 보험금 수취를 목적으로 자기방어능력이 떨어지는 15세 미만의 미성년자를 피보험자로 하여 보험범죄를 유발할 가능성을 사전에 방지하기 위한 것이라 할 수 있다.

또한 상해보험의 종류에 따라 피보험자의 자격에 제한이 따를 수 있다. 가령 운전자상해보험의 경우에는 피보험자는 운전자이어야 하고, 손해보험의 보통상해보험에서 전문적인 등산, 글라이더 조종, 스카이 다이빙 등 특수한 행위를 하는 동안에 생긴 상해사고에 대하여 보험자가 담보하지 않는 것은 그러한 예이다.

(2) 보험사고

상해보험은 급격하고도 우연한 외래의 사고에 의한 신체의 상해를 보험사고로 하고 있다. 인보험으로서 생명보험과 상해보험이 다같이 사람의 사망에 대하여 일정한 금액을 지급하고 있으나, 생명보험에 있어서는 사망자체는 확정된 것이고, 다만 그 발생시기만이 불확정한 것임에 비하여 상해보험에 있어서는 사람의 사망도 우연한 사고의 결과로서 그 발생 자체도 발생시기와 함께 불확정한 것이다. 이러한 점에서 같은 인보험이라도 생명보험과는 달리 상

88) 상해보험에서 말하는 신체의 상해란 몸에 상처를 입는 '부상(負傷)' 보다는 약간 넓은 의미로 쓰이며, 반드시 외관상 분명한 상처자국을 남기는 것에 한정하지는 않으며, 상해로 인한 사망 또는 상해로 인한 신체장해 등을 포함한다. 생명보험에서는 상해의 개념을'재해'로 표현하고 있다. 과거에는 재해의 범위를 열거주의(Positive)를 적용하였으나, 2006년 4월부터는 '보장하지 않는 보험사고'로 명시되지 않는 한 재해로 인정하는 포괄주의(Negative)방식을 적용하고 있다.

해보험은 손해보험적 요소를 갖고 있다.

상해보험 및 생명보험 특약으로 담보하고 있는 재해사고의 규정에 대하여 살펴보면 보험업감독업무시행세칙 〈부표 4〉의 '재해분류표'는 "재해라 함은 우발적인 외래의 사고(다만 질병 또는 체질적 요인이 있는 자로서 경미한 외부요인에 의하여 발병하거나 또는 그 증상이 더욱 악화되었을 때에는 그 경미한 외부요인은 우발적인 외래의 사고로 보지 아니함)로서 다음 분류표에 따른 사고를 말한다"라고 규정하고 자동차 교통사고 등 32가지를 열거하고 있다.

(3) 보험급부

상해보험에 있어서는 보험사고인 상해의 직접결과로서 피보험자가 사망 또는 장해를 입거나 의사의 치료를 요하는 경우에 사망, 장해보험금과 입원보험금을 지급한다.

이 경우 사망보험금은 정액으로 지급되고 장해보험금과 입원보험금은 그 상해의 정도에 따라 정액 또는 부정액으로 지급되며, 특히 입원보험금은 실손보상으로 할 수 있다. 손해보험에서는 우연한 일정의 사고에 의하여 생기는 손해의 보상을 목적으로 하지만 생명보험에서는 사람의 생존·사망에 대하여 미리 약정한 금액, 즉 정액이 지급된다.

이러한 의미에서 상해보험의 정액급부부분은 생명보험적 요소를 입원실비급부에 있어서는 손해보험적 요소를 가지고 있다고 할 수 있다.

(4) 상해보험의 이중성

상법상 상해보험은 인보험으로 분류된다. 그러나 현행 손해보험약관상담보조항에서는 상해사고로 인한 손해를 보상하는 것으로 규정하고 있으며, 또한 입원실손보상에 있어서의 손해보상성 등을 고려해 보면 상해보험의 손해보상성이 인정된다. 따라서 상해보험계약은 인보험계약이면서도 손해보험계약의 요소를 가지며, 또한 인보험계약이기 때문에 다른 손해보험계약에서는 볼 수 없는 특성을 갖는다.

(5) 생명보험계약규정의 준용

상해보험은 인보험으로서 생명보험과 같이 생명에 관한 보험이라는 데서 상법은 15세 미만 등의 사망보험을 금지한 제732조를 제외하고 생명보험에 관한 규정을 준용토록 하였다. 그런데 앞에서 설명한 바와 같이 상해보험은 단순한 정액보험이 아니고 상해의 상태에 따라 치료비 등을 지급하는 부정액보험의 경우도 있으므로 이러한 때에는 손해보험에 관한 규정을 준용할 필요가 생긴다.

2-2 상해보험의 요건

1) 우연성

'우연성'이란 보험사고의 핵심적인 요건으로 원인 또는 결과의 발생이 예견되지 않는 상태를 말하며, 피보험자(보험대상자)의 의사에 기인하지 않았음을 의미한다.

2) 외래성

'외래성'이라 함은 신체 상해의 발생 원인이 피보험자(보험대상자) 자신의 신체에 내재되어 있는 것이 아니라 원인에서 결과에 이르는 과정이 외부적 요인에 기인하는 것을 의미한다. 따라서 피보험자(보험대상자)가 의도하였거나 예상할 수 있었던 사고, 즉 자해행위, 자살, 싸움 등으로 인한 상해는 상해보험의 보험사고가 아니다.

3) 급격성

'급격성'이란 결과의 발생을 피할 수 없을 정도로 급박한 상태를 의미한다. 즉 상해를 발생시키는 사고가 완만하거나 연속적으로 발생한다면 이를 사전에 예측하여 피할 수 있게 되므로 보험사고가 될 수 없다. 따라서 신체허약, 질병 등은 상해에서 배제된다.

2-3 상해보험의 주요내용

1) 상해보험의 종류

일반적으로 상해보험의 종류는 주로 보장하는 내용에 따라 일반재해보장형, 교통사고 보장형, 각종 레포츠사고보장형 등 다양한 종류가 있으며, 만기환급금의 유무에 따라 순수보장형과 만기환급형으로 구분된다. 또한 각종 선택 특약의 부가로 재해로 인한 수술, 입원, 생활보조금의 지급 등 추가보장이 가능하다.

그러나 우리나라에서는 상해보험의 판매기간이 짧아 상해보험상품의 종류가 많지 않다. 가계위험에 적용 가능한 대표적인 상해보험상품들은 아래와 같다.

(1) 보통상해보험

보통상해보험은 상해보험의 기본적인 상품으로 보험기간 중에 피보험자의 일상생활에서 상해를 입은 때에 보험금을 지급하기로 하는 보험이다. 이 보험은 보험자의 면책사유가 없는 한 피보험자가 가정에서, 직장에서 또는 여행중이든 가리지 않고 생긴 모든 상해사고를 담보하는 것이다.

(2) 교통상해보험

교통상해보험은 피보험자가 교통사고로 상해를 입었을 때에 보험금을 지급하기로 하는 보험이다. 즉, 이 보험에서는 피보험자가 교통승용구에 타고 있거나, 타고 내릴 때 또는 보행 중에 생긴 모든 교통사고로 말미암은 상해만을 보험사고로 하는 보험이다. 교통승용구는 기차, 전동차, 기동차, 케이블카, 리프트, 엘리베이터 및 에스컬레이터, 자동차, 오토바이, 자전거, 손수레, 항공기 및 선박 등을 포함하고 있다. 현재 생명보험업계에서 판매하고 있는 대부분의 상해보험이 여기에 속한다.

(3) 단체상해보험

단체상해보험은 단체구성원을 피보험자로 하여 그 단체활동과 관련하여 생긴 상해를 담보하는 보험이다.

(4) 여행상해보험

여행상해보험은 피보험자가 여행 중에 일어난 사고로 상해를 입은 경우에 보험금을 지급하기로 하는 보험이다. 여행상해보험은 여행구간에 따라 국내여행상해보험과 해외여행상해보험으로 나눌 수 있다.

2) 생명보험과 손해보험의 장해등급차이

후유장해는 일반적으로 후유증이라고 불려지고 있으며, 이것은 '병세초기의 급성증상이 치료된 후 오래도록 잔존되는 신체상의 기능장해'라고 지칭되고 있다.

후유장해등급이 중요한 것은 적용되는 등급별 장해내용에 따라 보험금지급률이나 노동능력상실률이 다르므로 지급되는 보험금의 규모에 큰 차이가 발생되기 때문이다. 그러나 신체상에 발생되는 동일한 장해내용이 각 생·손보별로 그 등급이 다르거나 노동능력상실률(보험금지급률)이 다르기 때문에 많은 문제를 야기하고 있다.

생명보험분야에서의 장해등급 구분은 6등급 71개 유형으로 구분되어 있어 손해보험 등 여타 분야에서의 구분에 비하여 크게 단순화되어 있다. 과거에는 폐질 또는 고도의 장해로 지칭되고 있는 1등급 장해인 9가지 유형이 사망과 같은 내용으로 취급되어 주료 활용되었으며, 기타 2~6등급 장해는 보험금 지급상 활용빈도가 그리 크지 않았다. 그러나 최근 상해보험개발이 본격화되면서 1등급 내지 3등급 장해가 발생하면 사망보험금보다 높은 보험금을 지급하는 상품이 많이 등장하였다.

손해보험에 있어서는 상해보험과 배상책임보험에서 신체장해와 관련된 내용을 보험목적으로 하여 취급하고 있으며, 장기손해보험표준약관에서 후유장해의 종류를 눈, 귀, 코, 외모 등에 대한 장해로 11가지로 구분하고 있으며, 지급률도 정도에 따라 많은 차이를 두고 있다.

3) 주요 보장내용

상해보험의 주요 보장내용은 상품마다 상이하나 일반적인 보장내용은 아래와 같다.

① 재해사망보험금 : 사망, 장해분류표 중 질병 또는 동일한 재해로 여러 신체부위의 장해지급률을 더하여 80% 이상인 장해상태가 되었을 경우(일시금/연금형태지급)

② 재해장해급여금 : 장해분류표에서 정한 각 장해지급률에 해당하는 장해상태가 되었을 때

③ 재해수술비(재해로 인한 수술시 1회당)

④ 응급치료비(재해로 인해 입원시) : 통상 4일이상 입원시 지급

⑤ 만기환급금(만기 환급형인 경우)

4) 상해보험의 일반적 가입조건

상해보험의 보험기간은 일반적으로 1년 이상이며 가입대상 및 연령은 일부 위험직을 제외하고 고연령자도 가능하다. 일반적으로 상해보험은 연령에 관계 없이 단일률을 사용하기 때문에 보험료는 동일하나, 군단별 연령을 사용하여 연령별로 보험료가 상이할 수 있다. 특히 질병특약 등이 부가되는 경우에 연령별로 전체 영업보험료가 다를 수 있다.

상해보험의 경우 주보험에는 일반사망을 부가할 수 없고 특약을 통해서만 질병사망을 보장할 수 있다. 한편 상해보험에서 보장하지 않는 원인에 의한 사망으로 피보험자(보험대상자)가 사망한 경우 〈예 : 피보험자(보험대상자)가 암으로 사망한 경우〉 에는 책임준비금을 지급하고 보험계약이 소멸하게 된다. 2005년 10월부터 상해보험의 경우 직업별위험률이 적용되어 위험직업과 비위험 직업간에 상이한 위험률이 적용되는'직종별 위험등급'체계가 시행되고 있다.

3 질병보험

3-1 질병보험의 개념

1) 질병의 개념

질병이란 심신의 전체 또는 일부가 일차적 또는 계속적으로 장애를 일으켜서 정상적인 기능을 할 수 없는 상태를 말한다. 질병은 바이러스, 세균, 곰팡이, 기생충과 같이 질병을 일으키는 병원체와 병원체가 증식하고 생활하는 장소인 병원소가 있어, 이 병원소에서 탈출한 병원체가 동물이나 인간에게 전파·침입하여 질환을 일으키는 경우를 말하는 감염성 질환과 (여러 가지 위험인자가 복합적으로 질환을 유발시키는) 비감염성 질환으로 구분할 수 있다.

또한 질병과 상해의 개념은 다음과 같이 구분할 수 있다. 질병은 원인이 신체에 내재함으로써 피보험자(보험대상자)의 조직 장기 또는 체질이 다른 일반인과 비교해서 상대적으로 정상이 아닌 상태가 존재하는 것이며, 그 중 어느부분이 원인이 되어 결과적으로 건강이 훼손된 상태를 말한다.

질병의 경우, 상해와 달리 외래성은 인정되지 않는다. 예를 들면 물건을 들다가 허리를 다친 경우와 노화로 인한 요통의 경우 요통이라는 결과는 같지만 외래성이 인정되는 전자는 상해사고에 해당되지만, 외래성이 인정되지 않는 후자의 경우 질병이 된다.

2) 질병보험의 정의

질병보험은 질병에 걸리거나 질병으로 인한 입원, 수술 등의 위험(질병으로 인한 사망은 제외한다)을 주로 보장하는 보험[89]을 말한다. 즉, 질병에 걸릴 위험, 질병으로 인한 입원 및 수술에 따른 의료비용 지출 위험 및 질병으로 인한 소득 상실위험을 보장한다. 보통 건강보험의 일부분을 말한다고 할 수 있다.

건강에 손상이 발생하면 다음과 같은 경제적 손실이 나타난다.

첫째는 의료비의 지출이다. 일상적 또는 경상적 규모의 의료비 지출은 개인의 경제적 문제를 심각하게 만들지 않는다. 그러나 경상적 규모 이상의 예기치 못한 의료비의 발생은 가정의 경제안정을 심각하게 악화시킬 수도 있다.

둘째는 소득의 상실이다. 소득의 상실은 장기 또는 단기의 요양기간에 발생하는 것과 신체상해에 의해 임시 또는 영구적으로 발생하는 것으로 구분된다.

89) 보험감독업무시행세칙 제19조 참조

따라서 질병보험은 의료비와 소득상실을 보상하는 보험이다. 보상은 정액 또는 실손형식으로 이루어진다. 많은 경우에 질병보험은 의료비를 보상하는 보험으로 좁게 해석되기도 한다.

개인의 건강상실은 자신뿐만 아니라 가족의 경제적 안정에 치명적인 손실을 입힐 수 있으므로 대부분의 나라에서는 국가차원의 사회보장제도가 있다. 의료비 보상부분과 소득보상부분에서 공적제도의 역할에 따라 사적제도의 규모 및 역할이 차이가 난다. 최근에는 일부 선진국에서 재정상 이유 등으로 공적제도의 역할을 제한하고 사적제도의 비중을 더욱 강조하는 추세가 나타나고 있다.

우리나라에서 많이 보장하는 질병사고는 보통 암(상피내암), 3대암, 여성암, 성인병 등이다. 질병보험은 암이나 성인병 등의 질병에 걸렸을 경우 일반사망보험과는 달리 살아있을 때 치료비, 입원비, 수술비 등을 지급하기 때문에 우리나라에서는 최근 질병보험의 판매가 크게 증가하였고 앞으로도 많은 판매가 기대되는 보험이다.

제3보험인 질병보험에서 사망보장은 주계약이 아닌 특약으로만 보장된다. 공적보험인 국민건강보험은 상해 및 질병으로 인한 치료비를 보장하는 사회보장제도로서 민영보험회사에서 판매하는 질병보험과는 보장형태 및 체계에 있어 차이가 있다.

3-2 질병보험의 주요내용

질병보험은 각종 암, 과로사관련 특정질병, 뇌혈관질환, 심장질환, 당뇨병, 여성만성질환, 부인과질환 등의 발생 및 이의 치료를 위해 소요되는 의료자금 등을 보장하는 보험으로 질병의 발병에 따른 진단확정시, 수술시, 입원시, 요양에 따른 비용발생시 필요자금 등을 보장해 준다. 생명보험과 달리 일반사망시 보험금이 없다.

질병보험의 종류는 주로 보장하는 내용에 따라 암보장형, 성인병보장형, 부인병보장형, 특정질병 집중보장형 등이 있으며 만기환급금의 유무에 따라 순수보장형과 만기환급형으로 구분된다.

1) 질병보험의 주요 보장내용

질병보험의 주요 보장내용은 상품마다 상이하나 일반적 보장내용은 아래와 같다.

(1) 진단급여금 (특정질병[90] 진단시)

(2) 입원 및 수술급여금 (특정질병으로 입원 및 수술시)

90) 특정질병은 3대, 7대, 10대질병 등 상품마다 상이하게 적용함.

(3) 건강생활자금 (특정질병으로 일정기간 이상 계속 입원시)

(4) 건강회복자금 (특정질병으로 일정기간 계속 입원후 퇴원시)

(5) 만기환급금 (만기환급형에 한함)

[표 9-2] 특정질병

16대 질병		분류번호	여성특정질병	남성7대질병
당뇨병	당뇨병	E10 ~ E14	O	O
심장 질환	급성류마티스열	I00 ~ I02	O	O
	만성 류마티스 심장질환	I05 ~ I09	O	O
	허혈성 심장질환	I20 ~ I25	O	O
	폐성심장병 및 폐순환의 질환	I2 ~ I28	O	O
	기타형태의 심장병	I30 ~ I52	O	O
고혈압	고혈압성 질환	I10 ~ I15	O	O
뇌혈관 질환	뇌혈관 질환	I60 ~ I69	O	O
간 질환	바이러스 간염	B15 ~ B19		O
	간의 질환	K70 ~ K77		O
★생식기 질환	남성생식기관의 질환	N40 ~ N45, N47 ~ N51		
	여성골반내 장기의 염증성 질환	N70 ~ N77		
	여성생식기의 비염증성 장애 (습관성 유산자, 여성불임증, 인공 수정과 관련된 합병증 제외)	N80 ~ N95		
	비뇨생식기계통의 기타장애	N99		
위, 십이지장 궤양	위궤양	K25	O	O
	십이지장궤양	K26	O	O
	상세불명부위의 소화성궤양	K27	O	O
갑상샘 질환	갑상샘의 장애	E00 ~ E07		
	처치후 갑상샘기능저하증 방사선조사후 갑상샘기능저하증 수술후 갑상샘기능저하증	E89.0		
동맥경화증	죽상경화증	I70		
신부전	콩팥(신장) 기능상실	N17 ~ N19	O	
만성하기도 질환	급성인지 만성인지 명시되지 않은 기관지염	J40		O
	단순성 및 점액농성 만성기관지염	J41		O
	상세불명의 만성기관지염	J42		O
	천식	J45		O
	천식지속상태	J46		O

폐렴	달리 분류되지 않은 바이러스성 폐렴	J12		
	폐렴사슬알균에 의한 폐렴	J13		
	헤모필루스 인플루엔자에 의한 폐렴	J14		
	달리 분류되지 않은 세균성 폐렴	J15		
	달리 분류되지 않은 기타 감염성 병원체에 의한 폐렴	J16		
	달리 분류된 질환에서의 폐렴	J17		
	상세불명 병원체의 폐렴	J18		
	리지오넬라병	A48.1		
	폐렴이 합병된 홍역	B05.2		
관절염	감염성 관절병증	M00 ~ M03		
	염증성 다발성 관절병증	M05 ~ M14		
	관절증	M15 ~ M19		
	기타 관절장애	M20 ~ M25		
백내장	노년 백내장	H25		
	기타 백내장	H26		
	수정체의 기타장애	H27		
녹내장	녹내장	H40		
	달리 분류된 질환에서의 녹내장	H42		
결핵	결핵	A15 ~ A19		
	결핵의 후유증	B90		

2) 질병보험의 가입조건

보험기간은 대부분의 상품이 10년 이상이며, 가입가능 연령은 만 15세 이상이면 가능하다. 단, 고연령 및 건강상태에 따라 가입이 제한될 수 있다. 일반적으로 질병보험은 연령이 증가함에 따라 보험료는 높아지는데, 특화된 질병을 보장하는 상품은 보험료가 저렴한 반면 보장되지 않는 질병이 많을 수 있음을 유의할 필요가 있다. 일반적으로 일반사망에 대한 급부보장은 없으나, 이 경우 일반사망특약을 통해 보장이 가능하다.

3-2 질병보험의 종류

질병보험의 종류는 크게 CI(Critical Illness)보험, 의료보장보험, 암보험 및 소득보상보험으로 분류할 수 있다.

1) CI(Critical Illness)보험

(1) Critical Illness의 정의

"Critical Illness"란 단순히 치명적 질병을 의미하는 것이 아니라, 사고나 질병 등으로 인해 아픈 상태 즉 치명적인 중병상태를 의미한다. "CI"는 치명적 질병, 치명적 수술, 치명적 장해 등 크게 3부분으로 분류된다.

[표 9-3] Critical Illness

구 분	대표적 Critical Illness
치명적 질병	암, 심근경색, 뇌졸중, 신부전증, 말기간질환, 말기폐질환, 중대한 화상
치명적 수술	관상동맥수술, 심장판막수술, 대동맥수술, 장기이식수술, 조혈모세포이식수술 등
치명적 장해	혼수상태, 활동불능, 사지마비, 사지절단, 실명, 발성상실, 청력상실 등

(2) CI(Critical Illness)보험의 정의

"Critical Illness" 발병 시 사망보험금의 일부 또는 전액을 선지급하거나 별도의 고액 생활보험금(Living benefit)을 생전에 지급함으로써 고액의 치료비, 실직에 따른 생활비, 신체장해에 따른 간병비, 집안내부 개조비용, 채무변제, 요양비 등 생존에 필요한 다목적 자금으로 활용할 수 있도록 개발된 상품이다.

2) 의료보장보험

(1) 의료보장보험의 의의

사람들이 질병 또는 상해로 인하여 의료서비스를 받아야 하는 경우에는 의원, 병원 또는 대학병원 등의 의료기관을 통하여 입원, 수술, 투약 등 다양한 치료 행위를 제공받게 되며, 이 경우에 많은 의료비용이 발생된다. 이 경우에 개인들이 충분한 준비가 없다면 적절한 치료를 받지 못할 뿐만 아니라, 가정경제에도 막대한 손실을 가져 올 수 있다.

의료보장보험은 이렇게 개인들이 질병 또는 상해로 인하여 발생하게 되는 의료비의 지출을 보상해주어 경제적 불안을 해소하는 보험상품이다.

의료보장보험의 계약자에게 실제로 제공되는 의료서비스를 보상하는 상품의 성격상 실손형으로 개발되고 있으며, 국가에서 운영되고 있는 공적의료보험의 유무, 의료수가, 의약분업 등 국가정책 등에 따라서 보상의 차이를 보이고 있다.

실손의료보험은 국가에서 운영하는 의무보험인 국민건강보험과는 별도로 민영보험회사에

서 판매하고 있는 보험상품으로 보험가입자가 질병·상해로 입원(또는 통원) 치료시 부담한 의료비[91]를 보험회사가 보상하는 상품이며 주로 상해·질병보험의 특약으로 부가되어 판매된다.

실손의료보험의 보장은 입원의 경우, 최고 5천만원이내, 통원의 경우 일당 최고 30만원이내에서 보장[92]하고, 외래는 연간 180회(방문)까지, 약제비는 건당 180회(처방전)까지 보장[93]한다.

(2) 의료보장보험의 특징

① 입원의료비와 외래진료비중 일정액을 보장하는 공적건강보험을 보완하는 보충형 상품으로 개발되었다.

② 부부형, 가족형 도입으로 가족보장기능이 강화되었으며, 특별조건부특약, 판매연령 및 보험기간 확대 등으로 가입문호를 확대하였다.

③ 외래의료비중 의사처방전이 있는 약국 조제료, 약제비도 보상한다.

④ 선택적 복지제도(Cafeteria plan)를 위한 전용 단체보험상품도 개발되었다.

⑤ 입원의료비중 병실료에 대해 2인실 기준으로 지급한다. 특실 또는 1인실 사용시 차액은 본인부담이다. 2인실 이하 병실사용 시 해당병실료는 실비로 지급한다.

⑥ 중복보험에 대한 비례보상을 택하고 있다.

3) 암보험

(1) 개념

암보험은 질병보험의 하나로서 암으로 인한 치료자금을 중점적으로 보장받기 위한 보험으로 암진단시, 치료시, 수술시 등의 치료자금 및 암으로 인한 요양자금, 임사망시 보험금 등 암과 관련된 비용을 보장하는 상품이다.

(2) 도입경과

1980년경에 최초로 암보험이 도입되어 판매되었으며, 보장되는 급부는 암사망, 암진단, 암입원, 암요양에 대해서 보상을 해주었으며, 진단급부는 소액으로 보장하였다. 1988년경부터 암보험에서 암진단급부를 삭제하는 대신에 암통원급부를 추가하거나, 암진단급부를 기존보

91) 국민건강보험 급여 항목중 본인 부담액 및 비급여 항목

92) 보장한도는 회당 외래비와 건당 약제비를 합산하여 계산

93) 보험기간 중 발생한 사고에 대하여는 보험기간 종료 후 180일 이내에 외래는 회당 90회, 약제비는 건당 90회 보장

다 고액으로 진단급부를 설계(기존 75만원 → 500만원) 하여 판매되었다.

1998년경부터 건강보험이 도입되면서 여성특화암(유방, 난소, 자궁)에 대하여 고액보장을 제공하였고, 2001년경부터 암진단 급부 5억원까지 고보장하는 암보험이 개발되었다.

(3) 암보험 상품내용

일반적으로 암보험은 만기환급금의 유무에 따라 순수보장형과 만기환급형으로 구분된다. 특정암(예를 들어 3대 주요암 등)만을 집중적으로 보장하는 형태의 상품도 있다.

(4) 암보험의 주요 보장내용

암보험의 주요 보장내용은 상품마다 상이하나 일반적인 보장내용은 아래와 같다.

① 암 진단 급여금 (암진단시 1회한)

② 암 수술 급여금 (암으로 수술시 1회당)

③ 암 입원 급여금 (암으로 입원시-통상 4일이상 입원시 지급)

④ 암 통원 급여금 (암 치료 목적으로 통원시)

⑤ 암 간병비 〈암으로 일정기간(31 / 61 / 121일 등)이상 계속 입원시〉

⑥ 만기환급금 (만기환급형에 한함)

⑦ 상피내암(0기 암)의 경우 암관련 보험금의 20%~40% 지급

(5) 암보험의 일반적 가입조건

보험기간은 대부분의 상품이 10년 이상이며, 가입 가능연령은 15세 이상(일반적으로 고연령의 가입은 제한이 있음)이고, 질병보험과 마찬가지로 연령이 증가함에 따라 보험료도 크게 증가한다.

암보험은 보험계약일로부터 90일이 지난날의 다음 날부터 보장을 받을 수 있는 면책(부담보)기간이 설정되어 있다. 또한, 보험가입후 일정기간(일반적으로 1년) 내에 보험사고 발생시 보험금을 삭감하여 지급하는 상품도 있다. 따라서 보험가입시에 이같은 사실을 계약자에게 알려 사전에 분쟁의 소지를 없애야 한다.

4) 소득보상보험(Disability income)

(1) 소득보상보험의 의의

의료기술 발달과 사망률의 지속적인 감소, 각종 재해로 인한 상해·질병의 증가로 사망보장보다는 생존보장을 위한 보험상품의 필요성이 점차 증대되고 있다. 생존보장 중에서도 적절한 치료비 제공을 위한 의료보장과 동시에 재해나 질병으로 인한 노동력 상실에 따른 소득보상이 적절하게 이루어져야 가정경제의 안정을 도모할 수 있다.

소득보장이 필요한 대상자에게 사각지대 없이 서비스를 제공하는 것이 사회보장제도를 평가하는 제일의 척도라고 할 수 있으며, 이러한 의미에서 공적 소득보장제도가 필요하지만 국가에서 바로 도입하는 것은 한계가 있기 때문에 민간 보험사의 역할이 기대되고 있는 상황이라고 할 수 있다.

또한 소득보상보험은 국가에서 운영하고 있는 공적제도와 밀접한 관련이 있다. 우리나라의 경우에도 국민연금이나 산재보험과 같은 공적보장제도가 있어 소득보상 개념을 일부 도입하고 있으나, 진정한 소득보상 니즈를 충족시키지는 못하고 있으며 선진국처럼 민영보험사를 통한 순수한 소득보상보험은 거의 없다고 볼 수 있다.

우리나라에서도 1984년 손해보험업계는 단기소득보상보험의 도입을 시도하였으나 시장의 여건 등으로 인하여 실패한 경험이 있다. 현재는 상해보험의 휴업손실보상특별약관에 의해 52주간 보상이 이루어지고 있고, 생명보험에서는 재해장해시에 정액급부를 10년 정도 보장해 주는 소득보상 개념의 보장을 해주고 있는 실정이다.

(2) 소득보장보험의 개념

종신보험의 개념이 "가장(家長)이 유고시 사망보험금을 지급하여 유가족의 생활보장을 책임지는 보험"이라면, 소득보상보험은 "피보험자가 질병 또는 재해로 인해 직업을 수행할 수 없는 장해상태(취업불능상태)가 될 경우, 피보험자의 소득상실 이전 소득수준의 일정 비율에 따라 보험금을 지급하는 상품"이다.

소득보상보험은 육체적인 사망보다도 경제적인 사망에서 오는 경제적인 손실을 보상해주는 보험이다. 따라서 이 보험은 질병이나 상해로 인하여 의료서비스를 받을 때 발생하는 의료비용과 수입의 중단으로 발생하는 소득보상으로 분류될 수 있다.

(3) 보상하는 손해[94)]

피보험자가 상해 또는 질병(이 보험에서는 신체장해라고 한다)에 인하여 취업불능한 상태

94) 국내에는 아직 소득보상보험이 활성화 되어 있지 않기 때문에 미국의 보험을 기준으로 설명하고

가 되는 것을 말하며 그 취업불능에 따라 피보험자가 입을 손실에 대해 보험금을 지급한다.

① 취업불능상태

(a) 취업불능의 정의 : 취업불능이라 함은 피보험자가 신체장해를 입었기 때문에 의사의 치료를 요하고, 또한 신체장해의 결과 업무에 전혀 종사할 수 없는 것[95]을 말한다.

(b) 취업불능의 4단계 : 취업불능상태에 대한 위의 정의는 취업불능 이전의 직업을 포함한 어떠한 직업도 수행할 수 없는 상태에 대한 설명이다. 그러나 미국 약관을 자세히 검토하면 취업불능의 정도에 대하여 엄격히 4단계로 구분하는 것을 알 수 있다. 주로 보험금 지급사유 발생후 초기인 1~2년의 경우에는 'Own/His'기준으로 정의하며, 이후에는 'Any'기준으로 정의한다.

- Own/His Occupation : 취업불능 이전에 수행하던 본래의 직업을 수행할 수없는 상태를 말한다.
- Any Occupation : 취업불능 이전의 직업을 포함한 어떠한 직업도 수행할 수 없는 상태를 말한다.
- Any for which suited : 취업불능 이전의 직업은 수행할 수 없으나 통상적인 교육수준 및 기타의 교육 후 타 직업을 수행할 수 있는 상태를 말한다.
- Combination : Own과 Any를 포함한 상기 3가지 조건을 병행하여 보험금을 지급하는 것을 말한다.

② 보험기간과 보상책임

취업불능이 개시된 때가 보험기간 이내이고, 취업불능의 원인이 된 신체장해를 입은 때가 보험기간 이내인 경우에 한하여 취업불능기간 1개월에 대하여 소득상실에 대한 보험금을 지

자 한다.
미국의 경우에는 민영보험사의 소득보상이 크게 네 가지로 나뉜다. 개인소득보상보험(individual disability), 단기소득보상보험(short term disability : STD), 장기소득보상보험(long term disability : LTD), 재해사망 및 수족절단급부(accident and dismemberment)가 그것이다. 협의의 소득보상보험은 개인소득보상보험을 말하며, STD와 LTD는 단체계약으로 체결된다. STD는 주로 26주를 지급기간으로 하고 대기기간은 3~7일을 적용하며, 급부금은 이전 소득의 50~67% 수준으로 결정된다. 또한 제외조항이 없어서 알콜중독이나 임산부, 신경정신적 혼란 등에 대해서도 담보가 가능하다. 한편, LTD는 장기계약으로서 2년에서 65세 또는 평생 지급되며, 처음 2년간은 Own/His 기준을 적용한다. 이 때 급부금의 한도는 월 소득의 50~70%로 결정되는 것이 일반적이다. 이에 비하여 일본의 경우의 소득보상보험은 1년 혹은 3~5년의 기간으로 운영된다.

95) 전혀 종사할 수 없다는 것은 종일 휴업 혹은 종일 출근할 수 없는 상태를 말하므로, 일부의 휴업이나 part time 근무 및 업무능력의 저하 등의 경우를 포함하지 않는다. 또한 신체장해가 치료된 이후라면 어떠한 경우에도 취업불능으로 보지 않는다.

급한다. 장해가 재발하여 취업불능의 중단기간이 6개월 미만의 경우에는 보험적용이 불가하고, 취업불능의 중단이 6개월 이상인 경우에는 재발부분의 취업불능에 대하여는 새로이 면책기간과 보상기간을 적용한다.

4 간병보험

4-1 간병보험의 개념

간병보험은 재해, 뇌졸중, 치매 등으로 인하여 다른 사람의 도움을 필요로 하는 간병 상태가 되었을 때 본인과 가족의 육체적, 경제적, 정신적 고통을 덜어 주기위해 간병비용을 지급하는 보험이다.

간병상태에는 일시적으로 간병을 요하는 경우와 장기간의 간병을 요하는 경우로 나눌 수 있는데 간병보험의 대상이 되는 간병상태는 일정기간 이상의 장기간병 상태를 말한다.

간병보험은 장기간병보험이라 칭하는데 이에 대해서는 여러 가지 정의가 있으나, '신체적, 정신적 장애로 인하여 활동에 제한이 있거나 인식불명의 사람들에게 일상생활의 보조와 의료서비스를 장기간 제공하는데 필요한 제비용 등을 보장하는 보험상품'으로 정의할 수 있다. 즉, 간병보험은 피보험자(보험대상자)가 상해, 질병 등의 사고로 인하여 더 이상 일상생활을 할 수 없게 된 상태, 즉 활동불능 또는 인식불명(식물인간상태, 치매 등)에 도달하여 타인의 간병을 요하는 상태에 이르렀을 때 간병비를 보장해주는 상품이다.

4-2 간병보험의 주요내용

1) 간병부험의 보장내용

간병보험의 주요 보장내용은 상품마다 상이하나 일반적인 보장내용은 아래와 같다.

(1) 간병급여금 (수발필요 상태시)

(2) 간병연금 (수발필요 상태시 이후 일정기간)

(3) 건강진단자금 (노년기 건강유지시 일정기간 마다)

(4) 만기환급금 (만기환급형에 한함)

2) 간병보험의 가입조건

간병보험의 보험기간은 대부분의 상품이 종신(일부 80세 만기형)이며, 가입가능 연령은 일반적으로 30세 이후이다. 일반적으로 수발필요상태(180일 또는 90일)의 정의에 따라 보험료 차이가 발생하며,

현재 우리나라에서 판매되고 있는 간병보험은 위험률 산출을 위한 경험 데이터가 충분하지 않아 위험률 변동제도를 채택하고 있다. 일반적으로 간병보험의 경우 암보험과 마찬가지로'일상생활장해상태[96]'로 인한 보장 개시일은 90일, '중증치매상태[97]'에 대한 보장개시일은 2년간의 면책(부담보)기간이 설정되어 있다

4-3 간병보험의 종류

1) 공적 장기간병보험

우리나라에는 2007.4월「노인장기요양보험법」이 공포되어 2008.7.1부터 노인장기 요양보험제도가 시행되었다. 이는 그간 가족이 전적으로 부담하던 고령 및 노인성질병 등으로 인한 장기간의 간병·요양 문제를 사회연대원리에 따라 국가와 사회가 분담하는 제도이다.

노인장기요양보험은 65세 이상의 노인 및 65세 미만으로 노인성 질병(치매, 뇌혈관성질환, 파킨슨병 등)을 가진 자를 대상으로 한다. 요양급여제공을 위해 심신의 기능상태(신체기능, 인지기능 등에 대한 52개 세부항목)에 따라 장기요양 인정점수를 산정하고 이를 토대로 등급을 판정한다. 이러한 등급에 따라 신청인은 노인요양시설 등과 계약을 체결하여 요양서

---

96) '일상생활장해상태'라 함은 피보험자(보험대상자)가 계약일 이후에 발생한 재해 또는 질병으로 인하여 일상생활장해보장개시일 이후에 특별한 보조기구(휠체어, 목발, 의수, 의족 등)를 사용하여도 생명유지에 필요한 일상생활 기본동작들을 스스로 할 수 없는 상태로서 다음 중 제1호에 해당되고 동시에 제2호에 해당되는 상태로서 (일상생활장해보장개시일 이후에) 장해상태가 발생하고 발생시점부터 90일 이상 계속되어 장래에 더 이상의 호전을 기대할 수 없는 상태를 말한다. 또한 '스스로 할 수 없는 상태'란'일상생활기본동작'유형 및'타인의 완전한 도움'판단기준표에서 정한'항상 타인의 완전한 도움'이 필요한 경우를 말한다.
1. 「이동(보행)하기」를 스스로 할 수 없는 상태 2. 다음 (가) ~ (라) 항목 중 한가지 항목이라도 스스로 할 수 없는 상태 - (가) 식사하기 (나) 화장실 사용하기 (다) 목욕하기 (라) 옷입기

97) '중증치매상태'라 함은 보험대상자(피보험자)가 계약일 이후에 발생한 재해 또는 '한국표준질병사인분류 중 [기질성 치매분류표]에서 정한 질병'으로 인하여 치매보장개시일 이후에'기질성 치매상태'가 되고 이로 인하여'인지기능의 장애'가 발생한 상태를 말한다. 치매의 원인질환은 너무 많아 (현재까지 60여종의 질환이 알려져 있음) 일일이 다 열거할 수는 없으나 치매를 크게 원인별로 분류해 보면 알츠하이머 병에 의한 치매, 혈관성 치매, 특정 뇌질환 또는 전신성 질환에 의한 치매 등으로 나눌 수 있다.

비스를 제공받고 그 비용에 대해 지원받을 수 있다.

2) 민영 장기간병보험

(1) 개념

보험업감독업무시행세칙 제19조에 의하면 장기간병보험(개호보험)이라 함은 "활동불능 또는 인식불명 등 타인의 간병을 필요로 하는 위험을 담보하는 보험을 말한다"로 정의하여 질병보험과 상해보험의 일부분에 해당한다고 할 수 있다.

민영 장기간병보험은 보험금 지급방식에 따라 정액보상형과 실손보상형으로 구분되며, 현재 우리나라에서 판매되는 장기간병보험은 정액보상형태로 2003년 8월부터 판매되었다. 상품구조에 따라 독립적인 형태의 연금형, 종신보장형, 정기보장형과 특약형태로 구분할 수 있다.

(2) 장기간병보험의 의의

장기간병보험은 미국에서는 「Long Term Care」, 일본에서는 「개호보험(介護保險)」으로 통칭되며 우리나라에서도 한때는 「수발보험」 또는 「개호보험」 등의 명칭으로 사용되다가 민영보험에서는 「장기간병보험」, 사회보험에서는 「노인장기요양보험」으로 불리고 있다.

개호보험에서 "개호(介護)"는 일본에서 1963년 노인복지법이 제정되면서 특별양호 노인홈이 설치됨에 따라 등장한 개조와 간호가 합하여 생성된 명칭으로 일반 계약자들이 사용하기에도 어려운 명칭이다. 즉, 개호는 "누워만 있는 고령자나 치매성 노인에 대한 식사나 배설, 이동 등의 개조를 종합적으로 취한 일상생활의 직접적인 자립원조를 위한 활동"을 말한다.

장기간병보험의 급부방식은 요양시설이나 간병인서비스를 제공하는 현물급부와 그 비용을 부담하는 현금급부로 나뉜다.

장기간병보험상품에 대한 분류기준은 국가별로 다르기 때문에 일률적으로 상품성격을 규정하기는 쉽지 않다. 영국의 보험시장에서는 노인성질환에 따른 6대 일상활동장애(Activities of Daily Living, ADL)시의 간병비용 리스크를 담보하는 순수보장성 보험상품만을 장기간병보험상품으로 분류한다. 그러나 대부분의 국가에서는 저축성장기간병상품이나 연금보험과 장기간병보험이 패키지화된 보험상품도 장기간병보험으로 간주하고 있다.

(3) 장기간병상태에 대한 정의

장기간병보험은 질병보험과는 달리 피보험자가 암, 뇌졸중, 심근경색과 같은 치명적 질병에 대한 진단에 의해서 보험금이 지급되는 것이 아니라, ① 이동이나 식사 등 일상적인 생활을 수행하는 데 스스로 할 수가 없어서 다른 사람의 도움이 필요한 일상생활장해상태 또는

② 알츠하이머, 기질성치매 등으로 인하여 항상 보호자가 돌봐야 하는 치매상태로 판정이 났을 경우에 보험금을 지급한다.

이러한 두 가지 경우를 장기간병상태라 하는데, 장기간병보험에서는 보장대상이 되는 이 장기간병상태를 어떻게 정의하느냐에 따라서 보험상품이 달라지기도 하며, 보험료도 차이가 많다.

장기간병상태의 판정은 보통 국제적으로 사용하는 카츠(Katz) 분류를 사용하여 질병정의를 정의하고 있으며, 국가의 보험환경에 따라서 조금씩 변형하여 사용하고 있다.

[표 9-4] 6대 일상생활 동작

① 침상에서 일어나기	② 집주변의 보행	③ 음식물의 섭취	④ 용변보기
⑤ 목욕하기	⑥ 의복의 입고 벗기		

우리나라의 경우 과거 일본생명보험회사의 장기간병 상태에 대한 정의를 도입하여 사용하였으며, 그 정의도 상당히 엄격하였으나 최근에는 다음과 같이 크게 두 개 항목으로 나누어 장기간병상태를 인정하고 있다.

① 일상생활장해상태

지나치게 엄격했던 기존 국내 정의를 고객이 이해하기 쉬운 용어로 변경하였으며, 보험금 지급기준도 단순화하고 명확히 하였다. 일상생활장해상태 중 이동장해 하에서 나머지 4개 ADLs[98] 중 1개를 충족하면 장기간병상태로 인정한다.

② 치매상태

선진형 장기간병보험에서는 ADLs 조건 없이 인지기능검사를 통한 치매상태 진단을 받으면 장기간병상태로 인정된다.

98) 일상생활장해상태(Activity of Daily Livings : ADLs) : ① 이동하기 ② 식사하기 ③ 화장실이용 ④ 목욕하기 ⑤ 착탈의

단원요약

- 상해보험은 우연하고도 급격한 외래의 사고로 신체에 입은 상해를 치료하는데 소요되는 비용 및 상해의 결과로 인한 사망 등을 보장하는 보험을 말한다. 여기서 신체의 상해란 외관상 분명한 상처자국을 남기는 것에 한정하지는 않으며, 상해로 인한 사망 또는 상해로 인한 신체장해 등을 포함한다.
- 질병보험은 질병에 걸리거나 질병으로 인한 입원, 수술 등의 위험(질병으로 인한 사망 제외)을 보장하는 보험을 말한다. 여기서 질병이란 심신의 전체 또는 일부가 일차적 또는 계속적으로 장애를 일으켜서 정상적인 기능을 할 수 없는 상태를 말한다.
- 간병보험은 활동불능 또는 인식불명 등 타인의 간병을 필요로 하는 상태를 보장하는 보험이다. 그리고 간병 상태의 기간에 따라 일정기간 이상의 장기 간병상태와 일시적 간병을 요하는 경우로 구분할 수 있는데 간병보험의 대상은 장기간병 상태의 경우이다.

참고문헌

1. 보험연수원, 「제3보험 손해사정론」, 보험연수원, 2009.
2. 임동섭, 「제3보험이론」, 두양사, 2013.
3. 한국생명보험협회, "2010년 생명보험이란 무엇인가", 2010.

제10장 가계위험과 공적보장

1 사회보장제도의 개요

1-1 사회보장제도의 정의

1) 사회보장의 개념

사회보장은 국민복지 증진을 위하여 그들의 생활에 위험이 발생하였을 때 사회적으로 보호하는 대응체계(사회안전망)를 가리키는 포괄적 용어로서 현대 자본주의 사회의 구조적 병폐, 즉 실업, 질병이나 부의 편재 기타 사회문제에 대하여 국가가 방임자적 위치를 벗어나 적극적 보호자로서 기능을 발휘함으로써 전체 국민의 인간다운 생활을 보장하려는데 그 취지가 있다.

2) 우리나라의 사회보장제도

사회보장제도란 사회보장의 특징을 갖는 정책·제도, 즉 예측 불가능한 사태에 따라 발생하는 국민의 생활상의 여러 가지 곤란에 대하여 국민의 생활을 건선하고 안진하게 하기 위한 공적 책임으로 생활보장급여를 하는 정책·제도로서 소득의 재분배를 통한 국민의 생존권의 실현과 최저생활 확보를 전제로 그의 소득보장을 도모하는 총체적인 국가정책을 말한다.

우리나라에서는 1963년 11월 5일 법률 제1437호로 제정된 사회보장에 관한 법률에서 사회보장이란 용어가 등장한 이후, 1981년 제5공화국 헌법에서 "국가는 사회보장·사회복지의 증진에 노력할 의무를 진다."라는 문구가 명시되었으며, 현행 사회보장제도는 사회보장기본법에 의거하여 특정 동종집단의 연대성을 기초로 조직·운영하는 사회보험제도와 국가의 연대성의 원리를 기초로 하는 공공부조제도, 국민의 정상적인 사회생활을 위해 제공되는 사회복지서비스제도 및 관련복지제도로 구성되어 있다.

1-2 사회보장제도의 기능

1) 소득재분배 효과

(1) 소득재분배의 형태

소득재분배의 형태는 수직적 재분배, 수평적 재분배, 세대간 재분배 세 가지로 나뉘어 설명할 수 있다. 첫째, 수직적 재분배는 소득계층들 간의 재분배형태로서 소득이 높은 계층으로부터 소득이 낮은 계층으로 재분배되는 형태를 의미한다. 둘째, 수평적 재분배는 집단 내에서 위험발생에 따른 재분배형태이다. 예를 들면, 동일한 소득계층 내에서 건강한 사람으로부터 질병자로, 취업자로부터 실업자로 소득이 재분배 되는 형태를 일컫는다. 셋째, 세대간 재분배는 현 근로세대와 노령세대, 또는 현 세대와 미래세대간의 소득을 재분배하는 형태로 대표적인 제도는 공적연금 제도를 들 수 있다.

공적연금제도[99]에서 재정조달방식이 부과방식인 경우에 현 노령세대는 근로세대로부터 현 근로세대는 미래세대로부터 각각 소득재분배 되는 것을 특징으로 하는 것이다.

(2) 효과

급여지출이 국민소득에서 차지하는 비율이 크면 클수록 소득재분배 효과가 크다. 또한 사회보장제도에서 보호하고 있는 사회적 위험의 종류가 많을수록 소득재분배 효과는 증가하지만, 사회보장제도의 적용범위에 따라 소득재분배 효과는 상이할 수 있다.

2) 정치·사회적 효과

정치·사회적 측면에서 사회보장제도의 긍정적인 면으로는 불확실성의 감소, 인적 자본의 축적, 경제적 안정성 증대, 기술변화의 용이, 사회통합의 증대 등을 들 수 있고, 부정적인 면으로는 노동공급의 감소, 저축투자의 감소, 의존성 증가, 경제적 생산성 감소 등을 들 수 있다.

첫째, 사회문제의 희생자들에 대한 고통과 불만을 해소시키거나 현재의 정치질서의 새로

---

99) 공적연금제도는 상반된 효과를 가져올 수 있다. 만약, 특정 세대인 경우, 자신이 기여한 것보다 급여를 많이 받을 수 있고, 반대로 기여한 것도 더 작은 급여밖에 받지 못한 경우가 있을 수 있기 때문에 세대간 형평성 문제가 제기될 가능성이 있다.

운 측면을 모색한다는 점에서 사회복지정책은 사회문제의 완화를 통해 정치·사회적으로 안정을 도모할 수 있다.

둘째, 사회복지정책을 통해 개인, 가족, 집단관계 속에서 나타나는 사회문제를 규정하거나 강화함으로써 현재의 정치질서에 대한 도전을 최소화시켜 안정에 기여할 수 있다.

셋째, 사회복지정책은 특정 가치 및 행위유형을 격려, 보상, 처벌함으로써 안정을 유지시킬 수 있다.

넷째, 현재의 사회적 권위와 위계를 사회복지정책이나 사회적 서비스가 지지함으로써 안정에 기여할 수 있다.

다섯째, 사회복지정책을 통해 계급갈등을 집단갈등으로 대체시키면서 집단 갈등을 제도화시킴으로써 정치적 안정에 기여할 수 있다.

3) 사회보장제도의 경제적 효과

(1) 거시적 효과

자동안정장치는 경기의 과열 상승과 급강한 하락 등을 막아주는 장치로 경기의 불안정을 조정하는 기능을 가지고 있다. 그 예를 살펴보면 첫째 연금, 의료보호, 공공교육 등 사회보장지출로 호황, 불황에 관계없이 일정하게 유효수요를 유지해 주는 기능, 둘째 실업급여와 공공부조 등 보다 적극적으로 안정화 기능을 하는 사회보장지출을 통해 경기변동의 방향과 상반되는 방향으로 움직여 자동안정화 기능을 수행하는 기능, 셋째 실업급여, 직업창출, 직업훈련, 퇴직프로그램 등은 경제구조의 개편 내지 산업구조의 변화에 대한 사회적 안전장치의 역할 수행하는 기능을 가지고 있다.

사회보장제도는 경제구조의 개편 내지 산업구조의 변화에 대한 사회적 안전장치의 역할을 수행하면서 안정화 기능을 수행한다.

사회보장제도의 재성 운영방식이 적립방식인 경우 자본축적의 효과가 발생하는데 공적연금의 경우가 대표적이다. 공적연금은 매년 연금가입자가 기여한 기여금이 적립됨으로써 기여와 급여 간의 시간적 격차가 발생한다. 그 결과 적립금 또는 기금이 형성되고, 이 기금을 보통 재정투융자로 사용하는데 이를 자본축적의 효과라고 한다.

(2) 미시적 효과

사회보장제도로 인한 기여금 및 조세부담의 증가는 개인의 가처분 소득이 감소하게 되어, 저축능력 자체가 줄어듦에 따라 저축을 감소시킨다는 비판이 있다. 하지만 가처분 소득이 감소되더라도 다른 소비를 감소하여 저축량을 감소시키지 않을 수 있으며, 사회보장제도의 형태에 따라 저축에 미치는 영향이 다를 수밖에 없다.

그 구체적 효과로는 첫째 대체효과 또는 재산대체 효과로 공적연금 때문에 자발적인 저축을 감소시키는 효과, 즉 자발적인 저축이 공적연금으로 대체되는 효과를 들 수 있고, 둘째 퇴직효과로 공적연금이 없으면 나이가 들어서도 일을 계속해야 하지만 공적연금의 도입은 사람들로 하여금 이전보다 빨리 은퇴하게 만드는 효과를 들 수 있고, 셋째 상속효과로 자식들의 가처분 소득이 줄어들 것을 예상하여 더 많은 재산을 상속해주기 위해 저축이 늘어나는 효과를 들 수 있으며, 넷째 인식효과로 노후준비 대책을 세우도록 하는 효과를 들 수 있다.

사회보장제도가 노동공급에 미치는 효과로는 첫째 소득효과로 소득증가가 여가를 더 소비하게 하는 효과를 말하고, 둘째 대체효과로 임금률이 상승하면, 여가가 상대적으로 비싸지기 때문에 여가에 대한 소비를 줄이려는 효과를 말한다. 일반적으로 소득이 증가하면, 소득 여가의 선호에 따라 소득효과와 대체효과가 동시에 발생하는데, 만약 소득효과가 대체효과보다 크다면 여가에 대한 수요는 증가하고 노동공급은 줄어들 것이다. 반대로 대체효과가 소득효과보다 크면 노동공급은 증가할 것이다. 따라서 소득효과와 대체효과의 크기가 노동공급 및 근로동기에 영향을 미칠 수 있다.

1-3 사회보장제도의 체계

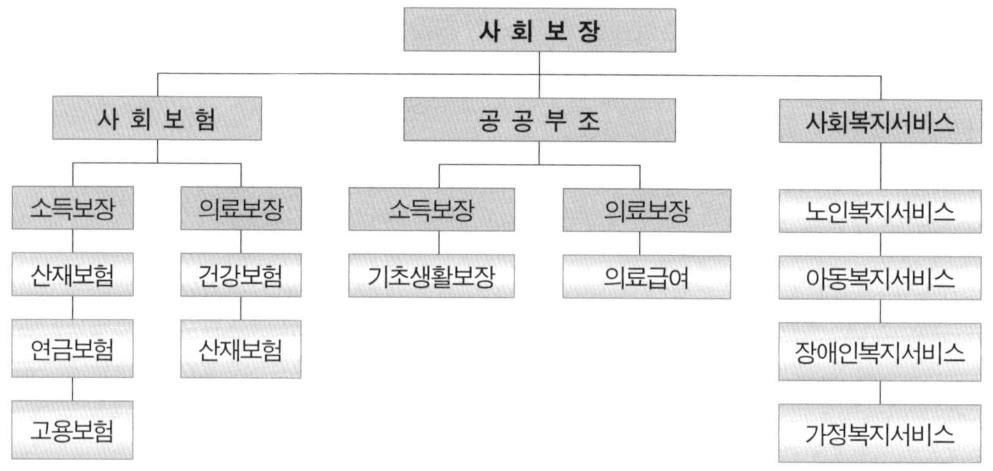

그림 10-1 사회보장제도의 체계도

사회보장제도의 체계는 [그림 10-1]에서와 같이 사회보험 및 공공부조, 사회복지서비스로 나뉜다.

우리나라의 사회보장제도와 관련하여 빼놓을 수 없는 개념은 사회안전망(Social Safety Net)에 관한 것이다. 흔히 사회보장제도, 사회복지제도와 동일한 의미로 사용되기도 하는 사회안전망은 실업, 질병, 노령, 빈곤 등 사회적 위험으로부터 국민을 보호하기 위한 제도적 장치로서 국민연금, 의료보험, 고용보험 및 산재보험 등 4대 사회보험과 공공부조 및 서비스, 긴급복지지원제도 등을 포괄하는 말이다.

이러한 사회안전망의 목적은 모든 사회적 위험에 대한 '포괄성'과 사회구성원 모두에게 적용되는 '보편성'을 실현하고 '국민복지 기본선(National Welfare Minimum)'을 보장하는 데에 있다. 즉, 주거·의료·생계보호·보육·복지시설서비스 등 복지욕구 전반에 걸쳐 국가가 공적 사회보장제도를 통해 보장해 줄 수 있는 급여수준을 설정하는 것으로, 사회보험과 공적부조 및 사회복지서비스 부문에 있어서 일정수준 이하인 기존 제도의 급여를 기본적인 선으로 끌어올려야 한다는 것이다.

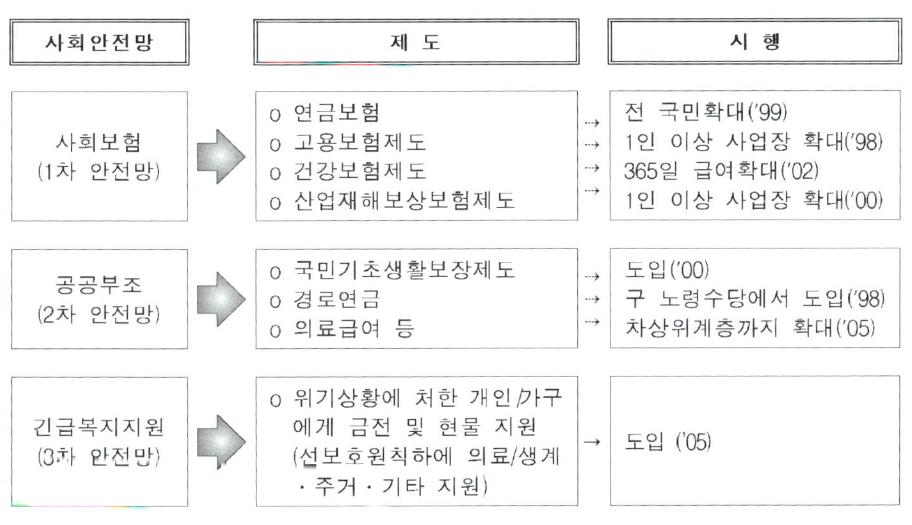

그림 10-2 우리나라의 사회보장의 계층별 제도

1) 시회보험

사회보험은 사회정책을 위한 보험으로서 국가가 사회정책을 수행하기 위해서 보험의 원리와 방식을 도입하여 만든 사회경제제도이다. 이러한 의미에서 사회보장기본법 제3조 제2호에 의하면, "사회보험이라 함은 국민에게 발생하는 사회적 위험을 보험방식에 의하여 대처함으로써 국민건강과 소득을 보장하는 제도를 의미한다"라고 정의하고 있다.

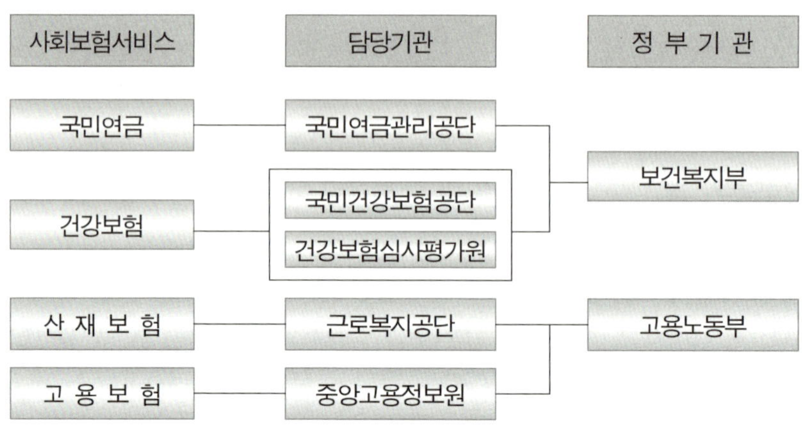

그림 10-3 사회보험서비스 담당기관

구체적으로 살펴보면 사회보험은 국민을 대상으로 질병·사망·노령·실업 기타 신체장애 등으로 인하여 활동 능력의 상실과 소득의 감소가 발생하였을 때에 보험방식에 의하여 그것을 보장하는 제도라고 할 수 있다.

[표 10-1] 사회보험의 비교

구 분	국민연금	건강보험	고용보험	산재보험
시행년도	1988년	1977년(노인장기요양보험 2008년 실시)	1995년	1964년
기본성격	소득보장 장기보험	의료보장 단기보험	실업고용 중기보험	산재보상 단기보험
급여방식	현금급여소득 비례	현물급여균 등 급여	현금급여소득 비례	현물-균등급여 현금-소득비례
재정 및 관리	수정적립방식 전체 일괄관리	부과방식 이원화 (직장, 지역)관리	수정적립방식	순부과방식
관리단위	개인별관리	사업장, 세대별 관리	사업장	사업장
보험료관장	보건복지부장관		고용노동부장관	
자격관리방식	직장·지역 통합관리		사업별관리, 가입자관리	
보험료 부과단위	사업장, 지역(개인별)	사업장, 지역(세대별)	사업장	

사회보험에서 다루는 보험사고로는 업무상의 재해, 질병, 분만, 폐질(장애), 사망, 유족, 노령 및 실업 등이 있으며, 이러한 보험사고는 몇 가지 부문으로 나뉘어 사회보험의 형태를 이루게 된다. 즉 업무상의 재해에 대해서는 산업재해보상보험, 질병과 부상에 대해서는 건강

보험 또는 질병보험, 폐질·사망·노령 등에 대해서는 연금보험, 그리고 실업에 대해서는 고용보험제도가 있으며 이를 4대 사회보험이라 한다.

이와 같이 사회보험은 운영과 방법론에서 보험기술과 보험원리를 따르고 있다는 점에서 다른 사회보장제도와 상이하다. 사회보험은 사회의 연대성과 강제성이 적용되며, 사(私)보험과는 다른 특성을 [표 10-2]와 같이 갖고 있다.

[표 10-2] 사회보험과 사(私)보험의 특성비교

구 분	사회보험	사(私)보험
제도의 목적	최저생계 또는 의료보장	개인적 필요에 따른 보장
보험가입	강제	임의
부양성	국가 또는 사회부양성	없음
수급권	법적 수급권	계약적 수급권
독점/경쟁	정부 및 공공기관의 독점	자유경쟁
공동부담여부	공동부담의 원칙	본인부담위주
재원부담	능력비례부담	개인의 선택
보험료 부담방식	주로 정율제	주로 소득정율제
보험료 수준	위험율 상당 이하 요율	경험율
보험자의 위험선택	불필요	필요
급여수준	균등급여	기여비례
인플레이션 대책	가능	취약
보험사고대상	인(人)보험	인(人), 물(物)보험
성 격	집단보험	개별보험

2) 공공부조

공공부조[100]는 스스로 생활유지능력이 없는 사람들에게 국가나 지방자치단체가 인간다운 생활을 영위할 수 있도록 지원하는 사회복지제도의 하나이다. 우리나라 사회보장기본법에서 공공부조를 국가 및 지방자치단체의 책임하에 생활유지능력이 없거나 생활이 어려운 국민의 최저생활을 보장하고 자립을 지원하는 제도라고 규정하고 있다. 그러므로 공공부조법을 공공부조제도의 실시와 연관된 사항을 규정해 놓은 법률이라고 간단하게 정의할 수 있다.

100) 사회보장기본법 제3조 제3호에 의하면, "공공부조라 함은 국가 및 지방자치단체의 책임하에 생활유지 능력이 없거나 생활이 어려운 국민의 최저생활을 보장하고 자립을 지원하는 제도를 의미한다"라고 정의하고 있다.

공공부조에 대한 또 다른 협의의 개념은 자본주의 사회의 모순이 심화됨에 따라 그 구조적 산물로서 빈곤이 발생됐다는 역사적 인과관계를 인정하여 국가의 책임하에 일정한 법령에 따라 공공비용으로 경제적 보호를 요구하는 자들에게 개인별 보호 필요에 따라 주게 되는 최저한도의 사회보장을 일컫는 데, 이 역시 사회보장의 일환으로 이해되고 있다. 이와 같이 공공부조는 빈자의 생활보호 기능에서 그 의의를 찾아 볼 수 있는데 생활보호는 최저한의 수준에 그쳐야하며 이를 국가최저(national minimum) 또는 사회최저(social minimum)원칙이라 부른다.

공공부조법은 과거의 자선과 시혜와 같은 소극적 개념에서부터 급여의 권리성을 인정한 방향으로 진전되어 왔다. 1999년에 확대 개정된 국민기초생활보장법은 이러한 입장을 반영하여, 구법인 생활보호법에서 '보호대상자', '보호기관' 등의 용어가 국민기초생활보장법에서는 '수급권자', '보장기관' 등으로 바뀌어져 저소득층의 권리성을 강화하였다.

(1) 특성

공공부조는 사회보장제도로서 사회보험과 함께 실시되지만 뚜렷이 구별되는 특성을 가지고 있는데, 첫째, 양제도의 목적의 측면에서 살펴보면, 공공부조는 빈곤 등의 사회적 위험이 발생한 이후 이를 해결하기 위한 사후적 대응책으로써 기능하는 한편 사회보험은 미래에 직면할 수 있는 사회적 위험을 정형화하여 보험기술을 통해 미리 대비하는 제도적 장치이다.

둘째, 이념적 정향을 상대적인 관점에서 비교하면 공공부조제도는 도움이 필요한 사람을 선정하여 개입하므로 선택주의에 입각해 있으며, 사회보험은 모든 국민을 대상으로 하고 적당한 자격요건을 갖추어서 보험사고를 당할 때 급여를 제공하는 점에서 보편주의를 채택하고 있음을 알 수 있다.

셋째, 양제도의 실시와 관련하여 공공부조는 사람들을 무차별평등하게 취급하여 일단 빈곤에 처한 모든 사람들에게 동일한 조건에서 똑같은 급여를 제공한다는 점에서 무차별평등주의라고 한다면, 사회보험은 특히 급여의 제공에 있어 가능한 한 기여금에 비례하거나 혹은 가입년한에 비례하여 제공하는 경향이 있다.

넷째, 대상면에서 공공부조제도는 소수의 빈곤층이 주 대상인데 반하여 사회보험은 일단 국민 전체를 대상으로 규정하는 경우가 대부분이다.

(2) 종류

① 기초생활보장제도

생활보호제도는 노령, 아동, 불구·폐질 등으로 근로능력이 없거나 근로능력이 있더라도 소득이 낮아 생계보호를 필요로 하는 자에게 정부(국가 및 지방자치단체)의 재정으로 생계

비(소득)를 지원해 주는 제도이다.

일반적으로는 서유럽에서의 구빈법(poor law)에서 그 연원을 구할 수 있다. 그러나 빈곤이 현실사회에서 피할 수 없는 존재라는 인정을 받게 된 후에도 도덕적인 판단에 의해서 좋은 빈민, 나쁜 빈민으로 분류하는 따위의 일이 있었다. 이러한 처사는 모두가 빈곤을 사회기구에서 발생되는 필연적 결과로 포착하지 않고 끝까지 그 원인을 개인의 책임에다 귀착시켰기 때문이었다.

그러던 것이 자본주의 사회의 성립과 함께 비로소 빈곤의 원인이 반드시 개인에게만 돌려질 것이 아니라 사회기구(社會機構) 그 자체에서 발생되는 것이라는 점이 인식되기 시작하였다. 이에 따라 빈곤에 허덕이는 자에 대해서 공적 자금으로 일정수준의 생활을 영위할 수 있도록 보장하는 제도, 또 그 때까지의 죄악시나 공민권박탈을 동반하던 보시(普施)로서의 구제를 대신하여 인간다운 생활을 영위할 수 있게 하는 제도를 탄생시켰다.

이러한 의미에서의 생활보호는 극히 가까운 근대에 있어서 개화된 개념이지만, 그것은 단지 빈민에 대한 생활보장에 한정되는 것이 아니라 널리 국민 전체에 대한 생활보장의 제도 확립에 기초적 역할을 수행하게 되었다.

우리나라는 헌법 제34조는 '모든 국민은 인간다운 생활을 할 권리를 가지며, 국가는 사회보장·사회복지 증진에 노력할 의무를 진다'라고 규정함으로써 생활보호 취지를 명시하고 있다. 우리나라 생활보호법은 당초 1962년에 제정되어 생계보호사업을 실시하였으나 그 당시 정부재정이 충분치 못하여 보호수준은 매우 낮은 형편이었으며 법상 보호수준과 현실적인 보호 수준 간에는 상당한 괴리가 있었다.

그 후 경제성장으로 정부의 재정능력이 확충됨에 따라 1970년대 중반부터 보호수준은 크게 향상되었으며 보호의 내용도 다양화되었다. 이러한 생활보호사업의 발전을 뒷받침하기 위하여 1982년에는 생활보호법을 현실에 맞게 전면 개정하여 현대적 의미의 공적부조제도의 틀을 갖추었다.

이 후 생활보호법을 대체하는 국민기초생활보장법이 정부의 『생산적 복지』 이념과 시민단체, 정당, 정부 등 전국민적 합의를 바탕으로 '99. 9. 7 제정, 1년여의 준비를 거쳐 2000년 10월 1일부터 시행되었다.

[표 10-3] 생활보호제도 관련 법 비교

구 분	생활보호법	국민기초생활보장법
법적용어	국가에 의한 보호적 성격 • 보호대상자, 보호기관	저소득층의 권리적 성격 • 수급권자, 보장기관, 생계급여 등
대상자 구분	인구학적 기준에 의한 대상자 구분 • 거택보호자 : 18세미만 아동, 65세이상 등 • 자활보호자 : 인구학적으로 경제활동 가능한 근로능력자	대상자 구분 폐지 • 근로능력이 있는 자는 구분 (대통령령으로 제정 예정) * 연령기준 외에 신체적. 정신적 능력과 부양, 간병, 양육 등 가구여건 감안 가능
대상자 선정기준	보건복지부 장관이 정하는 소득과 재산 이하인 자 * '99년 : 월소득 23만원/인·월 재산 2,900만원/가구	소득인정액이 최저생계비 이하인 자 * 소득인정액 = 개별가구의 소득평가액 + 재산의 소득환산액
급여수준	• 생계보호 - 거택보호자에게만 지급 • 의료보호 - 거택보호 : 의료비 전액지원 - 자활보호 : 의료비의 80% • 교육보호 : 중고생자녀 학비전액지원 • 해산보호 • 장제보호, 자활보호 등	• 생계급여 - 모든 대상자에게 지급하되 근로능력자는 자활관련 사업에 연계하는 조건부로 지급 • 주거급여 신설 - 임대료, 유지수선비 등 주거안정을 위한 수급품 • 긴급급여 신설 - 긴급 필요시에 우선 급여를 실시 • 의료, 교육, 해산, 장제보호 등은 현행과 동일
자활자원계획	해당없음	• 근로능력자 가구별 자활지원계획 수립을 통한 체계적 자활지원 - 근로능력, 가구특성, 자활욕구 등을 토대로 자활방향, 자활에 필요한 서비스, 생계급여의 조건 등을 계획 - 자활에 필요한 서비스를 체계적으로 제공하여 수급권자의 궁극적인 자활을 촉진

ⓐ 기초생활보장제도의 의의 : 첫 번째로 국가의 보호를 필요로 하는 절대빈곤가구의 기초생활을 보장한다는데 있다.

종전의 거택·자활보호의 구분을 없애고 근로능력 여부 및 연령 등에 관계없이 국가의 보호를 필요로 하는 최저생계비 이하의 모든 가구에 대하여 생계비 지급하는 제도이다.

두 번째로 자활지원서비스의 체계적 지원을 통한 "생산적 복지"를 구현하고자 하였다.

생계급여를 위한 가구소득 산정 시 근로활동으로 발생하는 소득의 일부를 공제하는 방안 등 근로유인 장치 강구하였다. 자활공동체 사업, 직업훈련, 구직활동 등에 참여를 조건으로 생계비를 지급(조건불이행 시 생계급여 중지)함으로서 소득의 자립도를 키우는데 중점을 두고 있다. 또한 보육·간병·재가복지 등 지역사회 복지자원을 연계 및 제공하여 근로능력자가 안심하고 근로활동에 종사할 수 있는 여건 조성하는 역할을 하고 있다.

ⓑ 수급자선정 : 기초생활 보장단위는 가구(세대)단위[101]로 보장하는 것을 원칙으로 하되, 특히 필요하다고 인정하는 경우에는 개인을 단위[102]로 하여 급여를 행할 수 있다.

수급자로 선정되기 위해서는 소득인정액 기준과 부양의무자 기준을 동시에 충족시켜야 하는데 소득인정액제도 도입에 따라 종전의 수급자 선정기준이 소득평가액 기준과 재산기준, 그리고 부양의무자기준에서 소득인정액 기준과 부양의무자 기준으로 통합되었다.

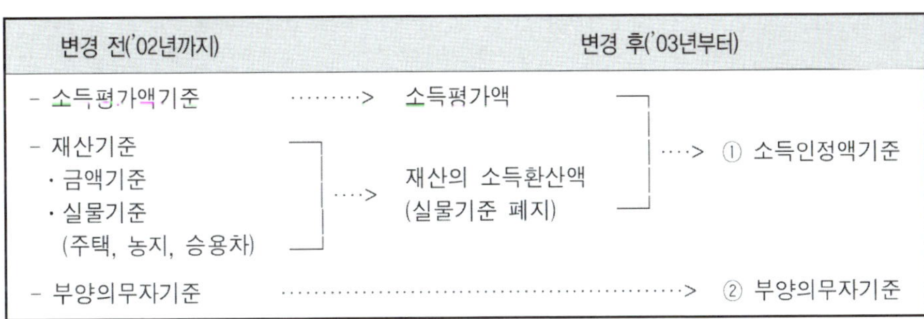

자료 : "2014년 국민기초생활보장 사업안내", 보건복지부

그림 10-4 수급자 선정기준 변화

ⓒ 급여의 기본원칙

㉠ 최저생활보장의 원칙 - 생활이 어려운 자에게 생계·주거·의료·교육·자활 등 필요한 급여를 행하여 이들의 최저생활을 보장

㉡ 보충급여의 원칙 - 급여수준을 생계·주거·의료·교육 급여액과 수급자의 소득인정액을 포함한 총 금액이 최저생계비 이상이 되도록 지원. 즉, 가구별 최저생계비와 소득인정액의 차액을 급여

㉢ 자립지원의 원칙 - 보장기관은 근로능력이 있는 수급자에게 자활사업에 참여할 것을 조건으로 생계급여를 지급

101) 가구단위 보장 : 보장가구에 속하는 모든 가구원
102) 개인단위 보장 : 특정 가구원

㉣ 개별성의 원칙 - 급여수준을 정함에 있어서 수급권자의 개별적 특수 상황을 최대한 반영

㉤ 가족부양 우선의 원칙 - 급여신청자가 부양의무자에 의하여 부양될 수 있는 경우에는 기초생활보장급여에 우선하여 부양의무자에 의한 보호가 먼저 행해져야 함

㉥ 타급여 우선의 원칙 - 급여신청자가 다른 법령에 의하여 보호를 받을 수 있는 경우에는 기초생활보장급여에 우선하여 다른 법령에 의한 보호가 먼저 행해져야 함 (TV시청료, 주민세, 건강보험료 등)

ⓓ 급여의 종류 : 국민기초생활보장법에서는 7종의 급여를 보장하고 있다. 즉 생계급여, 의료급여, 주거급여, 교육급여, 해산급여, 장제급여, 자활급여를 받을 수 있도록 하고 있다.

먼저 생계급여는 일반수급자를 대상으로 하는 생계급여와 일정한 조건을 전제로 급여를 지급하는 조건부 생계급여로 구분된다. 일반수급자를 대상으로 하는 생계급여는 의료·교육·자활급여의 특례자, 에이즈쉼터·노숙자쉼터 및 한국법무보호복지공단시설 거주자 등 국가 또는 지방자치단체로부터 생계를 제공받는 자를 제외한 모든 수급자를 대상으로 하고 있으며, 수급자에게 의복·음식물 및 연료비, 기타 일상생활에 기본적으로 필요한 금품을 지급하고 있다.

기초보장제도는 생활보호와 달리 생계급여를 지급함에 있어 경제위기와 같은 긴급한 위기상황 또는 가정내 갑자기 발생하는 어려움에 대한 지원을 위해 별도의 긴급생계급여를 두고 있다. 즉 일반 생계급여를 지급하기 위한 절차에 시간이 소요됨에 따라 이를 지원하기 이전에 긴급히 생계급여를 하여야 할 필요가 있는 경우 시·군·구청장의 직권에 의해 생계급여를 지원하도록 하고 있다.

주거급여는 주거 현금급여 이외에 자가보유자들의 주거환경을 개선하고, 최저주거기준 이상에서 생활이 가능하도로 주거현물급여를 함께 지원하고 있다. 현물급여는 수급자가 참여하는 '집수리도우미사업'을 활성화하기 위한 목적도 있다. 주거현물급여는 3년에 1회 기준으로 수선수요가 발생하는 것으로 간주하여, 즉 대상가구당 3년에 1회 이상 현물주거급여를 실시하는 것을 원칙으로 하되, 불필요한 경우는 제외하고 있다.

교육급여는 수급자 가구의 가구원중 초중고에 다니는 학생을 대상으로 하는 것으로 수급자중 중·고등학교에 입학 또는 재학하는자 및 동등학력이 인정되는 각종학교, 평생교육법에 의한 평생교육시설의 학습에 참가하는 자에게 입학금·수업료·교과서대·학용품비 등을 지원하는 것이다.

해산급여는 수급자 가구의 산모에 대해 분만전과 분만후의 필요한 조치와 보호를 위해 수급자가 출산한 경우 해산비를 지급하는 것으로 출산여성에게 1인당 20만 원을 현금으로 지

급하고 있다.

장제급여는 수급자가 사망한 경우 사체의 검안·운반·화장 또는 매장 기타 장제조치를 행하는데 필요한 금품을 지급하는 것으로 실제로 장제를 행하는 자에게 지급하고 있다. 급여는 근로능력이 없는 자로만 구성된 가구는 구당 50만 원, 근로능력이 있는 가구원이 있는 경우는 구당 40만 원을 현금으로 지급하며, 다만, 금전지급이 적당하지 아니하다고 인정되는 경우 물품도 지급 가능하다.

자활급여는 수급자들의 빈곤의 함정에 빠지지 않고 탈빈곤 및 탈수급 할 수 있도록 지원하는 제도라 할 수 있다. 즉, 자활사업을 통해 근로능력이 있는 저소득층이 스스로 자활할 수 있도록 자활능력을 배양하고, 기능습득 지원 및 근로기회를 제공하고 있다. 여기서 자활급여란 수급자들이 자활사업에 참여시 지원되는 각종 사업들에서 얻는 소득 등을 의미한다.

의료급여는 기초보장수급자 모두에게 지급되며, 수급자의 질병·부상·출산 등에 대해 지원하고 있다. 의료급여의 경우 급여일수 상한제가 시행되어 수급권자 1인당 연간급여를 받을 수 있는 급여일수를 365일(윤년 366일)로 제한하되, 의료급여일수 연장승인제도를 통해 필요시 급여일수 연장가능하도록 하고 있다.

② 의료보호제도

의료보호제도는 생활보호대상자 등 의료문제를 스스로 해결할 수 없는 사람들에 대하여 정부재정으로 의료혜택을 주는 공적부조제도이다. 의료보호제도는 평소에 의료보험료를 납부할 능력이 없는 사람들을 위한 의료보장 제도로서 평소에 의료보험료를 납부할 능력이 있는 사람들을 위한 의료보험제도를 보완하여 모든 국민의 의료문제를 해결할 수 있게 해 주는 보완적 제도이다.

영국의 국가보건서비스제와 같이 모든 국민의 의료문제를 정부재정으로 동일하게 해결하는 나라에서는 별도로 의료보호제도를 가지고 있지 않으나, 의료보험제도를 기본으로 하는 나라에서는 대체로 저소득층을 위한 의료보호제도를 별도로 가지고 있고 우리나라도 이러한 유형에 따르고 있다.

우리나라의 의료보호제도는 1977년 의료보험제도의 시행과 더불어 별도로 의료보험법이 제정됨으로써 본격적으로 실시되었다. 2004년까지는 기존 수급자에 대한 사후관리를 강화하는 정책이 이루어졌으나, 2005년 이후에는 사회안전망 확충 정책이 시행되면서 정부의 지원을 받는 저소득층이 급증하고 의료급여 수급권자 수도 증가했다. 이에 따라 수급권자수는 2004년 153만 명에서 2005년 176만 명으로 급증했다. 그 뒤로 2006~2008년 사이에 수급권자수는 183~184만 명 선을 유지했으나, 차상위계층을 건강보험제도로 환원하는 정책에 따라 다시 2009년에는 168만 명으로 줄었다. 2010년 의료급여 수급자수는 167.4만 명으로 전체인구의 3.7%를 차지하고 있다.

[표 10-4] 의료급여 수급자현황

단위: 천 명, %

	2002	2003	2004	2005	2006	2007	2008	2009	2010
수급자수	1,421	1,454	1,529	1,762	1,829	1,853	1,841	1,677	1,674
수급률	3.0	3.0	3.2	3.6	3.8	3.8	3.7	3.4	3.7

주 : 수급률 : 총인구 대비 의료급여 수급자수(총인구 : 통계청 인구추계)
자료 : 국민건강보험공단「의료급여통계」

ⓐ 보호 대상 : 의료보호는 생활보호대상자와 일정수준 이하의 저소득층을 대상으로 그들이 자력으로 의료문제를 해결할 수 없는 경우, 국가재정으로 모든 질병이나 부상에 대하여 진찰, 처치·수술 기타의 치료, 약제 또는 치료재료의 지급, 의료시설에의 수용, 간호, 이송, 기타의 의료목적 달성을 위한 조치, 분만 등을 해주는 의료보장정책으로서 대상자의 분류는 1종과 2종으로 구분하고 있다.

1종 보호대상은 근로능력이 전혀 없는 자와 기타 특수한 사정으로 전적으로 정부의 보호를 필요로 하는 자로서 생활보호법에 의한 거택보호 및 시설보호대상, 재해이재민, 국가유공자, 인간문화재, 귀순북한동포 등과 성병감염자의 성병치료가 이에 포함된다. 2종 보호대상은 생활보호법에 의한 자활보호대상이 이에 해당된다.

ⓑ 보호의 내용 및 방법 : 의료보호의 내용은 대체로 의료보험과 같다. 모든 질병이나 부상에 대하여 진찰, 처치, 수술, 분만, 기타의 치료, 약제 또는 치료재료의 급부, 의료시설에의 수용, 간호, 이송 등이 포함된다. 다만, 다음의 경우에는 보호의 제한을 받는다. ①보호대상자가 자신의 범죄행위나 고의로 사고를 발생시켰을 경우 ②제3자의 고의, 과실행위에 의하여 사고가 발생된 경우 ③보호대상자가 정당한 이유없이 법의 규정이나, 의료보호진료기관의 지시를 따르지 아니한 경우

1종 보호대상은 외래·입원진료의 구분 없이 전액 정부에서 부담한다. 2종 보호대상은 1차 진료기관의 외래진료시 진료당 일정액을 본인이 부담하고 나머지는 정부가 부담하며, 입원진료시는 본인이 20% 정부가 80%를 부담하되 본인부담액이 일정액 이상인 경우 그 초과분은 정부에서 대신 지불한 후 무이자로 1년에서 3년간 분할하여 상환케 하고 있다.

3) 사회복지 서비스

사회복지서비스는 노인, 장애인, 아동 등의 서비스 대상에 따라 구분될 수 있다. 또 생활시설이나 이용시설과 같이 주거를 함께 제공하느냐 아니냐에 따라 구분될 수도 있다. 그리고 서비스 제공과 재정확보 책임이 중앙정부와 지방정부 모두에게 있는 국고지원 사업인지 또는 책임이 지방정부에 있는 지방이양사업인지에 따라 구분할 수도 있다. 또한 제공기관에 비용을 지원하는 기관제공방식이냐 이용자에게 비용지불권한을 부여하는 수요자 지원방식이냐에 따라 구분할 수도 있다. 이처럼 사회복지서비스는 다양한 특성을 가지기 때문에 그 종류도 무척 많다. 따라서 사회복지서비스 전체에 대한 세부내용을 설명하기는 쉽지 않다.

본 장에서 다루는 범위는 보건복지부에서 시행하고 있는 노인, 장애인, 아동, 모자(母子)를 대상으로 현물서비스를 제공하는 사회복지서비스로 설정하였다.

(1) 노인복지

우리나라의 노인인구는 지속적으로 증가하고 있다. 전체인구에 대한 65세 이상 노인인구의 비율을 보면 1980년에 3.8%이넌 것이 1990년에 5.1% 2000년에는 7.1% 그리고 2020년에는 13.2%에 이를 것으로 전망된다. 특히, 2000년에 7%대에 이르렀고 14%까지 2배가 되는데 불과 20 ~ 25년 정도밖에 걸리지 않을 것으로 보여 노령화의 진전이 서구 선진국에 비하여 매우 빠를 것으로 예상된다.

또한 우리나라 가족구조의 변화에 따라 핵가족 형태의 가구가 지속적으로 증가되고, 여성취업률의 증가 등으로 자녀에 의한 노인부양이 점차 어려워지고, 노인들도 노후에 자녀의 도움을 받지 않고 독립해서 살겠다는 경향이 매우 높게 나타나고 있어, 노인문제를 예방하고 해결하기 위한 사회적 노력, 즉 국가차원의 노인복지대책의 필요성이 커지고 있다.

노인생활은 경제적 측면, 육체적 측면, 정신적·사회적 측면 등의 다양한 측면을 내포하고 있기 때문에 이를 간안하여 노인생활 일부만의 충족을 위한 것이 아니라 전(全)생활적 측면에서의 욕구를 충족할 수 있도록 노인복지 서비스와 그 시책이 계획되고 종합적인 것으로 파악·이해되어야 한다. 이러한 노인의 복된 생활의 보장을 위한 복지시책 등의 요정으로, 1981년 6월 노인복지법이 공포되었다.

1981년 제정된 노인복지법은 주로 선언적인 내용을 담고 있었으나 1980년대 중반을 거치면서 여러 가지 구체적 사업이 실시되기 시작하였으며, 1989년 전면적인 법개정에 의하여 노인복지 프로그램이 상당히 다양화되고 체계화되었다. 그러나 대부분 강제규정이 아닌 임의규정의 형태를 띠고 있고, 아직도 일부 규정은 선언적 규정에 불과하여 우리나라 노인복지 서비스는 아직 초보적 단계를 면치 못하고 있다 하겠다.

우리나라 노인복지법에 의한 프로그램 중 대표적인 사업으로는 소득보충사업[103], 노인건강증진사업[104], 노인복지시설사업[105], 경로우대제도[106], 노인여가서비스, 재가노인서비스[107] 등이 있다.

노인 사회복지서비스의 대부분은 노인장기요양보험제도[108](2008년 7월 시행)를 중심으로 시행되고 있으며, 보건복지부 자료에 의하면 2009년 12월 말에는 전체 노인인구의 5.5%인 28만명이 제도를 이용하고 있다.

(2) 아동복지

아동은 충분한 생활능력을 가지고 있지 못할 뿐만 아니라 독립된 생활을 유지할 수도 없다. 또한 아동의 생활은 관습적으로나 법규범적(法規範的)으로 부모의 생활의 일부로서 유지되고 있다. 따라서 아동이 생활하고 발달하기 위하여 소비하는 생활자원의 양과 질은 가족의 생활수준에 따라 정해진다.

이와 같이 아동문제의 원인에는 가족의 생활수준의 문제가 항상 따라다니고 있는데, 경제생활의 불충족과 정신적인 면의 불화가 아동의 생활장해[109]를 발생시키고 있으며, 또한 아

---

103) ① 노령수당 : 1991년부터 노인수당제도가 실시되어 국자재정으로 저소득 노인에게 수당을 지급하고 있다. 65세 이상 생활보호노인 26만 5천 명에게 월 3만 5천원(1997년)을 정부 예산에서 지급하고 있다. 이는 저소득 노인에게 선별주의원칙에 입각하여 지급하는 것이므로 공적부조제도의 일종이라고 할 수 있다.
② 노인 공동작업장 : 경로당을 중심으로 노인들이 공동작업을 하여 제품조립·가공·농작물재배·수공예 등을 하여 수입을 얻는 것. 1997년에 461개의 작업장이 있으며 정부예산으로 연간 500만원씩 운영비를 지원하고 있다.

104) 노인병의 조기발견과 예방치료를 함으로써 노인의 건전한 노후생활을 보장한다는 목적으로 1982년부터 저소득 노인을 대상으로 정부재정으로 무료건강진단을 실시하고 있다.

105) 무의무탁한 노인을 양로원 등 사회복지시설에 수용하여 보호사는 사업은 우리나라 노인복지서비스의 핵심적인 사업이었으며 현재도 중요한 서비스의 하나이다. 노인복지법상 시설의 종류에는 양로시설, 노인요양시설, 실비양로시설, 실비노인요양시설, 노인복지회관 등으로 구분된다.

106) 70세 이상의 노인에 대하여 철도, 목욕, 시내버스, 극장 등 13업종의 이용요금을 할인해 주는 제도이다.

107) 보호를 필요로 하는 노인들을 사회복지시설에서 수용하지 않고 자기의 거처에 기거하게 하면서 서비스를 이용할 수 있게 하는 사업으로는 가정봉사원 파견사업, 주간보호 및 단기보호시설사업 등이 있다.

108) 노인장기요양보험제도는 4장의 고령화 사회와 민간보장부분을 참고

109) 생활관계의 장해, 생활기능의 장해, 생활환경의 장해로 분류할 수 있다. 구체적으로 ① 생활관계의 장해는 적절한 교육이나 보육의 결여, 아동의 학대·유기(遺棄), 부모의 별거나 이혼 등의 불화에 의한 발달의 장해 등이고, ② 생활기능의 장해는 아동의 정신이나 신체에 장해가 있는 경우에 생기는 문제를 주요 내용으로 하며, ③ 생활환경의 장해에는 아동생활에 직접적으로 관계되는 공해, 유흥장 기타 비교육적 시설의 만연(蔓延) 등이 포함된다. 이와 같은 아동의 생활에 있어

동문제는 경제불황이나 전쟁 등과 같은 사회경제적 혼란과 변동이 원인이 되어 일시에 대량적으로 발생할 수 있다는 특징을 지니고 있다.

아동문제의 해결이나 완화에는 가족으로서는 충분히 공급할 수 없는 특수한 생활자료[110]의 공공적 지출이나 법적인 규제 등이 필요하다. 아동복지정책의 과제는 구체적으로 적용대상이 되고 있는 아동에 대하여, ①그의 일상적인 생활과 발달을 보장하는 데 필요한 일반적인 생활자료를 제공하고, ② 아동의 순조로운 발달을 저해하는 장해를 제거 또는 개선·회복하는 데 필요한 특수한 생활자료를 제공함으로써 달성된다. 물론 이 두 가지 종류의 급부는 별개로 제공될 수도 있지만, 실제에는 비중이 다른 양자를 융합한 생활자료가 공급되는 것이 아동문제의 해결에 있어서 더욱 효과적이다.

이러한 이유로 최근에 보육정책은 '새싹플랜', '새로마지플랜', '아이사랑플랜'을 통해 구체화되고 국가의 역할을 강화하는 방향으로 추진되고 있다. 또한 최근의 보육정책은 제2차 저출산고령사회 기본계획이 실시된 2011년부터 보육서비스 관련 지원내용에 다양한 변화를 가져왔으며 만 5세 누리과정 도입 등 계속해서 정부는 보육서비스 지원 확대와 관련하여 새로운 계획을 내놓고 있다.

서의 여러 곤란이나 장해는 구체적으로 부모·가족의 개인적 생활능력·의식·태도·행위 등을 매개로 하여 나타나지만, 배후에는 빈곤, 사회적 소비수단의 결여, 자본에 의한 소비욕망의 조작 등 사회경제적 제조건이 존재하고 있으며, 이것이 근본적인 장해 요인으로 규정되고 있다.

110) 생활자료의 대표적 케이스로 아동복지시설과 아동복지서비스가 있다.
아동복지시설의 종류는 아동양육시설·아동일시보호시설·아동보호치료시설·아동직업 훈련시설·자립지원시설·아동단기보호시설·아동상담소·아동전용시설·아동복지관 등으로 한다.
아동복지시설은 종합시설로 설치할 수 있으며, 각 시설의 고유업무 외에도 아동가정지원사업과 아동주간보호사업, 아동전문상담사업, 학대아동보호사업, 공동생활가정사업, 방과 후 아동지도사업을 할 수 있다. 아동복지시설에는 필요한 전문인력을 배치하여야 한다.
아동복지서비스로는 카누신(A. Kadushin)의 분류에 따라 지원서비스, 보완서비스, 대리서비스로 분류할 수 있다. 첫째, 지원서비스로서 아동의 요구를 해결하기 위해서 가정에서 부모의 능력을 지원·강화하기 위한 프로그램으로 아동상담사업, 학대·방임아동보호사업, 미혼모사업이 있으며 둘째, 보완서비스로서 부모의 아동에 대한 보호가 부적절하거나 제한되어 있을 때 이를 보호하기 위란 프로그램으로 소득보완 프로그램, 보육사업이 있으며 셋째, 대리서비스로서 부모·자녀 관계가 일시적 또는 영구적으로 해체되었을 때 다른 가정이나 시설에 위탁보호하는 것으로 가정위탁보호, 입양사업, 시설보호사업 등이 있다.

자료 : 보건복지부 홈페이지(http://www.mw.go.kr)

그림 10-5 연령별 보육료 양육수당 지원 현황

(3) 장애인복지

장애인 사회복지서비스는 지체장애, 뇌병변장애, 시각장애, 청각장애, 언어장애, 지적장애, 자폐성장애, 정신장애, 신장장애, 심장장애, 호흡기장애, 간장애, 장루・요루 장애, 안면장애, 간질장애 등(15개 유형) 다양한 유형의 장애를 가진 사람들이 사회참여활동을 할 수 있도록 지원하는 서비스들로 구성된다.

서비스 이용자격을 보면, 생활시설 이용자격은 원칙적으로 국민기초생활 수급자로 제한되며, 직업재활시설과 지역사회재활시설은 특별히 정해진 이용자격 없이 서비스를 제공하는 시설에서 서비스 제공 여부를 판단하도록 되어 있다. 그리고 장애아동 재활치료서비스는 전국가구 평균소득 100% 이하에 국한하며, 장애인활동보조서비스는 1급 장애인에 한하여 신청이 가능하며, 가구소득에 따른 제한은 없다.

[표 10-5] 장애인복지 서비스 현황

시설분류 / 서비스 대상 분류		생애주기별 이용자격						소득수준별 이용자격				
								저소득층				
종류	세부종류	신생아기	영·유아기	아동기	청소년기	성인기	노년기	기초생활수급자	전국가구평균소득 50%	전국가구평균소득 100%	전국가구평균소득 150%	전체(소득기준없음)
생활시설	장애유형별생활시설											
	중증장애인요양시설											
	장애영유아시설	6세 미만										
직업재활시설	장애인보호작업장											
	장애인근로작업장											
	장애인직업훈련시설											
지역사회재활시설	장애인복지관											
	장애인의료재활시설											
	주간보호시설							단, 수급자 우선				
	단기보호시설							단, 수급자 우선				
	장애인공동생활가정											
	장애인체육시설											
	장애인심부름센터											
	수화통역센터, 점자도서관											
바우처사업	장애아동재활치료	장애아동 (만 18세 미만)						평균소득 100% 이하				
	장애인활동보조		장애인 (1급 장애, 만 6~64세)									

자료 : 노기성, "사회서비스 정책의 현황과 과제", KDI, 2011.

현재 실시되고 있는 장애인복지정책111)의 방향은 우선 장애의 발생을 사전에 예방하고 불가피하게 장애가 발생한 경우 자립이 불가능한 장애인은 정부에서 기본적인 생활을 보장하며, 그 외의 장애인은 교육재활, 의료재활, 직업재활을 통하여 잔존 능력을 최대한 개발하여

111) 장애인 복지법(1999. 2. 8 법률 제5931)은 장애인의 인간다운 삶과 권리의 보장을 위한 국가와 지방자치단체 등의 책임을 명백히 하며, 장애발생의 예방과 장애인의 의료·교육·직업재활·생활환경개선 등에 관한 사업을 정함으로써 장애인복지대책의 종합적 추진을 도모하며, 장애인의 자립, 보호 및 수당의 지급 등에 관하여 필요한 사항을 정함으로써 장애인의 생활안정에 기여하는 등 장애인의 복지증진 및 사회활동 참여증진에 기여함을 목적으로 한다.

자립을 유도하며, 나아가 장애인을 위한 편의시설의 확충, 장애인에 대한 사회 인식개선 등을 통하여 사회활동 여건을 조성하고 장애인의 사회 참여 확대를 추진하고 있다.

장애인 복지정책으로는 ① 장애발생 예방 - 저소득층의 임산부와 여유아에게 무료로 건강진단과 예방접종을 실시 ② 생활안전- 국민연금법에 의한 장해연금제도 실시, 공적부조제도로 생활보호대상 중증장애인에게 생계보조수당 지급, 저소득 장애인가구 자녀의 입학금과 수업료 전액 지원, 각종 공공서비스 및 세금의 할인 ③ 특수교육- 장애아동을 위한 특수학교 설립 ④ 의료재활- 진료비 지원 및 의료기구 보조 ⑤ 직업재활- 장애인고용촉진공단 등에서의 직업 훈련 실시, 장애인의무고용제, 장애인 근로시설 운영 ⑥ 시설보호서비스- 장애인요양시설, 점자도서관 등 장애인복지법의 의한 장애인 시설의 서비스 ⑦ 재가 장애인 이용시설 서비스- 재가 장애인 순회재활서비스센터와 장애인복지관의 재가 장애인 방문 서비스 ⑧ 장애인편의시설 설치- 도로, 공원, 공중이용시설, 철도, 지하철, 전화 등의 시설에 장애인 편의시설 설치 의무화 등이 있다.

(4) 여성복지

여성복지란 모든 여성이 한 사회의 구성원으로서 삶의 질을 영위할 수 있도록 여성의 욕구나 문제를 해결하기 위하여 사회 구성원들이 공, 사 차원에서 행하는 공동체적 노력을 의미한다고 할 수 있다. 좀 더 구체적으로 말해 여성 복지는 여성문제의 해결, 예방, 여성의 사회적 기능수행(social functioning)의 활성화, 생활의 질적 향상 등에 직접적으로 관심을 갖는 사회복지 서비스나 정책을 포함한다. 즉 여성복지는 여성에 대한 서비스뿐만 아니라 가부장제에 의한 성차별과 그에 근거를 둔 법이나 사회제도 문화 등의 적극적인 수정과 변화에 대한 노력까지 포괄하는 것이다.

범주에 있어서 종래의 여성복지는 요보호(要保護) 여성과 이들로부터 파생되는 문제에 국한되어 왔으나 최근에는 일반여성까지 모두를 포함하는 포괄적인 개념으로 변화되었다. 즉 빈곤 모자가족 문제, 매매춘, 미혼모, 가출, 근로여성, 노인여성문제와 함께 일반여성의 인권문제와 복지문제, 사회참여와 자아실현을 돕는 여건조성, 성차별 철폐 운동으로 확대되었다.

이와 같이 우리나라 여성복지정책의 방향은 요보호(要保護) 여성에 대한 보완적 복지모형을 탈피하여 전체 여성의 권리향상과 복지증진을 추구하는 보편주의적, 제도적 접근방법을 추구하고 있는 듯이 보이나, 그 구체적 시행내용을 살펴보면 아직도 보완적이고 소극적인 수준을 크게 벗어나지 못하고 있으며, 여성문제의 원인이나 해결을 사회구조적 차원에서 접근하지 못하고 개인주의적 차원에서 접근하는 수준에 머물러 있다고 볼 수 있다.

2 가계위험과 공적연금

2-1 공적연금의 개요

우리나라의 공적연금제도는 일반국민을 대상으로 하는 국민연금과 공무원연금, 사립학교 교직원연금, 군인연금의 특수직역연금으로 구분된다.

[표 10-6] 공적연금의 분류 및 현황

구분		국민연금	특수직역연금		
			공무원연금	사학연금	군인연금
도입연도		1988년	1960년	1975년	1963년
관장기관 (집행기관)		보건복지부 (국민연금 공단)	행정안전부 (공무원 연금공단)	교육과학기술부 (사립학교교직원연금공단)	국방부 (보건복지관실 군인연금과)
적용대상		18세 이상 60세 미만 국민	국가 및 지방공무원, 법관, 경찰관	사립학교 교직원	하사 이상 직업군인
가입자 수		19,710천 명	1,052천 명	267천 명	170천 명
연금수급자 수		2,821천 명	311천 명	37천 명	79천 명
급여지출규모		8조 6,359억 원	8조 4,821억 원	1조 2,684억 원	2조 51억 원
기금	누적기금	323조 9,908억 원	5조 8,307억 원	11조 2,282원	4,654억 원1)
	기금소진	2059년	2002년	2032년	1973년

자료 : "주요국의 사회보장제도", 한국보건사회연구원, 2012.

국민연금과 특수직역연금은 급여형태 및 급여산식에서 커다란 차이점이 있다. 순수 노령연금만 지급하는 국민연금과 달리 특수직역연금은 노령연금, 퇴직금, 산재보상 등의 성격이 혼재되어 있으며, 생애평균소득에 근거하여 연금액을 산정하는 국민연금과 달리 특수직역연금은 퇴직직전 3년간의 소득을 기준으로 연금액을 산정하고 있다.

한편 급여산식에서는 균등부분과 소득비례부분의 합으로 구성된 국민연금과 달리 특수직역연금은 소득비례부분으로만 구성되어 소득재분배 기능이 없다. 이 밖에 소득대체율과 보험료율, 연금수급위한 최소가입기간, 연금수급개시연령 등에서도 양 제도는 많은 차이점이 존재하고 있다. 그러나 국민연금과 특수직역연금제도 모두 불균형한 수급구조로 인해 연금

재정의 장기불안정이라는 공통된 문제점에 노출되어 있다.

2-2 국민연금의 주요내용

1) 국민연금 현황

국민연금제도는 국내에 거주하는 18세 이상 60세 미만의 국민을 가입 대상으로 하며, 공무원·사립학교교직원·군인 등 특수직역연금 가입자 및 수급자는 가입 대상에서 제외한다. 가입자는 가입종별로 사업장 가입자, 지역가입자, 임의가입자, 임의계속가입자로 구분되며, 사업장과 지역가입자는 당연적용대상자로 분류된다. 사업장 가입자의 경우 2003년 이전에는 5인 이상 사업장의 사용자와 근로자가 적용 대상이었으나, 2003년부터는 5인 미만 사업장까지 적용범위가 확대되었다.

[표 10-7] 연도별 국민연금가입자 현황

(단위 : 개소, 명)

구분 연도별	총 가입자	사업장가입자		지역가입자			임의 가입자	임의계속 가입자
		사업장	가입자	계	농어촌	도시		
'88.12	4,432,695	58,583	4,431,039	-	-	-	1,370	286
'92.12	5,021,159	120,374	4,977,441	-	-	-	32,238	11,480
'95.12	7,496,623	152,463	5,541,966	1,890,187	1,890,187	-	48,710	15,760
'96.12	7,829,353	164,205	5,677,631	2,085,568	2,085,568	-	50,514	15,640
'99.12	16,261,889	186,106	5,238,149	10,822,302	2,083,150	8,739,152	32,868	168,570
'03.12	17,181,778	423,032	6,958,794	9,964,234	2,062,011	7,902,223	23,983	234,767
'04.12	17,070,217	573,727	7,580,649	9,412,566	2,009,142	7,403,424	21,752	55,250
'05.12	17,124,449	646,805	7,950,493	9,123,675	1,969,017	7,154,658	26,568	23,713
'06.12	17,739,939	773,862	8,604,823	9,086,368	1,972,784	7,113,584	26,991	21,757
'07.12	18,266,742	856,178	9,149,209	9,063,143	1,976,585	7,086,558	27,242	27,148
'08.12	18,335,409	921,597	9,493,444	8,781,483	1,940,510	6,840,973	27,614	32,868
'09.12	18,623,845	979,861	9,866,681	8,679,861	1,925,023	6,754,838	36,368	40,935
'10.12	19,228,875	1,031,358	10,414,780	8,674,492	1,951,867	6,722,625	90,222	49,381
'11.12	19,885,911	1,103,570	10,976,501	8,675,430	1,986,631	6,688,799	171,134	62,846
'12.12	20,329,060	1,196,427	11,464,198	8,568,396	1,956,215	6,612,181	207,890	88,576
'13.10	20,715,284	1,286,350	11,897,360	8,522,524	1,957,480	6,565,044	183,289	112,111

자료 : 국민연금관리공단, "국민연금 공표통계", 2013.

[표 10-8] 가입자의 종별 가입요건

<table>
<tr><th>종 별</th><th colspan="2">종 류</th><th>가 입 요 건</th></tr>
<tr><td rowspan="4">사업장가입자</td><td rowspan="3">적용대상</td><td>일반가입자</td><td>• 근로자 1인이상 사업장에 종사하는 18세이상 60세미만의 자</td></tr>
<tr><td>특례적용</td><td>• 국민연금 가입 사업장에 종사하는 18세미만의 근로자로서 사용자의 동의를 얻어 가입한 자</td></tr>
<tr><td>외 국 인</td><td>• 18세 이상 60세 미만으로서 국민연금 적용사업장에 종사하는 외국인 또는 외국에 거주하는 국민(재외동포 등)으로 국내에 체류하면서 국민연금 적용 사업장에 종사하는 자</td></tr>
<tr><td colspan="2">적용대상 제외자
(임의가입자로 가입 가능)</td><td>• 공무원연금법·사립학교교직원연금법·별정우체국법에 의한 퇴직연금·장해연금·퇴직연금 일시금이나 군인연금법에 의한 퇴직연금·상이연금·퇴역연금 일시금의 수급권을 취득한 자(퇴직연금 등 수급권자)
• 국민기초생활보장법에 의한 수급자</td></tr>
<tr><td rowspan="3">지역가입자</td><td rowspan="2">적용대상</td><td>일반가입자</td><td>• 18세이상 60세미만으로서 사업장가입자가 아닌 자</td></tr>
<tr><td>외 국 인</td><td>• 18세이상 60세미만으로서 국내에 거주하는 외국인(국내체류 교포 등 포함)</td></tr>
<tr><td colspan="2">적용대상 제외자
(임의가입자로 가입 가능)</td><td>• 다음 해당자의 배우자로서 별도의 소득이 없는 자
- 타공적연금가입자 : 사업장가입자·지역·임의계속가입자
- 별정우체국직원 : 노령연금·퇴직연금 등 수급권자
• 18세이상 27세미만인자로서 별도의 소득이 없는 자(연금보험료 납부이력 있는 자는 제외)
• 퇴직연금등 수급권자
• 국민기초생활보장법에 의한 수급자</td></tr>
<tr><td rowspan="4">임 의
(계속)
가입자</td><td colspan="2">임의가입자</td><td>• 사업장가입자 및 지역가입자 이외의 18세이상 60세미만의 자
※ 본인의 신청에 의해 가입</td></tr>
<tr><td colspan="2">사업장 임의계속 가입자</td><td>• 사업장에 종사하는 60세이상 65세미만의 자로 연장가입 신청한 자</td></tr>
<tr><td colspan="2">지역 임의 계속가입자</td><td>• 60세에 달한 지역가입자로서 65세 미만까지 연장가입 신청한 자</td></tr>
<tr><td colspan="2">기타 임의 계속가입자</td><td>• 60세에 달한 임의가입자로서 65세 미만까지 연장가입 신청한 자 및 지역·사업장임의계속가입자를 제외한 임의계속가입자</td></tr>
</table>

※ 특수직종근로자로서 노령연금수급권을 취득한 자는 60세미만이라 하더라도 임의계속가입자로 가입할 수 있음.

※ 국민연금 가입대상 제외자 : 공무원연금법, 군인연금법 및 사립학교교직원연금법의 적용을 받는 공무원, 군인 및 사립학교교직원 기타 노령연금의 수급권을 취득한 자 중 60세미만의 특수직종 근로자, 조기노령연금의 수급권을 취득한 자(지급정지중인 자 제외)

지역가입자의 경우 1995년에는 제도 적용이 농어촌 지역에 한정되었다. 이후 1999년 도시 자영자에 대한 확대적용으로 지역가입자비중이 급격하게 증가하였으나, 그동안 지역가입자에 속하였던 5인 미만 사업장이 2003년 사업장 가입자에 편입됨에 따라 전체 국민연금 가입자 중 지역가입자의 비중이 감소하는 추세를 보이고 있다.

임의가입제도는 국민연금 가입연령이 60세 미만인데 반해 60세에 도달하였어도 연금수급에 필요한 최소가입기간을 충족시키지 못한자가 계속 가입하여 국민연금 수급권을 확보하고자 하는 경우 이들에게 기회를 부여하기 위하여 마련된 제도이다.

임의가입자는 무소득 전업주부 등 본인의 가입신청에 따라 가입의 기회가 열려있는 가입대상을 의미한다. 임의계속가입자는 60세 이후에 본인의 희망에 따라 65세가 될 때까지 국민연금에 가입하는 자를 뜻하는데, 기존에는 60세 미만이었던 시기에 국민연금에의 가입이력이 있었던 자로 한정하였으나, 2011년 6월 7일부터는 보험료 납부사실이 없어도 가입이 가능하도록 가입요건을 완화하였다. 최근 전업주부 등을 중심으로 국민연금에 대한 가입이 증가하면서 2010년말 9만명에서 2011년에는 17만 명으로 증가하였고 2012년 12월에는 20만 명으로 나타났다.

2) 연금보험료

국민연금은 보험료를 납부한 가입자에게 가입기간에 비례하여 연금을 지급하는 사회보험 방식을 채택하고 있어, 가입자에게 매월 소득의 일정부분을 보험료로 부과하고 있다. 사업장의 경우는 사용자와 가입자가 보험료를 반반씩 균분하여 부담하는 반면, 지역·임의·임의계속가입자는 본인이 전액 부담한다.

국민연금제도 도입시 3%였던 보험료율은 점차 인상되어 현재 9%를 유지하고 있는데 향후 보험료율은 5년마다 시행 예정인 재정계산 결과를 반영하도록 하고 있다. 연금보험료는 보험료 부과 기준소득에 보험료율을 곱하여 산정하는데, 부과대상소득은 가입자의 소득월액을 토대로 일정하게 등급화한 표준소득월액을 사용한다.

기준소득월액은 상하한액의 범위내에서 결정되는데 2010년부터는 국민연금 기준소득월액 상하한액을 국민연금 급여산식 중 전체가입자의 3년 평균소득월액 상승률에 연동하여 매년 조정하고 있다. 2011년 7월부터 적용하고 있는 상한액은 375만 원이고 하한액은 23만 원이다.

3) 국민연금 급여구조

국민연금제도에 가입 이력이 있었던 자에게 은퇴 또는 장애·사망등의 예상치 못한 재해가 발생할 경우 다양한 급여가 지급된다. 급여의 형태는 연금과 일시금으로 대별되며, 급여 발생원인에 따라 노령연금, 장애연금, 유족연금 등의 연금이 지급되고, 반환일시금, 장애일시

금, 사망일시금 등의 일시금도 지급된다. 보험료 납부기간이 10년이상인 경우에는 연금이, 10년 미만일 때에는 일시금이 지급된다.

국민연금급여액은 기본연금과 가급연금의 합으로 구성된다. 기본연금은 보험료 납부기간, 수급직전 3년도 전체가입자의 평균소득과 납부기간 동안의 개인별 표준소득월액의 평균액에 의해 결정되는 반면, 가급연금은 수급권자가 권리를 취득할 당시 그 자(유족연금에 있어서는 가입자 또는 가입자이었던 자)에 의하여 생계를 유지하고 있거나 노령·장애연금수급권자가 그 권리를 취득한 이후 생계를 유지하게 된 자에 대하여도 지급하는 일종의 가족수당 성격의 부가급여이다.

* 국민연금액 = 기본연금액 + 부양가족연금액
* 기본연금액 = k × (A값+B값) × (1+0.05n)
  k : 40년 가입시 소득대체율(가입시점별로 1.8 ~ 1.2)
  A값 : 전체 가입자 최근 3년간 평균소득월액
  B값 : 본인의 생애평균소득월액
  n : 20년 이상 가입기간

기본연금액은 국민연금에 가입한 기간동안 보험료 납부월수와 보험료를 납부하던 시기의 소득대체율에 따라 결정된다. 또한 연금 수급직전년도 3년간 국민연금 전체가입자의 평균소득[112]과 본인이 과거 보험료를 납부할 당시의 표준소득월액을 수급직전년도 시점에서 재평가한 개인별 소득수준[113]을 반영하여 기본연금액을 결정한다.

(1) 노령연금

국민연금급여 중 노령연금은 연령과 가입기간에 따라 완전·감액·조기·재직자·특례노령연금으로 구분된다. 노령연금 수급에 필요한 최소가입기간이 10년이고 현재 연금수급연령(조기노령연금 제외)은 60세이나, 2013년부터 5년마다 1세씩 상향조정되어 2033년 이후에는 65세부터 연금을 수급하도록 되어 있다.

112) 기본연금액 산식 중 'A값'으로, 물가상승을 반영한 전체가입자 평균소득월액의 수급직전년도 3년간 평균으로 산정함.

113) 기본연금액 산식 중 'B값'으로, 가입자 개인의 가입기간 중의 표준소득월액을 연금수급전년도의 현재가치로 재평가한 평균으로 산정함.

[표 10-9] 노령연금의 급여수준

구 분	수 급 요 건	급 여 수 준
완전 노령연금	가입기간 20년 이상, 60세에 달한 자	기본연금액 100% + 가급연금액 (65세미만인 자는 소득이 없는 경우에 한함)
감액 노령연금	가입기간 10년에서 20년 미만자로 60세 달한 자	기본연금액의 47.5% ~ 92.5% +가급연금액
조기 노령연금	가입기간 10년이상, 연령 55세 이상인 자	기본연금액의 (75% ~ 95%) 가급연금액
재직자 노령연금	가입기간 10년이상, 60세이상 65세미만인 자로 소득이 있는 업무에 종사	※가입기간이 20년인 경우 개시연령에 따라 기본연금액 50% ~ 90% 감액
특례 노령연금	제도도입 당시 45세이상 60세 미만자로서 가입기간이 15년미만인자	(가입기간 5년의 경우) 기본연금액 25%+가급연금액
분할연금	가입기간중의 혼인기간이 5년 이상인 자로서, 이혼자	배우자이었던 자의 노령연금액 중 혼인기간에 해당하는 연금액을 균분한 액

자료 : 곽봉환, 「개인위험관리와 생활금융」, 2008.

노령연금 수급권자와 이혼한 60세 이상인 배우자가 가입기간 중 혼인기간이 5년 이상이면 혼인기간에 해당하는 만큼 연금액을 균분하여 지급받을 수 있는 분할연금 제도가 1999년 1월부터 시행되고 있다.

2007년 7월부터는 중고령자의 근로의욕을 높이기 위해 연기연금제도가 시행되고 있는데, 노령연금 수급자가 소득활동을 할 경우 연금감액 대신 연금수급을 연기함으로서 소득활동에 대한 인센티브를 제공하고 있다. 재직자노령연금 수급자가 연금수급 시점을 늦출 경우 연기한 기간만큼 1년에 7.2%씩[114] 연금액을 증액하여 연기연금을 지급하고 있다.

(2) 장해연금

장애연금은 국민연금 가입 중 발생한 질병·부상 등으로 장애를 입은 경우, 장애가 지속하는 동안 장애 정도에 따라 지급하는 연금을 의미한다. 장애등급은 장애정도에 따라 1등급 ~ 3등급으로 구분하고, 등급별로 연금액이 20%씩 차등 지급되어 기본연금액의 60%(1등급) ~ 100%(3등급)을 지급한다.

114) 2007년 도입당시에는 6%였으나, 2011년 12월 31일에 7.2%로 개정되었음.

[표 10-10] 장해연금의 급여수준

장해등급	급 여 수 준
1급	기본연금액 100% + 가급연금액
2급	기본연금액 80% + 가급연금액
3급	기본연금액 60% + 가급연금액

(3) 유족연금

유족연금은 가입자, 가입자이었던 자 또는 노령연금 수급자나 장애연금 1·2등급 수급권자가 사망하였을 때 그 유족에게 지급하는 연금으로, 사망한 자의 가입기간이 10년 미만인 경우에는 기본연금액의 40%, 10년 이상 20년 미만일 때는 50%, 20년 이상에 대해서는 기본연금액의 60%가 연금으로 지급된다.

[표 10-11] 유족연금의 급여수준

가입기간	급여수준
10년미만	기본연금액 40% + 가급연금액
10년-20년	기본연금액 50% + 가급연금액
20년이상	기본연금액 60% + 가급연금액

(4) 반환일시금 혹은 사망일시금

연금을 수급할 수 있는 최소가입기간을 만족시키지 못하거나 해외로 이주할 경우에는 반환일시금이 지급되고 가입자가 사망후 국민연금의 급여를 받을 유족이 없는 경우에는 사망일시금이 지급된다. 일시금은 국민연금 가입 중 납부한 보험료에 3년 만기 정기예금 이자율에 해당하는 이자를 합산하여 산정한다.

2-3 특수직역연금의 주요내용

1) 공무원연금

공무원연금제도는 공무원의 퇴직 또는 사망과 공무로 인하여 부상·질병·폐질에 대하여 적절한 급여를 실시함으로써, 공무원 및 그 유족의 생활안정과 복리향상에 기여함을 목적으로 하고 있다. 1960년 공무원연금법을 공포·시행함으로써 국가책임 하에 공무원연금제도가 시작되었다. 2012년 기준 106만 4천 명의 공무원이 가입하고 있다. 국민연금의 제도부양비 개념과 유사한 공무원연금의 부양률(공무원수 대비 연금수급자수)은 연금수급자의 꾸준한 증가로 인해 2000년 16.5%에서 2012년 32.4%로 급격하게 증가하였다.

[표 10-12] 연도별 공무원연금 추이

(단위 : 명 / %)

구 분	공무원수	합 계	퇴직연금	유족연금			장해연금	부양률 (%)
				계	퇴직	장해		
2000	909,155	150,463	140,387	9,412	9,286	126	664	16.5
2001	913,192	160,721	148,884	11,089	10,949	140	748	17.5
2002	930,835	169,915	155,863	12,844	12,643	201	1,208	18.1
2003	947,616	181,726	165,483	14,871	14,643	228	1,372	19.0
2004	964,593	195,310	176,799	17,007	16,754	253	1,504	20.1
2005	986,339	218,006	196,820	19,197	18,925	272	1,989	21.9
2006	1,009,145	236,274	212,560	21,475	21,177	298	2,239	23.2
2007	1,021,771	255,565	229,157	24,006	23,675	331	2,402	24.7
2008	1,030,256	279,766	250,476	26,725	26,353	372	2,565	26.9
2009	1,047,897	293,096	260,910	29,489	29,086	403	2,697	27.7
2010	1,052,407	311,429	276,188	32,491	32,045	446	2,750	29.3
2011	1,057,958	326,509	287,980	35,759	35,298	461	2,770	30.6
2012	1,064,472	348,493	306,582	39,069	38,562	507	2,842	32.4

자료 : 공무원연금공단, "공무원연금 주요 통계자료", 2012.

공무원연금은 노후소득보장적 급여(퇴직연금, 유족연금, 퇴직일시금)와 재해에 따른 재해보상적 급여(요양 및 장애급여), 근로보상성격의 급여(퇴직수당) 등 여러 성격의 급여를 제공하고 있다.

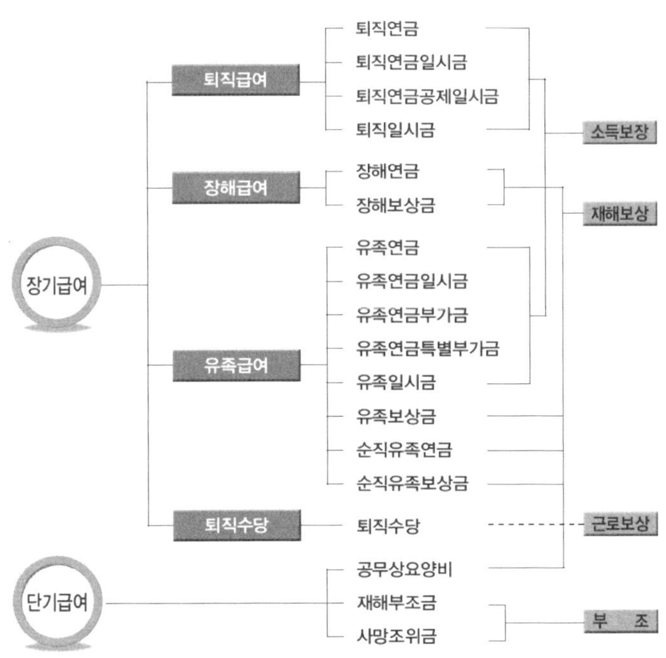

자료 : 공무원연금공단, "2012공무원연금 연차보고서", 2012

그림 10-6 공무원연금 급여구조

2) 사학연금

1975년에 사립학교교직원의 퇴직·사망 및 직무상 질병·부상·장애등에 대한 적절한 급여제도를 확립함으로써 교직원과 그 유족의 경제적 생활안정과 복리향상에 기여할 목적으로 사학연금제도가 도입되었다.

우리나라 3대 직역연금의 하나인 사학연금은 공적연금의 주된 기능인 노후소득보장, 민간의 산재보험과 퇴직금제도, 기타 상호부조적 성격의 제도 등 종합적인 사회보장 기능을 수행하는 제도로 자리매김하고 있다.

연금재정의 주요 재원인 비용부담 방식에 있어서는 갹출형제도(Contributory Pension Scheme)를 채택하여 가입자인 교직원과 사용자인 법인 및 국가가 공동으로 비용을 부담하고 있다.[115]

115) 사학연금의 소득보장급여인 퇴직 및 유족연금은 사용자(학교기관과 정부)와 교직원이 균등부담하고 있는데, 정부가 직접적인 사용자는 아니지만 사학교육기관의 재정적 어려움 및 교육의 공익성을 고려하여 비용부담자로서의 역할을 수행하고 있음. 사용자가 전액 부담하는 재해보상급여, 부조급여, 퇴직수당 등의 경우 사학연금에서는 공무원연금과 군인연금과 달리 급여종류에 따라 부담률이 다름.

1975년 제도도입 당시 보험료율이 보수월액의 5.5%로 결정되었으나 단계적으로 상향조정되어 2010년 기준소득월액의 6.3%, 2011년 6.7% 그리고 2012년부터는 7.0%로 인상되었다.

2012년부터 가입자 개인은 교원과 사무직원의 경우 각각 매월 기준소득월액의 7%를, 법인은 교원과 사무직원에 대하여 각각 7,000분의 4,117과 7,000분의 7,000을, 국가는 법인이 부담하여야 할 교원분의 7,000분의 2,883을 부담하게 된다. 다만, 사용자 책임 급여라고 할 수 있는 재해보상 급여와 퇴직수당에 소요되는 비용은 법인, 국가 및 공단이 분담하는 비각출형제도(Non-Contributory Pension Scheme)방식을 취하고 있다

사학연금의 급여제도는 법률에 정해진 계산식에 따라 급여수준이 사전적으로 결정되고 재원조달은 사후적으로 결정되는 확정급부형제도(Defined Benefit Plan)로 운영되는데, 크게 장기급여와 단기급여로 나누어진다.

장기급여에는 퇴직급여, 유족급여, 장해급여, 퇴직수당 등 총 14종류가 있으며, 단기급여에는 재해보상 급여로써 직무상요양비, 사망조위금 등 4종류가 있다. 퇴직급여와 유족급여는 소득보장 기능을 담당하는 주된 급여로 재직기간에 따라 연금, 일시금 또는 연금과 일시금이 혼합된 형태로 지급된다. 재직기간이 20년 미만인 경우에는 일시금을 수급하며, 재직기간이 20년 이상인 때에는 연금, 일시금, 연금과 일시금을 동시에 선택하여 수급할 수 있다. 재직기간이 1년 이상인 교직원은 민간기업의 퇴직금과 같은 성격의 급여로 퇴직수당을 수급할 수 있다.

교직원이 직무 중에 질병·부상을 당하거나 퇴직·폐질·사망한 때, 화재·홍수 등으로 교직원의 주택에 피해를 입었거나, 교직원 본인 또는 그 직계 존비속이 사망한 때에는 부조적 성격의 장·단기 재해 보상급여를 각각 지급하며 비용은 전액 법인이 부담한다.

사학연금 가입자 수는 1975년 제도도입 이래 2010년 말까지 지속적인 증가추세를 나타내고 있다. 가입자수는 지속적으로 증가하여 2010년 말 기준 267,481명에 이르고 있으며, 퇴직자의 경우 사학연금 제도개선이 한창 논의되던 2007년에서 2008년 사이에는 급증하는 추세를 나타내었으나, 2009년에는 다소 주춤한 상태를 유지하다가 다시 완만한 증가세를 유지하고 있다.

연금수급자수는 1982년 13명이 최초로 발생한 데 이어 꾸준한 증가세를 나타내고 있는데, 특히 1997년 외환위기 이후 급격하게 증가하면서 2010년 말 기준 37,381명에 이르고 있다. 연금수급자의 증가는 사학연금이 성숙단계로 진입하면서 교직원의 재직기간이 길어지고 가입자 연령구조가 고령화되면서 연금선택률이 상승하였기 때문으로 여겨진다.

연금선택률은 IMF 이전에는 30 ~ 40%대를 유지하였으나 1999년에 65.3%까지 급격한 상승과정을 거친 후 완만한 상승세를 계속하여 2010년에는 91.1% 수준을 보이고 있다. 부양

률은 2000년대 중반부터 10%를 상회하면서 꾸준하게 증가하여 2010년에는 14%에 이르고 있다.

[표 10-13] 연도별 사학연금 추이

단위: 명, %

연도	교직원수 (가)	연금수급자수				부양률 (나 / 가)	연금 선택률
		계(나)	퇴직연금	유족연금	장해연금		
1985	123,821	233	228	4	1	0.2	22.2
1990	153,922	1,345	1,275	66	4	0.9	35.2
1995	181,128	3,950	3,646	295	9	2.2	37.4
2000	210,864	13,382	12,628	734	20	6.3	74.2
2005	236,726	22,206	20,414	1,748	44	9.4	86.5
2006	245,520	24,706	22,638	2,011	57	10.1	87.3
2007	250,652	27,816	25,459	2,292	65	11.1	89.5
2008	256,840	31,325	28,673	2,580	72	12.2	91.3
2009	261,608	34,137	31,177	2,875	78	13.0	91.1
2010	267,481	37,381	34,047	3,228	88	14.0	91.1

자료 : "주요국의 사회보장제도", 한국보건사회연구원, 2012.

3) 군인연금

군인연금제도는 군인이 상당한 기간동안 성실히 복무하고 퇴직하거나 심신의 장애로 인하여 퇴직 또는 사망한 때 혹은 공무상의 질병·부상으로 요양하는 때에 본인이나 그 유족에게 적절한 급여를 지급함으로서 본인 및 그 유족의 생활안정과 복리향상에 기여함을 목적으로 한다.[116] 군인은 1960년 공무원연금제도의 적용대상이었으나 군복무의 특수성을 감안하여 1963년 공무원연금에서 분리하여 별도의 연금법을 제정·시행(법률 제1260호)하고 있다.

군인연금은 현역 또는 소집되어 군에 복무하는 군인에게 적용[117]하고 있는데, 2010년말 현재 170천 명의 장기복무하사관과 장교가 군인연금에 가입되어 있다. 1995년에 인상된 보험료율(5.5 → 7.5%)은 2001년 1월에 8.5%로 인상되었고, 연금액 인상방식변경(재직자보수 → 소비자물가), 산정기준 변경(최종보수 → 3년 평균보수) 등 재정안정화를 위한 상당한 수준의 법 개정이 이루어졌다.

116) 군인연금법 제1조
117) 군인연금법 제2조

군인연금제도는 상대적으로 고부양 형태를 갖고 있는데, 공무원의 경우 4명당 1명을 부양하지만 군인연금은 재직자 2.5명당 수급자 1명을 부양하는 고부양 구조이다. 또한 군 임무의 특수한 상황을 고려하여 군 간부의 정년을 짧게 설정함으로써(45 ~ 56세에 대부분 퇴직) 연금수급기간이 타 공적연금제도에 비해 장기화 되는 구조를 갖고 있다.

군인연금은 공무원연금의 정년제도와 달리 근속제 및 계급정년제로 운영됨으로써 조기에 퇴직하는 수급자가 다수 발생하여, 평균연금수급기간(중령기준 23년)이 공무원연금(사무관기준 14년)보다 긴 특징이 있다. 또한 공무원연금의 재직기간에 해당되는 복무기간 외에 전투종사기간에 대해서는 동기간의 2배가 복무기간으로 인정되는 예외규정이 있어 20년 이상의 장기수급자가 많으며, 다른 특수직역연금에 비해 일시금보다 연금선택률이 높다는 특징이 있다.

3 가계위험과 건강보험

3-1 건강보험의 개요

의료보장제도는 역사와 문화의 산물로서 의료보장을 운영하는데 소요되는 재원을 조달하는 방식 역시 그 사회의 여건에 따라 다르다. 재원조달 방식에 의해 분류해 보면 보험가입자의 보험료를 주재원으로 하는 사회보험(social health insurance)방식과 조세를 주재원으로 하는 국가보건서비스(national health service) 방식이 있다. 사회보험방식을 채택하고 있는 국가로는 독일, 프랑스, 일본 등을 들 수 있고, 국가보건서비스방식을 취하고 있는 나라는 영국, 이탈리아, 스웨덴 등이다. 우리나라의 의료보장체계는 사회보험방식에 속한다.

의료보장 제도는 독일에서 가장 먼저 도입되었는데, 19세기 후반 수공업, 광산, 공장노동자대상의 공제제도로부터 출발하였다. 질병보험법(1883), 산업재해보상법(1884), 연금보험법(1889), 장기요양보험(1994)의 순으로 사회보험을 도입하였다. 영국의 경우 1911년 국민사회보험법 제정에 따라 NHI방식의 의료보장제도를 실시(1912)하였으나, 1948년 조세의 의한 재원조달에 기반한 NHS방식을 도입하였다.

[표 10-14] 사회보험방식(NHI)과 국가보건서비스(NHS)방식의 비교

구 분	사회보험방식(NHI)	국가보건서비스방식(NHS)
적용대상 관리	국민을 임금소득자, 공무원, 자영자 등으로 구분 관리 (극빈자는 별도 구분)	전국민을 일괄 적용(집단구분 없음)
재원조달	보험료, 일부 국고지원	정부 일반조세
급여특성	치료 중심적	예방 중심적
진료보수 산정방법	행위별수가제 또는 총액계약제 등	개원의는 인두제 병원 소속 의사는 봉급제
관리기구	보험자(조합 또는 금고)	정부기관(사회보장청 등)
관리운영 방식	• 보험자중심 자율 운영(대표기구를 통한 가입자의 조합운영 참여보장) • 직접 관리운영비 소요(보험료 징수 등)	• 정부기관 직접 관리(가입자의 운영참여 배제) • 직접 관리운영비 부분적 축소(보험료징수비용이 조세관리 비용으로 전가)
채택국가	독일, 프랑스, 네덜란드, 일본, 한국 등	영국, 스웨덴, 이태리, 캐나다 등
국민의료비	의료비 억제기능 취약	의료비 통제효과가 강함
보험료 형평성	• 보험자 내 보험료 부과의 구체적 형평성 확보가능	조세에 의한 재원조달로 소득재분배 효과 강함 (단, 조세체계가 선진화되지 않은 경우 소득역진 초래)
서비스 질	• 기술적 측면에서 상대적으로 양질의 의료제공 • 첨단의료기술 발전에 긍정적 영향	• 입원대기환자 급증 - 대기기간 장기화 - 개원의의 입원의뢰 남발 가능성

기타 유럽 국가들은 1930년대까지 질병 및 모성보험(sickness and maternity insurance)라는 명칭의 건강보험을 도입하였다. 미국은 1920년대 후반 New Deal 정책과 1935년 사회보장법 재정을 통해 Medicare(노인, 장애인), Medicaid(저소득층), 민간보험(Blue Cross, Blue Shield)을 도입하였다.

국민건강보험제도는 국민의 질병·부상에 대한 예방·진단·치료·재활과 출산·사망 및 건강증진에 대하여 보험급여를 실시함으로써 국민보건 향상 및 사회보장 증진에 기여함을 목적으로 한다. 건강보험제도의 근거법령은 헌법 제34조 및 36조에서 국민의 인간다운 생활을 할 권리와 이를 실현하기 위한 국가의 사회보장·사회복지증진에 노력할 의무 및 국민의 보건에 관한 국가의 보호를 규정하고 있다.

[표 10-15] 국민건강보험법 연혁

1963. 12. 16	의료보험법 제정
1976. 12. 22	의료보험법 전면개정
1977. 7. 1	500인 이상 사업장근로자 당연적용의 의료보험제도 실시
1977. 12. 31	공무원 및 사립학교교원 의료보험법 제정
1979. 7. 1	공무원 및 사립학교교원 의료보험법 실시
1979. 7.	300인 이상 사업장까지 의료보험 확대
1985. 1. 4	1종 의료보험-직장의료보험, 2종 의료보험-지역의료 및 직종의료보험 변경
1987. 2.	한방의료보험 전국확대실시
1988. 1. 1.	농어촌 지역주민 의료보험 실시
1988. 7. 1.	도시지역주민 의료보험 실시
1989. 10. 1.	약국의료보험 실시 국민의료보험관리공단 설립 : 공교공단과 227개 지역조합 통합
1999. 2. 8.	국민건강보험법 공포
2000. 7. 1.	국민건강보험실시 : 국민건강보험공단 설립

국민건강보호법을 제정하여 의료보장제도를 시행하고 있다. 국민건강보호법에는 건강보험제도에 관한 국민의 수급권 등 권리보장, 적용대상 및 보험료 부담 의무 등이 규정되어 있다. 한편 국가에서는 생활유지능력이 없거나 생활이 어려운 국민을 대상으로 "의료급여법"에 의한 의료급여제도를 실시하고 있다. 국민건강보험재정건전화특별법은 국민건강보험의 재정적자를 조기에 해소하고 재정건전화를 이른 시일 내에 달성하기 위하여 보험료 및 보험수가의 산정 등에 관하여 국민건강보험법에 대한 특례를 규정하고 있으며, 2002년부터 2006년까지 시행되는 특별법이었다.

우리나라 국민건강보험법은 1999년 2월 8일 제5854호로 제정되었지만, 그 전신인 의료 보험법은 훨씬 이전인 1963년 12월 16일에 법이 제정되고 1977년 7월 1일에 전면적으로 시행되었다. 1963년 당시 의료보험법은 일부 관계 전문가들의 노력으로 입법화는 성공하였으나, 경제사회적 여건의 미비로 인하여 연기되었다. 이러한 점에서 보면 우리나라 사회보장제도의 초기 역사는 소수의 사회보장 전문가들의 노력이 중요했음에도 불구하고 사회경제적 여건의 미비와 정책결정권자의 인식 부족 등이 그 실행을 연기시키는 결과를 가져왔다고 할 수 있다.

의료보험법이 최초로 논의되기 시작한 시기는 1959년 가을 보사부 의정국 주관하에 매주 목요일 보사부회의실에서 열리 '건강보험제도 도입을 위한 연구회'로 부터이다. 그 후 1962

년 3월 20일에는 국민건강조사를 실시하고 외국의 제도를 검토하여 의료보험법 초안을 마련하였다. 이 안은 별 수정 없이 보사부안으로 채택되었으며 제3공화국 헌법 제30조, 31조에 사회보장의 증진과 국민 보건 향상에 관한 국가의 보호조항을 신설하면서 헌법 정신에 입각하여 1963년 12월 16일 의료보험법이 법률 제1623조로 제정 공포되었으며 1964년 6월 5일과 10월 27일에 동법 시행령과 시행규칙이 만들어졌다.

그러나 당시 정부의 재정형편과 사회경제적 여건의 불충분으로 선뜻 착수하지 못하고 3개 시범사업안을 추진하여 왔는데, 당시 보험시해 적용대상이 근로기준법에 의한 근로자와 그 부양가족들만으로 제한되어 있을 뿐 아니라 가입방법마저 임의가입제였다. 그러므로 보험자의 입장에서는 피보험자의 선택권 현상과 보험재정의 불안정 등 사회보험으로서의 미비점이 지적되어, 1970년 8월 의료보험법을 전면 개정하여 적용대상을 종래의 근로자 이외에 군인, 공무원, 자영자 등 전 국민이 의료보험혜택을 받을 수 있도록 문호를 개방하고 노동자, 군인 공무원을 강제가입 대상자로, 자영자 계층을 임의가입대상자로 규정하였다.

한편 경제성장 위주의 정책은 1970년대 중반부터 나타나기 시작하여 경제성장의 부작용으로 국민의 단결성과 사회적 통합을 위협한다는 우려를 낳게 되었다. 그 여파로 오랫동안 정체 현상을 면치 못하고 있던 의료보험사업은 1976년 12월 22일 의료보험법의 대폭 개정과 더불어 1977년 7월 1일에는 생활보호대상자 등에 대하여 의료보호사업을 실시하였다. 그리하여 의료시설 부족과 국민부담 능력을 고려하여 시행이 가능한 임금소득계층에서부터 점진적으로 의료보험의 적용을 확대시켜 왔다. 그러다가 1980년대 중반 이후 수출경제의 호전에 힘입어 경제성장이 회복되고 흑자경제시대가 도래했으며, 정부는 여력을 복지부문에 투입하려는 의지를 보이기 시작하였다. 그리하여 제6차 경제사회발전을 5개년계획에서 전 국민의 의료보험 확대가 채택되었고, 보사부는 1987년 보사부 차관을 장으로 한 의료보험 확대 추진본부를 두어 실무작업반, 소추진반, 군실무반을 설치하였다. 또한 1987년 2월 한방의료보험을 전국에 실시하였고 1988년 1월부터 농어촌 지역의료보험을 실시하여 전 인구의 80.4%가 의료보장의 적용을 받았다.

그 후 1988년 6월 17일 국민의료정책심의위원회의 안건으로 도시지역의료보험확대 방안이 제출되었고, 1989년 7월 1일부터 전국 60개 도시(특별시, 직할시를 포함)를 대상지역으로 하여 전국 약964만 명의 도시지역 자영자까지도 의료보험이 실시됨으로써 우리나라는 의료보험 시행 13년 만에 전 국민의료보험화의 시대를 맞이하게 되었다.

전 국민의료보험제도가 실시되는 과정에 여러 가지 문제점이 야기되었는데, 예컨대 조합주의 의료보험제도로 인한 국민 계층간 평등주의 목표와 사회통합 목표의 달성 미흡, 의료보험관리운영의 방만함에서 오는 행정·재정적 낭비, 그리고 다양한 의료서비스 급여 제공의

약화, 특히 고령자의 증가와 의료보험료의 체납 등으로 인한 재정적자 등을 지적할 수 있다. 이러한 기존의 의료보험제도가 가진 약점을 해소하고, 종래의 의료보험이 상병을 치료하기 위해 소요되는 비용 및 의료서비스를 주된 내용으로 하는 한편, 건강진단과 재활 및 예방의 범위까지 포함하는 적극적이고 포괄적인 특성을 가진 국민건강보험법을 1999년 2월 8일에 제정, 공포하고 2000년 7월 1일부터 국민건강보험제도를 실시하기에 이르렀다.

3-2 건강보험의 급여구조

보험급여란 가입자 및 피부양자의 질병·부상에 대한 예방·진단·치료·재활과 출산·사망 및 건강증진에 대하여 법령이 정하는 바에 따라 공단이 현물 또는 현금 형태로 제공하는 서비스를 말한다.

1) 현물급여

피보험자에게 의료서비스를 직접 제공하는 급여로서 요양취급기관을 통하여 제공하는 것으로 의료기관에서 의료서비스를 제공하는 것으로 요양급여, 분만급여, 건강진단 등이 있다.

(1) 요양급여

요양급여라 함은 가입자 및 피부양자에게 질병·부상이 발생하거나, 가입자 및 피부양자가 출산을 하게 되는 경우에 보험자가 요양을 직접 행하거나 요양기관을 통하여 요양을 제공하는 것을 말한다. 국민건강보험법상 요양급여에는 진찰·검사, 약제·치료재료의 지급, 처치·수술·기타의 치료, 예방·재활, 입원, 간호, 이송 등이 포함된다.

(2) 건강검진

건강검진은 지각증상이나 질병이 없는 상태에서 사전에 질병을 예방하는 건강예방행위(preventive health behavior)로, 질병에 걸릴 가능성이 있는 개인 또는 집단에 대하여 건강검진을 실시하여 질병을 조기에 발견 및 치료함으로써 국민의료비를 절감하고 건강을 증진시키기 위한 2차적 예방사업이다. 국민건강보험공단은 가입자 및 피부양자에 대하여 질병의 조기발견과 그에 따른 요양급여를 실시하기 위하여 건강검진을 실시하고 있고, 건강검진의 대상·회수·절차 기타 필요한 사항은 대통령령으로 정하여 실시하고 있다. 지역세대주, 직장가입자, 만 40세 이상의 피부양자 및 세대원이 그 대상이다. 또한 당해년도 검진대상자 중 희망자에 특정한 암 검사를 실시하고 있는데 위암은 만 40세 이상 남녀, 유방암은 만 40세

이상 여성, 대장암은 만 50세 이상의 남녀, 간암의 경우 간암발생 고위험군(간경변증, 만성 간질환 등)·2003~2004년도 건강검진 결과 간장질환 유질환자·2005년도 건강검진 결과 간장질환 유질환자 중 만 40세 미만인 자 및 자궁경부암의 경우 만 30세 이상 여성이 그 대상이 될 수 있다. 사무직 근로자·지역 가입자·직장피부양자는 2년에 1회, 사무직 근로자를 제외한 직장가입자는 1년에 1회를 실시한다. 검진항목은 1차 검진에 기본진찰·소변·혈액·흉부방사선검사 등 22개 항목, 2차 검진에 폐결핵·고혈압·간장·당뇨질환 등 8개 질환 28개 항목(질환별 2~8개 항목)으로 구성되어 있다. 건강검진(1차 및 2차 검진비용)에 대해서는 전액 공담이 부담하고, 특정 암 검사에 대해서는 공단과 수검자가 각각 50%씩 부담한다. 다만 자궁경부암은 전액 공단부담하고 있다(국가 암 조기검진 본인부담금(50%)을 국가가 부담).

2) 현금급여

의료서비스에 갈음하는 의료비를 지급하거나 장제비, 분만수당 등 현금을 지급하는 것을 말하는 것으로 요양비, 분만비, 장제비, 분만수당, 본인부담 보상금 등이 있다.

(1) 요양비(출산비 포함)

가입자 또는 피부양자가 긴급, 기타 부득이한 사유로 인하여 요양기관에서 제외되는 의료기관 등에서 질병, 부상, 출산 등에 대하여 요양을 받거나 출산을 한 경우에 지급된다. 요양비는 요양급여에 상당하는 금액을, 출산비는 첫 번째 자녀의 경우 76,400원, 두 번째 이후 자녀에 대해서는 71,000원이 지급된다.

(2) 장제비

가입자 또는 피부양자가 사망한 경우에 그 장제를 행한 자에게 지급되는 급여로써 250,000원이 지급된다.

(3) 본인부담액보상금

병·의원에서 진료를 받고 납부한 법정 본인부담금이 30일째 120만원을 초과한 경우, 그 초과금의 50%를 보상하는 제도이다.

(4) 장애인보장구급여비

장애인복지법에 의하여 등록된 장애인 가입자 및 피부양자에게 보장구에 대하여 보험급여가 실시되고 있다. 보장구 구입금액이 유형별 기준액 이내인 경우 실 구입액의 80%를, 보장구 구입금액이 유형별 기준액을 초과하는 경우 기준액의 80%를 지급한다.

(5) 본인부담상한제

본인부담상한제란 6월간 진료비를 합산하여 환자 법정본인부담금이 300만원을 넘는 경우, 초과진료비를 보험자가 전액 부담하는 제도를 말한다. 이는 고액·중증질환에 대한 건강보험의 보장성을 강화하여 가계파탄 등을 방지하는 등 가계의 어려움을 덜어주기 위한 목적으로 시행되는 제도이다. 적용진료비는 입원 이외에 외래 및 약제까지 포함되며, 환자의 목돈마련 불편을 해소하기 위해 사전면제를 원칙으로 하되 불가피한 경우 사후보상도 가능하다.

3) 재원조달

(1) 보험료

보험료란 피보험자와 피부양자의 질병, 부상, 분만, 사망, 등의 보험사고에 대하여 보험급여의 실시에 필요한 재원을 충당하기 위하여 피보험자 및 사용자등으로부터 징수하는 부담금을 말한다. 즉, 건강보험사업에 소요되는 비용을 충당하기 위하여 보험자가 피보험자로부터 각출하는 금액을 지칭한다.

우리나라는 건강보험의 재정을 소득에 연계된 기여금 방식을 채택하고 있다. 즉, 준조세의 성격을 띠는 보험료에 의해 운영된다. 보험자는 건강보험사업에 소요되는 비용에 충당하기 위해 보험료의 납부의무자로부터 보험료를 징수한다. 직장가입자의 월별 보험료액은 표준보수월액에 보험료율을 곱하여 얻은 금액으로 한다.

건강 보험의 주된 수입원이 되는 보험료는 직장가입자의 경우 표준보수월액을 기준으로 하는데 이것은 국민연금의 표준보수월액보다 훨씬 상향조정하였다는 점에서는 긍정적으로 평가된다. 그러나 직장가입자 중 고액의 소득자들은 대부분 급료 외에 이자 소득이나 배당소득, 기타 사업소득 등이 훨씬 큰 비중을 차지함에도 불구하고 직장에서의 급여만을 기준으로 하기 때문에 보험료 징수에서 형평성이 없다는 비판을 할 수 있다.

또 다음에 해당하는 가입자의 경우 그 가입자 또는 그 가입자가 속한 세대의 보험료는 공단의 정관이 정하는 바에 의하여 그 일부를 경감할 수 있다.

① 도서, 벽지, 농어촌 등 대통령령이 정하는 지역에 거주하는 자. 다만 농어촌에 거주하는 자는 농업 또는 어업에 종사하는 자 등 보건복지부령이 정하는 자에 한한다.

② 65세 이상인 자

③ 등록한 장애인

④ 국가유공자

직장가입자가 다음에 해당되는 때에는 당해 가입자의 보험료를 면제한다. 다만 국내에 거

주하는 피부양자가 없는 경우에 이를 적용한다.

① 국외에 여행 중인 때

② 국외에서 업무에 종사하고 있는 때

③ 하사(단기복무자)·병 및 무관후보생으로 복무중인 때

④ 교도소 기타 이에 준하는 시설에 수용되어 있는 때

(2) 국고지원금 및 건강증진기금지원금

국가가 지역가입자의 보험료 일부를 부담할 수 있도록 하고 있으며, 2006년말까지 한시적으로 시행중인 「국민건강보험재정건전화특별법」 제15조(보험재정에 대한 정부지원)의 규정에 따라 지역가입자에 대한 보험급여비용과 지역가입자의 건강보험사업에 대한 운영비의 100분의 35에 상당하는 금액을 국고에서 공단에 지원하고 있다.

지역가입자에 대한 보험급여비용과 지역가입자의 건강보험사업에 대한 운영비의 100분의 15에 상당하는 금액을 국민건강증진법에 의하여 국민건강증진기금에서 공단에 지원(직장, 지역의 65세 이상 노인에 대한 보험급여비용에 사용)하고 있다(국민건강증진법 제23조 제1항에 의거 2002년 2월 1일부터 담배에 대하여 궐련 20개비 당 150원의 국민건강증진부담금을 부과하여 보험재정으로 사용토록 하고 있다. 2004년 12월 30일 법개정으로 현재 354원임).

4 가계위험과 고용보험

4-1 고용보험의 개요

1) 고용보험의 의의

우리나라의 고용보험은 실직근로자에게 실업급여를 지급하는 선동적 의미의 실업보험사업 외에 사업구조조정의 촉진 및 실업예방, 고용촉진 등의 위한 고용안정사업, 근로자의 생애직업능력개발을 위한 직업능력개발사업을 상호 연계하여 실시하는 사회보장제도이다. 또한 고용보험은 적극적인 노동시장정책의 수단으로, 민간보험회사 등이 영리를 목적으로 보험가입자의 희망에 따라 임의로 가입하는 사적인 보험제도와는 달리 국가가 고용정책을 수행하기 위하여 보험의 원리와 방식을 도입하여 법률에 의하여 보험의 가입과 보험료의 납부가 강제되고, 실업이라는 보험사고에 대하여 근로자와 사업주를 지원하는 공적인 사회보험

제도이다. 1995년 7월 1일 고용보험 도입 당시에는 상시근로자 30인 이상 사업장(고용안정·직업능력개발사업은 70인 이상)부터 적용해 오다가 IMF이후 실업이 급증함에 따라 1998년 1월 1일 부터는 10인 이상의 사업장, 1998년 3월 1일 부터는 5인 이상의 사업장으로 의무가입 대상 사업장이 단계적으로 확대되었고, 1998년 10월 1일 부터는 상시근로자 4인 이하의 농업·임업·수렵업 등 일부 업종을 제외하고는 근로자를 1인 이상 고용하는 전사업장으로 확대되었고, 2002년 12월 30일 부터는 농업·임업·어업 및 수렵업종 근로자를 1인 이상 고용하는 법인까지 그 적용범위가 확대되었으며, 고용보험 및 산업재해보상보험의 보험료 징수에 관한법률이 제정되어 2005년 1월 1일부터 시행되었다.

[표 10-16] 사업별·규모별 고용보험 적용확대 과정

구분	'95.7.1 ~	'98.1.1	'98.3.1	'98.7.1	'98.10.1 이후
실업급여	30인 이상	10인 이상	5인 이상	5인 이상	1인 이상
고용안정사업	70인 이상	50인 이상	50인 이상	5인 이상	1인 이상
직업능력개발사업	70인 이상	50인 이상	50인 이상	5인 이상	1인 이상

※ 1998년 10월 1일 고용보험의 전사업장 확대와 동시에 임시·시간제·일용근로자의 적용범위도 확대됨
- 고용기간별 : 3개월 이상→1개월 이상 고용되는 자
- 근로시간별 : 주당 30.8시간이상→월간80시간(주당18시간)이상 고용되는 자

※ 2004년 1월 1일부터 일용근로자 및 시간제근로자(월간60시간·주당 15시간이상) 고용보험확대 적용

2) 고용보험료

우리나라 고용보험사업에 소요되는 비용은 노사가 각각 부담한다. 보험가입자인 사업주와 피보험자인 근로자로부터 징수하는 보험료는 고용안정·직업능력개발사업 보험료와 실업급여 보험료로 구분하여 산정된다. 우리나라의 보험요율은 보험수지의 추이와 경제상황 등을 고려하여 1,000분의 30범위 내에서 결정된다.

고용안정·직업능력개발사업 보험료(사업규모별로 0.25% ~ 0.85%)는 사업주가 전액을 부담한다. 그러나 실업급여 보험료(0.9%)는 노·사가 각각 보험료의 1/2씩 부담한다. 다만, 노동조합으로부터 급여의 명목으로 지급받는 노조전임비 등 사업주로부터 임금을 지급 받지 않는 경우에는 근로자가 그 전액을 부담하게 된다.

2011년 이후 우리나라 고용보험요율을 보면 실업급여의 경우 사업주가 0.55%, 근로자가 0.55% 부담한다. 고용안정·직업능력개발사업 보험료는 기업규모에 따라 차등이 있어서, 상시근로자 150인 미만 기업 0.25%, 150인 이상(우선지원대상기업) 0.45%, 150인 이상 ~ 1,000인미만 0.65%, 1,000인 이상 기업, 국가·지방자치단체(직업훈련의무업체)의 보험료는

0.85%이다.

사업주는 사업장의 근로자 개인별 월평균 보수 전체의 합계액에 보험료율을 곱하여 납부해야할 보험료를 산정한다.118) 여기서 근로자 개인별 월평균 보수는 사업주가 신고한 전년도 보수총액 자료 및 근로자 고용정보(피보험자 취득·상실 등) 신고를 기초로 산정한다. 근로자가 부담하는 보험료는 사업주가 보수지급 시 원천공제 한다. 확정보험료는 전년도에 피보험자인 근로자에게 지급한 보수총액에 해당 보험료율을 곱하여 산정한다.

4-2 고용보험제도의 사업체계

우리나라의 고용보험사업은 크게 세 가지로, 실직자의 생계지원 및 재취업을 촉진하는 실업급여 사업, 실업의 예방, 재취업촉진 및 노동시장 취약계층의 고용촉진을 위한 고용안정사업, 그리고 근로자의 생애 직업능력개발체세 지원하는 직업능력 개발사업으로 구성되어 있다.

1) 고용안정사업

고용보험의 고용안정사업은 산업구조의 변화와 기술진보과정에서 근로자의 고용안정을 보장하면서 기업의 고용조정을 합리적으로 지원하기 위한 제도이다. 즉, 고용안정사업은 실직자를 대상으로 급여를 지급하는 전통적인 실업보험제도와 달리 노동시장 여건 변화에 적극적으로 대응하기 위한 수단이다.

고용안정사업은 2010년 1월에 고용유지지원금, 신규고용촉진장려금 등 총 16개 사업으로 확대되었다. 그리고 2011년에는 고용안정사업을 전면 개편하여 [그림 10-7]과 같이 2010년에 16개에 이르는 의무지출지원금을 7개 지원금 및 3개 재량지출 사업으로 재편하였다.

2011년부터 시행되는 고용안정사업의 개편 내용을 자세히 살펴보면 먼저, 제도개선 이후에 현재 제도 그대로 유지되는 사업은 고용유지지원금, 신규고용촉진장려금, 지역고용촉진지원금으로 모두 세 가지이다. 그리고 기존 제도를 유지하되 6개 사업을 3개로 통·폐합한 사업은 다음과 같다. 고령자고용촉진장려금, 임금피크제 보전수당은 '고령자 고용연장지원금'으로, 육아휴직 등 장려금과 대체인력채용장려금, 임신출산후계속고용지원금은 '임신·출산여성고용안정지원금'으로, 그리고 직장보육시설 보육교사인건비 지원, 직장보육시설 설치비 지원사업은 '직장보육시설 지원'사업으로 통·폐합 되었다.

118) 고용안정·직업능력개발사업 보험료는 '당해 보험년도 보험가입자인 근로자의 임금총액×고용안정·직업능력개발사업 보험요율', 실업급여 보험료는 '당해 보험년도 보험가입자인 근로자의 임금총액×실업급여 보험요율'로 산정됨.

이 외에 중소기업근로시간단축지원금, 교대제전환지원금, 중소기업고용환경개선지원금, 중소기업 전문인력활용장려금은 '고용창출지원사업'으로 통·폐합됨과 동시에 재량사업으로 전환되었다. 건설근로자 고용보험관리지원금에는 일몰제가 도입되었고, 전직지원장려금, 건설근로자퇴직공제부금 지원제도는 기존 민간위탁사업에 포함되었다. 그리고 고령자고용촉진장려금 중 다수고용촉진장려금은 폐지되었다.

구분	2010년 제도		개편(2011년 이후)
고용 조정	고용유지지원금		현 제도 유지(제도개선)
	전직지원장려금		취업지원 민간위탁사업으로 통합
고용 창출	중소기업근로시간단축지원금 교대제전환지원금 중소기업고용환경개선지원금 중소기업전문인력활용장려금		고용창출지원사업으로 통합(재량지출사업)
고용 촉진	신규고용촉진장려금		(취업애로계층) 고용촉진지원금(제도개선)
	고령자 고용촉진장려금(다수고용, 정년연장, 정년퇴직자계속고용) 임금피크제보전수당	⇨	고령자고용연장지원금(제도 개선) * 다수고용장려금 폐지
	육아휴직등 장려금 및 대체 인력채용장려금 임신출산후 계속고용지원금		임신·출산여성고용안정지원금(제도개선)
고용 촉진 시설	직장보육시설 보육교사 등 인건비 지원 직장보육시설 설치비 지원		직장보육시설지원
지역 고용	지역고용촉진지원금 * 지역고용위기시 작동		현 제도 유지(제도개선)
건설 근로자	건설근로자퇴직공제부금의 지원		기존사업에 포함(건설근로자 고용구조개선사업)
	건설근로자고용보험관리지원금		현 제도 유지(일몰제 도입)

자료 : "주요국의 사회보장제도", 한국보건사회연구원, 2012

그림 10-7 고용안정사업 제도 신·구 비교

(1) 고용창출지원 사업

① 일자리 함께하기 지원

기업이 일자리순환제, 교대제, 실근로시간단축제 도입으로 새로 만든 일자리에 실업자를 고용하여 근로자수가 증가하는 경우(제도도입 다음달부터 6개월간 월평균근로자수가 제도 도입 월 직전 6개월간 월평균근로자수 초과)에 지원한다.

② 고용환경 개선 지원 사업

"제조업 또는 지식기반서비스업"을 영위하는 우선지원 대상기업의 사업주가 고용환경을 개선하고 실업자를 고용하여 근로자수가 증가하는 경우(환경개선 완료월과 다음 2개월간 월평균근로자수가 개선계획서 제출 월 직전 3개월간 월평균근로자수 초과)에 지급한다.

③ 시간제 일자리 창출 지원 사업

사업주가 사업수행에 필요한 직무 분할, 근무체계 개편, 새로운 시간제직무 개발 등으로 새로 만든 일자리에 실업자를 근로계약기간의 정함이 없는 시간제근로자로 고용하는 경우에 지원한다.

④ 유망창업기업 고용 지원사업

'신·재생에너지산업 또는 콘텐츠·소프트웨어산업'에 해당하는 상시10인 미만인 창업기업(창업 후 6개월 이상 2년 이내)의 사업주가 실업자를 고용하는 경우에 지원한다.

⑤ 전문인력 채용 지원사업

"제조업 또는 지식기반서비스업"에 해당하는 우선지원 대상기업의 사업주가 실업상태인 전문인력을 고용하거나 대기업으로부터 지원받아 사용하는 경우에 지원한다.

(2) 고용조정지원 사업

경기변동·산업구조변화에 따라 고용조정이 불가피한 사업주가 휴업(1개월간 소정근로일수의 20/100을 초과하여 휴업을 실시하고 휴업수당을 지급), 휴직(근로자에게 1개월 이상 유·무급휴직을 부여), 훈련(고용유지에 적합한 훈련을 실시), 인력재배치(업종전환 후 종전업종 종사근로자의 50% 이상을 새로운 업종으로 재배치)와 같은 고용유지조치를 하고 근로자의 고용을 유지하는 경우(계절적요인 등에 의한 것은 지원배제)에 지원한다.

(3) 고령자 등 고용촉진·인정지원 사업

① 고령자고용연장지원금

고령자고용연장지원금에는 기존의 정년을 폐지하거나, 만 56세 이상으로 1년이상 연장하는 사업장에 지원하는 정년연장 지원금과 정년을 57세 이상으로 정한 사업장에서 18개월 이상 근무한 정년퇴직자를 정년 후 퇴직시키지 아니하거나 3개월 이내에 재고용하는 사업주에게 지원하는 정년퇴직자재고용 지원금이 있다.

② 고용촉진지원금

고용노동부장관이 지정하는 취업지원프로그램(취업성공패키지 등)을 이수하고 직업안정기관 등에 구직등록한 자를 고용한 사업체에게 지원한다.

③ 임신·출산여성 고용안정지원금

근로자에게 30일 이상(산전후휴가기간 제외) 육아휴직(또는 육아기 근로시간단축)을 부여하고 휴직 종료 후 30일 이상 계속 고용하는 경우에 지원한다. 육아휴직(또는 육아기 근로시간단축) 전 30일이 되는 날부터 (산전후휴가에 이어 사용할 경우 산전후휴가 전 30일이 되는 날부터) 새로 대체인력을 고용하여 30일 이상 계속 고용하고, 육아휴직(또는 육아기 근로시간단축)을 사용한 근로자를 30일이상 계속 고용하는 경우에 지원한다.

(4) 기타 고용안정사업

① 임금피크제지원금

근로자 대표의 동의를 받아 정년을 56세 이상으로 연장한 사업장에서 18개월 이상 근무하고, 50세 이후 일정 시점부터 임금이 감액된 근로자(임금감액율 : 피크임금 대비 20%이상)에게 지원한다. (정년연장형)

정년이 57세 이상인 사업장에서 18개월 이상 근무하고, 정년퇴직한 후 계속 고용 되거나 3개월 이내에 재고용되면서 임금이 감액된 근로자에게 지원한다. (재고용형)

정년연장 되거나 재고용된 근로자의 소정근로시간이 피크임금 시점 대비 50% 미만으로 감소된 근로자에게 지원한다. (근로시간단축형)

② 고령자 등 고용환경개선 지원

고령자·여성 또는 장애인인 피보험자등의 고용안정 및 취업의 촉진을 위하여 관련 시설이나 장비를 설치하거나 개선하고자 하는 사업주에 대하여 그에 필요한 비용의 일부를 융자해준다.

③ 직장보육시설설치·운영비 지원

보육시설을 단독 또는 공동으로 설치·운영하는 사업주에게 지원한다.

④ 건설근로자고용보험관리지원금 지원

건설업을 행하는 사업주가 사업장별로 고용관리책임자를 선임하여 일용근로자 피보험자격의 신고(근로내용확인신고) 등 고용보험사무 처리를 해야 한다. 법정 기한 내 전자적 방법(EDI, 건설고용보험카드)으로 신고해야 한다.

2) 직업능력개발사업

고용보험에 의한 직업능력개발사업은 크게 사업주의 직업능력개발훈련지원과 근로자 지

원사업으로 나누어진다. 사업주의 직업능력개발훈련 지원은 사업주가 납부한 고용보험료를 재원으로 사업주가 소속 근로자, 채용예정자, 구직자의 직무능력향상을 위해 직업훈련을 실시하는 경우, 훈련실시에 따른 비용의 일부를 지원함으로써 직업능력개발훈련 실시를 촉진하는 사업이다. 근로자의 자율적 직업훈련 개발지원사업은 중소기업 근로자와 비정규직 근로자 등 취약근로자의 자율적 직업능력개발 촉진하는 사업이다.

3) 실업급여사업

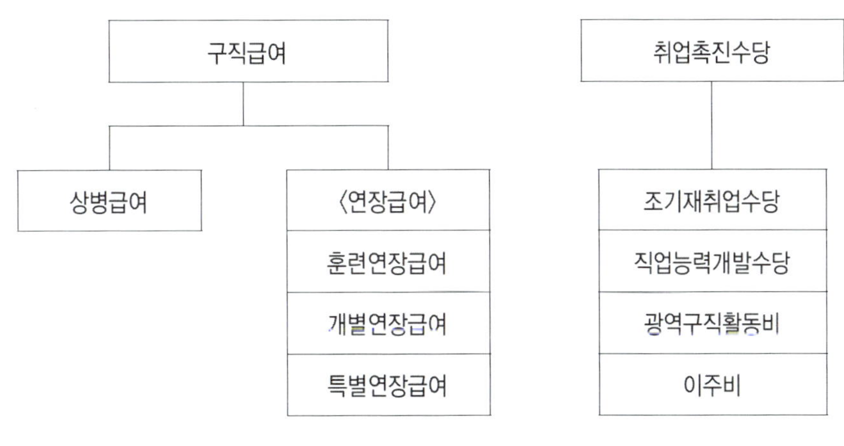

그림 10-8 실업급여의 분류

실업급여사업은 근로자가 실직한 경우, 일정기간 동안 급여를 지급하여 실직자 및 그 가족의 생활안정을 도모하고 자신의 능력과 적성에 맞는 새로운 직장에 재취업할 수 있도록 지원하는 제도이다.

실업급여는 1995년 제도가 도입된 이후 1997년 말 이후 외환 경제위기, 2008년 글로벌 금융위기, 그리고 실업시기에 실직자의 생계보장을 지원 하였다. 즉, 실업급여제도는 실직자를 위한 1차 사회안전망 기능을 하고 있다.

(1) 구직급여

구직급여는 실직자의 생활안정을 위하여 지급하는 급여이다. 이러한 실업급여는 부상·질병 등으로 취업이 불가능한 수급자격자를 위해서 구직급여 대신에 지급하는 상병급여제도와 실직급여를 연장하여 지급하는 연장급여제도가 있다.

구직급여는 고용보험 적용사업장에서 근무하는 피보험자가 경영상 해고, 계약기간 만료 등의 사유로 이직한 경우에 지급된다. 급여수준은 이직 전 18개월 동안 180일 이상의 피보험단위기간을 충족하면 이직 전 평균임금의 50%(1일 최고액 4만 원)를 피보험자의 피보험기간 및 연령에 따라 90 ~ 240일까지 차등 지급된다.

구직급여를 지급받기 위해서는 1 ~ 4주에 1회씩 직업안정기관에 출석하여 실업 인정을 받아야 하며, 실업 인정을 받은 일수분에 대해서만 구직급여를 지급한다. 자영업자의 경우 구직급여의 소정급여일수가 다소 차이가 있어서 피보험기간이 1년 이상 3년 미만이면 90일, 3년 이상 5년 미만이면 120일, 5년 이상 10년 미만이면 150일, 10년 이상이면 180일이다.

[표 10-17] 가입기간별·연령별 지급일수

피보험기간 / 연 령	1년 미만	1 ~ 3년	3 ~ 5년	5 ~ 10년	10년이상
30세 미만	90일	90일	120일	150일	180일
30세 ~ 50세	90일	120일	150일	180일	210일
50세 이상 및 장애인	90일	150일	180일	210일	240일

① 상병급여

상병급여는 수급자격자가 수급기간 중 질병·부상 또는 출산으로 7일 이상 취업이 불가능한 경우에는 구직급여 대신에 지급된다. 상병급여는 '실업의 신고를 한 이후'에 질병·부상 또는 출산으로 취업이 불가능하여 '실업 인정을 받지 못한 날'에 대해서 지급한다. 출산의 경우에는 출산일로부터 45일간 지급한다.

상병급여는 실업급여 신청 후 7일 이상의 질병·부상으로 실업인정을 받지 못한 경우 혹은 수급자격자가 출산으로 인해 취업이 불가능한 경우에 구직급여액과 같은 금액을 지급한다.

② 연장급여

연장급여 유형에는 개별연장급여, 특별연장급여, 훈련연장급여가 있다.

이 중에서 개별연장급여는 구직급여 소정급여일수가 종료되어감에도 불구하고, 취업하지 못한 수급자격자에게 지급한다. 이와 같은 수급자격자 중에서 취업이 특히 곤란하고 생계가 어려우면서 일정요건에 해당되는 자에게 60일간 개별연장급여를 지급한다. 급여수준은 구직급여일액의 70%이다.

특별연장급여는 실업의 급증 등으로 재취업이 특히 어렵다고 판단되는 경우에 발동하여 60일의 범위에서 구직급여를 연장하여 지급한다. 수급액은 구직급여일액의 70%이다.

마지막으로 훈련연장급여의 지급대상은 다음의 조건을 충족하여야 한다. 직업능력개발 훈련 등을 받으면 재취업이 용이하다고 판단되는 수급자격자, 국가기술자격법에 의한 기술자

격증이 없거나 그 기술에 대한 수요가 없는 경우, 최근 1년간 직업능력개발훈련을 받지 않은 자, 실업의 신고일로부터 직업안정기관장의 직업소개에 3회 이상 응하였으나 취업이 되지 않은 자를 말한다. 이와 같은 수급자격자에게는 훈련 등을 지시하고 훈련 기간 동안 훈련연장급여를 지급한다. 수급액은 구직급여일액의 100%이고 최대 2년까지 지급 가능하다.

(2) 취업촉진수당

취업촉진수당은 구직급여 수급자의 적극적인 구직활동을 통한 조기 재취업을 장려하기 위한 인센티브로 도입된 제도이다. 앞에서 언급했듯이 취업촉진수당에는 조기재취업 수당, 직업능력개발수당[119], 광역구직 활동비 및 이주비가 있다.

① 조기재취업 수당

조기재취업 수당은 구직급여 소정급여일수를 남기고 안정된 직장에 재취직하거나 스스로 영리를 목적으로 사업을 영위하는 경우에 남은 소정급여 일수의 일정액을 지급함으로서 조기 재취업을 촉진하기 위해 도입되었다. 지급대상은 재취직한 사업주에게 6개월 이상 지속적으로 고용된 경우, 고용계약기간이 6개월 미만이더라도 6개월을 넘겨 계속 근무한 경우이다.

② 광역구직 활동비

광역구직 활동비 청구는 수급자격자가 직업안정기관의 소개에 의하여 광범위한 지역에 걸쳐 구직활동을 하는 경우에 활동비를 청구할 수 있는 서비스를 말한다. 수급자격자의 광역구직활동비 청구 요건은 직업안정기관장의 소개에 의한 구직활동과 구직활동에 소요되는 비용이 방문 사업장의 사업주로부터 지급되지 아니하거나 지급되더라도 그 지급액이 광역구직활동비의 금액에 미달할 것, 수급자격자의 거주지로부터 구직활동을 위하여 방문하는 사업장까지의 거리가 편도 50km이상일 것이다.

③ 이주비

이주비는 수급자격자가 취업하거나 직업안정기관장이 소개한 직업능력개발훈련 등을 받게 된 경우로서 '거주지 관할 직업안정기관의 장'이 주거의 변경이 필요하다고 인정할 것, 수급자격자를 고용하는 사업장의 사업주로부터 이주에 소요되는 비용이 지급되지 않거나 그 지급액이 이주비에 미달할 것을 지급요건으로 하고 있다.

(3) 육아휴직급여 등 모성보호급여

산전후(유산·사산)휴가급여는 휴가가 끝난 날 이전 피보험단위기간이 통산하여 180일 이

119) 수급자격자가 직업안정기관의 장의 지시에 의한 직업능력개발훈련 등을 받는 경우 훈련기간 중의 교통비, 식대를 제공받는 비용이다.

상이고, 「근로기준법」 제74조에 따른 산전후(유산·사산)휴가 등을 부여받은 경우에 지급한다. 지급수준은 우선지원 대상기업은 90일분, 그 외의 기업은 30일분(최고 : 135만원 ~ 405만 원, 최저 : 최저임금)이다. 산전후휴가급여는 휴가를 시작한 날(대규모 기업은 휴가 시작 후 60일이 지난 날) 이후 1개월부터 종료 후 12개월 이내에 사업장 소재지 관할 또는 거주지 관할 고용센터에 신청(30일 단위로 신청 가능)해야 한다.

5 가계위험과 산재보험

5-1 산재보험의 개요

1) 산재보험제도의 개념

산재보험은 공업화가 진전되면서 급격히 증가하는 산업재해 근로자를 보호하기 위하여 1964년에 도입된 우리나라 최초의 사회보험제도이다. 초기의 산업재해는 건설현장과 위험한 기계 기구를 설치, 사용하는 사업장에서 주로 발생하였으나 산업사회의 현대화, 고도화, 정보화 등으로 재해 발생원인도 신종직업병과 과로, 스트레스 등에 기인한 재해가 급격히 증가하고 있다. 산업재해로부터 근로자를 보호하기 위해서는 산업재해 자체를 예방하는 것이 가장 바람직한 것이나 이미 발생한 산업재해로 인하여 부상 또는 사망한 경우는 그 산재근로자나 가족을 보호 내지 보상해 주기 위해서는 산재보험이 중요한 의미를 지닌다 할 것이다. 산재보험은 산재근로자와 그 가족의 생활을 보장하기 위하여 국가가 책임을 지는 〈의무보험〉으로 원래 사용자의 근로기준법상 재해보상책임을 보장하기 위하여 국가가 사업주로부터 소정의 보험료를 징수하여 그 기금(재원)으로 사업주를 대신하여 산재근로자에게 보상을 해주는 제도이다.

산재보험제도가 처음 시행된 1964년에는 상시근로자 500인 이상을 고용하는 대규모의 광업 및 제조업 부문에만 적용하고 근로기준법에 규정한 재해보상을 행하였으나 그 후 산재보험 적용범위가 점차 확대되어 2000년 7월 1일부터는 근로자 1인 이상을 고용하는 사업장의 근로자에게까지 적용이 확대되었고 『고용보험 및 산업재해보상보험의 보험료 징수에 관한 법률』이 제정되어 2005년 1월 1일부터 시행되었다.

[표 10-18] 산재보험 연도별 적용규모 확대 과정

(단위 : 명)

연	'64	'65	'66	'67	'68	'72	'73	'76 ~ '81	'82 ~ '91	'92	'96	'98	'2007. 1
적용규모	500	200	150	100	50	30	16	5 ~ 16	5 ~ 10	5	5	5	1

※ 1. '76 ~ '91년은 업종별로 연차적으로 확대
2. '92년 제외업종 : 금융 및 보험업, 기타의 각종 사업 중 교육서비스업, 보건 및 사회복지사업, 연구 및 개발업
3. '96년 제외업종 : 금융 및 보험업

산재보험의 적용확대는 상시근로자 1인 이상의 모든 사업장을 적용대상으로 하였던 2000년의 경우 이전과는 달리 급진적인 증가현상을 보이고 있으며, 적용근로자수에서도 950만명 정도에 해당하였다.

산재보험의 적용사업장수는 아래 표를 보았을 때 보험적용의 확대이후 뚜렷한 증가현상을 나타내며, 적용사업장수의 확대는 지속적으로 나타났다. 특히 2010년을 기점으로 산재보험의 적용대상은 적용사업장수 약 161만개, 적용근로자수 약1,420만명에 이르렀다. 산재보험의 도입시기와 비교하면, 적용사업장수 약 25,130배, 적용근로자수 177배 이상의 사업규모를 보이고 있다.

[표 10-19] 산재보험 연도별 현황

(단위 : 개, 명, 백만원)

연 도	적용 사업장수	근로자수	보험료 징수 결정액	보험급여 지급액
1964	64	81,798	–	25
1970	5,583	779,053	4,730	1,844
1975	21,369	1,836,209	16,231	10,380
1980	63,100	3,752,975	91,676	62,505
1985	66,803	4,495,185	228,440	185,999
1990	120,687	7,542,752	698,758	539,351
1995	186,021	7,893,727	1,702,531	1,133,577
2000	706,231	9,485,557	2,504,685	1,456,266
2005	1,175,606	11,059,193	3,894,265	3,025,771
2010	1,608,361	14,198,748	4,824,798	3,523,734

자료 : 고용노동부, "산재보험 사업연보", 2010.

2) 산재보험의 특징

첫째, 근로자의 업무상 재해[120]에 대하여 사용자에게는 고의·과실의 유무를 불문하는 무과실책임주의이다. 둘째, 보험 사업에 소요되는 재원인 보험료는 원칙적으로 사업주가 전액 부담한다. 셋째, 산재보험급여는 재해발생에 따른 손해전체를 보상하는 것이 아니라 평균임금을 기초로 하는 정률보상방식으로 행한다. 넷째, 자진신고 및 자진납부를 원칙으로 하고 있다. 다섯째, 재해보상과 관련되는 이의신청을 신속히 하기 위하여 심사 및 재심사청구제도를 운영한다. 여섯째, 타 사회보험과는 달리 산재보험은 사업장 중심의 관리가 이루어진다.

3) 산재보험제도 도입에 따른 기대효과

산재보험제도 도입에 따른 기대효과는 다음과 같이 정리할 수 있다.

첫 번째, 산재보험제도는 사각지대에 놓인 재해근로자에 대하여 적절한 보상을 제도적으로 보장할 수 있으며, 이는 결과적으로 노동력의 안정적인 재생산을 보장한다. 제도 도입 초기에는 일부 대기업 근로자만 적용대상이 된다고 할지라도, 곧 적용대상 확대를 통하여 전체 근로자가 보상을 받을 수 있도록 한다. 적절한 의료적 처치를 통하여 노동력의 손실을 최대한 방지하고, 금전적인 보상을 통하여 재해근로자와 그 가족이 소득중단으로 인한 어려움을 덜 겪게 해준다는 것이다.

두 번째, 산재보험제도는 근로자와 사업주간의 마찰을 최소화할 것이며, 이는 노사관계의 안정에긍정적인 역할을 할 수 있다. 재해근로자에 대한 보상은 근로기준법 상의 사용자보상책임에 근거해서 이루어졌지만, 실제로 보상을 받는 과정은 결코 쉽지 않았다. 근로자와 사용주가 양 당사자가 되기 때문에 보상과정에서 이들은 서로 대립하는 경우가 많았다.

또한 대기업의 경우 단체협약에 의해서 보상수준이 결정되기 때문에, 산재보상은 노사가 대립하는 주요 의제의 하나가 되었다. 산재보험제도가 도입되면서 재해근로자는 정부로부터 보상을 받기 때문에, 사업주와 근로자간의 대립을 최소화 할 수 있다.

---

120) 업무상 재해의 인정은 업무상 사유에 따른 재해근로자의 정신 및 신체상의 손해로서 재해발생의 원인이 되는 업무와의 관련성을 중요한 판단근거로 적용하여 입증하고 있다. 업무관련성 이론은 고도의 자본주의가 정착되고 교통수단의 발전과 새로운 생산수단의 도입에 따른 산업재해의 발생으로부터 재해근로자와 그 가족의 생활보호를 실천할 수 있는 이점을 나타낼 수 있다.
업무상 사고의 유형은 업무수행 중의 사고, 시설물 등의 결함에 의한 사고, 출퇴근 중의 사고, 행사 중의 사고, 휴게시간 중의 사고, 특수한 장소에서의 사고, 요양 중의 사고, 제3자 행위에 의한 사고로 분류하고 있다. 업무상 질병은 물리적 인자, 화학물질, 분진, 병원체, 신체에 부담을 주는 업무 등 근로자의 건강장해를 일으키는 요인을 취급하거나 그에 노출되어 발생한 질병, 업무상 부상이 원인이 되어 발생한 질병, 그 밖에 업무와 관련하여 발생한 질병으로 분류하고 있다.

셋째, 산재보험제도의 도입은 대규모 산업재해 발생으로 인한 사업주의 도산을 방지할 수 있다.

마지막으로 산재보험제도는 여러 사업주가 위험을 풀링하는 보험방식이므로, 대규모 재해가 발생할 경우 사업주는 심각한 부담을 피할 수 있다. 산재보험제도가 도입되기 이전 재해근로자에 대한 보상은 전적으로 사업주 책임이었기 때문에, 일단 산업재해가 발생하게 되면 사업주 또한 상당한 손실을 입었다.

경제적 여유가 없는 사업주의 경우 산업재해는 곧 기업의 도산과 연결되었으며, 비록 경제적 능력이 있는 사업주라 할지라도 대규모 산업재해가 발생하면 사업을 접어야 하는 경우가 많았다. 산업재해보상보험은 사업주 간 산업재해의 발생으로 인한 금전적 손실의 위험을 공유하기 때문에, 산재가 발생한다고 할지라도 이 때문에 기업이 도산하는 것을 막아준다.

4) 산재보험제도의 체계

산재보험 사업은 1995년 정부주도형에서 근로복지공단의 위탁형 사업관리 방식으로 전환되었나. 이후 고용노동부는 보험사업의 정책결정 업무를 주관하고 있으며, 근로복지공단은 집행업무를 전담하는 이원화된 관리체계를 구성하고 있다. 산재보험의 사업관리는 고용노동부에 의한 정책 및 심의기능, 근로복지공단에 의한 집행기능으로 운영되고 있다.

첫째, 산재보험의 정책관리는 고용노동부의 산업안전국 산재보험과에서 전담하였다. 산재보험과의 주요 업무는 산재보험의 정책 및 중장기 계획 수립, 산재보험 제도의 연구 및 개선, 산재보험 급여기준 연구 및 개선, 산재보험 적용 및 보험료 징수에 관한 정책 및 중장기 계획의 수립, 산재보험의 적용·징수에 관한 관리 및 지도·감독, 산재보험기금의 조성·운용 및 중장기 계획수립, 근로복지공단 및 산재보험시설의 지도·감독 기능으로 나타나고 있다.

둘째, 산업재해보상보험심의위원회는 2009년부터 산업재해의 예방과 보상체계를 종합적으로 심의할 수 있도록 개편하였다. 산재보험법상의 산업재해보상보험심의위원회를 「산업재해보상보험및예방심의위원회」로 개편하여 산업재해의 예방과 보상체계 심의를 일원화하였다.

셋째, 근로복지공단은 고용노동부가 직접 운영하였던 산재보험 사업의 집행업무를 담당하게 되었다. 근로복지공단은 고용노동부 장관의 위탁을 받아 재해근로자의 업무상 재해에 대한 보상업무와 보험시설의 설치 운영, 근로자 복지사업을 전문적·효과적으로 운영하고 있다.

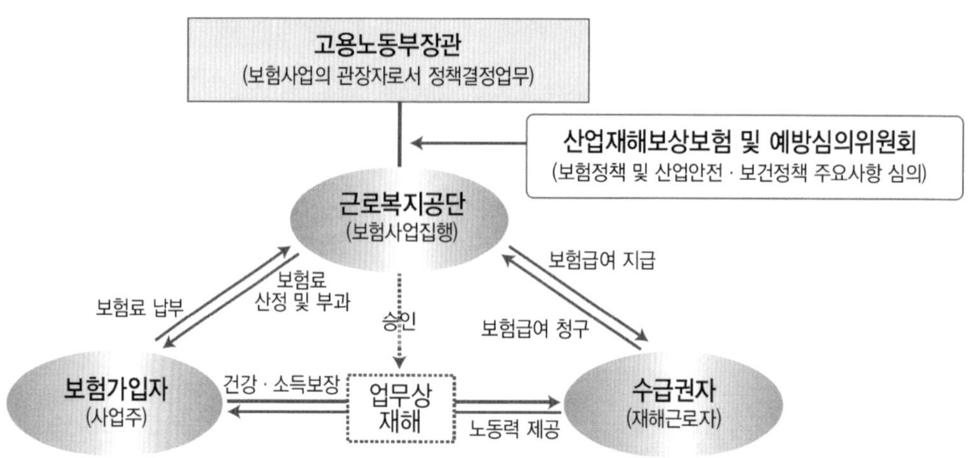

자료 : 고용노동부, 근로복지공단, "산재보험의 구축과 운영", 2012

그림 10-9 산재보험의 운영체계

5) 재원조달

보험료는 보험사업의 소요비용을 충당하기 위하여 사업주의 전액부담을 원칙으로 하고 있다. 사업장의 보험료 산정은 근로자에게 1년간 지급할 것으로 예상되는 임금총액에 산재보험요율을 곱한 금액으로 산정하고 있다.

[표 10-20] 연도별 산재보험 요율현황

(단위: 개, %)

구분 \ 연도별		1969	1979	1991	1993	1995	1997	2000	2003	2005	2007	2009	2010
사업종류		65	59	66	74	67	67	64	59	61	61	61	61
보험요율	최저	3	2	3	5	4	5	3.5	4	4	6	7	6
	평균	22.5	10.8	16.4	22.1	15.0	16.8	17.6	13.6	16.2	19.5	18.0	18.0
	최고	90	81	227	335	351	299	304	343	489	522	360	360
개별요율적용 사업장 수		225	3,629	11,131	10,834	11,276	17,612	15,238	18,017	30,925	33,443	37,015	37,716

자료 : 고용노동부, 근로복지공단, "산재보험의 구축과 운영", 2012.

업종별 보험료율의 산정은 매년 6월 30일을 기준으로 과거 3년간의 재해율[121])로 산정한다. 건설업 및 벌목업을 제외한 상시 근로자 30인 이상의 사업은 사업장의 개별 실적요

121) 재해율은 연간 재해근로자수/근로자수로 나눈 비율을 의미한다.

율[122)]을 적용하여 산정한 보험료를 부과하고 있다.

근로복지공단의 보험료 산정은 매년 2월말까지 사업주가 신고한 개인별 보수총액을 근무월수로 나누어 개인별 월평균보수를 산정하고 개인별 월평균보수액의 합계액에 보험료율을 곱하여 월별 보험료를 산정하여 부과하고 있다. 현재에는 월별납부제도가 운영되고 있다.

5-2 산재보험의 급여구조

산업재해보상보험의 적용을 받는 사업 또는 사업장 소속 근로자가 업무상 사유로 인하여 부상, 질병, 장해 또는 사망한 경우에 이를 회복시키거나 소득을 보장하고 그 가족의 생활보호를 위하여 지급되는 급여를 말한다.

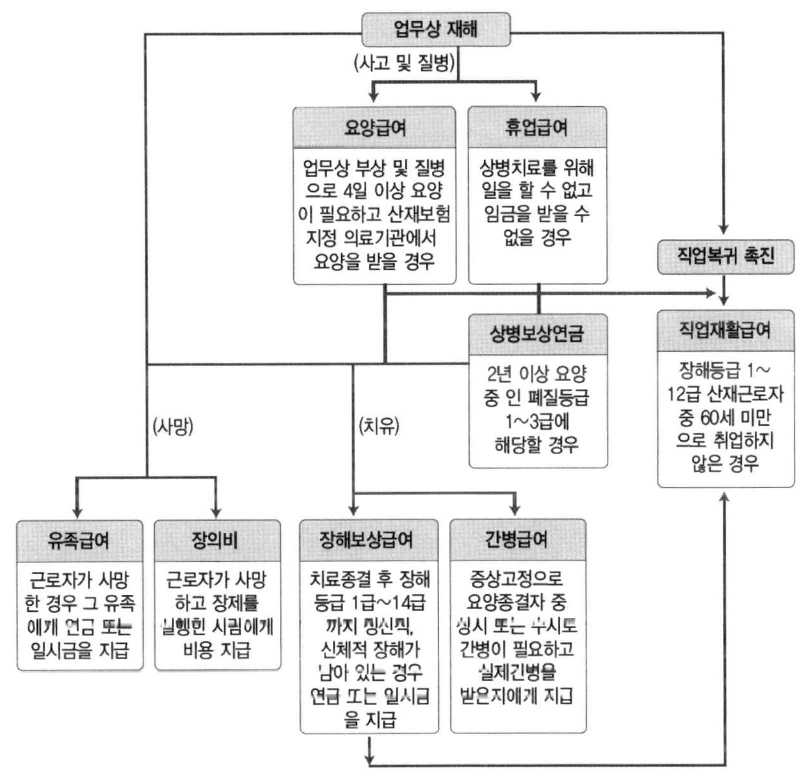

자료 : 고용노동부, 근로복지공단, "산재보험의 구축과 운영", 2012

그림 10-10 산재보험의 급여구조

---

122) 개별실적요율은 동종 사업의 보험료율 적용에서 재해예방 노력을 기울인 사업주 간 형평을 높이기 위해 해당 사업에 적용되는 산재보험료율을 인상·인하시켜주는 제도이다.

[표 10-21] 산재보험 급여의 구분

구 분	보험급여의 종류	비 고
손해배상적 성격	요양급여, 휴업급여, 장해급여, 상병보상연금, 간병급여, 유족급여, 장의비, 특별급여	연금성격을 갖고 있는 유족보상연금과 상병보상연금은 생활보장적 성격도 동시에 내재
생활보장적 성 격	최저보상제도, 저소득 근로자의 휴업급여, 직업재활급여, 직업훈련비용, 직업훈련수당, 산재예방지원	직업재활급여는 요양종결 후의 재취업과 관련된 지원제도

1) 요양급여

근로자가 업무상 부상 또는 질병에 걸렸을 경우 치유될 때까지 공단이 설치한 보험시설 또는 지정 의료기관에서 요양을 직접 행하게 하는 현물급여[123]이다.

지급요건은 첫째, 산업재해보상보험이 적용되는 사업장의 근로자일 것, 둘째, 업무상 사유에 의한 부상 또는 질병에 걸렸을 것, 셋째, 당해 부상 또는 질병이 4일 이상의 요양기간이여야 한다.

요양급여의 범위는 (a) 진찰 및 검사, (b) 약제 또는 진료재료와 의지(義肢-의수 또는 의족) 그 밖의 보조기의 지급, (c) 처치, 수술, 그 밖의 치료, (d) 재활치료, (e) 입원, (f) 간호 및 간병, (g) 이송, (h) 그 밖에 고용노동부령으로 정하는 사항으로 치료에 필요한 제반 비용을 말한다.

2) 휴업급여

휴업급여는 업무상 재해를 당하거나 업무상 질병에 걸린 근로자가 요양으로 인하여 취업하지 못한 기간에 대하여 피재근로자와 그 가족의 생활보호를 위하여 지급하는 보험급여이다. 1일당 지급액은 평균임금의 100분의 70에 상당하는 금액으로 한다.[124] 지급요건은 업무상 재해로 인한 요양으로 4일 이상 취업하지 못하고, 임금을 받지 못하여야 한다.

3) 장해급여

업무상 재해를 당한 근로자가 요양 후 치유되었으나 정신적 또는 신체적 결손이 남게 되는 경우 그 장해로 인한 노동력 손실 전보를 위하여 지급되는 보험급여이다. 지급요건은 업

123) 다만, 부득이한 경우에는 요양을 갈음하여 요양비를 지급할 수 있다(「산업재해보상보험법」 제40조 제2항).

124) 「산업재해보상보험법」 제52조

무상 재해로 인한 부상 또는 질병의 치유 후 신체에 장해가 잔존하여야 할 것 이다. 장해가 당해 업무상 부상 또는 질병과 상당한 인과관계가 있어야 한다.[125)]

[표 10-22] 산재보험의 장해급여

구 분	지급사유	급여내용
일시금	• 업무상재해가 치유된 후 장해등급 제4 ~ 14급장해 잔존시	• 장해정도에 따라 평균임금의 1,012일분부터 55일분 상당액
연금	• 업무상 재해가 치유된 후 장해등급 제1 ~ 7급장해 잔존시 - 제1 ~ 3급 : 연금 - 제4 ~ 7급 : 연금 또는 일시금 중 선택가능	• 장해정도에 따라 평균임금의 329일분부터 138일분 상당액

장해급여는 수급권자의 선택에 따라 장해보상연금 또는 장해보상일시금으로 지급된다.[126)] 다만, 장해등급 제1급부터 제3급까지의 근로자에게는 장해보상연금을 지급하고, 장해급여 청구사유 발생 당시 대한민국 국민이 아닌 자로서 외국에서 거주하고 있는 근로자에게는 장해보상일시금을 지급한다.[127)]

4) 간병급여

요양을 종결한 산재근로자가 치유 후 의학적으로 상시 또는 수시로 간병이 필요하여 실제로 간병을 받는 자에게 보험급여로서 간병급여를 지급하여 주는 제도이다

125) 장해특별급여 : 보험가입자의 고의 또는 과실로 발생한 업무상 재해로 근로자가 장해등급 제1급부터 제3급까지 또는 진폐장해등급 제1급부터 제3급까지에 해당하는 장해를 입은 경우 수급권자가 「민법」에 따른 손해배상청구를 대신하여 장해특별급여를 청구하면 장해급여 또는 진폐보상연금 외에 장해특별급여를 지급할 수 있다(「산업재해보상보험법」 제78조제1항 본문 및 「산업재해보상보험법 시행령」 제73조제1항). 단, 근로자와 보험가입자 사이에 장해특별급여에 관하여 합의가 이루어진 경우에 한정한다(「산업재해보상보험법」 제78조제1항 단서). 수급권자가 장해특별급여를 받으면 동일한 사유에 대하여 보험가입자에게 「민법」이나 그 밖의 법령에 따른 손해배상을 청구할 수 없다(「산업재해보상보험법」 제78조제2항, 제79조제2항). 근로복지공단이 장해특별급여를 지급하면 그 급여액 모두를 보험가입자로부터 징수합니다(「산업재해보상보험법」 제78조제3항, 제79조제2항).

126) 「산업재해보상보험법」 제57조 제3항

127) 「산업재해보상보험법」 제57조 제3항 및 제5항

5) 유족급여

근로자가 업무상 사유로 사망시 또는 사망으로 추정되는 경우 그에 의하여 부양되고 있던 유족들의 생활보장을 위하여 지급되는 보험급여이다.128) 연금지급이 원칙이고(평균 임금의 52%~67% 상당 금액을 매월 지급), 연금수급자가 원하는 경우에는 유족일시금(평균일금의 1300일분 상당)의 50%를 일시금으로 지급하고 유족보상연금은 50%를 감액하여 지급한다. 유족보상연금 수급자격자는 근로자 사망 당시 그에 의하여 부양되고 있던 자 중 처(사실혼 포함) 및 근로자 사망 당시 다음 ①~⑤호에 해당하는 자에게 지급된다.

① 남편(사실혼포함), 부모, 조부모에 있어서는 60세 이상

② 자녀, 손에 있어서는 18세 미만

③ 형제자매에 있어서는 18세 미만이거나 60세 이상

④ ①~③에 해당하지 아니하는 남편, 자녀, 부모, 손, 조부모, 또는 형제자매로서 장애인 복지법 제2조의 규정에 의한 장애인 중 노동부령이 정하는 장애등급 이상에 해당한 자

⑤ 근로자 사망 당시 태아인 자는 출생 시부터 자격을 취득

※ 수급권의 순위는 배우자(사실혼 포함), 자녀, 부모, 손, 조부모 및 형제자매의 순임.

6) 상병보상연금

요양개시 후 2년이 경과되어도 치유되지 아니하고 요양이 장기화됨에 따라 해당 피재근로자와 그 가족의 생활안정을 도모하기 위하여 휴업급여 대신에 보상수준을 향상시켜 지급하게 되는 보험급여이다.

급여대상은 그 부상이나 질병이 치유되지 않은 상태, 요양으로 인하여 취업하지 못하였을 것, 부상 또는 질병의 정도가 폐질등급 제1~3급에 해당하여야 한다.

---

128) 유족특별급여 : 보험가입자의 고의 또는 과실로 발생한 업무상 재해로 근로자가 사망한 경우에 수급권자가 「민법」에 따른 손해배상청구를 대신하여 유족특별급여를 청구하면 유족급여 또는 진폐유족연금 외에 유족특별급여를 지급할 수 있다(「산업재해보상보험법」 제79조제1항 및 「산업재해보상보험법 시행령」 제73조제1항). 다만, 근로자와 보험가입자 사이에 유족특별급여에 관하여 합의가 이루어진 경우에 한정한다(「산업재해보상보험법」 제78조제1항 단서, 제79조제2항). 수급권자가 유족특별급여를 받으면 동일한 사유에 대하여 보험가입자에게 「민법」이나 그 밖의 법령에 따른 손해배상을 청구할 수 없다(「산업재해보상보험법」 제78조제2항, 제79조제2항). 근로복지공단이 유족특별급여를 지급하면 그 급여액 모두를 보험가입자로부터 징수합니다(「산업재해보상보험법」 제78조제3항, 제79조제2항).

7) 장의비

근로자가 업무상 사유로 사망한 경우 그 장제에 소요되는 비용으로 실비의 성질을 가진다. 급여내용은 평균임금의 120일분 상당으로 하고, 장의비가 노동부장관이 고시하는 최고금액을 초과하거나 최저금액에 미달하는 경우에는 그 최고금액 또는 최저금액을 각각의 장의비로 한다.[129]

8) 직업재활급여[130]

(1) 장해급여 또는 진폐보상연금을 받은 자나 장해급여를 받을 것이 명백한 자로서「산업재해보상보험법 시행령」제68조 제1항에서 정하는 자 중 취업을 위하여 직업훈련이 필요한 자에 대하여 실시하는 직업훈련에 드는 비용 및 직업훈련수당

(2) 업무상 재해가 발생할 당시의 사업에 복귀한 장해급여자에 대하여 사업주가 고용을 유지하거나 직장적응훈련 또는 재활운동을 실시하는 경우에 각각 지급하는 직장복귀지원금, 직장적응훈련비 및 재활운동비

129)「산업재해보상보험법」제66조제1항
130)「산업재해보상보험법」제72조제1항

단원요약

- 우리나라의 사회보장에 관한 기본정신은 헌법에 명문으로 규정하고 있다. 헌법 전문의 '국민생활의 균등한 향상', 헌법 10조의 '인간으로서의 존엄과 가치의 향유 및 행복추구권', 헌법 34조의 '모든 국민의 인간다운 생활권', '국가의 사회보장·사회복지 증진의무', '생활무능력자에 대한 국가의 보호', '국가의 노인·아동·장애자·여성·모성 등 보지증진의무', '국가의 재해예방 및 이재민 보호의무'를 비롯하여 헌법상의 각종 생존권적 기본권에 관한 조항에서 이를 규정하고 있다.
- 이와 같은 헌법의 기본정신에 따라 각종 사회보장에 관한 법률들의 기본법이라 할 수 있는 '사회보장기본법'에서는 사회보장을 사회보험, 공공부조(공적부조), 사회복지서비스와 관련 복지제도로 구분하고 있다.
- 사회보장제도가 필요한 이유는 두 가지로 설명할 수 있다. 첫째는 국민 개개인의 입장에서 볼 때 인간의 기본적 욕구를 충족시켜 주기 위한(meeting humans needs) 제도이다. 즉, 인간이 어려움을 당했을 때에 삶을 유지시켜 줄 수 있는 가장 기본적인 제도이다. 둘째는 사회 전체의 입장에서 볼 때 사회적인 통합(social integration)과 사회적인 안정을 위하여 기본적으로 필요한 제도이다. 즉 이 제도를 통하여 상부상조함으로써 모든 국민을 하나로 묶어주고 나아가 안정된 사회를 이룰 수 있는 것이다.
- 노령인구의 증가 노인부양의식의 약화 각종 사회적 위험의 증대에 따른 생계안정대책으로 동법의 제정 필요성이 강조되었는데 국민연금법의 제정, 시행은 고령화 사회에 대비한 노인문제 해결에 있어서 획기적인 전기가 되어 가족을 통한 노인부양에서 연금제도를 통한 노인부양으로 부양방식이 이행(즉, 사적 부양방식이 공적 부양방식으로 이행) 하는 것이 가능케 하였다.
- 국민건강보험은 질병, 부상이라는 불확실한 위험의 발생과 분만, 사망 등으로 인해 개별 가계가 일시적으로 과다한 의료비를 지출함에 따라 겪게 되는 경제적 어려움을 덜어주고 국민건강을 향상시키기 위한 사회보장제도로서 보험원리를 이용하여 보험가입자 전원에게 소득과 재산에 따라 매겨지는 보험료를 각출하여 보험 급여를 하여주는 의료보장제도이다.
- 국민건강보험은 국가가 개입하여 국민건강과 생활의 안정을 도모하고, 전 국민을 대상으로 각각의 국민이 경제적 능력에 따라 보험료를 부담하고 개별 부담에 관계없이 필요에 따라 균등한 급여를 받게 함으로써 소득 재분배를 이룩하며, 국민의 의료비용을 사회 연대성 원리에 따라 공동체적으로 해결하는 것이다.
- 산업재해로 인한 노동자와 건강파괴와 노동력 상실은 개인과 그 가족의 생존권 문제와 직결될 뿐만 아니라, 거시적인 측면에서 볼 때 경제적 손실, 노사간의 갈등, 안정적인 노동력 재생산정책에 대한 위협을 초래하므로 근로자나 가족을 보호 내지 보상해 주기 위해서는 산재보험이 중요한 의미를 지닌다.
- 사전적·적극적 사회보장제도라 할 수 있는 고용보험은 저생산·저부가가치산업에서 고생산·고부가가치산업으로의 인력이동을 지원함으로써 산업구조·인력구조의 고도화에 기여하며 기업의 고용조정지원으로써 기업의 경영합리화에 기여할 수 있다. 또한 실업급여를 제공함으로써 실직자와 그 가족들의 생활안정을 도모하고 구인·구직비용과 마찰적 실업을 최소화하고 인력수급조절기능을 강화해 나가 노동시장의 유연성을 향상시킬 수 있다.

참고문헌

1. 고용노동부, 「고용보험법」.
2. 고용노동부, 「산업재해보상보험법」.
3. 김동훈, 『보험론』, 학현사, 2006.
4. 김두철 외,『보험과 위험관리』, 문영사, 1997.
5. 김성민 외, 『생활재무관리』, 경문사, 1998.
6. 보건복지부, 「국민기초생활 보장법」.
7. 보건복지부, 「국민연금법」.
8. 보건복지부, 「국민건강보험법」.
9. 보험경영연구회, 『보험경영연구회』, 문영사, 2006.
10. 이병희외 4인, "사회보험 사각지대 해소 방안 (사회보험료 지원정책을 중심으로)", 한국노동연구원, 2012.
11. 정홍주, 『한국의 위험과 보험이야기』, 문영사, 2005.

부 록

제4편 보 험

제1장 통 칙

제638조 (의의) 보험계약은 당사자 일방이 약정한 보험료를 지급하고 상대방이 재산 또는 생명이나 신체에 관하여 불확정한 사고가 생길 경우에 일정한 보험금액 기타의 급여를 지급할 것을 약정함으로써 효력이 생긴다.

제638조의2 (보험계약의 성립) ① 보험자가 보험계약자로부터 보험계약의 청약과 함께 보험료 상당액의 전부 또는 일부의 지급을 받은 때에는 다른 약정이 없으면 30일내에 그 상대방에 대하여 낙부의 통지를 발송하여야 한다. 그러나 인보험계약의 피보험자가 신체검사를 받아야 하는 경우에는 그 기간은 신체검사를 받은 날부터 기산한다.

② 보험자가 제1항의 규정에 의한 기간내에 낙부의 통지를 해태한 때에는 승낙한 것으로 본다.

③ 보험자가 보험계약자로부터 보험계약의 청약과 함께 보험료 상당액의 전부 또는 일부를 받은 경우에 그 청약을 승낙하기 전에 보험계약에서 정한 보험사고가 생긴 때에는 그 청약을 거절할 사유가 없는 한 보험자는 보험계약상의 책임을 진다. 그러나 인보험계약의 피보험자가 신체검사를 받아야 하는 경우에 그 검사를 받지 아니한 때에는 그러하지 아니하다. [본조신설 1991.12.31]

제638조의3 (보험약관의 교부·명시 의무) ① 보험자는 보험계약을 체결할 때에 보험계약자에게 보험약관을 교부하고 그 약관의 중요한 내용을 알려주어야 한다.

② 보험자가 제1항의 규정에 위반한 때에는 보험계약자는 보험계약이 성립한 날부터 1월내에 그 계약을 취소할 수 있다. [본조신설 1991.12.31]

제639조 (타인을 위한 보험) ① 보험계약자는 위임을 받거나 위임을 받지 아니하고 특정 또는 불특정의 타인을 위하여 보험계약을 체결할 수 있다. 그러나 손해보험계약의 경우에 그 타인의 위임이 없는 때에는 보험계약자는 이를 보험자에게 고지하여야 하고, 그 고지가 없는 때에는 타인이 그 보험계약이 체결된 사실을 알지 못하였다는 사유로 보험자에게 대항하지 못한다. 〈개정 1991.12.31〉

② 제1항의 경우에는 그 타인은 당연히 그 계약의 이익을 받는다. 그러나 손해보험계약의 경우에 보험계약자가 그 타인에게 보험사고의 발생으로 생긴 손해의 배상을 한 때에는 보험계약자는 그 타인의 권리를 해하지 아니하는 범위안에서 보험자에게 보험금액의 지급을 청구할 수 있다. 〈신설 1991.12.31〉

③ 제1항의 경우에는 보험계약자는 보험자에 대하여 보험료를 지급할 의무가 있다. 그러나 보험계약자가 파산선고를 받거나 보험료의 지급을 지체한 때에는 그 타인이 그 권리를 포기하지 아니하는 한 그 타인도 보험료를 지급할 의무가 있다. 〈개정 1991.12.31〉

제640조 (보험증권의 교부) ① 보험자는 보험계약이 성립한 때에는 지체없이 보험증권을 작성하여 보험계약자에게

교부하여야 한다. 그러나 보험계약자가 보험료의 전부 또는 최초의 보험료를 지급하지 아니한 때에는 그러하지 아니하다. 〈개정 1991.12.31〉

② 기존의 보험계약을 연장하거나 변경한 경우에는 보험자는 그 보험증권에 그 사실을 기재함으로써 보험증권의 교부에 갈음할 수 있다. 〈신설 1991.12.31〉

제641조 (증권에 관한 이의약관의 효력) 보험계약의 당사자는 보험증권의 교부가 있은 날로부터 일정한 기간내에 한하여 그 증권내용의 정부에 관한 이의를 할 수 있음을 약정할 수 있다. 이 기간은 1월을 내리지 못한다.

제642조 (증권의 재교부청구) 보험증권을 멸실 또는 현저하게 훼손한 때에는 보험계약자는 보험자에 대하여 증권의 재교부를 청구할 수 있다. 그 증권작성의 비용은 보험계약자의 부담으로 한다.

제643조 (소급보험) 보험계약은 그 계약전의 어느 시기를 보험기간의 시기로 할 수 있다.

제644조 (보험사고의 객관적 확정의 효과) 보험계약당시에 보험사고가 이미 발생하였거나 또는 발생할 수 없는 것인 때에는 그 계약은 무효로 한다. 그러나 당사자 쌍방과 피보험자가 이를 알지 못한 때에는 그러하지 아니하다.

제645조 삭제〈1991.12.31〉

제646조 (대리인이 안 것의 효과) 대리인에 의하여 보험계약을 체결한 경우에 대리인이 안 사유는 그 본인이 안 것과 동일한 것으로 한다.

제647조 (특별위험의 소멸로 인한 보험료의 감액청구) 보험계약의 당사자가 특별한 위험을 예기하여 보험료의 액을 정한 경우에 보험기간중 그 예기한 위험이 소멸한 때에는 보험계약자는 그 후의 보험료의 감액을 청구할 수 있다.

제648조 (보험계약의 무효로 인한 보험료반환청구) 보험계약의 전부 또는 일부가 무효인 경우에 보험계약자와 피보험자가 선의이며 중대한 과실이 없는 때에는 보험자에 대하여 보험료의 전부 또는 일부의 반환을 청구할 수 있다. 보험계약자와 보험수익자가 선의이며 중대한 과실이 없는 때에도 같다.

제649조 (사고발생전의 임의해지) ① 보험사고가 발생하기 전에는 보험계약자는 언제든지 계약의 전부 또는 일부를 해지할 수 있다. 그러나 제639조의 보험계약의 경우에는 보험계약자는 그 타인의 동의를 얻지 아니하거나 보험증권을 소지하지 아니하면 그 계약을 해지하지 못한다. 〈개정 1991.12.31〉

② 보험사고의 발생으로 보험자가 보험금액을 지급한 때에도 보험금액이 감액되지 아니하는 보험의 경우에는 보험계약자는 그 사고발생후에도 보험계약을 해지할 수 있다.
〈신설 1991.12.31〉

③ 제1항의 경우에는 보험계약자는 당사자간에 다른 약정이 없으면 미경과보험료의 반환을 청구할 수 있다.
〈개정 1991.12.31〉

제650조 (보험료의 지급과 지체의 효과) ① 보험계약자는 계약체결후 지체없이 보험료의 전부 또는 제1회 보험료를 지급하여야 하며, 보험계약자가 이를 지급하지 아니하는 경우에는 다른 약정이 없는 한 계약성립후 2월이 경과하면 그 계약은 해제된 것으로 본다.

② 계속보험료가 약정한 시기에 지급되지 아니한 때에는 보험자는 상당한 기간을 정하여 보험계약자에게 최고하고 그 기간내에 지급되지 아니한 때에는 그 계약을 해지할 수 있다.

③ 특정한 타인을 위한 보험의 경우에 보험계약자가 보험료의 지급을 지체한 때에는 보험자는 그 타인에게도 상당한 기간을 정하여 보험료의 지급을 최고한 후가 아니면 그 계약을 해제 또는 해지하지 못한다. [전문개정 1991.12.31]

제650조의2 (보험계약의 부활) 제650조 제2항에 따라 보험계약이 해지되고 해지환급금이 지급되지 아니한 경우에 보험계약자는 일정한 기간내에 연체보험료에 약정이자를 붙여 보험자에게 지급하고 그 계약의 부활을 청구할 수 있다. 제638조의2의 규정은 이 경우에 준용한다. [본조신설 1991.12.31]

제651조 (고지의무위반으로 인한 계약해지) 보험계약당시에 보험계약자 또는 피보험자가 고의 또는 중대한 과실로 인하여 중요한 사항을 고지하지 아니하거나 부실의 고지를 한 때에는 보험자는 그 사실을 안 날로부터 1월내

에, 계약을 체결한 날로부터 3년내에 한하여 계약을 해지할 수 있다. 그러나 보험자가 계약당시에 그 사실을 알았거나 중대한 과실로 인하여 알지 못한 때에는 그러하지 아니하다. 〈개정 1991.12.31〉

제651조의2 (서면에 의한 질문의 효력) 보험자가 서면으로 질문한 사항은 중요한 사항으로 추정한다. [본조신설 1991.12.31]

제652조 (위험변경증가의 통지와 계약해지) ① 보험기간 중에 보험계약자 또는 피보험자가 사고발생의 위험이 현저하게 변경 또는 증가된 사실을 안 때에는 지체없이 보험자에게 통지하여야 한다. 이를 해태한 때에는 보험자는 그 사실을 안 날로부터 1월내에 한하여 계약을 해지할 수 있다.
② 보험자가 제1항의 위험변경증가의 통지를 받은 때에는 1월내에 보험료의 증액을 청구하거나 계약을 해지할 수 있다. 〈신설 1991.12.31〉

제653조 (보험계약자 등의 고의나 중과실로 인한 위험증가와 계약해지) 보험기간중에 보험계약자, 피보험자 또는 보험수익자의 고의 또는 중대한 과실로 인하여 사고발생의 위험이 현저하게 변경 또는 증가된 때에는 보험자는 그 사실을 안 날부터 1월내에 보험료의 증액을 청구하거나 계약을 해지할 수 있다. 〈개정 1991.12.31〉

제654조 (보험자의 파산선고와 계약해지) ① 보험자가 파산의 선고를 받은 때에는 보험계약자는 계약을 해지할 수 있다.
② 제1항의 규정에 의하여 해지하지 아니한 보험계약은 파산선고 후 3월을 경과한 때에는 그 효력을 잃는다. 〈개정 1991.12.31〉

제655조 (계약해지와 보험금액청구권) 보험사고가 발생한 후에도 보험자가 제650조, 제651조, 제652조와 제653조의 규정에 의하여 계약을 해지한 때에는 보험금액을 지급할 책임이 없고 이미 지급한 보험금액의 반환을 청구할 수 있다. 그러나 고지의무에 위반한 사실 또는 위험의 현저한 변경이나 증가된 사실이 보험사고의 발생에 영향을 미치지 아니하였음이 증명된 때에는 그러하지 아니하다. 〈개정 1962.12.12, 1991.12.31〉

제656조 (보험료의 지급과 보험자의 책임개시) 보험자의 책임은 당사자간에 다른 약정이 없으면 최초의 보험료의 지급을 받은 때로부터 개시한다.

제657조 (보험사고발생의 통지의무) ① 보험계약자 또는 피보험자나 보험수익자는 보험사고의 발생을 안 때에는 지체없이 보험자에게 그 통지를 발송하여야 한다.
② 보험계약자 또는 피보험자나 보험수익자가 제1항의 통지의무를 해태함으로 인하여 손해가 증가된 때에는 보험자는 그 증가된 손해를 보상할 책임이 없다. 〈신설 1991.12.31〉

제658조 (보험금액의 지급) 보험자는 보험금액의 지급에 관하여 약정기간이 있는 경우에는 그 기간내에 약정기간이 없는 경우에는 제657조 제1항의 통지를 받은 후 지체없이 지급할 보험금액을 정하고 그 정하여진 날부터 10일내에 피보험자 또는 보험수익자에게 보험금액을 지급하여야 한다. [전문개정 1991.12.31]

제659조 (보험자의 면책사유) ① 보험사고가 보험계약자 또는 피보험자나 보험수익자의 고의 또는 중대한 과실로 인하여 생긴 때에는 보험자는 보험금액을 지급할 책임이 없다.
② 삭제〈1991.12.31〉

제660조 (전쟁위험 등으로 인한 면책) 보험사고가 전쟁 기타의 변란으로 인하여 생긴 때에는 당사자간에 다른 약정이 없으면 보험자는 보험금액을 지급할 책임이 없다.

제661조 (재보험) 보험자는 보험사고로 인하여 부담할 책임에 대하여 다른 보험자와 재보험계약을 체결할 수 있다. 이 재보험계약은 원보험계약의 효력에 영향을 미치지 아니한다.

제662조 (소멸시효) 보험금액의 청구권과 보험료 또는 적립금의 반환청구권은 2년간, 보험료의 청구권은 1년간 행사하지 아니하면 소멸시효가 완성한다.

제663조 (보험계약자 등의 불이익변경금지) 이 편의 규정은 당사자간의 특약으로 보험계약자 또는 피보험자나 보험수익자의 불이익으로 변경하지 못한다. 그러나 재보험 및 해상보험 기타 이와 유사한 보험의 경우에는 그러하지 아니하다. 〈개정 1991.12.31〉

第664조 (상호보험에의 준용) 이 편의 규정은 그 성질이 상반되지 아니하는 한도에서 상호보험에 준용한다. 〈개정 1991.12.31〉

제2장 손해보험

제1절 통칙

第665조 (손해보험자의 책임) 손해보험계약의 보험자는 보험사고로 인하여 생길 피보험자의 재산상의 손해를 보상할 책임이 있다.

第666조 (손해보험증권) 손해보험증권에는 다음의 사항을 기재하고 보험자가 기명날인 또는 서명하여야 한다. 〈개정 1991.12.31〉

1. 보험의 목적
2. 보험사고의 성질
3. 보험금액
4. 보험료와 그 지급방법
5. 보험기간을 정한 때에는 그 시기와 종기
6. 무효와 실권의 사유
7. 보험계약자의 주소와 성명 또는 상호
8. 보험계약의 연월일
9. 보험증권의 작성지와 그 작성년월일

第667조 (상실이익 등의 불산입) 보험사고로 인하여 상실된 피보험자가 얻을 이익이나 보수는 당사자간에 다른 약정이 없으면 보험자가 보상할 손해액에 산입하지 아니한다.

第668조 (보험계약의 목적) 보험계약은 금전으로 산정할 수 있는 이익에 한하여 보험계약의 목적으로 할 수 있다.

第669조 (초과보험) ① 보험금액이 보험계약의 목적의 가액을 현저하게 초과한 때에는 보험자 또는 보험계약자는 보험료와 보험금액의 감액을 청구할 수 있다. 그러나 보험료의 감액은 장래에 대하여서만 그 효력이 있다.
② 제1항의 가액은 계약당시의 가액에 의하여 정한다. 〈개정 1991.12.31〉
③ 보험가액이 보험기간 중에 현저하게 감소된 때에도 제1항과 같다.
④ 제1항의 경우에 계약이 보험계약자의 사기로 인하여 체결된 때에는 그 계약은 무효로 한다. 그러나 보험자는 그 사실을 안 때까지의 보험료를 청구할 수 있다.

第670조 (기평가보험) 당사자간에 보험가액을 정한 때에는 그 가액은 사고발생시의 가액으로 정한 것으로 추정한다. 그러나 그 가액이 사고발생시의 가액을 현저하게 초과할 때에는 사고발생시의 가액을 보험가액으로 한다.

第671조 (미평가보험) 당사자간에 보험가액을 정하지 아니한 때에는 사고발생시의 가액을 보험가액으로 한다.

第672조 (중복보험) ① 동일한 보험계약의 목적과 동일한 사고에 관하여 수개의 보험계약이 동시에 또는 순차로 체결된 경우에 그 보험금액의 총액이 보험가액을 초과한 때에는 보험자는 각자의 보험금액의 한도에서 연대책임을 진다. 이 경우에는 각 보험자의 보상책임은 각자의 보험금액의 비율에 따른다. 〈개정 1991.12.31〉
② 동일한 보험계약의 목적과 동일한 사고에 관하여 수개의 보험계약을 체결하는 경우에는 보험계약자는 각 보험자에 대하여 각 보험계약의 내용을 통지하여야 한다. 〈개정 1991.12.31〉
③ 제669조 제4항의 규정은 제1항의 보험계약에 준용한다.

第673조 (중복보험과 보험자 1인에 대한 권리포기) 제672조의 규정에 의한 수개의 보험계약을 체결한 경우에 보험자 1인에 대한 권리의 포기는 다른 보험자의 권리의무에 영향을 미치지 아니한다. 〈개정 1991.12.31〉

第674조 (일부보험) 보험가액의 일부를 보험에 붙인 경우에는 보험자는 보험금액의 보험가액에 대한 비율에 따라 보상할 책임을 진다. 그러나 당사자간에 다른 약정이 있는 때에는 보험자는 보험금액의 한도내에서 그 손해를

보상할 책임을 진다. 〈개정 1991.12.31〉

제675조 (사고발생 후의 목적멸실과 보상책임) 보험의 목적에 관하여 보험자가 부담할 손해가 생긴 경우에는 그 후 그 목적이 보험자가 부담하지 아니하는 보험사고의 발생으로 인하여 멸실된 때에도 보험자는 이미 생긴 손해를 보상할 책임을 면하지 못한다. 〈개정 1962.12.12〉

제676조 (손해액의 산정기준) ① 보험자가 보상할 손해액은 그 손해가 발생한 때와 곳의 가액에 의하여 산정한다. 그러나 당사자간에 다른 약정이 있는 때에는 그 신품가액에 의하여 손해액을 산정할 수 있다. 〈개정 1991.12.31〉

② 제1항의 손해액의 산정에 관한 비용은 보험자의 부담으로 한다. 〈개정 1991.12.31〉

제677조 (보험료체납과 보상액의 공제) 보험자가 손해를 보상할 경우에 보험료의 지급을 받지 아니한 잔액이 있으면 그 지급기일이 도래하지 아니한 때라도 보상할 금액에서 이를 공제할 수 있다.

제678조 (보험자의 면책사유) 보험의 목적의 성질, 하자 또는 자연소모로 인한 손해는 보험자가 이를 보상할 책임이 없다.

제679조 (보험목적의 양도) ① 피보험자가 보험의 목적을 양도한 때에는 양수인은 보험계약상의 권리와 의무를 승계한 것으로 추정한다. 〈개정 1991.12.31〉

② 제1항의 경우에 보험의 목적의 양도인 또는 양수인은 보험자에 대하여 지체없이 그 사실을 통지하여야 한다. 〈신설 1991.12.31〉

제680조 (손해방지의무) ① 보험계약자와 피보험자는 손해의 방지와 경감을 위하여 노력하여야 한다. 그러나 이를 위하여 필요 또는 유익하였던 비용과 보상액이 보험금액을 초과한 경우라도 보험자가 이를 부담한다. 〈개정 1991.12.31〉

② 삭제 〈1991.12.31〉

제681조 (보험목적에 관한 보험대위) 보험의 목적의 전부가 멸실한 경우에 보험금액의 전부를 지급한 보험자는 그 목적에 대한 피보험자의 권리를 취득한다. 그러나 보험가액의 일부를 보험에 붙인 경우에는 보험자가 취득할 권리는 보험금액의 보험가액에 대한 비율에 따라 이를 정한다.

제682조 (제삼자에 대한 보험대위) 손해가 제삼자의 행위로 인하여 생긴 경우에 보험금액을 지급한 보험자는 그 지급한 금액의 한도에서 그 제삼자에 대한 보험계약자 또는 피보험자의 권리를 취득한다. 그러나 보험자가 보상할 보험금액의 일부를 지급한 때에는 피보험자의 권리를 해하지 아니하는 범위내에서 그 권리를 행사할 수 있다.

제2절 화재보험

제683조 (화재보험자의 책임) 화재보험계약의 보험자는 화재로 인하여 생긴 손해를 보상할 책임이 있다.

제684조 (소방 등의 조치로 인한 손해의 보상) 보험자는 화재의 소방 또는 손해의 감소에 필요한 조치로 인하여 생긴 손해를 보상할 책임이 있다.

제685조 (화재보험증권) 화재보험증권에는 제666조에 게기한 사항외에 다음의 사항을 기재하여야 한다.

1. 건물을 보험의 목적으로 한 때에는 그 소재지, 구조와 용도
2. 동산을 보험의 목적으로 한 때에는 그 존치한 장소의 상태와 용도
3. 보험가액을 정한 때에는 그 가액

제686조 (집합보험의 목적) 집합된 물건을 일괄하여 보험의 목적으로 한 때에는 피보험자의 가족과 사용인의 물건도 보험의 목적에 포함된 것으로 한다. 이 경우에는 그 보험은 그 가족 또는 사용인을 위하여서도 체결한 것으로 본다.

제687조 (동전) 집합된 물건을 일괄하여 보험의 목적으로 한 때에는 그 목적에 속한 물건이 보험기간중에 수시로

교체된 경우에도 보험사고의 발생 시에 현존한 물건은 보험의 목적에 포함된 것으로 한다.

제3절 운송보험

제688조 (운송보험자의 책임) 운송보험계약의 보험자는 다른 약정이 없으면 운송인이 운송물을 수령한 때로부터 수하인에게 인도할 때까지 생길 손해를 보상할 책임이 있다.

제689조 (운송보험의 보험가액) ① 운송물의 보험에 있어서는 발송한 때와 곳의 가액과 도착지까지의 운임 기타의 비용을 보험가액으로 한다.
② 운송물의 도착으로 인하여 얻을 이익은 약정이 있는 때에 한하여 보험가액 중에 산입한다.

제690조 (운송보험증권) 운송보험증권에는 제666조에 게기한 사항 외에 다음의 사항을 기재하여야 한다.
1. 운송의 노순과 방법
2. 운송인의 주소와 성명 또는 상호
3. 운송물의 수령과 인도의 장소
4. 운송기간을 정한 때에는 그 기간
5. 보험가액을 정한 때에는 그 가액

제691조 (운송의 중지나 변경과 계약효력) 보험계약은 다른 약정이 없으면 운송의 필요에 의하여 일시운송을 중지하거나 운송의 노순 또는 방법을 변경한 경우에도 그 효력을 잃지 아니한다.

제692조 (운송보조자의 고의, 중과실과 보험자의 면책) 보험사고가 송하인 또는 수하인의 고의 또는 중대한 과실로 인하여 발생한 때에는 보험자는 이로 인하여 생긴 손해를 보상할 책임이 없다.

제4절 해상보험

제693조 (해상보험자의 책임) 해상보험계약의 보험자는 해상사업에 관한 사고로 인하여 생길 손해를 보상할 책임이 있다. 〈개정 1991.12.31〉

제694조 (공동해손분담액의 보상) 보험자는 피보험자가 지급할 공동해손의 분담액을 보상할 책임이 있다. 그러나 보험의 목적의 공동해손분담가액이 보험가액을 초과할 때에는 그 초과액에 대한 분담액은 보상하지 아니한다. 〈개정 1991.12.31〉

제694조의2 (구조료의 보상) 보험자는 피보험자가 보험사고로 인하여 발생하는 손해를 방지하기 위하여 지급할 구조료를 보상할 책임이 있다. 그러나 보험의 목적물의 구조료분담가액이 보험가액을 초과할 때에는 그 초과액에 대한 분담액은 보상하지 아니한다. [본조신설 1991.12.31]

제694조의3 (특별비용의 보상) 보험자는 보험의 목적의 안전이나 보존을 위하여 지급할 특별비용을 보험금액의 한도내에서 보상할 책임이 있다. [본조신설 1991.12.31]

제695조 (해상보험증권) 해상보험증권에는 제666조에 게기한 사항외에 다음의 사항을 기재하여야 한다. 〈개정 1991.12.31〉
1. 선박을 보험에 붙인 경우에는 그 선박의 명칭, 국적과 종류 및 항해의 범위
2. 적하를 보험에 붙인 경우에는 선박의 명칭, 국적과 종류, 선적항, 양륙항 및 출하지와 도착지를 정한 때에는 그 지명
3. 보험가액을 정한 때에는 그 가액

제696조 (선박보험의 보험가액과 보험목적) ① 선박의 보험에 있어서는 보험자의 책임이 개시될 때의 선박가액을 보험가액으로 한다.
② 제1항의 경우에는 선박의 속구, 연료, 양식 기타 항해에 필요한 모든 물건은 보험의 목적에 포함된 것으로 한다. 〈개정 1991.12.31〉

제697조 (적하보험의 보험가액) 적하의 보험에 있어서는 선적한 때와 곳의 적하의 가액과 선적 및 보험에 관한 비용을 보험가액으로 한다. 〈개정 1962.12.12〉

제698조 (희망이익보험의 보험가액) 적하의 도착으로 인하여 얻을 이익 또는 보수의 보험에 있어서는 계약으로 보험가액을 정하지 아니한 때에는 보험금액을 보험가액으로 한 것으로 추정한다.

제699조 (해상보험의 보험기간의 개시) ① 항해단위로 선박을 보험에 붙인 경우에는 보험기간은 하물 또는 저하의 선적에 착수한 때에 개시한다.
② 적하를 보험에 붙인 경우에는 보험기간은 하물의 선적에 착수한 때에 개시한다. 그러나 출하지를 정한 경우에는 그 곳에서 운송에 착수한 때에 개시한다.
③ 하물 또는 저하의 선적에 착수한 후에 제1항 또는 제2항의 규정에 의한 보험계약이 체결된 경우에는 보험기간은 계약이 성립한 때에 개시한다. [전문개정 1991.12.31]

제700조 (해상보험의 보험기간의 종료) 보험기간은 제699조 제1항의 경우에는 도착항에서 하물 또는 저하를 양륙한 때에, 동조 제2항의 경우에는 양륙항 또는 도착지에서 하물을 인도한 때에 종료한다. 그러나 불가항력으로 인하지 아니하고 양륙이 지연된 때에는 그 양륙이 보통종료될 때에 종료된 것으로 한다. 〈개정 1991.12.31〉

제701조 (항해변경의 효과) ① 선박이 보험계약에서 정하여진 발항항이 아닌 다른 항에서 출항한 때에는 보험자는 책임을 지지 아니한다.
② 선박이 보험계약에서 정하여진 도착항이 아닌 다른 항을 향하여 출항한 때에도 제1항의 경우와 같다.
③ 보험자의 책임이 개시된 후에 보험계약에서 정하여진 도착항이 변경된 경우에는 보험자는 그 항해의 변경이 결정된 때부터 책임을 지지 아니한다. [전문개정 1991.12.31]

제701조의2 (이로) 선박이 정당한 사유없이 보험계약에서 정하여진 항로를 이탈한 경우에는 보험자는 그때부터 책임을 지지 아니한다. 선박이 손해발생전에 원항로로 돌아온 경우에도 같다. [본조신설 1991.12.31]

제702조 (발항 또는 항해의 지연의 효과) 피보험자가 정당한 사유없이 발항 또는 항해를 지연한 때에는 보험자는 발항 또는 항해를 지체한 이후의 사고에 대하여 책임을 지지 아니한다. [전문개정 1991.12.31]

제703조 (선박변경의 효과) 적하를 보험에 붙인 경우에 보험계약자 또는 피보험자의 책임있는 사유로 인하여 선박을 변경한 때에는 그 변경후의 사고에 대하여 책임을 지지 아니한다. 〈개정 1991.12.31〉

제703조의2 (선박의 양도 등의 효과) 선박을 보험에 붙인 경우에 다음의 사유가 있을 때에는 보험계약은 종료한다. 그러나 보험자의 동의가 있는 때에는 그러하지 아니하다.
1. 선박을 양도할 때
2. 선박의 선급을 변경한 때
3. 선박을 새로운 관리로 옮긴 때 [본조신설 1991.12.31]

제704조 (선박미확정의 적하예정보험) ① 보험계약의 체결당시에 하물을 적재할 선박을 지정하지 아니한 경우에 보험계약자 또는 피보험자가 그 하물이 선적되었음을 안 때에는 지체없이 보험자에 대하여 그 선박의 명칭, 국적과 하물의 종류, 수량과 가액의 통지를 발송하여야 한다. 〈개정 1991.12.31〉
② 제1항의 통지를 해태한 때에는 보험자는 그 사실을 안 날부터 1월내에 계약을 해지할 수 있다. 〈개정 1991.12.31〉

제705조 삭제〈1991.12.31〉

제706조 (해상보험자의 면책사유) 보험자는 다음의 손해와 비용을 보상할 책임이 없다. 〈개정 1991.12.31〉
1. 선박 또는 운임을 보험에 붙인 경우에는 발항당시 안전하게 항해를 하기에 필요한 준비를 하지 아니하거나 필요한 서류를 비치하지 아니함으로 인하여 생긴 손해
2. 적하를 보험에 붙인 경우에는 용선자, 송하인 또는 수하인의 고의 또는 중대한 과실로 인하여 생긴 손해
3. 도선료, 입항료, 등대료, 검역료, 기타 선박 또는 적하에 관한 항해 중의 통상비용

제707조 삭제〈1991.12.31〉

제707조의2 (선박의 일부손해의 보상) ① 선박의 일부가 훼손되어 그 훼손된 부분의 전부를 수선한 경우에는 보험자는 수선에 따른 비용을 1회의 사고에 대하여 보험금액을 한도로 보상할 책임이 있다.
② 선박의 일부가 훼손되어 그 훼손된 부분의 일부를 수선한 경우에는 보험자는 수선에 따른 비용과 수선을 하지 아니함으로써 생긴 감가액을 보상할 책임이 있다.
③ 선박의 일부가 훼손되었으나 이를 수선하지 아니한 경우에는 보험자는 그로 인한 감가액을 보상할 책임이 있다. [본조신설 1991.12.31]

제708조 (적하의 일부손해의 보상) 보험의 목적인 적하가 훼손되어 양륙항에 도착한 때에는 보험자는 그 훼손된 상태의 가액과 훼손되지 아니한 상태의 가액과의 비율에 따라 보험가액의 일부에 대한 손해를 보상할 책임이 있다.

제709조 (적하매각으로 인한 손해의 보상) ① 항해도중에 불가항력으로 보험의 목적인 적하를 매각한 때에는 보험자는 그 대금에서 운임 기타 필요한 비용을 공제한 금액과 보험가액과의 차액을 보상하여야 한다.
② 제1항의 경우에 매수인이 대금을 지급하지 아니한 때에는 보험자는 그 금액을 지급하여야 한다. 보험자가 그 금액을 지급한 때에는 피보험자의 매수인에 대한 권리를 취득한다. 〈개정 1991.12.31〉

제710조 (보험위부의 원인) 다음의 경우에는 피보험자는 보험의 목적을 보험자에게 위부하고 보험금액의 전부를 청구할 수 있다. 〈개정 1991.12.31〉

1. 피보험자가 보험사고로 인하여 자기의 선박 또는 적하의 점유를 상실하여 이를 회복할 가능성이 없거나 회복하기 위한 비용이 회복하였을 때의 가액을 초과하리라고 예상될 경우
2. 선박이 보험사고로 인하여 심하게 훼손되어 이를 수선하기 위한 비용이 수선하였을 때의 가액을 초과하리라고 예상될 경우
3. 적하가 보험사고로 인하여 심하게 훼손되어서 이를 수선하기 위한 비용과 그 적하를 목적지까지 운송하기 위한 비용과의 합계액이 도착하는 때의 적하의 가액을 초과하리라고 예상될 경우

제711조 (선박의 행방불명) ① 선박의 존부가 2월간 분명하지 아니한 때에는 그 선박의 행방이 불명한 것으로 한다. 〈개정 1991.12.31〉
② 제1항의 경우에는 전손으로 추정한다. 〈개정 1991.12.31〉

제712조 (대선에 의한 운송의 계속과 위부권의 소멸) 제710조 제2호의 경우에 선장이 지체없이 다른 선박으로 적하의 운송을 계속한 때에는 피보험자는 그 적하를 위부할 수 없다. 〈개정 1991.12.31〉

제713조 (위부의 통지) ① 피보험자가 위부를 하고자 할 때에는 상당한 기간내에 보험자에 대하여 그 통지를 발송하여야 한다. 〈개정 1991.12.31〉
② 삭제〈1991.12.31〉

제714조 (위부권행사의 요건) ① 위부는 무조건이어야 한다.
② 위부는 보험의 목적의 전부에 대하여 이를 하여야 한다. 그러나 위부의 원인이 그 일부에 대하여 생긴 때에는 그 부분에 대하여서만 이를 할 수 있다.
③ 보험가액의 일부를 보험에 붙인 경우에는 위부는 보험금액의 보험가액에 대한 비율에 따라서만 이를 할 수 있다.

제715조 (다른 보험계약등에 관한 통지) ① 피보험자가 위부를 함에 있어서는 보험자에 대하여 보험의 목적에 관한 다른 보험계약과 그 부담에 속한 채무의 유무와 그 종류 및 내용을 통지하여야 한다.
② 보험자는 제1항의 통지를 받을 때까지 보험금액의 지급을 거부할 수 있다. 〈개정 1991. 12.31〉
③ 보험금액의 지급에 관한 기간의 약정이 있는 때에는 그 기간은 제1항의 통지를 받은 날로부터 기산한다.

제716조 (위부의 승인) 보험자가 위부를 승인한 후에는 그 위부에 대하여 이의를 하지 못한다.

제717조 (위부의 불승인) 보험자가 위부를 승인하지 아니한 때에는 피보험자는 위부의 원인을 증명하지 아니하면 보험금액의 지급을 청구하지 못한다.

제718조 (위부의 효과) ① 보험자는 위부로 인하여 그 보험의 목적에 관한 피보험자의 모든 권리를 취득한다.

② 피보험자가 위부를 한 때에는 보험의 목적에 관한 모든 서류를 보험자에게 교부하여야 한다.

제5절 책임보험

제719조 (책임보험자의 책임) 책임보험계약의 보험자는 피보험자가 보험기간 중의 사고로 인하여 제3자에게 배상할 책임을 진 경우에 이를 보상할 책임이 있다.

제720조 (피보험자가 지출한 방어비용의 부담) ① 피보험자가 제3자의 청구를 방어하기 위하여 지출한 재판상 또는 재판외의 필요비용은 보험의 목적에 포함된 것으로 한다. 피보험자는 보험자에 대하여 그 비용의 선급을 청구할 수 있다.

② 피보험자가 담보의 제공 또는 공탁으로써 재판의 집행을 면할 수 있는 경우에는 보험자에 대하여 보험금액의 한도내에서 그 담보의 제공 또는 공탁을 청구할 수 있다.

③ 제1항 또는 제2항의 행위가 보험자의 지시에 의한 것인 경우에는 그 금액에 손해액을 가산한 금액이 보험금액을 초과하는 때에도 보험자가 이를 부담하여야 한다. 〈개정 1991.12.31〉

제721조 (영업책임보험의 목적) 피보험자가 경영하는 사업에 관한 책임을 보험의 목적으로 한 때에는 피보험자의 대리인 또는 그 사업감독자의 제3자에 대한 책임도 보험의 목적에 포함된 것으로 한다.

제722조 (피보험자의 사고통지의무) 피보험자가 제3자로부터 배상의 청구를 받은 때에는 지체없이 보험자에게 그 통지를 발송하여야 한다.

제723조 (피보험자의 변제 등의 통지와 보험금액의 지급) ① 피보험자가 제3자에 대하여 변제, 승인, 화해 또는 재판으로 인하여 채무가 확정된 때에는 지체없이 보험자에게 그 통지를 발송하여야 한다.

② 보험자는 특별한 기간의 약정이 없으면 전항의 통지를 받은 날로부터 10일내에 보험금액을 지급하여야 한다.

③ 피보험자가 보험자의 동의없이 제3자에 대하여 변제, 승인 또는 화해를 한 경우에는 보험자가 그 책임을 면하게 되는 합의가 있는 때에도 그 행위가 현저하게 부당한 것이 아니면 보험자는 보상할 책임을 면하지 못한다.

제724조 (보험자와 제3자와의 관계) ① 보험자는 피보험자가 책임을 질 사고로 인하여 생긴 손해에 대하여 제3자가 그 배상을 받기 전에는 보험금액의 전부 또는 일부를 피보험자에게 지급하지 못한다.

② 제3자는 피보험자가 책임을 질 사고로 입은 손해에 대하여 보험금액의 한도내에서 보험자에게 직접 보상을 청구할 수 있다. 그러나 보험자는 피보험자가 그 사고에 관하여 가지는 항변으로써 제3자에게 대항할 수 있다. 〈개정 1991.12.31〉

③ 보험자가 제2항의 규정에 의한 청구를 받은 때에는 지체없이 피보험자에게 이를 통지하여야 한다. 〈신설 1991.12.31〉

④ 제2항의 경우에 피보험자는 보험자의 요구가 있을 때에는 필요한 서류·증거의 제출, 증언 또는 증인의 출석에 협조하여야 한다. 〈신설 1991.12.31〉

제725조 (보관자의 책임보험) 임차인 기타 타인의 물건을 보관하는 자가 그 지급할 손해배상을 위하여 그 물건을 보험에 붙인 경우에는 그 물건의 소유자는 보험자에 대하여 직접 그 손해의 보상을 청구할 수 있다.

제725조의2 (수개의 책임보험) 피보험자가 동일한 사고로 제3자에게 배상책임을 짐으로써 입은 손해를 보상하는 수개의 책임보험계약이 동시 또는 순차로 체결된 경우에 그 보험금액의 총액이 피보험자의 제3자에 대한 손해배상액을 초과하는 때에는 제672조와 제673조의 규정을 준용한다.
[본조신설 1991.12.31]

제726조 (재보험에의 적용) 이 절의 규정은 재보험계약에 준용한다. 〈개정 1991.12.31〉

제6절 자동차보험

제726조의2 (자동차보험자의 책임) 자동차보험계약의 보험자는 피보험자가 자동차를 소유, 사용 또는 관리하는 동

안에 발생한 사고로 인하여 생긴 손해를 보상할 책임이 있다. [본조신설 1991.12.31]

제726조의3 (자동차 보험증권) 자동차 보험증권에는 제666조에 게기한 사항외에 다음의 사항을 기재하여야 한다.
1. 자동차소유자와 그 밖의 보유자의 성명과 생년월일 또는 상호
2. 피보험자동차의 등록번호, 차대번호, 차형년식과 기계장치
3. 차량가액을 정한 때에는 그 가액 [본조신설 1991.12.31]

제726조의4 (자동차의 양도) ① 피보험자가 보험기간 중에 자동차를 양도한 때에는 양수인은 보험자의 승낙을 얻은 경우에 한하여 보험계약으로 인하여 생긴 권리와 의무를 승계한다.
② 보험자가 양수인으로부터 양수사실을 통지받은 때에는 지체없이 낙부를 통지하여야 하고 통지받은 날부터 10일내에 낙부의 통지가 없을 때에는 승낙한 것으로 본다. [본조신설 1991. 12.31]

제3장 인보험

제1절 통칙

제727조 (인보험자의 책임) 인보험계약의 보험자는 생명 또는 신체에 관하여 보험사고가 생길 경우에 보험계약의 정하는 바에 따라 보험금액 기타의 급여를 할 책임이 있다.

제728조 (인보험증권) 인보험증권에는 제666조에 게기한 사항외에 다음의 사항을 기재하여야 한다. 〈개정 1991.12.31〉
1. 보험계약의 종류
2. 피보험자의 주소·성명 및 생년월일
3. 보험수익자를 정한 때에는 그 주소·성명 및 생년월일

제729조 (제3자에 대한 보험대위의 금지) 보험자는 보험사고로 인하여 생긴 보험계약자 또는 보험수익자의 제3자에 대한 권리를 대위하여 행사하지 못한다. 그러나 상해보험계약의 경우에 당사자간에 다른 약정이 있는 때에는 보험자는 피보험자의 권리를 해하지 아니하는 범위안에서 그 권리를 대위하여 행사할 수 있다. 〈개정 1991.12.31〉

제2절 생명보험

제730조 (생명보험자의 책임) 생명보험계약의 보험자는 피보험자의 생명에 관한 보험사고가 생길 경우에 약정한 보험금액을 지급할 책임이 있다.

제731조 (타인의 생명의 보험) ① 타인의 사망을 보험사고로 하는 보험계약에는 보험계약 체결시에 그 타인의 서면에 의한 동의를 얻어야 한다. 〈개정 1991.12.31〉
② 보험계약으로 인하여 생긴 권리를 피보험자가 아닌 자에게 양도하는 경우에도 제1항과 같다. 〈개정 1991.12.31〉

제732조 (15세미만자등에 대한 계약의 금지) 15세미만자, 심신상실자 또는 심신박약자의 사망을 보험사고로 한 보험계약은 무효로 한다. 〈개정 1991.12.31〉

제732조의2 (중과실로 인한 보험사고) 사망을 보험사고로 한 보험계약에는 사고가 보험계약자 또는 피보험자나 보험수익자의 중대한 과실로 인하여 생긴 경우에도 보험자는 보험금액을 지급할 책임을 면하지 못한다. [본조신설 1991.12.31]

제733조 (보험수익자의 지정 또는 변경의 권리) ① 보험계약자는 보험수익자를 지정 또는 변경할 권리가 있다.
② 보험계약자가 제1항의 지정권을 행사하지 아니하고 사망한 때에는 피보험자를 보험수익자로 하고 보험계약자가 제1항의 변경권을 행사하지 아니하고 사망한 때에는 보험수익자의 권리가 확정된다. 그러나 보험계약자가 사망한 경우에는 그 승계인이 제1항의 권리를 행사할 수 있다는 약정이 있는 때에는 그러하지 아니하다. 〈개정 1991.12.31〉
③ 보험수익자가 보험존속 중에 사망한 때에는 보험계약자는 다시 보험수익자를 지정할 수 있다. 이 경우에

보험계약자가 지정권을 행사하지 아니하고 사망한 때에는 보험수익자의 상속인을 보험수익자로 한다.
④ 보험계약자가 제2항과 제3항의 지정권을 행사하기 전에 보험사고가 생긴 경우에는 피보험자 또는 보험수익자의 상속인을 보험수익자로 한다. 〈신설 1991.12.31〉

제734조 (보험수익자지정권 등의 통지) ① 보험계약자가 계약체결후에 보험수익자를 지정 또는 변경할 때에는 보험자에 대하여 그 통지를 하지 아니하면 이로써 보험자에게 대항하지 못한다.
② 제731조 제1항의 규정은 제1항의 지정 또는 변경에 준용한다. 〈개정 1962.12.12, 1991. 12.31〉

제735조 (양로보험) 피보험자의 사망을 보험사고로 한 보험계약에는 사고의 발생없이 보험기간이 종료한 때에도 보험금액을 지급할 것을 약정할 수 있다.

제735조의2 (연금보험) 생명보험계약의 보험자는 피보험자의 생명에 관한 보험사고가 생긴 때에 약정에 따라 보험금액을 연금으로 분할하여 지급할 수 있다. [본조신설 1991.12.31]

제735조의3 (단체보험) ① 단체가 규약에 따라 구성원의 전부 또는 일부를 피보험자로 하는 생명보험계약을 체결하는 경우에는 제731조를 적용하지 아니한다.
② 제1항의 보험계약이 체결된 때에는 보험자는 보험계약자에 대하여서만 보험증권을 교부한다. [본조신설 1991.12.31]

제736조 (보험적립금반환의무 등) ① 제649조, 제650조, 제651조 및 제652조 내지 제655조의 규정에 의하여 보험계약이 해지된 때, 제659조와 제660조의 규정에 의하여 보험금액의 지급책임이 면제된 때에는 보험자는 보험수익자를 위하여 적립한 금액을 보험계약자에게 지급하여야 한다. 그러나 다른 약정이 없으면 제659조 제1항의 보험사고가 보험계약자에 의하여 생긴 경우에는 그러하지 아니하다. 〈개정 1991.12.31〉
② 삭제〈1991.12.31〉

제3절 상해보험

제737조 (상해보험자의 책임) 상해보험계약의 보험자는 신체의 상해에 관한 보험사고가 생길 경우에 보험금액 기타의 급여를 할 책임이 있다.

제738조 (상해보험증권) 상해보험의 경우에 피보험자와 보험계약자가 동일인이 아닐 때에는 그 보험증권기재사항 중 제728조 제2호에 게기한 사항에 갈음하여 피보험자의 직무 또는 직위만을 기재할 수 있다.

제739조 (준용규정) 상해보험에 관하여는 제732조를 제외하고 생명보험에 관한 규정을 준용한다.

부록 생명보험 표준약관

〈개정 2005.2.15., 2008.3.26., 2010.1.29. 2011.1.19., 2013.12.17.〉

제1관 목적 및 용어의 정의

제1조(목적) 이 보험계약(이하 '계약'이라 합니다)은 보험계약자(이하 '계약자'라 합니다)와 보험회사(이하 '회사'라 합니다) 사이에 피보험자의 생존이나 사망에 대한 위험을 보장하기 위하여 체결됩니다.

제2조(용어의 정의) 이 계약에서 사용되는 용어의 정의는, 이 계약의 다른 조항에서 달리 정의되지 않는 한 다음과 같습니다.

1. 계약관계 관련 용어
   가. 계약자: 회사와 계약을 체결하고 보험료를 납입할 의무를 지는 사람을 말합니다.
   나. 보험수익자: 보험금 지급사유가 발생하는 때에 회사에 보험금을 청구하여 받을 수 있는 사람을 말합니다.
   다. 보험증권: 계약의 성립과 그 내용을 증명하기 위하여 회사가 계약자에게 드리는 증서를 말합니다.
   라. 진단계약: 계약을 체결하기 위하여 피보험자가 건강진단을 받아야 하는 계약을 말합니다.
   마. 피보험자: 보험사고의 대상이 되는 사람을 말합니다.
2. 지급사유 관련 용어
   가. 장해: 〈부표 3〉 장해분류표에서 정한 기준에 따른 장해상태를 말합니다.
   나. 재해: 〈부표 4〉 재해분류표에서 정한 재해를 말합니다.
   다. 중요한 사항: 계약 전 알릴 의무와 관련하여 회사가 그 사실을 알았더라면 계약의 청약을 거절하거나 보험가입금액 한도 제한, 일부 보장 제외, 보험금 삭감, 보험료 할증과 같이 조건부로 승낙하는 등 계약 승낙에 영향을 미칠 수 있는 사항을 말합니다.
3. 지급금과 이자율 관련 용어
   가. 연단위 복리: 회사가 지급할 금전에 이자를 줄 때 1년마다 마지막 날에 그 이자를 원금에 더한 금액을 다음 1년의 원금으로 하는 이자 계산방법을 말합니다.
   나. 표준이율: 회사가 최소한 적립해야 할 적립금 등을 계산하기 위해 시장금리를 고려하여 금융감독원장이 정하는 이율로서, 이 계약 체결 시점의 표준이율을 말합니다.
   다. 해지환급금: 계약이 해지되는 때에 회사가 계약자에게 돌려주는 금액을 말합니다.
4. 기간과 날짜 관련 용어
   가. 보험기간: 계약에 따라 보장을 받는 기간을 말합니다.
   나. 영업일: 회사가 영업점에서 정상적으로 영업하는 날을 말하며, 토요일, '관공서의 공휴일에 관한 규정'에 따른 공휴일과 근로자의 날을 제외합니다.

제2관 보험금의 지급

제3조(보험금의 지급사유) 회사는 피보험자에게 다음 중 어느 하나의 사유가 발생한 경우에는 보험수익자에게 약정한 보험금을 지급합니다.

1. 보험기간 중의 특정시점에 살아 있을 경우: 중도보험금
2. 보험기간이 끝날 때까지 살아 있을 경우: 만기보험금
3. 보험기간 중 사망한 경우: 사망보험금
4. 보험기간 중 진단 확정된 질병 또는 재해로 장해분류표(〈부표 3〉 참조)에서 정한 각 장해지급률에 해당하는 장해상태가 되었을 때: 장해보험금
5. 보험기간 중 질병이 진단 확정되거나 입원, 통원, 요양, 수술 또는 수발이 필요한 상태가 되었을 때: 입원보험금 등

제4조(보험금 지급에 관한 세부규정) ① 제3조(보험금의 지급사유) 제3호 '사망'에는 보험기간에 다음 어느 하나의 사유가 발생한 경우를 포함합니다.

1. 실종선고를 받은 경우: 법원에서 인정한 실종기간이 끝나는 때에 사망한 것으로 봅니다.
2. 관공서에서 수해, 화재나 그 밖의 재난을 조사하고 사망한 것으로 통보하는 경우: 가족관계등록부에 기재된 사망연월일을 기준으로 합니다.

② 제3조(보험금의 지급사유) 제4호에서 장해지급률이 재해일 또는 질병의 진단 확정일부터 180일 이내에 확정되지 않는 경우에는 재해일 또는 진단 확정일부터 180일이 되는 날의 의사 진단에 기초하여 고정될 것으로 인정되는 상태를 장해지급률로 결정합니다. 다만, 장해분류표(〈부표 3〉 참조)에 장해판정시기를 별도로 정한 경우에는 그에 따릅니다.

③ 제2항에 따라 장해지급률이 결정되었으나 그 이후 보장받을 수 있는 기간(계약의 효력이 없어진 경우에는 보험기간이 10년 이상인 계약은 재해일 또는 진단 확정일부터 2년 이내로 하고, 보험기간이 10년 미만인 계약은 재해일 또는 진단 확정일부터 1년 이내)에 장해상태가 더 악화된 때에는 그 악화된 장해상태를 기준으로 장해지급률을 결정합니다.

④ 청약서상 계약 전 알릴 의무(중요한 사항에 한합니다)에 해당하는 질병으로 과거(청약서상 해당 질병의 고지대상 기간을 말합니다)에 진단 또는 치료를 받은 경우에는 제3조(보험금의 지급사유)의 보험금 중 해당 질병과 관련한 보험금을 지급하지 않습니다.

⑤ 제4항에도 불구하고 청약일 이전에 진단 확정된 질병이라 하더라도 청약일 이후 5년(갱신형 계약의 경우에는 최초 계약의 청약일 이후 5년)이 지나는 동안 그 질병으로 추가 진단(단순 건강검진 제외) 또는 치료 사실이 없을 경우, 청약일부터 5년이 지난 이후에는 이 약관에 따라 보장합니다.

⑥ 제5항의 '청약일 이후 5년이 지나는 동안'이라 함은 이 약관 제26조(보험료의 납입이 연체되는 경우 납입최고(독촉)와 계약의 해지)에서 정한 계약의 해지가 발생하지 않은 경우를 말합니다.

⑦ 이 약관 제27조(보험료의 납입연체로 인한 해지계약의 부활(효력회복))에서 정한 계약의 부활이 이루어진 경우 부활을 청약한 날을 제5항의 청약일로 하여 적용합니다.

⑧ 장해분류표에 해당되지 않는 장해는 신체의 장해 정도에 따라 장해분류표의 구분에 준하여 지급액을 결정합니다.

⑨ 보험수익자와 회사가 제3조(보험금의 지급사유) 제3호에서 제5호의 보험금 지급사유에 대해 합의하지 못할 때는 보험수익자와 회사가 함께 제3자를 정하고 그 제3자의 의견에 따를 수 있습니다. 제3자는 의료법 제3조(의료기관)에 규정한 종합병원 소속 전문의 중에서 정하며, 보험금 지급사유 판정에 드는 의료비용은 회사가 전액 부담합니다.

제5조(보험금을 지급하지 않는 사유) 회사는 다음 중 어느 한 가지로 보험금 지급사유가 발생한 때에는 보험금을 지급하지 않습니다.

1. 피보험자가 고의로 자신을 해친 경우

   다만, 다음 중 어느 하나에 해당하면 보험금을 지급합니다.

   가. 피보험자가 심신상실 등으로 자유로운 의사결정을 할 수 없는 상태에서 자신을 해친 경우

   특히 그 결과 사망에 이르게 된 경우에는 재해사망보험금(약관에서 정한 재해사망보험금이 없는 경우

에는 재해 이외의 원인으로 인한 사망보험금)을 지급합니다.
나. 계약의 보장개시일(부활(효력회복)계약의 경우는 부활(효력회복)청약일)부터 2년이 지난 후에 자살한 경우에는 재해 이외의 원인에 해당하는 사망보험금을 지급합니다.
2. 보험수익자가 고의로 피보험자를 해친 경우
그러나 그 보험수익자가 보험금의 일부 보험수익자인 경우에는 그 보험수익자에게 해당하는 보험금을 제외한 나머지 보험금을 다른 보험수익자에게 지급합니다.
3. 계약자가 고의로 피보험자를 해친 경우

제6조(보험금 지급사유의 발생통지) 계약자 또는 피보험자나 보험수익자는 제3조(보험금의 지급사유)에서 정한 보험금 지급사유의 발생을 안 때에는 지체없이 이를 회사에 알려야 합니다.

제7조(보험금의 청구) ① 보험수익자는 다음의 서류를 제출하고 보험금을 청구하여야 합니다.
1. 청구서(회사양식)
2. 사고증명서(사망진단서, 장해진단서, 입원치료확인서 등)
3. 신분증(주민등록증이나 운전면허증 등 사진이 붙은 정부기관 발행 신분증, 본인이 아니면 본인의 인감증명서 포함)
4. 기타 보험수익자가 보험금 수령에 필요하여 제출하는 서류

② 제1항 제2호의 사고증명서는 의료법 제3조(의료기관)에서 규정한 국내의 병원이나 의원 또는 국외의 의료관련법에서 정한 의료기관에서 발급한 것이어야 합니다.

제8조(보험금의 지급절차) ① 회사는 제7조(보험금의 청구)에서 정한 서류를 접수한 때에는 접수증을 드리고 휴대전화 문자메세지 또는 전자우편 등으로도 송부하며, 그 서류를 접수한 날부터 3영업일 이내에 보험금을 지급합니다. 다만, 보험금 지급사유의 조사나 확인이 필요한 때에는 접수 후 10영업일 이내에 지급합니다.
② 회사는 제3조(보험금의 지급사유) 제1호 또는 제2호에 해당하는 보험금의 지급시기가 되면 지급시기 7일 이전에 그 사유와 회사가 지급하여야 할 금액을 계약자 또는 보험수익자에게 알려드리며, 제1항에 따라 보험금을 지급할 때 보험금 지급일까지의 기간에 대한 이자는 〈부표 4-1〉 '보험금을 지급할 때의 적립이율 계산'과 같이 계산합니다.
③ 회사가 보험금 지급사유를 조사·확인하기 위하여 제1항의 지급기일 이내에 보험금을 지급하지 못할 것으로 예상되는 경우에는 그 구체적인 사유, 지급예정일 및 보험금 가지급제도(회사가 추정하는 보험금의 50% 이내를 지급)에 대하여 피보험자 또는 보험수익자에게 즉시 통지하여 드립니다. 다만, 지급예정일은 다음 각 호의 어느 하나에 해당하는 경우를 제외하고는 제7조(보험금의 청구)에서 정한 서류를 접수한 날부터 30영업일 이내에서 정합니다.
1. 소송제기
2. 분쟁조정신청
3. 수사기관의 조사
4. 해외에서 발생한 보험사고에 대한 조사
5. 제5항에 따른 회사의 조사요청에 대한 동의 거부 등 계약자, 피보험자 또는 보험수익자의 책임 있는 사유로 보험금 지급사유의 조사와 확인이 지연되는 경우
6. 제4조(보험금 지급에 관한 세부규정) 제9항에 따라 보험금 지급사유에 대해 제3자의 의견에 따르기로 한 경우

④ 제3항에 의하여 장해지급률의 판정 및 지급할 보험금의 결정과 관련하여 확정된 장해지급률에 따른 보험금을 초과한 부분에 대한 분쟁으로 보험금 지급이 늦어지는 경우에는 보험수익자의 청구에 따라 이미 확정된 보험금을 먼저 가지급할 수 있습니다.
⑤ 계약자, 피보험자 또는 보험수익자는 제14조(계약 전 알릴 의무 위반의 효과)와 제1항 및 제3항의 보험금 지급사유조사와 관련하여 의료기관, 국민건강보험공단, 경찰서 등 관공서에 대한 회사의 서면 조사 요청에 동의하여야 합니다. 다만, 정당한 사유 없이 이에 동의하지 않을 경우에는 사실확인이 끝날 때까지 회사는 보험금 지급지연에 따른 이자를 지급하지 않습니다.

제9조(보험금 받는 방법의 변경) ① 계약자(보험금 지급사유 발생 후에는 보험수익자)는 회사의 사업방법서에서 정

한 바에 따라 제3조(보험금의 지급사유) 제3호 및 제4호에 따른 사망보험금이나 장해보험금의 전부 또는 일부에 대하여 나누어 지급받거나 일시에 지급받는 방법으로 변경할 수 있습니다.

② 회사는 제1항에 따라 일시에 지급할 금액을 나누어 지급하는 경우에는 나중에 지급할 금액에 대하여 표준이율을 연단위 복리로 계산한 금액을 더하며, 나누어 지급할 금액을 일시에 지급하는 경우에는 표준이율을 연단위 복리로 할인한 금액을 지급합니다.

제10조(주소변경통지) ① 계약자(보험수익자가 계약자와 다른 경우 보험수익자를 포함합니다)는 주소 또는 연락처가 변경된 경우에는 지체 없이 그 변경 내용을 회사에 알려야 합니다.

② 제1항에서 정한 대로 계약자 또는 보험수익자가 변경 내용을 알리지 않은 경우에는 계약자 또는 보험수익자가 회사에 알린 최종의 주소 또는 연락처로 등기우편 등 우편물에 대한 기록이 남는 방법으로 알린 사항은 일반적으로 도달에 필요한 시일이 지난 때에 계약자 또는 보험수익자에게 도달된 것으로 봅니다.

제11조(보험수익자의 지정) 이 계약에서 계약자가 보험수익자를 지정하지 않은 때에는 보험수익자를 제3조(보험금의 지급사유) 제1호 및 제2호의 경우는 계약자로 하고, 같은 조 제3호는 피보험자의 법정상속인, 제4호 및 제5호는 피보험자로 합니다.

제12조(대표자의 지정) ① 계약자 또는 보험수익자가 2명 이상인 경우에는 각 대표자를 1명 지정하여야 합니다. 이 경우 그 대표자는 각각 다른 계약자 또는 보험수익자를 대리하는 것으로 합니다.

② 지정된 계약자 또는 보험수익자의 소재가 확실하지 않은 경우에는 이 계약에 관하여 회사가 계약자 또는 보험수익자 1명에 대하여 한 행위는 각각 다른 계약자 또는 보험수익자에게도 효력이 미칩니다.

③ 계약자가 2명 이상인 경우에는 그 책임을 연대로 합니다.

제3관 계약자의 계약 전 알릴 의무 등

제13조(계약 전 알릴 의무) 계약자 또는 피보험자는 청약할 때(진단계약의 경우에는 건강진단할 때를 말합니다) 청약서에서 질문한 사항에 대하여 알고 있는 사실을 반드시 사실대로 알려야(이하 '계약 전 알릴 의무'라 하며, 상법상 '고지의무'와 같습니다) 합니다. 다만, 진단계약에서 의료법 제3조(의료기관)의 규정에 따른 종합병원과 병원에서 직장 또는 개인이 실시한 건강진단서 사본 등 건강상태를 판단할 수 있는 자료로 건강진단을 대신할 수 있습니다.

제14조(계약 전 알릴 의무 위반의 효과) ① 회사는 계약자 또는 피보험자가 제13조(계약 전 알릴 의무)에도 불구하고 고의 또는 중대한 과실로 중요한 사항에 대하여 사실과 다르게 알린 경우에는 회사가 별도로 정하는 방법에 따라 계약을 해지하거나 보장을 제한할 수 있습니다. 그러나 다음 중 한 가지에 해당되는 때에는 계약을 해지하거나 보장을 제한할 수 없습니다.

1. 회사가 계약 당시에 그 사실을 알았거나 과실로 인하여 알지 못하였을 때
2. 회사가 그 사실을 안 날부터 1개월 이상 지났거나 또는 보장개시일부터 보험금 지급사유가 발생하지 않고 2년(진단계약의 경우 질병에 대하여는 1년)이 지났을 때
3. 계약을 체결한 날부터 3년이 지났을 때
4. 회사가 이 계약을 청약할 때 피보험자의 건강상태를 판단할 수 있는 기초자료(건강진단서 사본 등)에 따라 승낙한 경우에 건강진단서 사본 등에 명기되어 있는 사항으로 보험금 지급사유가 발생하였을 때(계약자 또는 피보험자가 회사에 제출한 기초자료의 내용 중 중요사항을 고의로 사실과 다르게 작성한 때에는 계약을 해지하거나 보장을 제한할 수 있습니다)
5. 보험설계사 등이 계약자 또는 피보험자에게 고지할 기회를 주지 않았거나 계약자 또는 피보험자가 사실대로 고지하는 것을 방해한 경우, 계약자 또는 피보험자에게 사실대로 고지하지 않게 하였거나 부실한 고지를 권유했을 때

   다만, 보험설계사 등의 행위가 없었다 하더라도 계약자 또는 피보험자가 사실대로 고지하지 않거나 부실한 고지를 했다고 인정되는 경우에는 계약을 해지하거나 보장을 제한할 수 있습니다.

② 회사는 제1항에 따라 계약을 해지하거나 보장을 제한할 경우에는 계약 전 알릴 의무 위반사실뿐만 아니라

계약 전 알릴 의무 사항이 중요한 사항에 해당되는 사유 및 계약의 처리결과를 "반대증거가 있는 경우 이의를 제기할 수 있습니다"라는 문구와 함께 계약자에게 서면 등으로 알려 드립니다.

③ 제1항에 따라 계약을 해지하였을 때에는 제32조(해지환급금) 제1항에 따른 해지환급금을 드리며, 보장을 제한하였을 때에는 보험료, 보험가입금액 등이 조정될 수 있습니다.

④ 제13조(계약 전 알릴 의무)의 계약 전 알릴 의무를 위반한 사실이 보험금 지급사유 발생에 영향을 미쳤음을 회사가 증명하지 못한 경우에는 제1항에도 불구하고 계약의 해지 또는 보장을 제한하기 이전까지 발생한 해당 보험금을 지급합니다.

⑤ 회사는 다른 보험가입내역에 대한 계약 전 알릴 의무 위반을 이유로 계약을 해지하거나 보험금 지급을 거절하지 않습니다.

제15조(사기에 의한 계약) 계약자 또는 피보험자가 대리진단, 약물사용을 수단으로 진단절차를 통과하거나 진단서 위·변조 또는 청약일 이전에 암 또는 인간면역결핍바이러스(HIV) 감염의 진단 확정을 받은 후 이를 숨기고 가입하는 등의 뚜렷한 사기의사에 의하여 계약이 성립되었음을 회사가 증명하는 경우에는 보장개시일부터 5년 이내(사기사실을 안 날부터는 1개월 이내)에 계약을 취소할 수 있습니다.

제4관 보험계약의 성립과 유지

제16조(보험계약의 성립) ① 계약은 계약자의 청약과 회사의 승낙으로 이루어집니다.

② 회사는 피보험자가 계약에 적합하지 않은 경우에는 승낙을 거절하거나 별도의 조건(보험가입금액 제한, 일부보장 제외, 보험금 삭감, 보험료 할증 등)을 붙여 승낙할 수 있습니다.

③ 회사는 계약의 청약을 받고, 제1회 보험료를 받은 경우에 건강진단을 받지 않는 계약은 청약일, 진단계약은 진단일(재진단의 경우에는 최종 진단일)부터 30일 이내에 승낙 또는 거절하여야 하며, 승낙한 때에는 보험증권을 드립니다. 그러나 30일 이내에 승낙 또는 거절의 통지가 없으면 승낙된 것으로 봅니다.

④ 회사가 제1회 보험료를 받고 승낙을 거절한 경우에는 거절통지와 함께 받은 금액을 돌려 드리며, 보험료를 받은 기간에 대하여 표준이율+1%를 연단위 복리로 계산한 금액을 더하여 지급합니다. 다만, 회사는 계약자가 제1회 보험료를 신용카드로 납입한 계약의 승낙을 거절하는 경우에는 신용카드의 매출을 취소하며 이자를 더하여 지급하지 않습니다.

제17조(청약의 철회) ① 계약자는 청약한 날부터 15일(통신판매계약의 경우는 30일) 이내에 그 청약을 철회할 수 있습니다. 다만, 진단계약, 단체(취급)계약 또는 보험기간이 1년 미만인 계약은 청약을 철회할 수 없습니다.

【통신판매계약】 전화·우편·인터넷 등 통신수단을 이용하여 체결하는 계약을 말 합니다.

② 계약자가 청약을 철회한 때에는 회사는 청약의 철회를 접수한 날부터 3영업일 이내에 납입한 보험료를 돌려드리며, 보험료 반환이 늦어진 기간에 대하여는 이 계약의 보험계약대출이율을 연단위 복리로 계산한 금액을 더하여 지급합니다. 다만, 계약자가 제1회 보험료를 신용카드로 납입한 계약의 청약을 철회하는 경우에는 회사는 신용카드의 매출을 취소하며 이자를 더하여 지급하지 않습니다

③ 청약을 철회할 때에 이미 보험금 지급사유가 발생하였으나 계약자가 그 보험금 지급사유가 발생한 사실을 알지 못한 경우에는 청약철회의 효력은 발생하지 않습니다.

제18조(약관교부 및 설명의무 등) ① 회사는 계약자가 청약할 때에 계약자에게 약관의 중요한 내용을 설명하여야 하며, 청약 후에 지체 없이 약관 및 계약자 보관용 청약서를 드립니다. 다만, 계약자가 동의하는 경우 약관 및 계약자 보관용 청약서 등을 광기록매체(CD, DVD 등), 전자우편 등 전자적 방법으로 송부할 수 있으며, 계약자 또는 그 대리인이 약관 및 계약자 보관용 청약서 등을 수신하였을 때에는 해당 문서를 드린 것으로 봅니다. 또한, 통신판매계약의 경우, 회사는 계약자의 동의를 얻어 다음 중 한 가지 방법으로 약관의 중요한 내용을 설명할 수 있습니다.

1. 인터넷 홈페이지에서 약관 및 그 설명문(약관의 중요한 내용을 알 수 있도록 설명한 문서)을 읽거나 내려받게 하는 방법. 이 경우 계약자가 이를 읽거나 내려받은 것을 확인한 때에 당해 약관을 드리고 그 중요한 내용을 설명한 것으로 봅니다.

2. 전화를 이용하여 청약내용, 보험료납입, 보험기간, 계약 전 알릴 의무, 약관의 중요한 내용 등 계약을 체결하는 데 필요한 사항을 질문 또는 설명하는 방법. 이 경우 계약자의 답변과 확인내용을 음성 녹음함으로써 약관의 중요한 내용을 설명한 것으로 봅니다.

② 회사가 제1항에 따라 제공될 약관 및 계약자 보관용 청약서를 청약할 때 계약자에게 전달하지 않거나 약관의 중요한 내용을 설명하지 않은 때 또는 계약을 체결할 때 계약자가 청약서에 자필서명(날인(도장을 찍음) 및 전자서명법 제2조 제2호에 따른 전자서명 또는 동법 제2조 제3호에 따른 공인전자서명을 포함합니다)을 하지 않은 때에는 계약자는 청약일부터 3개월 이내에 계약을 취소할 수 있습니다. 다만, 단체(취급)계약은 계약이 성립한 날부터 1개월 이내에 계약을 취소할 수 있습니다.

③ 제2항에도 불구하고 전화를 이용하여 계약을 체결하는 경우 다음의 각 호의 어느 하나를 충족하는 때에는 자필서명을 생략할 수 있으며, 위 제1항의 규정에 따른 음성녹음 내용을 문서화한 확인서를 계약자에게 드림으로써 계약자 보관용 청약서를 전달한 것으로 봅니다.

1. 계약자, 피보험자 및 보험수익자가 동일한 계약의 경우
2. 계약자, 피보험자가 동일하고 보험수익자가 계약자의 법정상속인인 계약일 경우

④ 제2항에 따라 계약이 취소된 경우에는 회사는 계약자에게 이미 납입한 보험료를 돌려드리며, 보험료를 받은 기간에 대하여 보험계약대출이율을 연단위 복리로 계산한 금액을 더하여 지급합니다.

제19조(계약의 무효) 다음 중 한 가지에 해당되는 경우에는 계약을 무효로 하며 이미 납입한 보험료를 돌려드립니다. 다만, 회사의 고의 또는 과실로 계약이 무효로 된 경우와 회사가 승낙 전에 무효임을 알았거나 알 수 있었음에도 보험료를 반환하지 않은 경우에는 보험료를 납입한 날의 다음 날부터 반환일까지의 기간에 대하여 회사는 이 계약의 보험계약대출이율을 연단위 복리로 계산한 금액을 더하여 돌려드립니다.

1. 타인의 사망을 보험금 지급사유로 하는 계약에서 계약을 체결할 때까지 피보험자의 서면에 의한 동의를 얻지 않은 경우. 다만, 단체가 규약에 따라 구성원의 전부 또는 일부를 피보험자로 하는 계약을 체결하는 경우에는 이를 적용하지 않습니다.
2. 만 15세 미만자, 심신상실자 또는 심신박약자를 피보험자로 하여 사망을 보험금 지급사유로 한 계약의 경우
3. 계약을 체결할 때 계약에서 정한 피보험자의 나이에 미달되었거나 초과되었을 경우. 다만, 회사가 나이의 착오를 발견하였을 때 이미 계약나이에 도달한 경우에는 유효한 계약으로 보나, 제2호의 만 15세 미만자에 관한 예외가 인정되는 것은 아닙니다.

제20조(계약내용의 변경 등) ① 계약자는 회사의 승낙을 얻어 다음의 사항을 변경할 수 있습니다. 이 경우 승낙을 서면으로 알리거나 보험증권의 뒷면에 기재하여 드립니다.

1. 보험종목
2. 보험기간
3. 보험료의 납입주기, 납입방법 및 납입기간
4. 보험가입금액
5. 계약자
6. 기타 계약의 내용

② 계약자는 보험수익자를 변경할 수 있으며 이 경우에는 회사의 승낙이 필요하지 않습니다. 다만, 변경된 보험수익자가 회사에 권리를 대항하기 위해서는 계약자가 보험수익자가 변경되었음을 회사에 통지하여야 합니다.

③ 회사는 계약자가 제1회 보험료를 납입한 때부터 1년 이상 지난 유효한 계약으로서 그 보험종목의 변경을 요청할 때에는 회사의 사업방법서에서 정하는 방법에 따라 이를 변경하여 드립니다.

④ 회사는 계약자가 제1항 제4호에 따라 보험가입금액을 감액하고자 할 때에는 그 감액된 부분은 해지된 것으로 보며, 이로써 회사가 지급하여야 할 해지환급금이 있을 때에는 제32조(해지환급금) 제1항에 따른 해지환급금을 계약자에게 지급합니다.

⑤ 계약자가 제2항에 따라 보험수익자를 변경하고자 할 경우에는 보험금의 지급사유가 발생하기 전에 피보험자가 서면으로 동의하여야 합니다.

⑥ 회사는 제1항에 따라 계약자를 변경한 경우, 변경된 계약자에게 보험증권 및 약관을 교부하고 변경된 계약자가 요청하는 경우 약관의 중요한 내용을 설명하여 드립니다.

제21조(보험나이 등) ① 이 약관에서의 피보험자의 나이는 보험나이를 기준으로 합니다. 다만, 제19조(계약의 무효) 제2호의 경우에는 실제 만 나이를 적용합니다.
② 제1항의 보험나이는 계약일 현재 피보험자의 실제 만 나이를 기준으로 6개월 미만의 끝수는 버리고 6개월 이상의 끝수는 1년으로 하여 계산하며, 이후 매년 계약 해당일에 나이가 증가하는 것으로 합니다.
③ 피보험자의 나이 또는 성별에 관한 기재사항이 사실과 다른 경우에는 정정된 나이 또는 성별에 해당하는 보험금 및 보험료로 변경합니다.

【보험나이 계산 예시】
- 생년월일: 1988년 10월 2일, 현재(계약일): 2014년 4월 13일
  ⇒ 2014년 4월 13일 - 1988년 10월 2일 = 25년 6월 11일 = 26세

제22조(계약의 소멸) 피보험자의 사망으로 인하여 이 약관에서 규정하는 보험금 지급사유가 더 이상 발생할 수 없는 경우에는 이 계약은 그때부터 효력이 없습니다. 이때 사망을 보험금 지급사유로 하지 않는 경우에는 '보험료 및 책임준비금 산출방법서'에서 정하는 바에 따라 회사가 적립한 사망 당시의 책임준비금을 지급합니다.

【책임준비금】 장래의 보험금, 해지환급금 등을 지급하기 위하여 계약자가 납입한 보험료 중 일정액을 회사가 적립해 둔 금액을 말합니다.

제5관 보험료의 납입

제23조(제1회 보험료 및 회사의 보장개시) ① 회사는 계약의 청약을 승낙하고 제1회 보험료를 받은 때부터 이 약관이 정한 바에 따라 보장을 합니다. 또한, 회사가 청약과 함께 제1회 보험료를 받은 후 승낙한 경우에도 제1회 보험료를 받은 때부터 보장이 개시됩니다. 자동이체 또는 신용카드로 납입하는 경우에는 자동이체신청 또는 신용카드매출승인에 필요한 정보를 제공한 때를 제1회 보험료를 받은 때로 하며, 계약자의 책임 있는 사유로 자동이체 또는 매출승인이 불가능한 경우에는 보험료가 납입되지 않은 것으로 봅니다.
② 회사가 청약과 함께 제1회 보험료를 받고 청약을 승낙하기 전에 보험금 지급사유가 발생하였을 때에도 보장개시일부터 이 약관이 정하는 바에 따라 보장을 합니다.

【보장개시일】 회사가 보장을 개시하는 날로서 계약이 성립되고 제1회 보험료를 받은 날을 말하나, 회사가 승낙하기 전이라도 청약과 함께 제1회 보험료를 받은 경우에는 제1회 보험료를 받은 날을 말합니다. 또한, 보장개시일을 계약일로 봅니다.

③ 회사는 제2항에도 불구하고 다음 중 한 가지에 해당되는 경우에는 보장을 하지 않습니다.
1. 제13조(계약 전 알릴 의무)에 따라 계약자 또는 피보험자가 회사에 알린 내용이나 건강진단 내용이 보험금 지급사유의 발생에 영향을 미쳤음을 회사가 증명하는 경우
2. 제14조(계약 전 알릴 의무 위반의 효과)를 준용하여 회사가 보장을 하지 않을 수 있는 경우
3. 진단계약에서 보험금 지급사유가 발생할 때까지 진단을 받지 않은 경우. 다만, 진단계약에서 진단을 받지 않은 경우라도 재해로 보험금 지급사유가 발생하는 경우에는 보장을 해드립니다.

④ 청약서에 피보험자의 직업 또는 직종별로 보험가입금액의 한도액이 명시되어 있음에도 그 한도액을 초과하여 청약을 하고 청약을 승낙하기 전에 보험금 지급사유가 발생한 경우에는 그 초과 청약액에 대하여는 보장을 하지 않습니다.

제24조(제2회 이후 보험료의 납입) 계약자는 제2회 이후의 보험료를 납입기일까지 납입하여야 하며, 회사는 계약자가 보험료를 납입한 경우에는 영수증을 발행하여 드립니다. 다만, 금융회사(우체국 포함)를 통하여 보험료를 납입한 경우에는 그 금융회사 발행 증빙서류를 영수증으로 대신합니다.

【납입기일】 계약자가 제2회 이후의 보험료를 납입하기로 한 날을 말합니다.

제25조(보험료의 자동대출납입) ① 계약자는 제26조(보험료의 납입이 연체되는 경우 납입최고(독촉)와 계약의 해지)에 따른 보험료의 납입최고(독촉)기간이 지나기 전까지 회사가 정한 방법에 따라 보험료의 자동대출납입을

신청할 수 있으며, 이 경우 제33조(보험계약대출) 제1항에 따른 보험계약대출금으로 보험료가 자동으로 납입되어 계약은 유효하게 지속됩니다. 다만, 계약자가 서면 이외에 인터넷 또는 전화(음성녹음) 등으로 자동대출납입을 신청할 경우 회사는 자동대출납입 신청내역을 서면 또는 전화(음성녹음) 등으로 계약자에게 알려드립니다.

② 제1항에도 불구하고 보험계약대출금과 보험계약대출이자를 더한 금액이 해지환급금(해당 보험료가 납입된 것으로 계산한 금액을 말합니다)을 초과하는 때에는 보험료의 자동대출납입을 더는 할 수 없습니다.

③ 제1항 및 제2항에 따른 보험료의 자동대출납입 기간은 최초 자동대출납입일부터 1년을 한도로 하며 그 이후의 기간에 대한 보험료의 자동대출 납입을 위해서는 제1항에 따라 재신청을 하여야 합니다.

④ 보험료의 자동대출 납입이 행하여진 경우에도 자동대출 납입 전 납입최고(독촉)기간이 끝나는 날의 다음날부터 1개월 이내에 계약자가 계약의 해지를 청구한 때에는 회사는 보험료의 자동대출 납입이 없었던 것으로 하여 제32조(해지환급금) 제1항에 따른 해지환급금을 지급합니다.

제26조(보험료의 납입이 연체되는 경우 납입최고(독촉)와 계약의 해지) ① 계약자가 제2회 이후의 보험료를 납입기일까지 납입하지 않아 보험료 납입이 연체 중인 경우에 회사는 14일(보험기간이 1년 미만인 경우에는 7일) 이상의 기간을 납입최고(독촉)기간(납입최고(독촉)기간의 마지막 날이 영업일이 아닌 때에는 최고(독촉)기간은 그 다음 날까지로 합니다)으로 정하여 아래 사항에 대하여 서면(등기우편 등), 전화(음성녹음) 또는 전자문서 등으로 알려드립니다. 다만 해지 전에 발생한 보험금 지급사유에 대하여 회사는 보상하여 드립니다.

1. 계약자(보험수익자와 계약자가 다른 경우 보험수익자를 포함합니다)에게 납입최고(독촉)기간 내에 연체 보험료를 납입하여야 한다는 내용
2. 납입최고(독촉)기간이 끝나는 날까지 보험료를 납입하지 않을 경우 납입최고(독촉)기간이 끝나는 날의 다음 날에 계약이 해지된다는 내용(이 경우 계약이 해지되는 때에는 즉시 해지환급금에서 보험계약대출 원금과 이자가 차감된다는 내용을 포함합니다)

② 회사가 제1항에 따른 납입최고(독촉) 등을 전자문서로 안내하고자 할 경우에는 계약자에게 서면, 전자서명법 제2조 제2호에 따른 전자서명 또는 동법 제2조 제3호에 따른 공인전자서명으로 동의를 얻어 수신확인을 조건으로 전자문서를 송신하여야 하며, 계약자가 전자문서에 대하여 수신을 확인하기 전까지는 그 전자문서는 송신되지 않은 것으로 봅니다. 회사는 전자문서가 수신되지 않은 것을 확인한 경우에는 제1항에서 정한 내용을 서면(등기우편 등) 또는 전화(음성녹음)로 다시 알려드립니다.

③ 제1항에 따라 계약이 해지된 경우에는 제32조(해지환급금) 제1항에 따른 해지환급금을 계약자에게 지급합니다.

제27조(보험료의 납입연체로 인한 해지계약의 부활(효력회복)) ① 제26조(보험료의 납입이 연체되는 경우 납입최고(독촉)와 계약의 해지)에 따라 계약이 해지되었으나 해지환급금을 받지 않은 경우(보험계약대출 등에 따라 해지환급금이 차감되었으나 받지 않은 경우 또는 해지환급금이 없는 경우를 포함합니다) 계약자는 해지된 날부터 2년 이내에 회사가 정한 절차에 따라 계약의 부활(효력회복)을 청약할 수 있습니다. 회사가 부활(효력회복)을 승낙한 때에 계약자는 부활(효력회복)을 청약한 날까지의 연체된 보험료에 표준이율 + 1% 범위 내에서 각 상품별로 회사가 정하는 이율로 계산한 금액을 더하여 납입하여야 합니다. 다만, 금리연동형보험은 각 보험상품별 사업방법서에서 별도로 정한 이율로 계산합니다.

② 제1항에 따라 해지계약을 부활(효력회복)하는 경우에는 제13조(계약 전 알릴 의무), 제14조(계약 전 알릴 의무 위반의 효과), 제15조(사기에 의한 계약), 제16조(보험계약의 성립) 제2항 및 제3항 및 제23조(제1회 보험료 및 회사의 보장개시)를 준용합니다.

제28조(강제집행 등으로 인한 해지계약의 특별부활(효력회복)) ① 회사는 계약자의 해지환급금 청구권에 대한 강제집행, 담보권실행, 국세 및 지방세 체납처분절차에 따라 계약이 해지된 경우 해지 당시의 보험수익자가 계약자의 동의를 얻어 계약 해지로 회사가 채권자에게 지급한 금액을 회사에 지급하고 제20조(계약내용의 변경 등) 제1항의 절차에 따라 계약자 명의를 보험수익자로 변경하여 계약의 특별부활(효력회복)을 청약할 수 있음을 보험수익자에게 통지하여야 합니다.

② 회사는 제1항에 따른 계약자 명의변경 신청 및 계약의 특별부활(효력회복) 청약을 승낙합니다.

③ 회사는 제1항의 통지를 지정된 보험수익자에게 하여야 합니다. 다만, 회사는 법정상속인이 보험수익자로

지정된 경우에는 제1항의 통지를 계약자에게 할 수 있습니다.
④ 회사는 제1항의 통지를 계약이 해지된 날부터 7일 이내에 하여야 합니다.
⑤ 보험수익자는 통지를 받은 날(제3항에 따라 계약자에게 통지된 경우에는 계약자가 통지를 받은 날을 말합니다)부터 15일 이내에 제1항의 절차를 이행할 수 있습니다.

제6관 계약의 해지 및 해지환급금 등

제29조(계약자의 임의해지 및 피보험자의 서면동의 철회권) ① 계약자는 계약이 소멸하기 전에 언제든지 계약을 해지할 수 있으며(다만, 연금보험의 경우 연금이 지급개시된 이후에는 해지할 수 없습니다), 이 경우 회사는 제32조(해지환급금) 제1항에 따른 해지환급금을 계약자에게 지급합니다.
② 제19조(계약의 무효)에 따라 사망을 보험금 지급사유로 하는 계약에서 서면으로 동의를 한 피보험자는 계약의 효력이 유지되는 기간에는 언제든지 서면동의를 장래를 향하여 철회할 수 있으며, 서면동의 철회로 계약이 해지되어 회사가 지급하여야 할 해지환급금이 있을 때에는 제32조(해지환급금) 제1항에 따른 해지환급금을 계약자에게 지급합니다.

제30조(중대사유로 인한 해지) ① 회사는 아래와 같은 사실이 있을 경우에는 그 사실을 안 날부터 1개월 이내에 계약을 해지할 수 있습니다.

1. 계약자, 피보험자 또는 보험수익자가 고의로 보험금 지급사유를 발생시킨 경우
2. 계약자, 피보험자 또는 보험수익자가 보험금 청구에 관한 서류에 고의로 사실과 다른 것을 기재하였거나 그 서류 또는 증거를 위조 또는 변조한 경우. 다만, 이미 보험금 지급사유가 발생한 경우에는 보험금 지급에 영향을 미치지 않습니다.

② 회사가 제1항에 따라 계약을 해지한 경우 회사는 그 취지를 계약자에게 통지하고 제32조(해지환급금) 제1항에 따른 해지환급금을 지급합니다.

제31조(회사의 파산선고와 해지) ① 회사가 파산의 선고를 받은 때에는 계약자는 계약을 해지할 수 있습니다.
② 제1항의 규정에 따라 해지하지 않은 계약은 파산선고 후 3개월이 지난 때에는 그 효력을 잃습니다.
③ 제1항의 규정에 따라 계약이 해지되거나 제2항의 규정에 따라 계약이 효력을 잃는 경우에 회사는 제32조(해지환급금) 제1항에 의한 해지환급금을 계약자에게 드립니다.

제32조(해지환급금) ① 이 약관에 따른 해지환급금은 보험료 및 책임준비금 산출방법서에 따라 계산합니다.
② 해지환급금의 지급사유가 발생한 경우 계약자는 회사에 해지환급금을 청구하여야 하며, 회사는 청구를 접수한 날부터 3영업일 이내에 해지환급금을 지급합니다. 해지환급금 지급일까지의 기간에 대한 이자의 계산은 〈부표 4-1〉 '보험금을 지급할 때의 적립이율 계산'에 따릅니다.
③ 회사는 경과기간별 해지환급금에 관한 표를 계약자에게 제공하여 드립니다.

제33조(보험계약대출) ① 계약자는 이 계약의 해지환급금 범위 내에서 회사가 정한 방법에 따라 대출(이하 '보험계약대출'이라 합니다)을 받을 수 있습니다. 그러나 순수보장성보험 등 보험상품의 종류에 따라 보험계약대출이 제한될 수도 있습니다.
② 계약자는 제1항에 따른 보험계약대출금과 보험계약대출이자를 언제든지 상환할 수 있으며 상환하지 않은 때에는 회사는 보험금, 해지환급금 등의 지급사유가 발생한 날에 지급금에서 보험계약대출의 원금과 이자를 차감할 수 있습니다.
③ 회사는 제26조(보험료의 납입이 연체되는 경우 납입최고(독촉)와 계약의 해지)에 따라 계약이 해지되는 때에는 즉시 해지환급금에서 보험계약대출의 원금과 이자를 차감합니다.
④ 회사는 보험수익자에게 보험계약대출 사실을 통지할 수 있습니다.

제34조(배당금의 지급) ① 회사는 금융감독원장이 정하는 방법에 따라 회사가 결정한 배당금을 계약자에게 지급합니다.
② 회사는 배당금 지급이 결정되었을 때에는 그 내역을 계약자에게 알려드립니다.

제7관 분쟁의 조정 등

제35조(분쟁의 조정) 계약에 관하여 분쟁이 있는 경우 분쟁 당사자 또는 기타 이해관계인과 회사는 금융감독원장에게 조정을 신청할 수 있습니다.

제36조(관할법원) 이 계약에 관한 소송 및 민사조정은 계약자의 주소지를 관할하는 법원으로 합니다. 다만, 회사와 계약자가 합의하여 관할법원을 달리 정할 수 있습니다.

제37조(소멸시효) 보험금청구권, 보험료 반환청구권, 해지환급금청구권, 책임준비금 반환청구권 및 배당금청구권은 2년간 행사하지 않으면 소멸시효가 완성됩니다.

제38조(약관의 해석) ① 회사는 신의성실의 원칙에 따라 공정하게 약관을 해석하여야 하며 계약자에 따라 다르게 해석하지 않습니다.
② 회사는 약관의 뜻이 명백하지 않은 경우에는 계약자에게 유리하게 해석합니다.
③ 회사는 보험금을 지급하지 않는 사유 등 계약자나 피보험자에게 불리하거나 부담을 주는 내용은 확대하여 해석하지 않습니다.

제39조(회사가 제작한 보험안내자료 등의 효력) 보험설계사 등이 모집과정에서 사용한 회사 제작의 보험안내자료(계약의 청약을 권유하기 위해 만든 자료 등을 말합니다) 내용이 이 약관의 내용과 다른 경우에는 계약자에게 유리한 내용으로 계약이 성립된 것으로 봅니다.

제40조(회사의 손해배상책임) ① 회사는 계약과 관련하여 임직원, 보험설계사 및 대리점의 책임 있는 사유로 계약자, 피보험자 및 보험수익자에게 발생된 손해에 대하여 관계 법령 등에 따라 손해배상의 책임을 집니다.
② 회사는 보험금 지급거절 및 지연지급의 사유가 없음을 알았거나 알 수 있었는데도 소를 제기하여 계약자, 피보험자 또는 보험수익자에게 손해를 가한 경우에는 그에 따른 손해를 배상할 책임을 집니다.
③ 회사가 보험금 지급 여부 및 지급금액에 관하여 현저하게 공정을 잃은 합의로 보험수익자에게 손해를 가한 경우에도 회사는 제2항에 따라 손해를 배상할 책임을 집니다.

제41조(개인정보보호) ① 회사는 이 계약과 관련된 개인정보를 이 계약의 체결, 유지, 보험금 지급 등을 위하여「개인정보 보호법」,「신용정보의 이용 및 보호에 관한 법률」등 관계 법령에 정한 경우를 제외하고 계약자, 피보험자 또는 보험수익자의 동의없이 수집, 이용, 조회 또는 제공하지 않습니다. 다만, 회사는 이 계약의 체결, 유지, 보험금 지급 등을 위하여 위 관계 법령에 따라 계약자 및 피보험자의 동의를 받아 다른 보험회사 및 보험관련단체 등에 개인정보를 제공할 수 있습니다.
② 회사는 계약과 관련된 개인정보를 안전하게 관리하여야 합니다.

제42조(준거법) 이 계약은 대한민국 법에 따라 규율되고 해석되며, 약관에서 정하지 않은 사항은 상법, 민법 등 관계 법령을 따릅니다.

제43조(예금보험에 의한 지급보장) 회사가 파산 등으로 인하여 보험금 등을 지급하지 못할 경우에는 예금자보호법에서 정하는 바에 따라 그 지급을 보장합니다.

〈부표 3〉

장 해 분 류 표

1 총 칙

1. 장해의 정의

1) '장해'라 함은 상해 또는 질병에 대하여 치유된 후 신체에 남아 있는 영구적인 정신 또는 육체의 훼손상태를 말한다. 다만, 질병과 부상의 주증상과 합병증상 및 이에 대한 치료를 받는 과정에서 일시적으로 나타나는 증상은 장해에 포함되지 않는다.
2) '영구적'이라 함은 원칙적으로 치유하는 때 장래 회복할 가망이 없는 상태로서 정신적 또는 육체적 훼손상태임이 의학적으로 인정되는 경우를 말한다.
3) '치유된 후'라 함은 상해 또는 질병에 대한 치료의 효과를 기대할 수 없게 되고 또한 그 증상이 고정된 상태를 말한다.
4) 다만, 영구히 고정된 증상은 아니지만 치료 종결 후 한시적으로 나타나는 장해에 대하여는 그 기간이 5년 이상인 경우 해당 장해지급률의 20%를 보험가입금액에 곱하여 산출한 금액을 지급합니다.

2. 신체부위

'신체부위'라 함은 ① 눈 ② 귀 ③ 코 ④ 씹어먹거나 말하는 기능 ⑤ 외모 ⑥ 척추(등뼈) ⑦ 체간골 ⑧ 팔 ⑨ 다리 ⑩ 손가락 ⑪ 발가락 ⑫ 흉·복부장기 및 비뇨생식기 ⑬ 신경계·정신행동의 13개 부위를 말하며, 이를 각각 동일한 신체부위라 한다. 다만, 좌·우의 눈, 귀, 팔, 다리는 각각 다른 신체부위로 본다.

3. 기타

1) 하나의 장해가 관찰 방법에 따라서 장해분류표상 2가지 이상의 신체부위 또는 동일한 신체부위에서, 하나의 장해에 다른 장해가 통상 파생하는 관계에 있는 경우에는 각각 그중 높은 지급률만을 적용한다.
2) 동일한 신체부위에 2가지 이상의 장해가 발생한 경우에는 합산하지 않고 그중 높은 지급률을 적용함을 원칙으로 한다. 그러나 각 신체부위별 판정기준에서 별도로 정한 경우에는 그 기준에 따른다.
3) 의학적으로 뇌사판정을 받고 호흡기능과 심장박동기능을 상실하여 인공심박동기 등 장치에 의존하여 생명을 연장하고 있는 뇌사상태는 장해의 판정대상에 포함되지 않는다.
4) 장해진단서에는 ① 장해진단명 및 발생시기 ② 장해의 내용과 그 정도 ③ 사고와의 인과관계 및 사고의 관여도 ④ 향후 치료의 문제 및 호전도를 필수적으로 기재해야 한다. 다만, 신경계·정신행동 장해의 경우 ① 개호(장해로 혼자서 활동이 어려운 사람을 곁에서 돌보는 것) 여부 ② 객관적 이유 및 개호의 내용을 추가로 기재하여야 한다.

2 장해분류별 판정기준

1. 눈의 장해

가. 장해의 분류

장해의 분류	지급률
1) 두 눈이 멀었을 때	100
2) 한 눈이 멀었을 때	50
3) 한 눈의 교정시력이 0.02 이하로 된 때	35
4) 〃 0.06 〃	25
5) 〃 0.1 〃	15
6) 〃 0.2 〃	5
7) 한 눈의 안구에 뚜렷한 운동장해나 뚜렷한 조절기능장해를 남긴 때	10
8) 한 눈의 시야가 좁아지거나 반맹증, 시야협착, 암점을 남긴 때	5
9) 한 눈의 눈꺼풀에 뚜렷한 결손을 남긴 때	10
10) 한 눈의 눈꺼풀에 뚜렷한 운동장해를 남긴 때	5

나. 장해판정기준

1) 시력장해의 경우 공인된 시력검사표에 따라 측정한다.
2) '교정시력'이라 함은 안경(콘택트렌즈를 포함한 모든 종류의 시력 교정수단)으로 교정한 시력을 말한다.
3) '한 눈이 멀었을 때'라 함은 눈동자의 적출은 물론 명암을 가리지 못하거나('광각무') 겨우 가릴 수 있는 경우('광각')를 말한다.
4) 안구운동장해의 판정은 외상 후 1년 이상이 지난 뒤 그 장해 정도를 평가한다.
5) '안구의 뚜렷한 운동장해'라 함은 안구의 주시야(머리를 움직이지 않고 눈만을 움직여서 볼 수 있는 범위)의 운동범위가 정상의 1/2 이하로 감소된 경우나 정면 양안시(두 눈으로 하나의 사물을 보는 것)에서 복시(물체가 둘로 보이거나 겹쳐 보임)를 남긴 때를 말한다.
6) '안구의 뚜렷한 조절기능장해'라 함은 조절력이 정상의 1/2 이하로 감소된 경우를 말한다. 다만, 조절력의 감소를 무시할 수 있는 45세 이상의 경우에는 제외한다.
7) '시야가 좁아진 때'라 함은 시야각도의 합계가 정상시야의 60% 이하로 제한된 경우를 말한다.
8) '눈꺼풀에 뚜렷한 결손을 남긴 때'라 함은 눈꺼풀의 결손으로 눈을 감았을 때 각막(검은 자위)이 완전히 덮이지 않는 경우를 말한다.
9) '눈꺼풀에 뚜렷한 운동장해를 남긴 때'라 함은 눈을 떴을 때 동공을 1/2 이상 덮거나 또는 눈을 감았을 때 각막을 완전히 덮을 수 없는 경우를 말한다.
10) 외상이나 화상 등으로 눈동자의 적출이 불가피한 경우에는 외모의 추상(추한 모습)이 가산된다. 이 경우 눈동자가 적출되어 눈자위의 조직요몰(凹沒) 등으로 의안마저 끼워 넣을 수 없는 상태이면 '뚜렷한 추상(추한 모습)'으로, 의안을 끼워 넣을 수 있는 상태이면 '약간의 추상(추한 모습)'으로 지급률을 가산한다.
11) '눈꺼풀에 뚜렷한 결손을 남긴 때'에 해당하는 경우에는 추상(추한 모습)장해를 포함하여 장해를 평가한 것으로 보고 추상(추한 모습)장해를 가산하지 않는다. 다만, 안면부의 추상(추한 모습)은 두 가지 장해평가 방법 중 피보험자에게 유리한 것을 적용한다.

2. 귀의 장해

가. 장해의 분류

장해의 분류	지급률
1) 두 귀의 청력을 완전히 잃었을 때	80
2) 한 귀의 청력을 완전히 잃고, 다른 귀의 청력에 심한 장해를 남긴 때	45
3) 한 귀의 청력을 완전히 잃었을 때	25
4) 한 귀의 청력에 심한 장해를 남긴 때	15
5) 한 귀의 청력에 약간의 장해를 남긴 때	5
6) 한 귀의 귓바퀴의 대부분이 결손된 때	10

나. 장해판정기준

1) 청력장해는 순음청력검사 결과에 따라 데시벨(dB: decibel)로서 표시하고 3회 이상 청력검사를 실시한 후 순음평균역치에 따라 적용한다.
2) '한 귀의 청력을 완전히 잃었을 때'라 함은 순음청력검사 결과 평균순음역치가 90dB 이상인 경우를 말한다.
3) '심한 장해를 남긴 때'라 함은 순음청력검사 결과 평균순음역치가 80dB 이상인 경우에 해당되어, 귀에다 대고 말하지 않고는 큰 소리를 알아듣지 못하는 경우를 말한다.
4) '약간의 장해를 남긴 때'라 함은 순음청력검사 결과 평균순음역치가 70dB 이상인 경우에 해당되어, 50cm 이상의 거리에서는 보통의 말소리를 알아듣지 못하는 경우를 말한다.
5) 순음청력검사를 실시하기 곤란하거나 검사결과에 대한 검증이 필요한 경우에는 '언어청력검사, 임피던스 청력검사, 뇌간유발반응청력검사(ABR), 자기청력계기검사, 이음향방사검사' 등을 추가실시 후 장해를 평가한다.

다. 귓바퀴의 결손

1) '귓바퀴의 대부분이 결손된 때'라 함은 귓바퀴의 연골부가 1/2 이상 결손된 경우를 말하며, 귓바퀴의 결손이 1/2 미만이고 기능에 문제가 없으면 외모의 추상(추한 모습)장해로 평가한다.

3. 코의 장해

가. 장해의 분류

장해의 분류	지급률
1) 코의 기능을 완전히 잃었을 때	15

나. 장해판정기준

1) '코의 기능을 완전히 잃었을 때'라 함은 양쪽 코의 호흡곤란 또는 양쪽 코의 후각기능을 완전히 잃은 경우를 말하며, 후각감퇴는 장해의 대상으로 하지 않는다.
2) 코의 추상(추한 모습)장해를 수반한 때에는 기능장해와 각각 합산하여 지급한다.

4. 씹어먹거나 말하는 장해

가. 장해의 분류

장해의 분류	지급률
1) 씹어먹는 기능과 말하는 기능 모두에 심한 장해를 남긴 때	100
2) 씹어먹는 기능 또는 말하는 기능에 심한 장해를 남긴 때	80
3) 씹어먹는 기능과 말하는 기능 모두에 뚜렷한 장해를 남긴 때	40
4) 씹어먹는 기능 또는 말하는 기능에 뚜렷한 장해를 남긴 때	20
5) 씹어먹는 기능과 말하는 기능 모두에 약간의 장해를 남긴 때	10
6) 씹어먹는 기능 또는 말하는 기능에 약간의 장해를 남긴 때	5
7) 치아에 14개 이상의 결손이 생긴 때	20
8) 치아에 7개 이상의 결손이 생긴 때	10
9) 치아에 5개 이상의 결손이 생긴 때	5

나. 장해의 평가기준

1) 씹어먹는 기능의 장해는 윗니와 아랫니의 맞물림(교합), 배열상태 및 아래턱의 개폐운동, 연하(삼킴)운동 등에 따라 종합적으로 판단하여 결정한다.
2) '씹어먹는 기능에 심한 장해를 남긴 때'라 함은 물이나 이에 준하는 음료 이외는 섭취하지 못하는 경우를 말한다.
3) '씹어먹는 기능에 뚜렷한 장해를 남긴 때'라 함은 미음 또는 이에 준하는 정도의 음식물(죽 등) 외는 섭취하지 못하는 경우를 말한다.
4) '씹어먹는 기능에 약간의 장해를 남긴 때'라 함은 어느 정도의 고형식(밥, 빵 등)은 섭취할 수 있으나 이를 씹어 잘게 부수는 기능에 제한이 뚜렷한 경우를 말한다.
5) '말하는 기능에 심한 장해를 남긴 때'라 함은 다음 4종의 어음 중 3종 이상의 발음을 할 수 없게 된 경우를 말한다.
   ① 양순음/입술소리(ㅁ, ㅂ, ㅍ)
   ② 치조음/잇몸소리(ㄴ, ㄷ, ㄹ)
   ③ 구개음/입천장소리(ㄱ, ㅈ, ㅊ)
   ④ 후두음/목구멍소리(ㅇ, ㅎ)
6) '말하는 기능에 뚜렷한 장해를 남긴 때'라 함은 위 5)의 4종의 어음 중 2종 이상의 발음을 할 수 없는 경우를 말한다.
7) '말하는 기능에 약간의 장해를 남긴 때'라 함은 위 5)의 4종의 어음 중 1종의 발음을 할 수 없는 경우를 말한다.
8) 뇌의 언어중추 손상에 따른 실어증도 말하는 기능의 장해로 평가한다.
9) '치아의 결손'이란 치아의 상실 또는 치아의 신경이 죽었거나 1/3 이상이 파절(깨짐, 부러짐)된 경우를 말한다.
10) 유상의치 또는 가교의치 등을 보철한 경우의 지대관 또는 구의 장착치와 포스트, 인레인만을 한 치아는 결손된 치아로 인정하지 않는다.

11) 상실된 치아의 크기가 크든지 또는 치간의 간격이나 치아 배열구조 등의 문제로 사고와 관계없이 새로운 치아가 결손된 경우에는 사고로 결손된 치아 수에 따라 지급률을 결정한다.
12) 어린이의 유치와 같이 새로 자라서 갈 수 있는 치아는 후유장해의 대상이 되지 않는다.
13) 신체의 일부에 붙였다 떼었다 할 수 있는 의치의 결손은 후유장해의 대상이 되지 않는다.

5. 외모의 추상(추한 모습)장해

가. 장해의 분류

장해의 분류	지급률
1) 외모에 뚜렷한 추상(추한 모습)을 남긴 때	15
2) 외모에 약간의 추상(추한 모습)을 남긴 때	5

나. 장해판정기준

1) '외모'란 얼굴(눈, 코, 귀, 입 포함), 머리, 목을 말한다.
2) '추상(추한 모습)장해'라 함은 성형수술 후에도 영구히 남게 되는 상태의 추상(추한 모습)을 말하며, 재건수술로 흉터를 줄일 수 있는 경우는 제외한다.
3) '추상(추한 모습)을 남긴 때'라 함은 상처의 흔적, 화상 등으로 피부의 변색, 모발의 결손, 조직(뼈, 피부 등)의 결손 및 함몰 등으로 성형수술을 하여도 더 이상 추상(추한 모습)이 없어지지 않는 경우를 말한다.

다. 뚜렷한 추상(추한 모습)

1) 얼굴
   ① 손바닥 크기 1/2 이상의 추상(추한 모습)
   ② 길이 10cm 이상의 추상 반흔(추한 모습의 흉터)
   ③ 지름 5cm 이상의 조직함몰
   ④ 코의 1/2 이상 결손
2) 머리
   ① 손바닥 크기 이상의 반흔(흉터) 및 모발결손
   ② 머리뼈의 손바닥 크기 이상의 손상 및 결손
3) 목
   손바닥 크기 이상의 추상(추한 모습)

라. 약간의 추상(추한 모습)

1) 얼굴
   ① 손바닥 크기 1/4 이상의 추상(추한 모습)
   ② 길이 5cm 이상의 추상반흔(추한 모습의 흉터)
   ③ 지름 2cm 이상의 조직함몰
   ④ 코의 1/4 이상 결손
2) 머리
   ① 손바닥 1/2 크기 이상의 반흔(흉터), 모발결손
   ② 머리뼈의 손바닥 1/2 크기 이상의 손상 및 결손
3) 목
   손바닥 크기 1/2 이상의 추상(추한 모습)

마. 손바닥 크기

'손바닥 크기'라 함은 해당 환자의 손가락을 제외한 손바닥의 크기를 말하며, 12세 이상의 성인에서는 8×10cm (1/2 크기는 40㎠, 1/4 크기는 20㎠), 6~11세의 경우는 6×8cm(1/2 크기는 24㎠, 1/4 크기는 12㎠), 6세 미만의 경우는 4×6cm(1/2 크기는 12㎠, 1/4 크기는 6㎠)로 간주한다.

6. 척추(등뼈)의 장해

가. 장해의 분류

장해의 분류	지급률
1) 척추(등뼈)에 심한 운동장해를 남긴 때	40
2) 척추(등뼈)에 뚜렷한 운동장해를 남긴 때	30
3) 척추(등뼈)에 약간의 운동장해를 남긴 때	10
4) 척추(등뼈)에 심한 기형을 남긴 때	50
5) 척추(등뼈)에 뚜렷한 기형을 남긴 때	30
6) 척추(등뼈)에 약간의 기형을 남긴 때	15
7) 심한 추간판탈출증(속칭 디스크)	20
8) 뚜렷한 추간판탈출증(속칭 디스크)	15
9) 약간의 추간판탈출증(속칭 디스크)	10

나. 장해판정기준

1) 척추(등뼈)는 경추(목뼈) 이하를 모두 동일한 부위로 한다.
2) 척추(등뼈)의 장해는 퇴행성 기왕증 병변과 사고가 그 증상을 악화시킨 부분만큼, 즉 이 사고와의 관여도를 산정하여 평가한다.
3) 심한 운동장해 : 척추체(척추뼈 몸통)에 골절 또는 탈구로 4개 이상의 척추체(척추뼈 몸통)를 유합(아물어 붙음) 또는 고정한 상태
4) 뚜렷한 운동장해
   ① 척추체(척추뼈 몸통)에 골절 또는 탈구로 3개의 척추체(척추뼈 몸통)를 유합(아물어 붙음) 또는 고정한 상태
   ② 머리뼈와 상위경추(상위목뼈: 제1, 2목뼈) 사이에 뚜렷한 이상전위가 있을 때
5) 약간의 운동장해 : 척추체(척추뼈 몸통)에 골절 또는 탈구로 2개의 척추체(척추뼈 몸통)를 유합(아물어 붙음) 또는 고정한 상태
6) 심한 기형 : 척추의 골절 또는 탈구 등으로 35° 이상의 척추전만증(척추가 앞으로 휘어지는 증상), 척추후만증(척추가 뒤로 휘어지는 증상) 또는 20° 이상의 척추측만증(척추가 옆으로 휘어지는 증상) 변형이 있을 때
7) 뚜렷한 기형 : 척추의 골절 또는 탈구 등으로 15° 이상의 척추전만증(척추가 앞으로 휘어지는 증상), 척추후만증(척추가 뒤로 휘어지는 증상) 또는 10° 이상의 척추측만증(척추가 옆으로 휘어지는 증상) 변형이 있을 때
8) 약간의 기형 : 1개 이상의 척추의 골절 또는 탈구로 경도(가벼운 정도)의 척추전만증(척추가 앞으로 휘어지는 증상), 척추후만증(척추가 뒤로 휘어지는 증상) 또는 척추측만증(척추가 옆으로 휘어지는 증상) 변형이 있을 때
9) 심한 추간판탈출증(속칭 디스크) : 추간판탈출증(속칭 디스크)으로 추간판을 2마디 이상 수술하거나 하나의 추간판이라도 2회 이상 수술하고 마미신경증후군이 발생하여 하지의 현저한 마비 또는 대소변의 장해가 있는 경우
10) 뚜렷한 추간판탈출증(속칭 디스크) : 추간판 1마디를 수술하여 신경증상이 뚜렷하고 특수 보조검사에서 이상이 있으며, 척추신경근의 불완전 마비가 인정되는 경우
11) 약간의 추간판탈출증(속칭 디스크) : 특수검사(뇌전산화단층촬영(CT), 자기공명영상(MRI) 등)에서 추간판 병변이 확인되고 의학적으로 인정할 만한 하지방사통(주변부위로 뻗치는 증상) 또는 감각 이상이 있는 경우
12) 추간판탈출증(속칭 디스크)으로 진단된 경우에는 수술 여부에 관계없이 운동장해 및 기형장해로 평가하지 않는다.

7. 체간골의 장해

가. 장해의 분류

장해의 분류	지급률
1) 어깨뼈나 골반뼈에 뚜렷한 기형을 남긴 때	15
2) 빗장뼈, 가슴뼈, 갈비뼈에 뚜렷한 기형을 남긴 때	10

나. 장해판정기준

1) '체간골'이라 함은 어깨뼈, 골반뼈, 빗장뼈, 가슴뼈, 갈비뼈를 말하며, 이를 모두 같은 부위로 한다.
2) '골반뼈의 뚜렷한 기형'이라 함은 아래와 같다.
   ① 천장관절 또는 치골문합부가 분리된 상태로 치유되었거나 좌골이 2.5cm 이상 분리된 부정유합 상태 또는 여자에게 정상분만에 지장을 줄 정도로 골반의 변형이 남은 상태
   ② 알몸이 되었을 때 변형(결손을 포함)을 명백하게 알 수 있을 정도를 말하며, 방사선 검사로 측정한 각 변형이 20° 이상인 경우
3) '빗장뼈, 가슴뼈, 갈비뼈 또는 어깨뼈에 뚜렷한 기형이 남은 때'라 함은 알몸이 되었을 때 변형(결손을 포함)을 명백하게 알 수 있을 정도를 말하며, 방사선 검사로 측정한 각 변형이 20° 이상인 경우를 말한다.
4) 갈비뼈의 기형은 그 개수와 정도, 부위 등에 관계없이 전체를 일괄하여 하나의 장해로 취급한다.

8. 팔의 장해

가. 장해의 분류

장해의 분류	지급률
1) 두 팔의 손목 이상을 잃었을 때	100
2) 한 팔의 손목 이상을 잃었을 때	60
3) 한 팔의 3대 관절 중 관절 하나의 기능을 완전히 잃었을 때	30
4) 한 팔의 3대 관절 중 관절 하나의 기능에 심한 장해를 남긴 때	20
5) 한 팔의 3대 관절 중 관절 하나의 기능에 뚜렷한 장해를 남긴 때	10
6) 한 팔의 3대 관절 중 관절 하나의 기능에 약간의 장해를 남긴 때	5
7) 한 팔에 가관절이 남아 뚜렷한 장해를 남긴 때	20
8) 한 팔에 가관절이 남아 약간의 장해를 남긴 때	10
9) 한 팔의 뼈에 기형을 남긴 때	5

나. 장해판정기준

1) 골절부에 금속내고정물 등을 사용하였기 때문에 그것이 기능장해의 원인이 되는 때에는 그 내고정물 등이 제거된 후 장해를 판정한다.
2) 관절을 사용하지 않아 발생한 기능장해(예컨대 석고붕대(cast)로 환부를 고정시켰기 때문에 치유 후의 관절에 기능장해가 생긴 경우)와 일시적인 장해는 장해보상을 하지 않는다.
3) '팔'이라 함은 어깨관절(肩關節)부터 손목관절까지를 말한다.
4) '팔의 3대 관절'이라 함은 어깨관절, 팔꿈치관절 및 손목관절을 말한다.
5) '한 팔의 손목 이상을 잃었을 때'라 함은 손목관절부터 심장에 가까운 쪽에서 절단된 때를 말하며, 팔꿈치관절 상부에서 절단된 경우도 포함된다.
6) 팔의 관절기능장해 평가는 팔의 3대 관절의 관절운동범위 제한 등으로 평가한다. 각 관절의 운동범위 측정은 미국의사협회(A.M.A.) '영구적 신체장해 평가지침'의 정상각도 및 측정방법 등을 따르며, 관절기능장해를 표시할 경우에는 장해부위의 장해각도와 정상부위의 측정치를 동시에 판단하여 장해상태를 명확히 한다.
   가) '기능을 완전히 잃었을 때'라 함은
      ① 완전 강직(관절굳음) 또는 인공관절이나 인공골두를 삽입한 경우
      ② 근전도 검사상 완전마비 소견이 있고 근력검사에서 근력이 '0등급(Zero)'인 경우

나) '심한 장해'라 함은

① 해당 관절의 운동범위 합계가 정상 운동범위의 1/4 이하로 제한된 경우

② 근전도 검사상 심한 마비 소견이 있고 근력검사에서 근력이 '1등급(Trace)'인 경우

다) '뚜렷한 장해'라 함은

① 해당 관절의 운동범위 합계가 정상 운동범위의 1/2 이하로 제한된 경우

라) '약간의 장해'라 함은

① 해당 관절의 운동범위 합계가 정상 운동범위의 3/4 이하로 제한된 경우

7) '가관절이 남아 뚜렷한 장해를 남긴 때'라 함은 상완골에 가관절이 남은 경우 또는 요골과 척골의 2개 뼈 모두에 가관절이 남은 경우를 말한다.

8) '가관절이 남아 약간의 장해를 남긴 때'라 함은 요골과 척골 중 어느 한 뼈에 가관절이 남은 경우를 말한다.

9) '뼈에 기형을 남긴 때'라 함은 상완골 또는 요골과 척골에 변형이 남아 정상에 비해 부정유합된 각 변형이 15° 이상인 경우를 말한다.

다. 지급률의 결정

1) 1상지(팔과 손가락)의 후유장해지급률은 원칙적으로 각각 합산하되, 지급률은 60% 한도로 한다.

2) 한 팔의 3대 관절 중 관절 하나에 기능장해가 생기고 다른 관절 하나에 기능장해가 발생한 경우 지급률은 각각 적용하여 합산한다.

9. 다리의 장해

가. 장해의 분류

장해의 분류	지급률
1) 두 다리의 발목 이상을 잃었을 때	100
2) 한 다리의 발목 이상을 잃었을 때	60
3) 한 다리의 3대 관절 중 관절 하나의 기능을 완전히 잃었을 때	30
4) 한 다리의 3대 관절 중 관절 하나의 기능에 심한 장해를 남긴 때	20
5) 한 다리의 3대 관절 중 관절 하나의 기능에 뚜렷한 장해를 남긴 때	10
6) 한 다리의 3대 관절 중 관절 하나의 기능에 약간의 장해를 남긴 때	5
7) 한 다리에 가관절이 남아 뚜렷한 장해를 남긴 때	20
8) 한 다리에 가관절이 남아 약간의 장해를 남긴 때	10
9) 한 다리의 뼈에 기형을 남긴 때	5
10) 한 다리가 5cm 이상 짧아진 때	30
11) 한 다리가 3cm 이상 짧아진 때	15
12) 한 다리가 1cm 이상 짧아진 때	5

나. 장해판정기준

1) 골절부에 금속내고정물 등을 사용하였기 때문에 그것이 기능장해의 원인이 되는 때에는 그 내고정물 등이 제거된 후 장해를 판정한다.

2) 관절을 사용하지 않아 발생한 기능장해(예컨대 석고붕대(cast)로 환부를 고정시켰기 때문에 치유 후의 관절에 기능장해가 생긴 경우)와 일시적인 장해는 장해보상을 하지 않는다.

3) '다리'라 함은 엉덩이관절〔股關節〕부터 발목관절까지를 말한다.

4) '다리의 3대 관절'이라 함은 고관절, 무릎관절 및 발목관절을 말한다.

5) '한 다리의 발목 이상을 잃었을 때'라 함은 발목관절부터 심장에 가까운 쪽에서 절단된 때를 말하며, 무릎관절의 상부에서 절단된 경우도 포함된다.

6) 다리의 관절기능장해 평가는 하지의 3대 관절의 관절운동범위 제한 및 동요성 유무 등으로 평가한다. 각 관절의 운동범위 측정은 미국의사협회(A.M.A.) '영구적 신체장해 평가지침'의 정상각도 및 측정방법 등을 따르며, 관절기능장해를 표시할 경우에는 장해부위의 장해각도와 정상부위의 측정치를 동시에 판단하여 장해상태를 명확히 한다.

가) '기능을 완전히 잃었을 때'라 함은
① 완전 강직(관절굳음) 또는 인공관절이나 인공골두를 삽입한 경우
② 근전도 검사상 완전마비 소견이 있고 근력검사에서 근력이 '0등급(Zero)'인 경우
나) '심한 장해'라 함은
① 해당 관절의 운동범위 합계가 정상 운동범위의 1/4 이하로 제한된 경우
② 객관적 검사(스트레스 엑스선)상 15mm 이상의 동요관절(관절이 흔들리거나 움직이는 것)이 있는 경우
③ 근전도 검사상 심한 마비 소견이 있고 근력검사에서 근력이 '1등급(Trace)'인 경우
다) '뚜렷한 장해'라 함은
① 해당 관절의 운동범위 합계가 정상 운동범위의 1/2 이하로 제한된 경우
② 객관적 검사(스트레스 엑스선)상 10mm 이상의 동요관절(관절이 흔들리거나 움직이는 것)이 있는 경우
라) '약간의 장해'라 함은
① 해당 관절의 운동범위 합계가 정상 운동범위의 3/4 이하로 제한된 경우
② 객관적 검사(스트레스 엑스선)상 5mm 이상의 동요관절(관절이 흔들리거나 움직이는 것)이 있는 경우

7) '가관절이 남아 뚜렷한 장해를 남긴 때'라 함은 대퇴골에 가관절이 남은 경우 또는 경골과 종아리뼈의 2개 뼈 모두에 가관절이 남은 경우를 말한다.
8) '가관절이 남아 약간의 장해를 남긴 때'라 함은 경골과 종아리뼈 중 어느 한 뼈에 가관절이 남은 경우를 말한다.
9) '뼈에 기형을 남긴 때'라 함은 대퇴골 또는 경골에 기형이 남아 정상에 비해 부정유합된 각 변형이 15° 이상인 경우를 말한다.
10) 다리의 단축은 상전장골극에서부터 경골 내측과 하단까지의 길이를 측정하여 정상인 쪽 다리의 길이와 비교하여 단축된 길이를 산출한다. 다리 길이의 측정에 이용하는 골표적(bony landmark)이 명확하지 않은 경우나 다리의 단축장해 판단이 애매한 경우에는 스캐노그램(scanogram)으로 다리의 단축 정도를 측정한다.

다. 지급률의 결정

1) 1하지(다리와 발가락)의 후유장해지급률은 원칙적으로 각각 합산하되, 지급률은 60% 한도로 한다.
2) 한 다리의 3대 관절 중 관절 하나에 기능장해가 생기고 다른 관절 하나에 기능장해가 발생한 경우 지급률은 각각 적용하여 합산한다.

10. 손가락의 장해

가. 장해의 분류

장해의 분류	지급률
1) 한 손의 5개 손가락을 모두 잃었을 때	55
2) 한 손의 첫째 손가락을 잃었을 때	15
3) 한 손의 첫째 손가락 이외의 손가락을 잃었을 때(손가락 하나마다)	10
4) 한 손의 5개 손가락 모두의 손가락뼈 일부를 잃었을 때 또는 뚜렷한 장해를 남긴 때	30
5) 한 손의 첫째 손가락의 손가락뼈 일부를 잃었을 때 또는 뚜렷한 장해를 남긴 때	10
6) 한 손의 첫째 손가락 이외의 손가락의 손가락뼈 일부를 잃었을 때 또는 뚜렷한 장해를 남긴 때(손가락 하나마다)	5

나. 장해판정기준

1) 손가락에는 첫째 손가락에 2개의 손가락관절이 있다. 그중 심장에서 가까운 쪽부터 중수지관절, 지관절이라 한다.
2) 다른 네 손가락에는 3개의 손가락관절이 있다. 그중 심장에서 가까운 쪽부터 중수지관절, 제1지관절(근위지관절) 및 제2지관절(원위지관절)이라 부른다.

3) '손가락을 잃었을 때'라 함은 첫째 손가락에서는 지관절부터 심장에서 가까운 쪽에서, 다른 네 손가락에서는 제1지관절(근위지관절)부터 심장에서 가까운 쪽으로 손가락을 잃었을 때를 말한다.
4) '손가락뼈 일부를 잃었을 때'라 함은 첫째 손가락의 지관절, 다른 네 손가락의 제1지관절(근위지관절)부터 심장에서 먼 쪽으로 손가락뼈를 잃었거나 뼛조각이 떨어져 있는 것이 엑스선 사진으로 명백한 경우를 말한다.
5) '손가락에 뚜렷한 장해를 남긴 때'라 함은 손가락의 생리적 운동영역이 정상 운동가능영역의 1/2 이하가 되었을 때이며 이 경우 손가락관절의 굴신(굽히고 펴기)운동 가능영역으로 측정한다. 첫째 손가락 이외의 다른 네 손가락에서는 제1, 제2지관절의 굴신(굽히고 펴기)운동영역을 합산하여 정상 운동영역의 1/2 이하인 경우를 말한다.
6) 한 손가락에 장해가 생기고 다른 손가락에 장해가 발생한 경우, 지급률은 각각 적용하여 합산한다.

11. 발가락의 장해

가. 장해의 분류

장해의 분류	지급률
1) 한 발의 리스프랑관절 이상을 잃었을 때	40
2) 한 발의 5개 발가락을 모두 잃었을 때	30
3) 한 발의 첫째 발가락을 잃었을 때	10
4) 한 발의 첫째 발가락 이외의 발가락을 잃었을 때(발가락 하나마다)	5
5) 한 발의 5개 발가락 모두의 발가락뼈 일부를 잃었을 때 또는 뚜렷한 장해를 남긴 때	20
6) 한 발의 첫째 발가락의 발가락뼈 일부를 잃었을 때 또는 뚜렷한 장해를 남긴 때	8
7) 한 발의 첫째 발가락 이외의 발가락의 발가락뼈 일부를 잃었을 때 또는 뚜렷한 장해를 남긴 때(발가락 하나마다)	3

나. 장해판정기준
1) '발가락을 잃었을 때'라 함은 첫째 발가락에서는 지관절부터 심장에 가까운 쪽을, 나머지 네 발가락에서는 제1지관절(근위지관절)부터 심장에서 가까운 쪽을 잃었을 때를 말한다.
2) 리스프랑 관절 이상에서 잃은 때라 함은 족근-중족골간 관절 이상에서 절단된 경우를 말한다.
3) '발가락뼈 일부를 잃었을 때'라 함은 첫째 발가락에서는 지관절, 다른 네 발가락에서는 제1지관절(근위지관절)부터 심장에서 먼 쪽에서 발가락뼈를 잃었을 때를 말하고 단순히 살점이 떨어진 것만으로는 대상이 되지 않는다.
4) '발가락에 뚜렷한 장해를 남긴 때'라 함은 발가락의 생리적 운동영역이 정상 운동 가능영역의 1/2 이하가 되었을 때를 말하며, 이 경우 발가락의 주된 기능인 발가락 관절의 굴신(굽히고 펴기)기능을 측정하여 결정한다.
5) 한 발가락에 장해가 생기고 다른 발가락에 장해가 발생한 경우, 지급률은 각각 적용하여 합산한다.

12. 흉·복부장기 및 비뇨생식기의 장해

가. 장해의 분류

장해의 분류	지급률
1) 흉복부장기 또는 비뇨생식기 기능에 심한 장해를 남긴 때	75
2) 흉복부장기 또는 비뇨생식기 기능에 뚜렷한 장해를 남긴 때	50
3) 흉복부장기 또는 비뇨생식기 기능에 약간의 장해를 남긴 때	20

나. 장해의 판정기준
1) '흉복부장기 또는 비뇨생식기 기능에 심한 장해를 남긴 때'라 함은
① 심장, 폐, 신장, 또는 간장의 장기이식을 한 경우
② 장기이식을 하지 않고서는 생명유지가 불가능하여 혈액투석 등 의료처치를 평생토록 받아야 할 때
③ 방광의 기능이 완전히 없어진 때

2) '흉복부장기 또는 비뇨생식기 기능에 뚜렷한 장해를 남긴 때'라 함은
   ① 위, 대장 또는 췌장의 전부를 잘라내었을 때
   ② 소장 또는 간장의 3/4 이상을 잘라내었을 때
   ③ 양쪽 고환 또는 양쪽 난소를 모두 잃었을 때
3) '흉복부장기 또는 비뇨생식기 기능에 약간의 장해를 남긴 때'라 함은
   ① 비장 또는 한쪽의 신장이나 한쪽의 폐를 잘라내었을 때
   ② 장루, 요도루, 방광누공, 요관 장문합이 남았을 때
   ③ 방광의 용량이 50cc 이하로 위축되었거나 요도협착으로 인공요도가 필요한 때
   ④ 음경의 1/2 이상이 결손되었거나 질구 협착 등으로 성생활이 불가능한 때
   ⑤ 항문 괄약근의 기능장해로 인공항문을 설치한 경우(치료과정에서 일시적으로 발생하는 경우는 제외)
4) 흉복부장기 또는 비뇨생식기의 장해로 일상생활 기본동작에 제한이 있는 경우 '〈붙임〉 일상생활 기본동작(ADLs) 제한 장해평가표'에 따라 장해를 평가하고 둘 중 높은 지급률을 적용한다.
5) 장기간의 간병이 필요한 만성질환(만성간질환, 만성폐쇄성폐질환 등)은 장해의 평가 대상으로 인정하지 않는다.

13. 신경계·정신행동 장해

가. 장해의 분류

장해의 분류	지급률
1) 신경계에 장해가 남아 일상생활 기본동작에 제한을 남긴 때	10~100
2) 정신행동에 극심한 장해가 남아 타인의 지속적인 감시 또는 감금상태에서 생활해야 할 때	100
3) 정신행동에 심한 장해가 남아 감금상태에서 생활할 정도는 아니나 자해나 가해의 위험성이 지속적으로 있어서 부분적인 감시를 요할 때	70
4) 정신행동에 뚜렷한 장해가 남아 대중교통을 이용한 이동, 장보기 등의 기본적 사회 활동을 혼자서 할 수 없는 상태	40
5) 극심한 치매: CDR 척도 5점	100
6) 심한 치매: CDR 척도 4점	80
7) 뚜렷한 치매: CDR 척도 3점	60
8) 약간의 치매: CDR 척도 2점	40
9) 심한 간질발작이 남았을 때	70
10) 뚜렷한 간질발작이 남았을 때	40
11) 약간의 간질발작이 남았을 때	10

나. 장해판정기준

1) 신경계
   ① '신경계에 장해를 남긴 때'라 함은 뇌, 척수 및 말초신경계 손상으로 '〈붙임〉 일상생활 기본동작(ADLs) 제한 장해평가표'의 5가지 기본동작 중 하나 이상의 동작이 제한되었을 때를 말한다.
   ② 위 ①의 경우 '〈붙임〉 일상생활 기본동작(ADLs) 제한 장해평가표'상 지급률이 10% 미만인 경우에는 보장대상이 되는 장해로 인정하지 않는다.
   ③ 신경계의 장해로 발생하는 다른 신체부위의 장해(눈, 귀, 코, 팔, 다리 등)는 해당 장해로도 평가하고 그 중 높은 지급률을 적용한다.
   ④ 뇌졸중, 뇌손상, 척수 및 신경계의 질환 등은 발병 또는 외상 후 6개월 동안 지속적으로 치료한 후에 장해를 평가한다. 그러나 6개월이 지났다고 하더라도 뚜렷하게 기능 향상이 진행되고 있는 경우 또는 단기간 내에 사망이 예상되는 경우는 6개월의 범위에서 장해 평가를 유보한다.
   ⑤ 장해진단 전문의는 재활의학과, 신경외과 또는 신경과 전문의로 한다.
2) 정신행동
   ① 위의 정신행동장해지급률에 미치지 않는 장해는 '〈붙임〉 일상생활 기본동작(ADLs) 제한 장해평가표'에

따라 지급률을 산정하여 지급한다.

② 일반적으로 상해를 입고 나서 24개월이 지난 후에 판정함을 원칙으로 한다. 다만, 상해를 입은 후 의식상실이 1개월 이상 지속된 경우에는 상해를 입고 나서 18개월이 지난 후에 판정할 수 있다. 다만, 장해는 전문적 치료를 충분히 받은 후 판정하여야 하며, 그렇지 않은 경우에는 그로써 고정되거나 중하게 된 장해에 대해서는 인정하지 않는다.

③ 심리학적 평가보고서는 자격을 갖춘 임상심리전문가가 시행하고 전문의가 작성하여야 한다.

④ 전문의란 정신건강의학과나 신경정신과 전문의를 말한다.

⑤ 평가의 객관적 근거

㉮ 뇌의 기능 및 결손을 입증할 수 있는 뇌자기공명촬영, 뇌전산화촬영, 뇌파 등을 기초로 한다.

㉯ 객관적 근거로 인정할 수 없는 경우

- 보호자나 환자의 진술
- 감정의의 추정이나 인정
- 한국표준화가 이루어지지 않고 신빙성이 낮은 검사들(뇌SPECT 등)
- 정신건강의학과나 신경정신과 전문의가 아닌 자가 시행하고 보고서를 작성하는 심리학적 평가보고서

⑥ 각종 기질성 정신장해와 외상후 간질에 한하여 보상한다.

⑦ 외상후 스트레스장애, 우울증(반응성) 등의 질환, 정신분열증, 편집증, 조울증(정서장애), 불안장애, 전환장애, 공포장애, 강박장애 등 각종 신경증 및 각종 인격장애는 보상의 대상이 되지 않는다.

⑧ 정신 및 행동장해의 경우 개호인(장해로 혼자서 활동이 어려운 사람을 곁에서 돌보는 사람)은 생명유지를 위한 동작과 행동이 불가능하거나 지속적으로 감금해야 하는 상태에 한하여 인정한다. 개호의 내용에서는 생명유지를 위한 개호와 행동감시를 위한 개호를 구별하여야 한다.

3) 치매

① '치매'라 함은

- 뇌 속에 후천적으로 생긴 기질적인 병으로 인한 변화 또는 뇌 속에 손상을 입은 경우
- 정상적으로 성숙한 뇌가 위의 기질성 장해로 파괴되어 한번 획득한 지능이 지속적 또는 전반적으로 저하되는 경우

② 치매의 장해평가는 전문의에 의한 임상치매척도(한국판 Expanded Clinical Dementia Rating) 검사결과에 따른다.

4) 뇌전증(간질)

① '간질'이라 함은 돌발적 뇌파이상을 나타내는 뇌질환으로 발작(경련, 의식장해 등)을 반복하는 것을 말한다.

② '심한 간질 발작'이라 함은 월 8회 이상의 중증발작이 연 6개월 이상의 기간에 걸쳐 발생하고, 발작할 때 유발된 호흡장애, 흡인성 폐렴, 심한 탈진, 구역질, 두통, 인지장해 등으로 요양관리가 필요한 상태를 말한다.

③ '뚜렷한 간질 발작'이라 함은 월 5회 이상의 중증발작 또는 월 10회 이상의 경증발작이 연 6개월 이상의 기간에 걸쳐 발생하는 상태를 말한다.

④ '약간의 간질 발작'이라 함은 월 1회 이상의 중증발작 또는 월 2회 이상의 경증발작이 연 6개월 이상의 기간에 걸쳐 발생하는 상태를 말한다.

⑤ '중증발작'이라 함은 전신경련을 동반하는 발작으로써 신체의 균형을 유지하지 못하고 쓰러지는 발작 또는 의식장해가 3분 이상 지속되는 발작을 말한다.

⑥ '경증발작'이라 함은 운동장해가 발생하나 스스로 신체의 균형을 유지할 수 있는 발작 또는 3분 이내에 정상으로 회복되는 발작을 말한다.

〈붙 임〉

일상생활 기본동작(ADLs) 제한 장해평가표

유 형	제한 정도에 따른 지급률
이동동작	- 특별한 보조기구를 사용함에도 불구하고 다른 사람의 계속적인 도움이 없이는 방 밖을 나올 수 없는 상태(지급률 40%) - 휠체어 또는 다른 사람의 도움 없이는 방 밖을 나올 수 없는 상태(30%) - 목발 또는 보행기(walker)를 사용하지 않으면 독립적인 보행이 불가능한 상태(20%) - 독립적인 보행은 가능하나 파행이 있는(절뚝거리는) 상태, 난간을 잡지 않고는 계단을 오르내리기가 불가능한 상태, 계속하여 평지에서 100m 이상을 걷지 못하는 상태(10%)
음식물 섭취	- 식사를 전혀 할 수 없어 계속적으로 튜브나 경정맥 수액을 통해 부분 혹은 전적인 영양공급을 받는 상태(20%) - 수저 사용이 불가능하여 다른 사람의 계속적인 도움이 없이는 식사를 전혀 할 수 없는 상태(15%) - 숟가락 사용은 가능하나 젓가락 사용이 불가능하여 음식물 섭취에 있어 부분적으로 다른 사람의 도움이 필요한 상태(10%) - 독립적인 음식물 섭취는 가능하나 젓가락을 이용하여 생선을 바르거나 음식물을 자르지는 못하는 상태(5%)
배변 · 배뇨	- 배설을 돕기 위해 설치한 의료장치나 외과적 시술물을 사용함에 있어 타인의 계속적인 도움이 필요한 상태(20%) - 화장실에 가서 변기 위에 앉는 일(요강을 사용하는 일 포함)과 대소변 후에 화장지로 닦고 옷을 입는 일에 다른 사람의 계속적인 도움이 필요한 상태(15%) - 배변, 배뇨는 독립적으로 가능하나 대소변 후 뒤처리에 있어 다른 사람의 도움이 필요한 상태(10%) - 빈번하고 불규칙한 배변으로 인해 2시간 이상 계속되는 업무(운전, 작업, 교육 등)를 수행하는 것이 어려운 상태(5%)
목욕	- 다른 사람의 계속적인 도움 없이는 샤워 또는 목욕을 할 수 없는 상태(10%) - 샤워는 가능하나, 혼자서는 때밀기를 할 수 없는 상태(5%) - 목욕시 신체(등 제외)의 일부 부위만 때를 밀 수 있는 상태(3%)
옷 입고 벗기	- 다른 사람의 계속적인 도움 없이는 전혀 옷을 챙겨 입을 수 없는 상태(10%) - 다른 사람의 계속적인 도움 없이는 상의 또는 하의 중 하나만을 착용할 수 있는 상태(5%) - 착용은 가능하나 다른 사람의 도움 없이는 마무리(단추 잠그고 풀기, 지퍼 올리고 내리기, 끈 묶고 풀기 등)는 불가능한 상태(3%)

〈부표 4〉

재 해 분 류 표

1. 보장대상이 되는 재해

다음 각 호에 해당하는 재해는 이 보험의 약관에 따라 보험금을 지급합니다.

① 한국표준질병·사인분류상의 (S00~Y84)에 해당하는 우발적인 외래의 사고

② 감염병의 예방 및 관리에 관한 법률 제2조 제2호에서 규정한 감염병

2. 보험금을 지급하지 않는 재해

다음 각 호에 해당하는 경우에는 재해분류에서 제외하여 보험금을 지급하지 않습니다.

① 질병 또는 체질적 요인이 있는 자로서 경미한 외부 요인으로 발병하거나 그 증상이 더욱 악화된 경우

② 사고의 원인이 다음과 같은 경우

- 과로 및 격심한 또는 반복적 운동(X50)
- 무중력 환경에서의 장시간 체류(X52)
- 식량부족(X53)
- 물 부족(X54)
- 상세불명의 결핍(X57)
- 고의적 자해(X60~X84)
- 법적 개입 중 법적 처형(Y35.5)

③ '외과적 및 내과적 치료 중 환자의 재난(Y60~Y69)' 중 진료기관의 고의 또는 과실이 없는 사고(단, 처치 당시에는 재난의 언급이 없었으나 환자에게 이상반응이나 합병증을 일으키게 한 외과적 및 기타 내과적 처치(Y83~Y84)는 보장)

④ '자연의 힘에 노출(X30~X39)' 중 급격한 액체손실로 인한 탈수

⑤ '우발적 익사 및 익수(W65~W74), 기타 호흡과 관련된 불의의 위협(W75~W84), 눈 또는 인체의 개구부를 통하여 들어온 이물질(W44)' 중 질병에 의한 호흡장해 및 삼킴장해

⑥ 한국표준질병·사인분류상의 (U00~U99)에 해당하는 질병

※ ( ) 안은 제6차 개정 한국표준질병·사인분류(통계청고시 제2010-246호, 2011.1.1. 시행)상의 분류번호이며, 제7차 개정 이후 상기 재해 이외에 추가로 위 1 및 2의 각 호에 해당하는 재해가 있는 경우에는 그 재해도 포함되는 것으로 합니다.

〈부표 4-1〉

보험금을 지급할 때의 적립이율 계산(제8조 제2항 및 제32조 제2항 관련)

<table>
<tr><th>구 분</th><th colspan="2">기 간</th><th>지 급 이 자</th></tr>
<tr><td>사망보험금, 장해보험금, 입원급여금
(제3조 제3호에서 제5호)</td><td colspan="2">지급기일의 다음 날부터 지급일까지의 기간</td><td>보험계약대출이율</td></tr>
<tr><td rowspan="3">중도보험금
(제3조 제1호)</td><td rowspan="2">지급사유가 발생한 날의 다음 날부터 청구일까지의 기간</td><td>보험기간 만기일 이내</td><td>표준이율</td></tr>
<tr><td>보험기간 만기 이후</td><td>1년 이내 : 표준이율의 50%
1년 초과기간: 1%</td></tr>
<tr><td colspan="2">청구일의 다음 날부터 지급일까지의 기간</td><td>보험계약대출이율</td></tr>
<tr><td rowspan="2">만기보험금
(제3조 제2호)
및
해지환급금
(제32조 제1항)</td><td colspan="2">지급사유가 발생한 날의 다음 날부터 청구일까지의 기간</td><td>1년 이내 : 표준이율의 50%
1년 초과기간: 1%</td></tr>
<tr><td colspan="2">청구일의 다음 날부터 지급일까지의 기간</td><td>보험계약대출이율</td></tr>
</table>

주) 1. 중도보험금 및 만기보험금은 회사가 보험금의 지급시기 도래 7일 이전에 지급할 사유와 금액을 알리지 않은 경우, 지급사유가 발생한 날의 다음 날부터 청구일까지의 기간은 표준이율을 적용한 이자를 지급합니다.

2. 지급이자의 계산은 연단위 복리로 계산하며, 금리연동형보험은 일자 계산합니다.

3. 계약자 등의 책임 있는 사유로 보험금 지급이 지연된 때에는 그 해당기간에 대한 이자는 지급되지 않을 수 있습니다.

4. 금리연동형보험의 경우 상기 표준이율은 적립순보험료에 대한 적립이율(공시이율 등)을 말합니다.

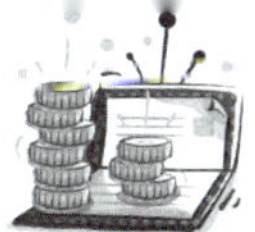

찾 아 보 기

저자 약력

■ 곽 봉 환

- 한국외국어대학교 졸업
- 日本 一橋大學 大學院 (상학석사)
- 日本 關西大學 大學院 (상학박사)
- 보험분쟁조정위원회 손해사정전문위원
- 해운산업연구원(Korea Maritime Institute) 연구위원
- 인천대학교 기획처장
- 인천대학교 동북아경제통상대학 학장
- 인천대학교 동북아물류대학원 원장
- 현) 대한상사중재원 중재인
  인천대학교 무역학부 교수(Risk management & Marine Insurance)

〈저서 및 논문〉

- 『海上保險代位の硏究(海運企業の求償リスクとリスクマネジメント)』
- 『개인위험관리와 생활금융』
- 해양오염위험과 보험담보의 문제
- 이라크전쟁이 전쟁보험에 미치는 영향과 현행 전쟁보험제도에 관한 연구
- 양식 재해보험제도의 도입 및 운영방안
- 관세행정상 품목분류(HS)제도의 위험요인에 관한 실증적 연구
- PB시장에서의 보험사 경쟁력 강화방안연구 외 국내논문 다수

■ 함 영 진

- 인천대학교 대학원 (경영학박사)
- 인천대학교 동북아발전연구원 연구원
- 한얼산업연구원 책임연구원
- 인천대학교 동북아물류대학원 겸임교수
- 경기과학기술대학교 겸임교수
- 한국 관세학회 이사
- 현) 현대사이버 평생교육원 교수
  한국 능률협회인증원 책임전문위원

〈서서 및 논문〉

- 『국제비즈니스 개론』
- 우량고객 확보를 위한 보험영업 활성화연구(eCRM을 중심으로)
- Private Banking을 통한 보험사의 우량고객 확보방안연구
- 환경변화에 따른 생명보험 활성화 방안연구
- 금융업계의 베트남 사업확대 전략 연구
- 온라인쇼핑몰의 판매촉진비용 위험관리연구 외 국내논문 다수

가계위험관리와 보험

인　쇄 —— 2014년 3월 1일
발　행 —— 2014년 3월 3일
지은이 —— 곽 봉 환 · 함 영 진
펴낸이 —— 전 두 표
펴낸데 —— 도서출판 두남
서울시 강동구 성내로6길 34-16 두남빌딩
신 고 : 제25100-1988-9호
TEL : 02) 478-2065, 2066, 2067, 2311
FAX : 02) 478-2068
E-mail : dunam1@unitel.co.kr
http://www.dunam.co.kr

정가 26,000원

ISBN 978-89-6414-500-5 93320